법학의 길잡이

법이 추구하는 목적은 무엇인가?

법학의 길잡이

법학통론 교재발간위원회

KU PRESS
고려대학교
출판문화원

머리말

법학을 공부하는 목적은 저마다 다를 수 있습니다. 어떤 이는 학문적 연구를 위해, 또 어떤 이는 법률가가 되기 위해, 혹은 교양을 쌓고자 법을 공부합니다. 목적이 무엇이든, 법을 제대로 이해하는 것은 단순한 지식을 넘어 사회에서 중요한 결정을 내리는 사람들에게 필수적인 자질입니다. 법을 제대로 아는 사람만이 법과 원칙에 기반하여 올바른 판단을 내릴 수 있으며 이를 통해 사회의 질서를 유지하고 정의를 실현하는 데에 기여할 수 있습니다.

법은 사회를 구성하는 핵심적인 규범 체계이며, 우리 삶의 모든 영역에 영향을 미칩니다. 우리는 법을 통해 권리를 보호받고, 또 의무를 이행하며, 그러한 것들이 쌓여서 사회의 질서가 유지됩니다. 법은 단순한 규칙의 집합체가 아닙니다. 법은 사회적 가치와 이념을 반영하며, 사회가 변화함에 따라 법도 끊임없이 진화합니다. 예컨대, 기술이 발전하면서 개인정보 보호의 필요성이 커지면서 개인정보 보호법이 제정되었고, 기업 지배구조와 관련해서도 주주이익 우선주의(shareholder primacy)에서 이해관계자 우선주의(stakeholder primacy)로의 전환이 논의되며 ESG(환경·사회·지배구조) 경영이 중요한 요소로 떠올랐습니다. 또한, 인공지능(AI)이 빠르게 발전하면서 법적 규율의 필요성이 대두되자 유럽연합에 이어 국내에서도 2024년 12월 AI 기본법(〈인공지능 발전과 신뢰 기반 조성 등에 관한 기본법〉)이 국회를 통과하여 제정되었습니다. 이러한 흐름은 법이 고정된 규범이 아니라, 시대적 요구에 따라 지속적으로 변화하고 발전하는, 그야말로 살아 있는 체계임을 보여 줍니다. 따라서 법을 이해한다는 의미는 단순히 법 조문을 익히는 것을 넘어, 법의 원리와 이념을 체득하고 비판적·논리적 사고를 함양하는 과정이며 인간과 사회에 대한 깊은 통찰을 요구합니다.

법학은 종종 엄청난 양을 외우면 되는 과목으로 오해받기도 하지만, 단순한 암기 과목이 아닙니다. 법을 공부하는 것은 조문을 외우는 것이 아니라 법의 원리를 이해하고 그것을 현실 문제에 적용하는 능력을 기르는 과정입니다. 시대가 변하면서 새로운 법이 등장하고, 기존의 법도 변화합니다. 따라서 법을 기계적으로 암기하는 것만으로는 사회에서 발생하는 다양한 법적 문제를 해결할 수 없습니다. 법학을 공부하는 과정에서 학생들은 법적 사고력(legal mind)을 기르고 법의 이론과 실제 적용 방식을 이해할 수 있는 능력을 갖추어야 합니다. 다시 말하면, 법이 사회 현실과 어떻게 연결되는지를 파악하고, 논리적이면서도 비판적인 법적 사고력을 길러야 합니다. 법적 사고력은 법률 전문가만이 아니라 사회의 모든 구성원이 갖추어야 할 필수적인 역량입니다. 공정하고 합리적인 판단을 내리기 위해서는 누구나 법을 이해하고 법적으로 사고하는 능력을 길러야 합니다. 이를 위해 이 책은 법학의 기본 개념을 체계적으로 정리하고, 법적 사고를 기르는 데 필요한 방법론도 함께 제공하고자 노력하였습니다.

대학에서의 법학 교육은 법률가 양성을 위한 직업적 교육에 그치는 것이 아니라, 법을 통해 사회 이해를 돕는 교양 교육의 역할도 수행해야 합니다. 법을 공부하는 과정에서 학생들은 법적 사고(legal mind)를 기르고, 법의 이론적 기초뿐만 아니라 실제 법이 적용되는 방식에 대해서도 고민해야 합니다. 이를 통해 법률가뿐만 아니라 사회의 다양한 분야에서 법을 이해하고 활용할 수 있는 인재로 성장할 수 있습니다. 그렇기에 법은 우리 사회를 이끌어 가는 리더들이 갖추어야 하는 필수적인 요소입니다. 진정한 리더는 법을 정확하게 이해하고 제대로 적용할 줄 알아야 하며, 더 나아가 법을 통해 정의를 실현하고 공정한 질서를 세우는 데에 이바지하여야 합니다.

사회를 움직이는 중요한 의사결정을 내릴 때에도 그 결정의 중심에는 항상 법이 존재하여야 한다는 것을 우리 모두 잘 알고 있습니다. 법을 아는 리더는 자신의 판단에 대한 책임 또한 정확하게 이해할 수 있습니다. 따라서 법학을 배운다는 의미는 더 나은 사회를 만들기 위해 리더십을 배우는 과정이기도 합니다.

이 책은 법학을 처음 접하는 학생들이 법학의 기초를 다지고, 나아가 법을 보다 깊이 있게 이해하는 데에 도움을 주고자 하는 마음으로 기획되었습니다. 특히 가독성을 높이고 이해하기 쉽게 서술하면서도 핵심적인 내용을 놓치지 않도록 하는 데에 중점을 두어 법학을 처음 공부하는 학생들의 법학 공부 길잡이가 되기를 바라는 마음을 담았습니다. 다만 시간적 제약과 여러 한계로 인하여 애초에 의도했던 완벽한 수준에 도달하지 못한 아쉬움도 남습니다. 하지만 시작이 반이라 했듯이, 앞으로 교재를 보완하고 지속적으로 개선해 나가면서 더욱 완성도 높은 교재가 되도록 노력하겠습니다.

이 책이 법학을 공부하는 모든 학생에게 기초를 다지는 데 도움이 되어, 각자가 추구하는 목표를 이루는 데에 큰 보탬이 되기를 바랍니다.

이 책이 출간되기까지 법학통론 교재발간위원회와 고려대학교 출판문화원의 관계자분들의 헌신적인 노력이 있었습니다. 특히 고려대학교 법학전문대학원의 각 전공 교수님들의 조언과 감수 덕분에 이 책이 더욱 충실한 교재가 될 수 있었습니다.

도움을 주신 모든 분들께 진심으로 감사드립니다.

2025년 3월

법학통론 교재발간위원회 위원장 김태진 씀

차례

|2부| **사법**

일러두기

각 장의 집필자는 다음과 같다.

- 1장 정문기(I-IV) · 정우식(V-VIII)
- 2장 정문기
- 3장 정우식
- 4장 전민형
- 5장 전민형
- 6장 전민형
- 7장 강영주
- 8장 강영주
- 9장 강영주

|1부| 법학 일반론

제1장 법학일반론

I. 법이란 무엇인가

1. 인간과 사회 그리고 법

공동체가 정한 법규에 저촉되는 행위를 하지 않는 진실하고 어진 성품을 가진 인격체를 흔히 '법 없이도 살 사람'이라 한다. 이 말은 법규범의 특징이라는 측면에서 보았을 때, 강제규범으로서의 법에 대한 부정적인 인식과, 법의 규제를 받는 타율적인 삶의 태도는 바람직하지 못하다는 점을 암시하고 있다. 그러나 이 말은 역설적으로 '법이 없으면 살지 못하는 사람'으로 이해된다. "인간은 사회적 동물이다"(Aristoteles, BC 384-322), "사람이 사람인 까닭은 사람과 사람의 결합에 있다"(O. Gierke, 1841-1921), "인간의 존재는 타인과의 공존에 있다"(M. Heidegger, 1889-1936)라는 말들을 굳이 상기하지 않고서라도 인간은 국가나 사회와 같은 공동체를 떠나 생각하기 어렵다. 인간은 각자의 필요성에 따라 서로 협력하고 타인과의 결합을 통하여 사회에서 정착을 하게 된다. 타인과의 관계없이 생활하는 인간은 단순하고 의제적인 존재에 지나지 않으며, 개개인은 고립된 존재가 아닌 서로 불가분의 밀접한 관계를 맺고 사회라는 테두리 안에서 공동생활을 영위하는 것이다. 동물세계에 있어서도 사회성과 유사한 것을 관찰할 수 있으나, 그것은 한낱 본능적인 야생적 군집성에 불과하다. 그러나 인간의 사회적 공동생활은 자유에 바탕을 둔 이성에 의하여 규율되는 공동체 의식과 더욱 향상된 삶의 향유를 위한 목적의식에서 이루어진다는 데 그 특징과 가치가 있다.

칸트(I. Kant, 1724-1804)가 언급한 바와 같이, 인간은 '사회성'과 '반사회성'이라고 하는 모순된 본성을 동시에 지니고 있다. 따라서 사회에서는 자신의 이익을 최대한 확보하기 위해 각축을 벌이고, 각자의 이해가 충돌하게 된다. 더구나 인간은 모두에게 공통적인 가치를 가지고 있지 않기 때문에 각자가 정당하게 행동한다 하더라도 이것이 곧 다른 사람에게는 부당함을 의미할 수도 있기 때문이다. 만일, 각자가 자신의 욕망대로 행동한다면 거기에는 필시 "만인의 만인에 대한 투쟁상태"(T. Hobbes, 1588-1679)로 만들어 사회의 질서와 기능은 마비되고, 혼란과 공포에 빠져 버리게 될 것이다.

따라서 오늘날 국가와 같은 사회에서는 사람의 행동의 방향을 제시하여 단체생활에 있어 조율과 질서를 부여하는 규율이 필요하게 된다. 이렇게 사회생활을 가능하게 하는 규범을 '사회규범(social norm)'이라고 한다. 이러한 사회규범에는 종교, 도덕, 관습, 법 등의 여러 가지가 있다. 개인의 자아의식이 희박하였던 고대사회에 있어서는 종교, 도덕, 관습 등과 같은 규범으로서도 사회의 질서를 유지할 수 있었으나, 사회가 진보, 발달하여 그 규모가 확대되고 개인의식과 사회의식이 높아진 오늘날에 있어서는 단순한 사회규범이 아닌 법규범이 사회의 질서를 유지하는 데 가장 효과적이기 때문에, 법은 사회질서 유지의 중심적 역할을 맡게 되었다. 법을 "사회생활의 조건"(R. Jhering, 1818-1892)이라 함은 바로 이러한 의미라 하겠다. 그리하여 법은 사회의 성립요건으로서 법이 없는 국가사회는 존재할 수 없고, 모든 사회에는 반드시 그 사회의 특유한 법이 존재하며, 또한 법을 떠나서 사회를 생각할 수 없다. 특히 현대국가는 법치주의를 기본원리로 하고 있기 때문에 인간의 모든 행위는 법과 직접적인 관계를 맺고 있다.

그렇다면 선하고 도덕적인 개인들이 존재하고 그러한 사람들이 늘어나면 당연히 도덕적인 사회를 형성할 수 있지 않은가 하는 의문을 가질 수 있다. 현대사회가 분화되고 다양한 계층으로 나뉨에 따라, 각 구성원은 여러 조직과 집단으로 나뉘어져 각자 상이한 지위와 역할을 맡게 되고, 자신의 집단에 합당한 행동방식을 따르게 된다. 종종 가족을 위한 일이라면 이기적 행동이더라도 부도덕하다고 생각되지 않는다. 심지어 우리는 애국의 이름으로 행해진 참혹한 살상도 숭고한 거사로 기억한다. 《도덕적 인간과 비도덕적 사회(Moral Man and Immoral Society)》의 저자 니부어(Reinhold Niebuhr, 1892-1971)는 인간의 '이성의 한계'와 '집단의 생존 욕구'로 인해, 도덕적인 개인도 일단 집단에 속하게 되면 집단의 이익을 위해 비도덕적이거나 이기적인 성향을 보이게 되며, 집단 내 갈등이나 문제가 발생하였을 때 이성이나 종교, 교육, 양심에 따라 해결하기보다는 '충동'에 훨씬 강하게 의존한다고 한다. 즉, 개인 간에 발생하는 문제들은 합리적이고 도덕적 방식으로도 충분히 해결가능한 것이지만, 개인이 집단에 속하게 되면, 그리고 그 집단의 규모가 클수록 개인의 이성과 양심은 사회조직의 가치와 집단 이기주의에 쉽게 굴복한다는 것이다. 인간이 집단을 이루고 살아가는 한 집단 간 권력 불균형은 불가피하고, 이는 필연적으로 사회적 갈등과 분쟁으로 이어지기 때문에 이를 해결하기 위한 정치적 수단 내지 최소한의 외적 강제력을 통해 정의를 실현하는 것이 필요하다고 한다.

사회는 단순히 개인의 산술적인 합(合)이나 연장이 아니다. 사회는 그것이 갖는 독자적인 특성이 있다. 사회는 지속적인 투쟁상태에 있고, 이해관계를 이성적으로 조절하는 능력이 개인보다 현저히 미약하다. 개인의 도덕성을 압도하는 집단이기주의와 분출하는 갈등을 조정하고 질서를 유지하기 위해 최소한의 외적 강제력은 불가피하다 할 것이다. 정치세력 간 투쟁과 타협의 산물인 '법'이 바로 최소한의 외적 강제력이다.

2. 법의 의의

'법'이란 말은 국회에서 제정되는 개별 법률들을 가리키는 한편, 하나의 질서 또는 규칙(rule)을 뜻하기도 한다. '사회가 있으면 법이 있다'에서의 법, '그렇게 하는 법이 아니다' 또는 '그런 법이 어디 있는가'라고 할 때의 법은 후자의 의미에서의 법이다. 아주 오래전부터 법의 개념을 구하려는 노력이 있었으며, 당대의 철학자들은 법의 개념들을 정의하여 왔지만 법에 대한 일치된 정의는 없다. 칸트가 "법률가들은 아직도 법의 개념에 관한 정의(定意)를 찾고 있다"라고 말한 이후로도 수백 년이 흘렀건만, 이는 지금도 유효하며 앞으로도 그러할 것이다. 그만큼 법을 일의적으로 정의한다는 것은 매우 어렵다고 할 것이다.

소크라테스(Socrates, BC 470-399)와 트라시마코스(Thrasymachus, BC 459-400)의 정의(正義) 논쟁은 플라톤(Platon, BC 427-347)의 《국가(Politeia)》 제1편에 등장한다. 플라톤의 글을 통해 전해지는 2,400년 전의 아테네의 상황이 지금과 크게 다르지 않은 듯하다. 국민으로부터 입법권을 위임받은 의회는 과연 국민 전체의 보편적 이익을 위해 법을 만드는가? 아니면 자신들과 같은 강자의 이익이나 특정 진영의 이익을 위해 법을 제정하는가?

현실주의와 상대주의적 세계관을 가진 '소피스트' 철학자 트라시마코스는 강자는 통치자를 의미하고, 통치자는 항상 자신의 이익을 위해 법률을 제정하고 그 법으로 약자를 지배한다고 한다. 따라서 그에게 법은 강자의 이익일 뿐, 힘이 지배하는 법의 현실을 옹호한다. 이에 대하여 보편적 정의(진리)관을 가진 이상주의자 소크라테스는 의사의 본분은 자신의 편익을 추구하는 것이 아니라 환자를 치료하는 것이듯이, 통치자의 본분은 자신의 편익을 추구하는 것이 아니라 피치자의 편익을 추구하는 것이라 하면서, 법은 개인적인 이해관계에서 나오는 것이 아니라 인간의 본성에서 나온다고 하였다. 따라서 사회구성원이 각자의 일(기능)을 하면서 그가 맡도록 되어 있는 대상을 이롭게 하는 것이 정의요, 법인 것이다.

'정의'의 현실적 기준을 선택하고 규정 짓는 역할을 하는 것은 '입법자'이고 '법관'은 정의롭게 판단하는 일에 종사한다. 특히 입법자는 사회적 현안이 등장할 때마다 법을 제정하거나 개정한다. 대의민주제하의 입법자는 마땅히 국민 전체의 이익에 부합하는(추정적 의사) 기준을 정해야 한다. 만약 입법자가 특정 세력이나 집단의 이해관계에 기속되어 결정함으로 인해 "부정의가 대규모로 발생하는 경우에는 그것은 올바름보다 더 강력하고 자유로우며 전횡적이다. 그리하여 올바름(정의)은 더 강한 자의 편익"이라고 한 트라시마코스의 말은 지극히 현실적이면서도 역사적으로도 가장 강력한 안티테제(antithese)였다는 점에서, 정의와 부정의의 구분을 더욱 어렵게 한다.

요컨대, 법이 이처럼 다양한 기준에 따라 정의될 수 있는 것은 법의 적용대상인 인간과 사회의 모습이 시대에 따라 다양하게 나타났고, 이에 따라 법도 다양한 모습으로 보였기 때문이다. 그러므로 법을 하나의 개념으로 정의하는 것은 매우 어려운 일이다.

다만 역사적으로 많은 철학자들이 정의한 내용들을 종합해 볼 때, 법은 자연법칙이 아닌 규범, 그중에서도 사회규범이며 또한 강제규범이라는 점에 대해서는 대부분의 견해가 일치하고 있다. 즉, 법은 다양한 의미로 정의될 수 있지만 가장 일반적이고 보편적인 개념은 '강제력을 가지고 있는 사회규범'이라고 할 수 있다. 사회생활의 성격이 법규범에 반영되어야 한다고 하는 것은, 동시에 법규범이 사회생활의 성격에 맞는 내용을 가져야 한다는 의미이기도 하다. 사회생활의 실체가 변천하고 새로운 생활이 발생할 경우에는 법규범이 수정되거나 혹은 새로운 법규범이 정립되지 않으면 실생활과의 사이에 간극이 생기게 되고, 이것이 커지면 법규범은 사회적 타당성을 잃게 된다. 여기에서 주의하지 않으면 안 되는 점은 법이 규율하는 사회생활의 실체에 알맞는 내용을 가져야 한다고 할지라도, 그 생활관계를 무조건으로 포섭하거나 승인한다고 타당한 것이 아니고, 이성에 기하여 법의 목적인 정의의 관점에서 그 생활관계를 올바르게 이끌어 가는 것이어야 한다는 점이다.

3. 법의 규범적 특성

앞서 본 바와 같이 법의 개념에 관하여 정확하고도 보편적인 정의를 내린다는 것은 매우 어려운 일이다. 그러나 그 특성을 파악하여 법의 정의를 내린다면 대체로 다음과 같이 할 수 있을 것이다. 즉, 법이란 사람의 사회공동생활에 있어서 행위의 준칙으로서 국가에 의하여 강제되는 사회규범이다.

(1) 사회규범성

널리 알려진 법언(法諺)에 "사회가 있는 곳에 법이 있다(Ubi societas, ibi ius)"는 말이 있다. 이는 인간이 모여 사는 곳에는 반드시 이를 규율하는 법이 필요하다는 의미이다. 즉, 사회가 원활하게 작동하기 위해서는 구성원 간 관계를 정립해 줄 수 있는 원칙과 질서가 필요한데, 이를 사회규범이라 하며, 법은 이러한 사회규범 중 하나이다. 사회규범은 인간에 대하여 일정한 목적가치를 전제로 '…을 하지 말라' 혹은 '…을 하라'라는 생활기준을 나타내는 당위(當爲)를 포함하고, 이러한 당위의 관계를 나타낸 명제를 '규범'이라 한다. 이에 비해 자연법칙은 특정한 원인이 있으면 반드시 특정한 결과가 생긴다고 하는 인과율(因果律)을 나타내는 존재의 법칙으로 필연법칙을 말한다. 규범은 개인규범과 사회규범으로 나눌 수 있는데, 개인규범은 개인의 사생활과 관련하여 스스로 세운 원칙과 질서를 의미하는 것이다. 이에 대해 사회규범은 사회의 유지를 위해 사회일반에 적용되기 위한 규범이다. 법은 인간이 살아가는 사회를 유지하기 위해 구성원 모두가 반드시 지켜야 할 것을 정하는 사회규범이라고 할 수 있다.

사회규범은 관습과 도덕 그리고 종교, 법의 형태로 다양하게 존재해 왔다. 사회 규모가 작고 단순했던 원시·고대 시대에는 자연과 정령 숭배에 기초한 토테미즘(Totemism)이나 금기(Taboo)의 관념 자체가 규범이었으며, 이러한 것들이 사회적 습속을 이룸으로써 사회질서를 유지하는 기능을 하였다. 그러나 사회가 점차 분화되고 확장되면서 법의 역할이 커지게 되었다. 현대에 이르러 인간의 삶은 특수한 목적을 효율적으로 달성하기 위한 조직 속에 살아가기 때문에, 관습이나 도덕보다는 법규범의 지배를 받으며 살아간다.

(2) 강제규범성

사회규범을 강제력을 갖는 규범과 갖지 않는 규범으로 구분할 때, 법은 강제력을 본질적 요소로 하는 규범이다. 법이 국가권력에 의하여 실현되는 강제력을 갖지 못한다면 법으로서의 존재가치를 발휘할 수 없는 것이 된다. 독일 법학자 예링(R. Jhering, 1818-1892)은 "법적 강제가 없는 법은 자기모순으로서 타지 않는 불꽃이요 비치지 않는 등불과 같다"라고 하여 법의 강제성을 강조한 바 있다. 즉, 법은 준수하지 않는 경우 제재를 가함으로써 준수하도록 하는 강제력을 가지며, 이러한 점에서 켈젠(H. Kelsen, 1881-1973)은 '강제는 법의 본질적 속성'이라고 하였다. 법은 강제력을 갖는다는 점에서 다른 사회규범인 도덕, 관습 및 종교 등과 구분된다. 법의 강제성은 법을 지키지 않는 자에 대한 '제재(sanctions)'의 형태로 나타난다. 따라서 법을 위반하는 자에 대하여는 권력적, 물리적 강제력을 발동함으로써 법 스스로의 목적을 실현할 수 있다. 그 구체적인 방법으로서 사형·징역·벌금 등과 같은 '형사적 제재'와 강제이행, 과징금, 과태료 등과 같은 '행정적 제재' 그리고 손해배상과 같은 '민사적 제재' 등으로 구분된다.

(3) 행위규범성

법이 규율하는 대상은 사람의 행위이다. 행위란 사람의 의사에 기한 신체의 외부적 동작을 말한다. 의사가 아직 외부에 나타나지 아니한 때 이는 내부의사에 그치고, 외부에 나타났을 때 비로소 행위가 된다. 법은 사람의 마음속 생각을 문제삼는 것이 아니라 외부로 나타난 행위를 문제삼는 것이다. 즉, 법은 사회에서 일어난 모든 사실을 평가하여 가치 있는 것과 가치 없는 것으로 구별하고 이를 표준으로 하여 행하여야 할 행위와 하지 말아야 할 행위를 결정하여 주는 것이다.

이러한 의미에서 법은 행위규범의 하나이며, 사회생활상 요구되는 행위준칙인 것이다. 이와 같이 법은 행위자의 의사가 행위로서 외부에 표현되었을 때 비로소 이를 규율하는 것이다. 그러나 종교 및 도덕은 아직 외부에 표현되지 아니한 의사 그 자체도 규율한다는 점에서 법과 구별된다. 이러한 의미에서 도덕·종교계율이 내심의 규범 또는 의사규범이라고 부르는 것에 반하여 법은 행위규범이라 한다.

한편, 사람의 인식작용이나 감성작용에 관하여서는 각기 논리규범과 심미규범이 있다. 그러나 이들의 규범은 순수한 가치규범에 그치는 데 반하여, 법은 종교·도덕·관습 등과 더불어 가치규범인 동시에 사회생활에 있어서 인간의 행위 그 자체를 규율하는 실천규범이기도 하다.

(4) 조직규범성

조직규범은 법규범의 제정, 적용, 집행을 담당하는 기관(예: 국회, 법원, 행정관청)의 조직과 권한에 관한 규범이다. 조직규범은 국민일반의 사회생활을 규율하는 것이 아니므로 행위규범과 구별되며, 또 위반행위에 대하여 직접 강제효과를 귀속시키지 아니하므로 강제규범과도 구별된다. 물론 국가, 지방 자치단체 등의 조직은 강제질서이며, 법원에서는 이에 의거하여 재판하여야 한다는 점에서는 조직규범도 강제규범과 같다고 할 수 있으나, 조직규범은 일반 국민에게 의무를 명하는 것이 아니라 직접적인 규율대상이 국가기관이라는 점에서 재판규범과 다르다.

그렇다면 조직규범은 다른 두 법규범과 어떠한 관계에 있는가? 켈젠이 지적하였듯이 국가법질서는 상호병존하는 것이 아니라 상하의 위계질서를 이루고 있으며, 헌법은 다른 법률의 전제가 되므로, 헌법, 자치법 등의 조직규범이 있으므로 행위규범이 있는 것이며, 나아가서는 재판규범 내지 강제규범도 있게 된다. 요컨대, 조직규범은 행위규범 및 강제규범과 결합하여 법규범 전체의 질서를 이루는 기본적 역할을 담당한다. 그러므로 법규범의 구조는 결국 조직규범, 행위규범, 강제규범의 삼중구조를 이룬다.

II. 법과 사회규범

법은 사회생활상의 질서를 유지하기 위하여 존재하고 있다. 그러나 인류의 사회생활상의 질서는 법만으로 유지되기는 어렵기 때문에 법 이외에도 도덕, 종교, 관습 등의 힘을 빌리고 있다. 그러나 이들은 그 근본에 있어서 원시규범인 관습규범 속에 포함되어 있었으며 서로 미분화상태에 있었다. 인류의 문화가 향상·발전되고, 특히 국가생활을 영위하기에 이름에 따라 법이 사회의 타규범으로부터 분화되기 시작하였다. 법도 사람의 행위준칙이라는 점에 있어서는 도덕·종교·관습 등과 다를 것이 없다. 그러나 그 본질에 있어서 다소 차이가 있기 때문에 이를 확실히 하는 것 또한 법의 개념을 올바르게 하는 데 도움이 될 것이다. 특히, 법과 도덕은 매우 밀접한 관계가 있기는 하지만 양자의 차이점을 명백히 하는 것이 중요하다.

1. 법과 관습

관습(Custom)이란 동일한 행위가 장기간 반복 수행되어 사회구성원들 사이에 일정한 구속력을 얻게 된 사회규범을 말한다. 관습은 역사적 전통을 근간으로 하며, 언제나 사실적인 것 위에 정립되는 것이므로 그 중심을 이루는 것은 이상이 아니라 현실이다. 관습은 인간의 모방성에 기인하여 현실생활로부터 무의식적으로 발생하는 사회생활의 준칙으로서, 고대 사회에 있어서는 관습이 하나의 원시규범으로서 일체의 생활관계를 지배하고 있었다. 그러다가 문화의 발달과 권력에 의한 지배원리가 확립되면서 관습으로부터 도덕·종교·법 등 제 규범으로 분화되었다. 관습과 법의 차이에 대해서는 대략 다음과 같은 점들이 거론되고 있다.

① 관습은 부분사회에서 관행으로부터 성립하고 타당성을 가지는 데 반하여, 법은 국가사회의 규범이다. ② 관습의 규범력을 보장하는 것은 공공의 필요성과 사회통념 및 일반상식이며, 그 위반에 대해서는 소위 사회적 비난에 그친다. 그러나 법을 보장하는 것은 국가권력으로서 그 위반에 대해서는 국가권력에 의한 조직적 강제가 예정된다. 그러나 관습과 법은 개념적으로 구별이 쉽지 않을 뿐만 아니라 법과 관습의 중간 형태인 관습법도 존재한다. 법과 관습은 끊임없이 내용적 상호작용을 계속함으로써 법의 일관성과 안전성을 유지해 나가고 있다. 관습이 법으로 발전한 대표적인 예로는 민법상 '전세제도'를 들 수 있다. 전세권은 우리나라의 독특한 주택임대 방식인 '전세'를 법으로 수렴한 것이다. 그리고 '관습법상의 분묘기지권'이 있다. 분묘기지권은 분묘가 비록 다른 사람의 토지 위에 설치된 것이라 하더라도 그 분묘와 주변의 일정 면적의 땅에 대해서는 사용권을 인정해 주는 관습법상의 물권을 말한다. 또 비교적 최근 법적인 보호를 채택한 예도 있다. 〈상가건물임대차보호법〉의 '권리금제도'가 그러하다. '권리금'이란 임대차 목적물인 상가건물에서 영업하는 사람 또는 영업을 하려는 사람이 영업시설·비품, 거래처, 신용, 영업상의 노하우, 상가건물의 위치에 따른 영업상의 이점 등 유형무형의 재산적 가치의 양도 또는 이용대가로서 임대인, 임차인에게 보증금과 차임 이외에 지급하는 금전 등의 대가를 말한다(제10조의3 제1항). 상가건물 임대차에서 오랜 기간 관행적으로 권리금 거래가 이루어져 왔음에도 불구하고, 종래에는 그 법적 근거가 없어 보호받지 못하는 문제점이 있었다. 이에 2015년 개정으로 사회적 관행과 대법원 판례를 통해 정립되어 온 권리금의 정의를 법률에 두게 된 것이다. 그런데 임차인 보호목적을 달성하기 위해 임대인의 권리를 과도하게 제한하는 측면도 있어 제도적 보완의 필요성도 논의되고 있다.

법과 관습은 구속력을 가진다는 점에서 공통점이 있지만, 일반적으로 국가권력에 의한 강제가 가능한지 여부로 구분된다. 그러나 관습을 고려하지 않는 법은 실효성을 잃기 때문에 양자가 엄격하게 분리되어 전혀 다른 분류로 존재하는 것은 아니다. 관습은 오랜 시간 동안 쌓여 형성된 생활질서이기 때문에 사회구성원 일반이 존중하는 특정한 가치를 갖는 것들이 많다.

2004년 헌법재판소는 수도가 서울이라는 점이 헌법에 명문규정이 없어도 관습헌법이라고 보아야 한다는 결정을 내린 바 있다.[1]

> 서울이 우리나라의 수도인 것은 조선시대 이래 600여 년간 우리나라의 국가생활에 관한 당연한 규범적 사실이 되어 왔으므로 우리나라의 국가생활에 있어서 전통적으로 형성되어 있는 계속적 관행이라고 평가할 수 있고(계속성), 이러한 관행은 변함없이 오랜 기간 실효적으로 지속되어 중간에 깨어진 일이 없으며(항상성), 서울이 수도라는 사실은 우리나라의 국민이라면 개인적 견해 차이를 보일 수 없는 명확한 내용을 가진 것이며(명료성), 나아가 이러한 관행은 오랜 세월간 굳어져 와서 국민들의 승인과 폭넓은 컨센서스를 이미 얻어(국민적 합의) 국민이 실효성과 강제력을 가진다고 믿고 있는 국가생활의 기본사항이라고 할 것이다. 따라서 서울이 수도라는 점은 우리의 제정헌법이 있기 전부터 전통적으로 존재하여 온 헌법적 관습이며 우리 헌법조항에서 명문으로 밝힌 것은 아니지만 자명하고 헌법에 전제된 규범으로서, 관습헌법으로 성립된 불문헌법에 해당한다.

관습은 때로는 '공서양속(公序良俗)', '사회상규(社會常規)', '조리' 등의 표현으로 법체계 속에 포함되어 존중되기도 한다. 관습에 관해 법적 쟁점이 되었던 최근 대법원 판례를 살펴보도록 하자.

> A는 1993년 본처와 혼인하고 두 딸을 낳았다. 그런데 A는 2006년 내연녀인 B 사이에서 아들이 태어났다. 2017년 A가 사망하자 B는 공동상속인들 사이에 아무런 협의 없이 A의 유해를 경기도 파주에 있는 추모공원 납골당에 봉안했다. 이에 A의 본처와 딸들은 내연녀 B와 추모공원 측을 상대로 유해인도 소송을 제기하였

1 헌법재판소 2004. 10. 21. 선고 2004헌마554·566(병합) 전원재판부 결정.

다. 1, 2심 법원은 모두 원고의 청구를 받아들이지 않았다. 1심은 A의 장남이 제사주재자로서 유해에 대한 권리를 가지고 있고, B는 장남의 법정대리인으로서 그 유해를 점유·관리하고 있으므로, 본처와 딸들의 청구를 모두 기각했다. 2심 역시 1심의 판단을 그대로 유지했다. 대법원 전원합의체는 원고패소를 판결한 원심을 파기·환송하였다.[2] 대법원은 과거 '2008년 전원합의체 판결'에서[3] 적장자인 종손이 우선적으로 제사를 승계해야 한다는 종래의 관습은 가족 구성원인 상속인들의 자율적인 의사를 무시하는 것이고 적서 간 차별을 두는 것이어서, 더 이상 관습 내지 관습법으로서의 효력을 유지할 수 없게 되었다고 했다. 그리하여 조리(條理)에 의하여 제사주재자를 정해야 하는데, 공동상속인들이 있는 경우에는 그 공동상속인들 사이의 협의에 의해 제사주재자가 정해져야 하고, 공동상속인들 사이에 협의가 이루어지지 않는 경우에는, 망인의 장남(장남이 이미 사망한 경우에는 장남의 아들, 즉 장손자)이 제사주재자가 되며, 공동상속인들 중 아들이 없는 경우에는 망인의 장녀가 제사주재자가 된다고 봄이 상당하다고 했다. 그런데 이 판결은 적서차별(嫡庶差別)은 제거한 것으로 평가될 수 있지만, 남자가 제사주재자로 되는 전통적인 관습은 여전히 승인되고 있는 것으로 보아 남녀차별이나 연령에 의한 차별의 문제는 남아 있었다. 이에 최근 대법원은 종전 전원합의체 판결을 다시 변경한 것이다. 다수의견은 공동상속인들 사이에 협의가 이루어지지 않는 경우, 특별한 사정이 없는 한 장남 또는 장손자 등 남성 상속인을 제사주재자로 우선하는 것은 헌법 11조 1항 및 헌법 36조 1항의 정신에 합치하지 않으므로 더 이상 조리에 부합한다고 할 수 없다고 하면서, 피상속인의 직계비속 중 남녀, 적서를 불문하고 최근친의 연장자가 제사주재자로 우선한다고 보는 것이 가장 조리에 부합하고, 이는 현행 법질서 및 사회 일반의 보편적 법인식에 부합한다고 볼 수 있다고 하였다.

---

2 대법원 2023. 5. 11. 선고 2018다248626 전원합의체 판결.

3 대법원 2008. 11. 20. 선고 2007다27670 전원합의체 판결.

단순한 사실인 관습은 사회생활 규범으로서 일정한 구속력을 가지는 것이지만, 그것이 법원으로부터 법적인 확신을 받게 되면 하나의 법적 규범으로서 승인되고 강제될 수 있다. 이를 '관습법'이라 한다. 관습법은 엄격한 죄형법정주의 원칙이 적용되므로 형사법의 영역에서 관습법을 적용하여 처벌하거나 재판하는 것은 허용되지 않지만, 민사법의 영역에서는 관습법을 적용하는 재판은 허용된다. 민법과 상법에는 사실인 관습과 관습법 그리고 실정법의 관계를 규정하고 있다. 민법 제106조의 '사실인 관습'은 민법 제1조의 관습법보다는 한 단계 아래의 개념이 아니며, 어디까지나 사실인 관습은 당사자 의사해석 기준이 되는 것이다. 이에 반해 관습법은 법의 존재형태이므로 양자는 서로 논의되는 차원이 다른 것으로 이해해야 한다.

민법 제1조(법원) 민사에 관하여 법률에 규정이 없으면 관습법에 의하고 관습법이 없으면 조리에 의한다.

민법 제106조(사실인 관습) 법령 중의 선량한 풍속 기타 사회질서에 관계없는 규정과 다른 관습이 있는 경우에 당사자의 의사가 명확하지 아니한 때에는 그 관습에 의한다.

상법 제1조(법원) 상사에 관하여 본법에 규정이 없으면, 상관습에 의하고, 상관습이 없으면 민법에 의한다.

이처럼 관습은 실정법인 민법이나 상법이 규율하지 못하는 부분을 보충해 주기도 하고, 특별한 경우에는 상관습법이 제정법인 민법에 우선하여 적용되기도 한다.

2. 법과 종교

종교란 신이나 초자연적인 것, 즉 자연의 합리적인 법칙을 초월한 신비적이고 초인간적인 어떤 존재를 일정한 양식에 따라 신봉하고 이를 숭앙함으로써 마음의 안락과 행복을 얻으려고 하는 인간의 심정과 행위의 체계를 말하고, 그 핵심에는 신과 초월적 세계(피안)에 대한 주관적 확신을 뜻하는 신앙이 있다. 종교는 이러한 신앙을 기초로 일정한 규범의 준수를 요구하는데, 국가권력에 의해 강제되는 타율적 규범인 법과 달리, 종교는 개인적 신앙에 따른 자율적 규범이라고 할 수 있다.

고대에는 제정일치가 되었기 때문에 법규범의 관념이 종교규범의 관념에 포괄되어 있었으므로 구분되지 않았다. 모세의 십계명이나 신라의 세속오계 등은 종교적 교리가 곧 법규범으로서 역할을 하여 법과 종교가 통치수단으로 밀접한 관계를 가지고 있었다. 특히, 중세 서구에서는 기독교와 법이 혼합되어 종교가 최고의 규범으로서 역할을 하여 소위 '교회법'이라는 이름으로 일반사회를 규율하기도 하였다. 근세 이후 정치의 탈종교화와 정교분리원칙의 성립으로 법과 종교가 분리되기 시작하였으며, 법은 국가권력에 의해 제정된 법을 의미하는 개념으로 변화하였다. 그러나 중세와 같이 교회법이 세속을 지배하였던 시기가 있으며, 그 결과 교회법의 많은 내용들이 세속법에 아직도 영향을 미치고 있는 상황이다.

종교과 법의 차이점에 대하여는 대략 다음과 같은 점이 거론된다. ① 법은 국가권력에 의하여 유지되고 있음에 반하여, 종교는 개인의 일정한 신앙심을 기초로 유지된다. ② 종교상 의무는 신과 피안에 대한 일면적인 것임에 반하여, 법에 있어서는 보통 권리·의무관계로서 법상의 의무는 양면적인 것이다. ③ 종교도 도덕과 같이 강제성 유무로 법과 차이가 있다.

국교를 인정하지 않는 자유민주주의 국가에서는 종교의 자유가 헌법상의 가치로 인정되는 것이 일반적이다. 우리 헌법 제20조 제1항은 "모든 국민은 종교의 자유를 가진다"고 규정하고 있다. 종교의 자유는 신앙의 자유와 종교적 행위의 자유를 포함하는데, 신앙의 자유는 종교의 자유에서 내심적 영역으로서 구체적으로는 어느 종교를 믿을 자유, 종교를 믿지 않을 무종교의 자유와 신앙을 변경할 자유를 말한다.

대법원은 군종장교가 종교활동을 수행하면서 소속 종단의 종교를 선전하거나 다른 종교를 비판한 것이 종교적 중립 준수 의무를 위반하였는지 문제된 사건에서 "종교의 자유에는 자기가 신봉하는 종교를 선전하고 새로운 신자를 규합하기 위한 선교의 자유가 포함되고, 선교의 자유에는 다른 종교를 비판하거나 다른 종교의 신자에 대하여 개종을 권고하는 자유도 포함되는바, 종교적 선전과 타 종교에 대한 비판 등은 동시에 표현의 자유의 보호대상이 되는 것이나, 그 경우 종교의 자유에 관한 헌법 제20조 제1항은 표현의 자유에 관한 헌법 제21조 제1항에 대하여 특별규정의 성격을 갖는다 할 것이므로 종교적 목적을 위한 언론·출판의 경우에는 그 밖의 일반적인 언론·출판에 비하여 고도의 보장을 받게" 된다고 판시한 바 있다.[4]

또 종교적 목적을 위한 언론·출판의 자유를 행사하는 과정에서 타 종교의 신앙 대상을 우스꽝스럽게 묘사하거나 다소 모욕적이고 불쾌하게 느껴지는 표현을 사용하는 것이 허용되는지 문제된 사건에서는 "우리 헌법이 종교의 자유를 보장함으로써 보호하고자 하는 것은 종교 자체나 종교가 신봉하는 신앙의 대상이 아니라, 종교를 신봉하는 국민, 즉 신앙인이고, 종교에 대한 비판은 성질상 어느 정도의 편견과 자극적인 표현을 수반하게 되는 경우가 많으므로, 타 종교의 신앙의 대상에 대한 모욕이 곧바로 그 신앙의 대상을 신봉하는 종교단체나 신도들에 대한 명예훼손이 되는 것은 아니고, 종교적 목적을 위한 언론·출판의 자유를 행사하는 과정에서 타 종교의 신앙의 대상을 우스꽝스럽게 묘사하거나 다소 모욕적이고 불쾌하게 느껴지는 표현을 사용하였더라도 그것이 그 종교를 신봉하는 신도들에 대한 증오의 감정을 드러내는 것이거나 그 자체로 폭행·협박 등을 유발할 우려가 있는 정도가 아닌 이상 허용된다고 보아야 한다"고 하였다.[5]

헌법재판소는 육군훈련소에서 기초군사훈련을 받는 훈련병에게 천주교, 개

---

4 대법원 2007. 4. 26. 선고 2006다87903 판결.

5 대법원 2014. 9. 4. 선고 2012도13718 판결.

신교, 불교, 원불교 중 하나의 종교행사 참석을 강제하는 행위는 특정 종교에 대한 우대가 될 뿐 아니라 국가와 종교를 상호 분리를 요청하는 정교분리 원칙에 반하고, 종교의 자유 침해에도 해당한다고 판단하였다.[6]

3. 법과 도덕

법과 도덕은 사회의 질서 유지를 위한 규범 체계로서 긴밀하게 연결되어 있지만, 근본적인 차이가 존재한다. 법은 강제적 규범으로서 개인의 자유와 권리에 제한을 두고 이를 위반할 경우 제재를 가하는 반면, 도덕은 사회구성원 간 상호 존중과 배려를 기반으로 하며 강제성이 없다. 그러나 법과 도덕은 중요한 사회규범으로서 기능하지만, 양자가 때로는 심각한 갈등을 빚기도 하기 때문에 이 둘이 어떤 관계에 있어야 하는지는 매우 어려운 문제이다. 살인죄, 강도죄와 같이 법이 도덕적 요구와 부합하는 경우도 있고, 교통법규나 대통령의 임기와 국회의 구성 등과 같이 도덕과 전혀 관계 없는 경우도 있다.

(1) 법과 도덕의 구분

법학에서는 법과 도덕을 구별하는 대표적인 두 관점이 있다. 첫 번째로 자연법론의 관점이다. 이들은 인간이 만드는 법은 그보다 더 궁극적인 도덕에 기초하고 그에 합치되어야만 법으로서의 효력을 갖는 것이며, '부정당한 법(unjust law)'이란 있을 수 없다고 주장하여 법과 도덕을 일원적인 것으로 본다. 두 번째로, 법실증주의의 입장이다. 이들은 법의 내용이 도덕에 반하더라도 법은 법이라고 보아 법과 도덕을 이원적으로 구별하려고 한다. 따라서 '악법도 법(dura lex, sed lex)'이기

---

6 헌법재판소 2022. 11. 24. 선고 2019헌마941 전원재판부 결정.

때문에 아무리 사악한 법이라도 적법한 절차에 따라 제정되기만 하면 법으로서의 효력을 가진다고 본다. 시민은 이 법을 지켜야 할 의무를 가지며, 다만 자기의 양심에 의하여 그 법을 지키지 않으려고 결단하는 것은 법의 문제가 아니라 도덕의 문제라고 설명한다.

위와 같이 사회규범으로서의 법과 도덕을 개념상 구분하는 것이 일반적이나, 양자는 가치기준이 상이하여 그 내용상의 차이에 관하여 많은 견해가 있다. 중요한 견해를 정리해 보면 다음과 같다.

1) 경험적 사실과 선험적 이성

법은 경험적(a posteriori) 사실에 의하여 성립하는 것이지만, 도덕은 선험적(a priori) 이성에 의하여 발생하기 때문에 타당성이 인정된다고 하는 견해이다. 그러나 도덕도 사회현실을 반영하기 때문에 경험적인 부분이 존재한다.

2) 외면성과 내면성

법은 인간의 외면적 행위를 규율하는 데 반하여, 도덕은 인간의 내면적 사상을 규율한다는 견해이다. 이 견해의 대표자는 슈타믈러(R. Stammler, 1856-1938)이다. 가령, 내심에 국가에 대한 불온한 사상을 품는다 하더라도 그것을 실행하지 않는다면 법적으로 처벌되지 아니하는 반면, 도덕적으로는 간음의 마음을 갖는 것도 용서되지 않는다고 본다. 이 구별은 사상의 자유를 보장할 수 있는 실제적 가치가 있는 견해이다. 그러나 막스 베버(M. Weber, 1864-1920)가 지적하였듯이 행위란 주관적 의사와 결부되어 성립하는 인간의 태도를 말한다. 즉, 인간의 외면적 행위는 그의 내면적 의사와는 분리하여 생각할 수 없다. 따라서 법은 외면의 행위뿐만 아니라 인간의 내면적 의사까지도 규율한다고 해야 한다. 예컨대, 형법에서는 과실범과 같이 법률에 특별한 규정이 있는 경우를 제외하고는 고의가 있는 경우만이 처벌의 대상으로 된다. 따라서 형사책임의 존재를 결정하는 경우에는 사람의 내면적 의사가 중요한 표준으로 된다. 또 민법상 과실책임주의를 취하고 있으므로 원칙적으로 무과실이라는 심리상태에 있었다면 책임이 없게 된다. 또한 사법에서는 선의·악의라는 말이 사용되는데, '선의(善意)'라 함은 관계되는 사실을 몰랐다는 것이며, '악의(惡意)'는 그것을 알고 있었다는 것이므로 내심의 지(知)·부지(不知)가 중요한 법률상의 차이를 가져온다. 한편 도덕도 외면적 행위까지 평가의 대상으로 삼는 경우가 있다. 아무리 내심에서 도덕적 마음을 가지고 있더라도 외부에 그것을 실천하지 않는다면 인정을 받지 못하게 되므로 이 구별도 타당하다고 볼 수 없다. 라드브루흐(G. Radbruch, 1878-1949)는 견해를 수정하여 법은 내면을 주시하면서도 그 관심방향을 외부에 두고, 도덕은 외면을 주시하면서도 그 관심방향은 내면에 견주고 있다고 하였다.

3) 합법성과 도덕성

칸트는 법과 도덕의 구별은 오로지 '동기'의 문제라고 주장한다. 다시 말해서 법은 어떠한 행위도 그것이 합법적인 이상 그 동기는 문제 삼지 않으며, 도덕은 도덕적 의무감을 행위의 동기로서 요구한다. 입법의 대상은 법적 영역이든 도덕적 영역이든 상관없을 수 있다. 다만, 도덕은 행위의 동기를 의무감으로 한정하지만, 법은 그렇지 않다는 것이다. 약속을 지키는 것은 법적으로나 도덕적으로나 모두 의미 있다. 그러나 그것이 진정으로 도덕적인 것이 되기 위해서는 약속에 대한 의무감이 필요한 반면, 법에서는 그러한 동기를 문제 삼지 않는다. 채무자가 의무감에서 채무를 이행하든, 강제집행보다 자발적 이행이 좋다고 판단하여 이행하든 법은 상관하지 않는다. 그러나 도덕적으로는 차이가 있는 것이다.

4) 타율성과 자율성

법은 타율성(Heteronomie)을 가지는 데 반하여, 도덕은 자율성(Autonomie)을 가진다는 것인데, 칸트가 개인주의, 형식주의적 도덕철학에 의해 구별한 견해이다. 즉 법은 외부에서 강요당하기 때문에 지켜지는 것임에 반하여 도덕은 외부에서 강요하지 않더라도 스스로 자각하여 실천되는 규범이라는 것이다. 그러나 엄밀히 말해서 법이나 도덕은 모두 외부에서 강요되며, 그 준수 여부 역시 타율적인 것이라고 해야 한다.

5) 양면성과 일면성

법에는 권리에 대응하는 의무가 있듯이 양면성을 가지는 데 반하여, 도덕에는 의무만 있는 편면성만을 가진다고 하는 견해이다. 즉 법적 의무에는 이에 상응한 권리가 있으나, 도덕적 의무에는 이에 대응하는 권리가 없다고 한다. 그러나 도덕도 사람과 사람 사이에서 지켜야 할 도리인 이상, 그 의무도 사회라는 대상이 있다고 해야 한다. 예컨대 "국가는 사회보장과 복지의 증진에 노력할 의무를 진다"(헌법 제34조 제2항)는 국가의 의무와 국민의 근로 의무(헌법 제32조 제2항)가 구체적인 상대방에게 구체적 권리를 부여하지 않는다 하더라도 추상적으로 관념화하는 것까지 불가능하다는 것은 아니다.

6) 강제성과 비강제성

법은 그 실현이 국가의 강제력에 의해 보장되는 데 반하여, 도덕은 그러한 강제력이 없다는 견해이다. 예링이나 켈젠은 법과 도덕의 차이를 법이 강제(Zwang)와 결부되고 있는 점에 구하였다. 즉, 법은 국가적 강제규범으로서 외부적으로 정치사회의 지배적 권력이나 조직된 국가권력에 의하여 그 준수가 강제되므로 타율성을 그 요소로 하고 있음에 반하여, 도덕은 이러한 외부적 권력에 의하지 아니하고 사람의 양심에 의하여 유지되므로 자율성을 그 본질로 한다. 생각건대, 도덕은 각인의 인격완성을 목적으로 하는 규범으로서 그 규범의 유지력과 제재는 개인적인 것이 원칙이다. 그러나 이에 반하여, 법은 사회생활에 있어서의 질서유지를 직접적인 목적으로 하는 규범으로서 법의 유지력은 국가적·권력적인 것이며, 그 제재도 국가적·권력적인 강제성을 가진다는 데 그 특색이 있다.

(2) 법과 도덕의 관계

법과 도덕이 각기 성격이 다른 사회규범이라고 하여 양자가 무관계하다는 것은 아니다. 우리들의 사회생활에서 양자는 다른 성격과 기능을 가지면서도 서로 밀접한 관계를 가지고 있다. 법과 도덕이 완전히 동일한 경우가 있다. 예컨대, '살인하지 말라', '타인의 물건을 훔치지 말라'는 규범은 도덕이면서 곧 법이 되는 것이다. 법과 도덕이 모두 사회규범에 해당되므로 일치하는 경우가 생기는 것은 당연하다. 다만, 법은 강제력이 부과된다는 면에서 모든 도덕을 법으로 정할 수는 없다. 따라서 도덕 중 반드시 지켜져야 할 최소한을 법으로 정하게 된다. 이러한 의미에서 옐리네크는 "법은 도덕의 최소한"이라고도 하였다. 때로는 법이 도덕적 기준을 반영하기도 하지만, 반대로 도덕이 법의 변화를 촉구하기도 한다. 예컨대 역사적으로 인권을 보호하기 위한 법률이 도덕적 요구에 의해 제정되거나 개정된 예가 많다.

또 슈몰러(G. Schmoller, 1838-1917)는 "법은 최대한의 도덕"라 하여, 도덕이 사회생활의 전면에 걸쳐 확대됨을 지적했다. 관점은 다르나 모두 양자의 관계를 말한 것이다.

법은 많은 도덕적 규범을 그 속에 내포하고 있다. 절도나 살인을 하여서는 안 된다고 하는 도덕규범은 형법 제250-제256조 및 제329조-제346조와 상통하는 것이다. 또 민법의 신의성실의 원칙(제2조 제1항)이나 공서양속의 규정(제103조)은 도덕적 규범을 그대로 법의 내용으로 옮긴 것이라 하겠다. 이와는 반대로 법의 내용이 도덕화하는 경우도 많다. 원래는 도덕적 성질을 전혀 갖지 않는 도로교통법상 자동차의 우측통행(제11조 제3항)이나 보행자의 좌측통행(제8조 제2항)과 같은 기술적 사항에 불과한 것들이 일단 법규범이 되면 이를 준수하는 것이 도덕적으로 되는 것이다. 라드브루흐는 이를 "도덕의 왕국에의 법의 귀화"라 하였다. 특히 오늘날의 복지국가에서는 국민의 생활을 배려하여 종래 개인의 도덕에 맡겨졌던 영역에 국가가 개입하게 되어 법과 도덕은 다시 밀접한 관계를 갖게 되었다.

그렇다 하여 법과 도덕은 그 내용에 있어서 완전히 융합될 수 있는 것은 아니다. '부부는 서로 사랑해야 한다'든가, '자녀는 부모에게 효도해야 한다'든가 하는 등의 도덕률은 법으로 강제될 성질의 것은 아닌 것이다. 반대로 '다수결의 원리', '소멸시효', '공소시효' 등은 도덕적 견지에서 본다면 반드시 납득될 수 있는 것은 아니다. 그러므로 법과 도덕은 그 내용에 있어서 서로 교차하는 두 개의 원과 같은 관계를 가지고 있다 하겠다.

도덕은 개인의 양심이나 사회적 비난에 의하여 그 실효성이 뒷받침된다. 따라서 도덕은 사회적 비난에 둔감하고 양심이 박약한 사람에게는 별 실효성이 없다. 이에 반하여 법은 국가권력에 의한 물리적 강제력에 의하여 그 실효성이 뒷받침되고 있다. 따라서 법에 의한 강제는 도덕에 의한 경우보다도 훨씬 실효적이라고 할 수 있다. 그런데 도덕규범 중에서 특히 중요하다고 필요하다고 판단되는 것은 법에 의하여 강제되어 실효성이 주어지게 된다. 반대로 법은 강제력에 의해 지켜지기를 요구하지만 도덕과 같은 준법정신의 뒷받침 없이는 아무리 엄벌을 처한다 해도 실효성을 가질 수 없게 된다. 여기서 도덕이 법에 대해 후견적인 역할을 하여야 할 이유가 있는 것이다. 따라서 법과 도덕은 그 효력에 있어서 상호보완적 역할을 수행하고 있다고 할 수 있다.

법과 도덕은 상호 유기적 관계를 유지하면서 구성원 간의 갈등을 최소화하고 공동생활을 유지·발전시키는 기능을 하지만, 때로는 부조화 내지 갈등 상황을 빚기도 하기 때문에 양자의 관계를 어떻게 규정할 것인지는 늘 어려운 문제에 속한다. 이를 이해하기 위해 몇 가지 사안들에 대해 살펴보고자 한다.

1) 선한 사마리아인의 법

법과 도덕의 경계에 서 있는 예로 '선한 사마리아인의 법(Good Samaritan Law)'을 들 수 있다. 이 이야기는 〈신약성서〉에서 유래한다. 어느 날, 한 유대인이 예루살렘에서 예리코(여리고)로 가던 중 강도를 만나 본인이 입고 있던 옷을 모두 빼앗기고 강도에게 맞아 위태로운 상태가 되었다. 그 유대인이 쓰러져 있던 길에 한 유대인 제사장이 지나가다가 그를 발견했지만 못 본 척 지나쳐 버렸고, 이후 레위 사람도 지나가다가 그를 발견했지만 못 본 척하고 피하였다. 그러나 당시 사회에서 혐오와 차별을 받던 사마리아인이 그 유대인을 발견하자, 연민을 느껴 치료하고 돌보아 주었다고 한다.[7] 선한 사마리아인의 이야기는 오랜 기간 서양의 기독교 문화권에서 도덕적 의무를 법규범으로 발전시키고자 하는 토대가 되었다. 프랑스 형법 제223-6조(범죄의 불저지 및 구조불이행) 제2항은 "자기 또는 제3자의 위험을 초래함이 없이 개인적 행동에 의하여 또는 구조의 요청에 의하여 위험에 처한 타인을 구조할 수 있었음에도 불구하고 고의로 이를 하지 아니한 자에게는 5년의 구금형 및 75,000유로의 벌금에 처한다"고 규정하여, 타인의 위험을 방관하는 행위를 법적으로 처벌하고 있다. 독일 형법 제323조c(구조불이행죄)는 "사고, 공공의 위험 또는 긴급상황 발생 시 필요하고 제반사정에 비추어 기대가능한 구조행위, 특히 자신에 대한 현저한 위험 및 기타 중요한 의무의 위반 없이도 가능한 구조행위를 행하지 아니한 자는 1년 이하의 자유형 또는 벌금형에 처한다"고 규정하고 있다. 그 밖에 유럽의 여러 나라도 구조의무를 이행하지 않은 '나쁜 사마리아인'들을 처벌하는 규정을 두고 있다. 우리나라 형법에는 '선한 사마리아인 법'을 두지는 않고, 형법 일부개정 법률안으로 '구조불이행죄'를 명문화하기 위한 입법안이 다수 발의된 바 있다. 다만 2008년 〈응급의료에 관한 법률〉('응급의료법')은 선의의 응급의료에 대한 면책규정을 신설하였는데, 이를 두고 우리나라의 '선한 사마리아인의 법'이라 일컫는다. 제5조의2(선의의 응급의료에 대한 면책)은 "생명이 위급한 응급환자에게 응급의료 또는 응급처치를 제공하여 발생한 재산상 손해와 사상에 대하여 고의 또는 중대한 과실이 없는 경우 그 행위자는 민사책임과 상해에 대한 형사책임을 지지 아니하며 사망에 대한 형사책임은 감면하도록 한다"고 규정하고 있다. 그런데 이것이 과연 '선한 사마리아인의 법'인지 강한 의구심이 든다. 예컨대, 응급구조 상황에서 도움을 제공하다가 구조를 받던 사람이 사망하면, 의료

---

7 〈신약성서〉, 루카(누가) 10: 33-35.

인(혹은 도움을 제공한 자)은 고의·과실이 없더라도 민사상 책임은 부담해야 하는 문제점이 생긴다. 실제로 2018년 5월 경기도 부천의 한의원에서 봉침 시술을 받은 환자가 아나필락시스 쇼크가 오자 한의사는 같은 층에서 개원 중인 가정의학과 전문의에게 도움을 요청하였고, 해당 한의사의 요청에 따라 선의로 응급처치에 나선 가정의학과 전문의는 그 환자가 사망하자 한의사와 함께 수억 원대의 손해배상을 구하는 민사소송의 피고가 되어 소송에 휘말린 사건이 있었다. 항소심은 환자를 도운 가정전문의 의사에게는 손해배상책임이 없고 한의사에게만 손해배상책임이 있다고 인정하였다.[8] 이 사건으로 선의의 응급의료를 처벌하거나 이에 대해 손해배상책임을 묻는 것이 과연 타당한지에 대해 사회적 논란이 일었고, 우리 사회가 선한 사마리아인을 잃지 않도록 해야 한다는 지적이 있었음에도 불구하고, 해당 가정의학과 의사가 송사에 휘말리는 것을 보면서 일단 의료사고가 발생하면 의사가 과도한 민·형사상 책임을 질 수 있다는 우려가 확대되어 이 사건은 응급의학과 등 필수의료 과목을 기피하는 현상이 심화되는 데에 어느 정도 일조를 하였다.

'선한 사마리아인의 법'은 타인을 돕는 도덕적 의무를 법적 강제로 전환함으로써, 사회구성원들에게 타인의 위험에 대한 최소한의 사회적 책임을 부과하고자 한다. 그러나 내면의 자발적 동기로부터 실천되어야 할 도덕적 의무를 법적으로 강제하면 본래의 그 선한 가치를 훼손시킬 뿐만 아니라 법의 지나친 개입으로 도덕적 행위의 자유가 축소될 위험이 있다.

2) 간통(부정행위)

간통죄는 모세의 십계 중 "간음하지 말라"는 계율에서도 볼 수 있듯이 오래전부터 도덕적, 법적 제제 대상이었다. 그러나 현대의 간통죄는 그것이 규정되어 있기 때문에 그 처벌이 당연시되어 온 면이 있다. 제도는 그 자체에 유지의 속성

---

8 서울고등법원 인천재판부 2023. 6. 9. 선고 2020나11351 판결.

이 있다. 하지만, 특히 성(性)에 관련된 형사처벌 문제는 당대의 시대정신에 따라 합헌성 여부에 대해 검토할 필요가 있다.

도덕 위반이 모두 범죄가 되는 것은 아니며, 성도덕에 관해서는 더욱 그러하다. 성도덕을 모두 형법전에 규정하는 것은 불가능한 일이며, 형법이 성도덕 유지의 선봉에 서는 것도 안 될 일이다. 성도덕 보호를 위해 국가형벌권을 사용하는 것은 개인의 가장 내밀한 사적 영역에 대한 국가권력의 개입이므로 최대한 자제되어야 한다. 형벌의 기본 역할은 사회도덕 유지에 있지 않다. 성문화란 자유의사를 가진 사회구성원들에 의한 결정이 집합되고 화학반응을 일으켜 만들어지고 변화해 가는 존재로서 사회의 자율과 진화에 맡겨야 할 문제이다.

그러한 이유로 선진국에서도 전통적으로 간통죄 처벌규정은 존재하였으나, 현재는 대부분 폐지되었다. 주요국들의 예를 보면, 노르웨이는 1927년에, 덴마크는 1930년에, 스웨덴은 1937년에, 스위스는 1990년에, 오스트리아는 1996년에, 독일은 1969년에, 여자를 더 엄하게 처벌하는 남녀차등 처벌주의였던 프랑스는 1975년에, 여성일방 처벌주의였던 일본은 1947년에 각 간통죄를 폐지하였고, 이탈리아는 1968년, 1969년에 걸친 일련의 헌법재판소의 위헌판결로 간통죄 규정이 실효되었으며, 미국의 경우엔 현재 16개 주에서 간통죄 처벌규정을 두고 있으나 사실상 사문화되어 있고, 1955년 미국법률협회가 제정한 모범형법전(Model Penal Code)에서는 간통죄 규정을 삭제하였다. 현재 서유럽 국가 중에서는 스위스, 오스트리아만이 간통죄 처벌규정을 두고 있는 실정이다. 아시아에서는 중국, 북한에도 간통죄 규정은 존재하지 않는다. 한편, 1996년에 간통죄를 폐지하였던 튀르키예에서 이슬람 세력의 주도로 2004년 간통죄를 부활시키려 하였으나, 유럽연합(EU)이 해당 법안이 통과될 경우 튀르키예의 유럽연합 가입협상을 시작할 수 없다고 완강히 반대하여 튀르키예에서 이를 포기한 바 있다.

조선 시대에서는 간통에 대하여 남녀 공히 처벌하되 여성을 더 중하게 처벌하는 법이 존재했고, 갑오경장 이후 제정된 우리나라 최초의 근대형법인 1905년 형법대전에서도 종전 조선왕조의 법전에 따라 간통을 처벌하는 규정을 둔 바 있다. 일제강점기에서도 일본 형법의 적용으로 동일하게 유지되었다. 해방 후 1953년 형법을 제정할 때 간통죄 존폐 여부를 두고 논란이 일었는데, 정부안이 통과됨으로써 간통 처벌의 역사가 시작되었다.

(구) 형법 제241조(간통)

① 배우자 있는 자가 간통한 때에는 2년 이하의 징역에 처한다. 그와 상간한 자도 같다.

② 전항의 죄는 배우자의 고소가 있어야 논한다. 단 배우자가 간통을 종용 또는 유서한 때에는 고소할 수 없다.

헌법재판소는 간통죄에 대해 1990년, 1993년, 2001년, 2008년 네 차례에 걸쳐 합헌결정을 내렸으나, 2015년 (구)형법 제241조의 위헌법률심판제청 사건[9]에서 합헌의견 2인, 위헌의견 7인으로 기존의 태도를 변경하였다. 위헌결정으로 이 조항은 효력을 상실하게 되었다. 간통죄가 입법화된 지 62년 만에 사라지게 된 것이다. 그동안 간통죄에 대한 사회일반의 인식이 실제로 크게 변화된 까닭인가?[10] 주요국들의 비범죄화 추세를 고려한 정책적 결정인가?

7인의 다수의견(위헌)은 다음과 같다.

최근 전통적인 가족 구조 및 가족 구성원의 역할이나 지위에 대한 인식이 변화하고 있고, 급속한 개인주의 및 성개방적 사고가 확산됨에 따라 결혼과 성에 대

9 헌법재판소 2015. 2. 26. 선고 2009헌바17 등 결정.

10 한국여성정책연구원이 2014년 6월 24일부터 6월 27일까지 전국 만 19세 이상 남녀 2,000명을 대상으로 간통경험 및 태도에 관한 인터넷 패널조사에 따르면, '간통죄가 있어야 한다'는 의견 64.4%, '원칙적으로는 없어져야 하지만 아직은 이르다'는 의견 21.2%, '없어져야 한다'는 의견이 18.5%로 나타났다(한국여성정책연구원, 〈여성·가족 관련 법제의 실효성 제고를 위한 연구(II) – 간통죄에 대한 심층분석〉, 박선영·송효진·구미영·김정혜·유혜경, 연구보고서 16-1, 2014, 56-58쪽).

한 인식도 바뀌어 가고 있다. 성과 사랑은 형벌로 통제할 사항이 아닌 개인에게 맡겨야 하는 문제로서 부부간의 정조의무를 위반한 행위가 비도덕적이기는 하나, 법으로 처벌할 사항은 아니라는 것이다. 또한, 오늘날 우리 사회는 가치판단에 있어서 전통적인 성도덕의 유지 내지 부부간 정조의무 보호라는 법익 못지않게 성적 자기결정권을 자유롭게 행사하는 것이 개인의 존엄과 행복추구의 측면에서 더한층 중요하게 고려되는 사회로 변해 가고 있다는 점도 무시할 수 없다. 이러한 사회 구조의 변화, 결혼과 성에 관한 국민의 의식 변화, 그리고 성적 자기결정권을 보다 중요시하는 인식의 확산에 따라, 배우자 있는 사람이 배우자 아닌 사람과 성관계를 하였다고 하여 이를 국가가 형벌로 다스리는 것이 적정한지에 대해서는 이제 더 이상 국민의 인식이 일치한다고 보기 어렵게 되었다. (…) 특정한 행위를 범죄로 규정하여 국가가 형벌권을 행사할 것인지, 아니면 단순히 도덕의 영역에 맡길 것인지 하는 문제는 그 사회의 시대적인 상황·사회구성원들의 의식 등에 따라 결정될 수밖에 없다. 우리의 생활영역에는 법률이 직접 규율할 영역도 있지만 도덕에 맡겨 두어야 할 영역도 있다. 도덕적으로 비난받을 만한 행위 모두를 형벌의 대상으로 삼는 것은 사실상 불가능하다. 개인의 성행위와 같은 사생활의 내밀영역에 속하는 부분에 대하여는 그 권리와 자유의 성질상 국가는 최대한 간섭과 규제를 자제하여 개인의 자기결정권에 맡겨야 한다. 국가형벌권의 행사는 중대한 법익에 대한 위험이 명백한 경우에 한하여 최후의 수단으로 필요 최소한의 범위에 그쳐야 한다. 성인이 서로 자발적으로 만나 성행위를 하는 것은 개인의 자유 영역에 속하고, 다만 그것이 외부에 표출되어 사회의 건전한 성풍속을 해칠 때 비로소 법률의 규제를 필요로 한다. 그런데 성도덕에 맡겨 사회 스스로 질서를 잡아야 할 내밀한 성생활의 영역에 국가가 개입하여 형벌의 대상으로 삼는 것은, 성적 자기결정권과 사생활의 비밀과 자유를 침해하는 것이다. 비록 비도덕적인 행위라 할지라도 본질적으로 개인의 사생활에 속하고 사회에 끼치는 해악이 크지 않거나 구체적 법익에 대한 명백한 침해가 없는 경우에는 국가권력이 개입해서는 안 된다는 것이 현대 형법의 추세이다. 이에 따라 전 세계적으로 간통죄는 폐지되고 있다.

반면에 2인의 반대의견(합헌)은 다음과 같다.

헌법상 기본권으로 보장되는 자기운명결정권은 인격의 주체가 자기의 인격을 형성하고 발현하기 위하여 자기 자신에 관한 사항을 자율적으로 결정할 수 있는 인격적 자율권을 말하는 것이고, 이는 이성적이고 책임감 있는 사람을 전제로 하는 것이다. 두 개인이 스스로의 자유로운 의사에 따라 형성하여 공동으로 영위하는 가족생활에 있어서 부부는 혼인에 따르는 의무와 책임을 부담하여야 한다. (…) 그런데 배우자 있는 자의 간통은 혼인이라는 사회적 제도를 선택하는 자기결단을 한 자가 혼인에서 비롯된 성에 대한 성실의무를 위배하는 행위라는 점에서, 그리고 그러한 점을 알면서 상간하는 것은 사회적·법적 제도로서의 혼인을 보호하는 공동체를 부정하는 것이라는 점에서, 이러한 행위까지 성적자기결정권의 보호영역으로 포섭하는 다수의견에는 선뜻 동의하기 어렵다. 이성이 서로 사랑하고 정교관계를 맺는 것은 자기결정권의 보호영역이라고 할 수 있지만, 간통 및 상간행위는 자신만의 영역을 벗어나 다른 인격체나 공동체의 법익을 침해하는 행위이기 때문에 성적자기결정권의 내재적 한계를 벗어나는 것이 아닌가 하는 의문이 든다. (…) 일부일처제에 기초한 혼인제도 및 가족생활을 보장하고 부부간 성에 대한 성실의무를 지키게 하기 위한 것으로 헌법 제36조 제1항의 규정에 의하여 국가에 부과된, 개인의 존엄과 양성의 평등을 기초로 한 혼인과 가족생활의 유지·보호의무의 이행을 위한 것이다. 이러한 점에서 볼 때, 일부일처제에 기초한 혼인이라는 사회적 제도를 훼손하고 '본인·배우자 및 가족의 인격권·행복추구권'의 실현을 위한 기본적 토대가 되는 가족공동체의 유지·보호에 파괴적인 영향을 미치는 행위를 인격권·행복추구권에서 연유하는 개인의 성적자기결정권이라는 범주 아래 용인하는 것이 과연 타당한가에 대해서는 강한 의문을 표하지 않을 수 없다.

'간통죄'는 이제 형사처벌의 대상이 되지는 않지만, 부정행위를 한 자는 아무런 법적 제제를 받지 않는 것일까? 우리 민법은 배우자 있는 자의 부정행위에 대해 민사상 손해배상책임을 인정하고 있다(제843조, 제806조). 부도덕한 행위에 대한 손해배상 역시 국가적 강제의 한 형태이다. 대법원은 "부부의 일방이 부정행위를 한 경우에 이는 민법 제840조에 따라 재판상 이혼사유가 되고, 부부의 일방은 그로 인하여 배우자가 입게 된 정신적 고통에 대하여 불법행위에 의한 손해배상의무를 진다"고 판시하였다.[11] 앞서 살펴본 간통죄 처벌 조항을 위헌으로 판단한 헌법재판소 결정에서, 다수의견에 따르면 간통행위는 '성적 자기결정권'의 자유로운 행사이므로 부정행위를 기본권의 행사로 본다는 것인데, 이는 법이 강제할 수 있는 영역에서 도덕과 양심의 영역으로 회귀시킨 것이다. 이는 불법행위책임의 성부를 판단할 때에도 동일하게 적용될 수 있는 것이다. 앞으로 이 문제에 대한 판례의 변화 가능성에 대해 주목해 보아야 할 것이다.

III. 법의 목적

1. 서설

법이 추구하는 이념 혹은 목적이란 무엇인가? 이는 법을 통해 우리가 궁극적으로 추구하는 바가 무엇인가 하는 물음이다. 법의 이념은 현실에서 완전하게 실현될 수 없을지라도 추구해 가야 할 가치로서, 법체계 전반을 지도하는 원리이다. 그러한 의미에서 개별법이 추구하는 목적과는 차이가 있다. 개별법에서의 목적은 목적조항(주로 제1조에 규정)부터 실체적 조항을 살펴보면 알 수 있다. 예컨대

11 대법원 2014. 11. 20. 선고 2011므2997 전원합의체 판결.

부정경쟁방지법 제1조는 "이 법은 국내에 널리 알려진 타인의 상표·상호(商號) 등을 부정하게 사용하는 등의 부정경쟁행위와 타인의 영업비밀을 침해하는 행위를 방지하여 건전한 거래질서를 유지함을 목적으로 한다"고 규정하고 있다. "건전한 거래질서유지"라는 목적은 이 법을 운용하고 해석하는 데 있어 기본적인 방향을 제시하는 역할을 한다.

그렇다면 법질서 전체에 걸쳐 공통적인 목적은 무엇인가? 법의 목적으로 거론되는 보편적 가치 내지 이념에 대해서는 다양한 견해가 존재한다. 플라톤과 아리스토텔레스는 "정의를 원칙으로 하는 도덕생활의 실현에 있다"고 하였고, 루소(J-J. Rousseau, 1712-1778)는 "개인의 자유와 평등을 확보하고 이를 발전시키는 데 있다"고 하였다. 칸트는 법의 목적을 "도덕적인 개인 인격의 확보에 봉사하는 데 있다"고 보았으며, 벤담(J. Bentham, 1748-1832)은 "최대다수의 최대행복 증진에 있다"고 하였다.

현대법학에서는 이러한 주장들 중 독일의 법학자인 라드브루흐가 주장한 '정의', '합목적성', '법적 안정성'을 들어 설명하는 것이 일반이다. 이 3요소는 상호보완관계에 있는 것인데, 정의만 중시하면 "세상이 망하더라도 정의를 세우라"는 주장이 가능하며, 합목적성만 강조하면, "국민이 원하는 것이 법이다"라는 주장이 가능하고, 법적 안정성만을 중시하면 "정의롭지 않은 법도 무질서보다 낫다"는 주장이 가능하게 된다. 따라서 법은 이 3요소 중 일면만을 강조할 수 없고, 법적 안정성뿐만 아니라 합목적성 그리고 정의도 함께 고려해야 균형을 이룰 수 있는 것이다. 이하 라드브루흐의 3요소를 중심으로 설명하도록 한다.

2. 정의

정의(Justice)란 무엇인가? 이 물음은 법철학의 가장 근본적인 문제로서 오랫동안 논의되어 왔다. 서양 법철학에서는 '법'과 '정의'는 불가분의 관계에 있는 것으로 생각하였다. 따라서 모든 법의 공통되는 목적으로 정의를 꼽는 데는 이견이 없다. 그리스에서는 법(Dike)와 정의(Dikaion)는 언어적으로도 불가분의 것으로 간주되었으며, 로마에서도 법(Ius)은 정의(Iustitia)에서 유래한 것이며, 로마의 법학자 켈수스(Celsus)가 언급한 이래로 법은 '정의와 형평의 기술'이라고 한다. 전통적으로 정의는 '인간의 인간에 대한 정당한 관계' 또는 '각자에 그의 몫을 가지게 하는 것'이라고 한다. 그러나 '정의가 무엇인가'에 대해서는 많은 법학자들에 의하여 다양하게 설명되었다.

이상주의 철학자 플라톤은 정의를 인간의 이성에서 찾으려 했다. 그는 덕(德)을 '지혜', '용기', '절제', '정의'로 나누고, 정의의 본질을 공동생활에서 자신의 본분을 지키는 것, 즉 정의란 각 계급 사이의 정당한 관계이며, 이를 지킴으로써 이성이 지배하여 각자의 직분을 다하고 하위계급도 이성의 지휘를 따르도록 하려는 것이라 하였다. 그는 정의야말로 최고의 덕이라 하고, "자기 자신의 것을 행하라"는 명제를 제시하였다.

정의의 개념을 최초로 이론화한 사람은 아리스토텔레스였다. 그는 정의를 우선 윤리학의 견지에서 고찰하고, 정의를 사람이 준수하여야 할 최고의 덕이라고 함과 동시에 정의는 단순한 개인의 도덕이 아니고 각자가 타인과의 관계에서 실현하여야 할 '사회적인 도덕'이라 하였다. 아리스토텔레스는 정의를 광의와 협의로 나누었다. 광의는 일반적 정의로서, 인간의 심정 및 행동을 공동생활의 일반원칙에 적합하게 하는 것, 즉 아테네의 법을 준수하는 것이라고 하였다. 협의의 정의는 법의 구체적 원리에 따라 각자의 물질적 및 정신상의 이해를 평등하게 하는 것이라고 말하며, 평등을 특수한 정의로 보았다. 이 특수한 정의는 다시 '평균적 정의(commutative justice)'와 '배분적 정의(distributive justice)'로 구별하였다. 평균적 정의는 인간은 모두 동일한 가치를 가지는 것이므로 평등하게 다루어야 한다는 것이 형식적 평등의 원리이다. 따라서 매매, 노동에 있어서 급부에 상응한 반대급부가 행해져야 한다고 하고, 특히 선거권, 국민투표권과 같은 정치적·시민적 권리영역에서는 형식적 평등은 절대적 평등을 요구한다. 배분적 정의는 비례적 평등을 의미하는데, 이는 단체와 그 구성원 사이의 관계를 조화하는 정의로서, 단체생활에 있어서 각인은 제각기 상이한 능력과 가치를 갖고 있음을 전제로 그 가치의 차이에 따른 취급을 하여야 한다는 실질적 평등의 원리이다. 예컨대, 능력이 있는 자에게 성과급을 지급하거나 공적이 있는 자에게 훈장을 주는 것이나, 부유한 자에게는 많은 세금을 부과한다든가, 가난한 사람에게는 면세를 하는가 하는 것이 이에 해당한다. 이러한 아리스토텔레스의 정의론에 의하면 민법, 상법과 같은 사법 영역은 평등한 개인과 개인과의 관계를 규율하는 것이므로 평균적 정의에 입각한다고 할 수 있으며, 이에 대하여 형법과 같은 공법 혹은 노동법, 경제법, 사회보장법과 같은 사회법은 배분적 정의에 입각한 것이라 할 수 있다. 역사적으로 보면 봉건시대 신분제 사회는 배분적 정의가 지배했으나, 시민법 원리에 입각한 근대 시민사회는 평균적 정의가 지배한 사회였다. 그런데 20세기 현대사회에 와서는 독점, 권리남용, 환경오염 등의 문제로 인해 시민법 원리를 수정하는 이념으로 또다시 배분적 정의가 중시되었다. 이른바 '시민법으로부터 사회법으로'라는 변화가 일어났다. 아리스토텔레스의 정의론은 개인주의와 단체주의의 양 측면을 고려하고, 그 조화를 꾀한 것으로서 오늘날의 정의론에 결정적인 영향을 미쳤다.

중세에는 법철학이 신학의 일부로 발전하였다. 교부철학(教父哲學)의 대표자는 아우구스티누스(St. Augustinus, 354-430)는 교회의 국가에 대한 근본적인 우월성을 인정하고, 국가에 대하여는 인간생활의 질서를 유지하기 위한 수단으로서의 의의를 부여하였다. 그는 정의를 사랑(caritas)과 같은 것으로 보고, 유일한 수단으로서의 의의를 부여하였다. 그는 정의를 사랑과 같은 것으로 보고, 유일한 신을 신봉하는 것이 곧 정의라고 생각하였다. 스콜라철학의 최대 이론가인 토마스 아퀴나스(St. Thomas Aquinas, 1224-1274)는 아리스토텔레스 철학을 그리스도교적 견지에서 새로이 해석하려고 하였다. 정의를 일반적 정의와 특수적 정의로 나누고, 일반적 정의는 지상의 모든 덕을 정의에 포함시키고, 특수적 정의는 배분적 정의와 평균적 정의로 분화된다고 하였다.

아리스토텔레스 이후에도 정의에 대한 논의는 계속되어 왔으며 다양한 견해들이 제시되었다. 대표적인 학자가 라드브루흐이다. 라드브루흐는 법에서 말하는 정의는 윤리적인 선의 형태로서 인간의 자질이나 덕목으로 보는 것과는 구별되어야 한다고 보아 법에서 다루는 정의는 객관적인 정의로서 인간의 의지, 심정, 성격과 같이 인간 자체를 평가하는 것이 아니라 인간 상호 간의 관계, 이상적인 사회질서를 대상으로 하는 정의라고 보았다. 그리하여 아리스토텔레스의 정의론에 따라 정의를 평균적 정의와 배분적 정의로 구분하였다. 평균적 정의는 병렬관계(Nebensordung)에 있는 정의로서 사법상의 정의이고, 그 본질은 재화들 사이의 절대적 평등이라 한다. 배분적 정의는 상하질서(Über-und Unterordnung)에 있는 정의로서 공법상의 정의이고, 그 본질은 인격들을 취급하는 비례적 평등이라 하였다. 평등적 정의는 평등한 개인 상호 간의 정의이므로, 그 전제로서 우선 배분적 정의가 적용되어 당사자를 평등한 입장(예: 평등한 권리, 평등한 교환능력, 평등한 신분)을 만들어 주어야 한다고 주장하였다. 따라서 배분적 정의가 정의의 근원적 형태이고 법의 가치기준이며 입법의 목적이라 하였다. 왜냐하면 평균적 정의는 배분적 정의라는 공적 작용을 견제하는 역할을 하고 있기 때문이다. 따라서 정의의 판단은 각자의 가치관 내지 세계관에 따라 결정될 수밖에 없다고 보았다. 또한 그는 정의는 절대적 가치로서 법은 정의에서 나오는 것으로 이해하였다. 따라서 정의를 추구하지 않는 법은 악법이 아니라 법 자체가 될 수 없다고 하였다. 다만, 라드브루흐의 견해에 의하면 법의 목적은 정의만으로 설명될 수 없으며 법의 합목적성과 법적 안정성이 삼위일체를 이루어야 한다.

3. 합목적성

'합목적성'이란 말 그대로 목적에 맞추어 방향을 결정한다는 것을 의미한다. 법이 정의만 지향한다고 할 경우에 실제 적용에 있어서는 불합리한 결과가 나타날 수도 있다. 그러므로 법에 있어서 구체적 타당성을 실현시킬 수 있는 가치가 필요하게 된다. 그것이 바로 합목적성이다. '정의'는 보다 목적으로서의 이념이라면, '합목적성'은 수단적인 이념에 가깝다. 합목적성(Zweckmäßigkeit)이란 목적에 맞추어 방향을 결정하는 원리라는 뜻이므로, 어느 국가의 법질서가 어떠한 표준과 가치관에 의하여 구체적으로 제정, 실시되는 원리라는 뜻이다. 따라서 법의 목적은 국가의 목적과 직결되기 때문에 사회적·정치적 합목적성은 국가의 목적에 의해 결정된다. 또 법의 목적은 사회적·정치적·사상적 배경에 의해 구체적 내용이 결정되는 것이므로 정의가 법의 내용을 일반화하는 데 반하여, 합목적성은 법을 개별화하는 속성이 있다. 따라서 법의 합목적성은 법이 요구하는 가치관에 따라 법의 목적을 현실화한다. 오늘날 인간은 개인의 권리나 자유를 본위로 하는 개인성과 공공의 복리라는 단체적 가치를 추구하는 단체성의 양면성을 띠고 있으며, 이것은 서로 대립관계에 있다. 즉, 사익과 공익의 대립, 모순관계의 조화를 모색하는 것은 법의 합목적성을 통해서 가능한 것이다.

라드브루흐는 "합목적성은 도덕적 선이다"고 하였다. 합목적성은 법을 통해 추구하여야 할 도덕적 선을 의미한다. 그는 이 도덕적 선을 세 가지의 가치체계로 구분하였다. 즉, 개인가치, 단체가치, 작품(문화)가치 중 어느 것을 목적으로 하느냐에 따라 개인주의적 가치체계, 초개인주의적 가치체계, 초인격주의적 가치체계로 나누었다. 우선, 개인주의적 가치체계에서는 국가나 단체보다 개인을 우선시하여 개인의 자유와 행복이 최대한 보장되도록 노력한다. 따라서 국가를 포함한 단체는 개인보다 하위의 가치에 서게 되며, 모든 개인이 평등하게 존중되도록 평균적 정의가 강조된다. 둘째, 단체주의 혹은 초개인주의적 가치체계는 민족이나 국가와 같은 단체를 최고의 가치로 신봉하고, 개인의 인격은 단체의 일부분으로서 단체의 가치를 실현하는 범위 안에서 인정되고 존중된다. 여기에서는 단체를 유지, 발전시키기 위하여 단체의 입장에서 개인들에게 비례적 평등을 실현시키면서 배분적 정의에 중점을 두게 된다. 셋째, 문화주의 또는 초인격주의적 가치체계는 문화가 가장 우선되며 개인이나 국가는 문화의 창조에 이바지해야 하는 부차적인 존재로 인식한다. 즉, 개인과 단체는 작품(문화)의 가치에 봉사하고, 도덕·법 및 국가는 문화에 봉사한다는 가치관이다. 그런데 이러한 세 가지의 가치체계는 서로 대립관계에 있으며, 무엇이 합목적적인가는 상대적이기 때문에 각자의 신념과 확신의 문제에 귀착한다. 라드브루흐의 주장은 가치관에 따라 법의 목적이 변화할 수 있다는 것을 제시했다는 점에서 중요한 의미를 갖는다.

그런데 그의 주장처럼 오늘날 법의 목적이 국가의 가치관과 반드시 일치하는 것은 아니다. 국가가 어떠한 가치관을 갖는가에 따라 법의 목적은 변화해 왔기 때문이다. 예컨대, 사회주의적 가치관에 따르면 법은 사회적 불평등을 제거하고 배분적 정의 실현에 주된 목적을 두었고, 개인주의적 가치관에서는 개인가치의 절대성을 강조하고 국가로부터 개인의 자유를 보장하는 것이 주된 목적이었으며, 민주주의적 가치관은 국민의 의견 존중, 국민의 참여 등이 법의 주된 목적이 되었다. 다만 민주주의적 가치관은 다수결의 원리를 강조하므로 국민의 의사가 그릇된 방향으로 잘못 조종되면 오히려 민주주의의 위기에 봉착할 우려가 있다.

이와 같이 법의 목적은 국가의 가치관이 지배하기 때문에 어떤 목적 하나만이 절대적이라 할 수 없다. 일반적으로 민주주의 국가에서는 법을 개인의 자유와 권리를 보장하기 위한 것으로 본다. 우리 헌법도 제10조에서 "국가는 개인이 가지는 불가침의 기본적 인권을 확인하고 이를 보장할 의무를 진다"고 규정하고 있고, 헌법 제23조 제1항은 "모든 국민의 재산권은 보장된다"라고 명시하여 사유재산권을 보장한다. 그런데 재산권 보장은 국가나 사회적 필요에 따라 불가피하게 제한과 구속을 받을 수밖에 없을 것이다. 따라서 헌법 제23조 제2항은 "재산권의 행사는 공공복리에 적합하도록 하여야 한다"고 하여 재산권 행사의 공공성을 일반원칙으로 선언하고 있는 것이다. 이러한 국가의 가치관이 사법에도 투영되어, 민법은 "권리의 행사와 의무의 이행은 신의에 좇아 성실히 하여야 한다", 그리고 "권리는 남용하지 못한다"고 하기에 이른 것이다(제2조). 이는 공동체 안에서 삶을 영위하는 인간이 타인과의 공존을 위하여 필요하기 때문이다.

4. 법적 안정성

'법적 안정성(Rechtssicherkeit)'이란 함부로 또는 쉽게 법이 바뀌는 것을 싫어하며 법 스스로 고정성과 지속성을 가지려 한다는 측면, 즉 법 자체가 안정성을 지향한다는 의미이다. 라드브루흐는 법의 1차적 과제는 법적 안정성이라 하였고, 괴테(J. W. Goethe, 1749-1832)도 "부정의로운 법도 무질서보다는 낫다"고 하였다. 질서야말로 인간사회에 있어서 안정성과 상호교섭의 최저의 기준이며, 인간의 번영과 문화창조의 출발점인 것이다.

법적 안정성은 "법에 의한 안정(Sicherheit durch das Recht)"이라기보다는 "법 자체의 안정(Sicherheit des Rechtsselbst)"을 의미한다. 법 자체의 안정성이 보장되면 자연히 사회질서의 안정성도 보장되기 때문이다. 법의 목적 중 하나는 이처럼 사회 전체의 질서를 형성하고, 사회를 안정시키는 것이다. 만약 법 자체가 자의적으로 적용된다면 사회질서는 유지될 수 없어 혼란에 빠져 법의 실효성은 보장되지 못한다. 라드브루흐는 법적 안정성이 유지되기 위한 조건을 제시하고 있다. ① 법의 내용이 명확하고 일관되게 적용되어야 한다. 법이 자의적으로 해석된다면 그 법은 사회갈등을 예방하고 해결하는 규범으로서 역할을 할 수 없다. ② 법이 함부로 변경되어서는 안 된다. 법이란 행위규범인 동시에 재판규범이기 때문에 법이 자의적으로, 또 잦은 개정이 있게 되면 국민에 대한 행동의 지침으로서의 역할을 잃어버리게 되고, 사회질서도 안정될 수 없다. 따라서 법의 제정과 개정은 신중하게 이루어져야 한다. ③ 법은 실제 실현 가능한 것이어야 하고 너무 높은 이상만을 추구하는 것이어서는 안 된다. 지나치게 엄격하여 실제 적용하지 못하는 법은 의미가 없다. ④ 법은 국민의 법의식에 합치되어야 한다. 사회의 변화에 따라 국민의 의식도 변화하기 때문에, 법은 그에 합치될 필요가 있는 것이다. 법이 안정성을 절대적으로 지향하거나 법적 안정성에 대한 요구를 절대적인 것으로 보아서는 안 된다. 사회가 변화하면 법 역시 변화되어야 하고, 이 경우 오히려 변화를 통해 안정성을 유지할 수 있게 된다.

일정한 사실이 지속되는 경우 법적 안정성의 원칙에 따라 그 상태를 인정하여 사실화하는 경향이 있다. 예컨대, 소멸시효, 취득시효, 사법상의 점유보호, 선의취득 및 국제법에서의 현상유지(status quo) 이론 등을 들 수 있다. 또한 형사 시효제도로는 범죄행위가 종료된 후에 일정한 기간 동안 검사가 그 범죄자에 대해 공소를 제기하지 않으면 그 범죄에 관한 검사의 공소권이 소멸되는 '공소시효'(형사소송법 제249조 제1항), 공소가 제기된 후 재판이 확정되지 않고 일정기간이 경과하면 법원의 재판권이 소멸되는 '재판시효'(형사소송법 제249조 제2항), 재판에 의하여 형이 확정된 후에 일정 기간이 경과하면 국가의 형집행권이 소멸되는 '집행시효'(형법 제78조)가 있다.

공소시효 제도는 ① 범죄 후 장시간이 경과되면 발생한 범죄 사건에 대한 사회적 관심과 응보감정이 감소 또는 소멸된다는 점, ② 범죄의 증거가 일실되어 진실발견이 어려워져 공소유지가 곤란하다는 점, ③ 장기간의 도피생활을 통하여 심리적·사회적으로 사실상 형벌에 버금가는 고통을 받았다는 점, ④ 국가가 공소제기의 권리 위에 잠을 잤기 때문에 이를 행사할 명분을 잃었다는 점, ⑤ 사실상의 변화를 법률적으로 존중하고, 피고인의 사회생활 안정을 도모한다는 점 등에서 그 존재 근거를 찾을 수 있다.[12]

그러나, 살인죄와 같은 반인륜적 범죄에 대하여는 '정의'의 이념에 어긋나는 문제가 있다. 이러한 공소시효 제도의 문제점을 개선하기 위하여, 국회는 2015년 7월 31일부터 사람을 살해한 범죄(살인, 강도살인, 강간살인 등)로 사형에 해당하는 범죄를 저지른 자에 대하여는 공소시효를 적용하지 않는 것으로 형사소송법을 개정하였다.

> "화성 연쇄살인" 사건은 1986년 9월 15일부터 1991년 4월 3일까지 4년 7개월 동안 경기 화성시 태안읍 일대에서 10명의 여성이 잇따라 강간 살해당한 사건이다. 이 사건의 범인은 "청주 처제 살인" 사건으로 무기징역을 선고받고 복역 중

---

12 헌법재판소 1996. 1. 20. 94헌마246, 1996. 2. 16. 96헌가2, 96헌바7, 96헌바13 결정.

에 있었는데, 2019년 8월 9일 DNA 대조를 통해 유력 용의자로 특정되었고, 2019년 9월 24일 조사에서 모든 범행을 자백했다. 범행 당시 살인사건의 공소시효는 15년이었고, 2007년 12월 형사소송법 개정으로 25년으로 늘렸지만 가장 마지막에 저지른 10번째 살인사건의 공소시효가 2006년 4월 2일부로 모두 만료하게 되어 처벌할 수 없었다. 또한 추가로 자백한 살인 14건과 강간, 강도 등 9건 역시 이미 공소시효가 만료되었기 때문에 '공소권 없음'으로 처분되었다.

2023년 8월 8일, 30년으로 규정된 '사형의 집행시효'도 폐지하였다(형법 제77조 및 제78조 삭제). 사형의 집행시효 폐지는 수감 중인 사형수에게도 소급 적용된다. 우리나라는 1997년 12월 이후로 사형 집행은 하지 않고 있는데, 살인죄 등 사형에 해당하는 범죄는 15년의 공소시효가 폐지되었음에도 불구하고, 판결로 사형이 확정된 자에 대한 집행시효가 그대로 유지된다는 불균형을 시정할 필요가 있다는 취지이다.

5. 3요소의 상호관계

(1) 모순관계

라드브루흐는 정의, 합목적성, 법적 안정성 3요소가 상호 모순관계에 있다고 하였다. 즉, ① 정의가 일반화하는 경향이 있는 데 대하여, 합목적성은 개별화하는 경향이 있고, ② 정의나 합목적성이 이념적임에 반하여, 법적 안정성은 실질성을 요구하고, 이 실질성은 현실에서의 실현가능성, 즉 사실로부터 나오는 것이기 때문에 이념적인 요소들과 모순된다. ③ 법적 안정성은 법질서의 정립이라는 법의 기능에 관한 이념이지만, 정의나 합목적성은 주로 법의 내용에 관한 법이념이다. ④ 법적 안정성은 법의 형식에 중점을 두고 있으나, 정의나 합목적성은 주로 법의 실체에 중점을 두고 있다. 따라서 법적 안정성은 사회질서의 유지를 위해 법의 내용이 비록 정의나 합목적성에 부합하지 않더라도 강제성을 요구하고 자기 고집을 하게 되므로 법적 안정성과 정의, 합목적성의 사이에 모순, 갈등이 생긴다. 또 ⑤ 정의와 합목적성이 모두 법의 내용에 관한 것이라 하지만 합목적성이 인간의 목적에 이바지하는 공리성을 띠는 데 대하여, 정의는 윤리성이라고 하는 각기 다른 가치관념을 바탕으로 하기 때문에 이 양자 사이에도 모순이 생긴다.

그런데 이들 각 이념은 상호모순 속에서 대립적 관계를 필연적으로 이루어 '악법도 법이냐'라는 문제가 제기된다. 괴테가 지적하였듯이 우리는 무질서 속에서 편안할 수 없는 것이므로 비록 악법이라 하더라도 이에 따르게 되는 것이다. 특히 라드브루흐는 법질서의 유지가 정의나 합목적성보다 중요한 것이므로, 법에 있어서 "정의나 합목적성은 법의 제2의 과제이나 법적 안정성, 즉 질서, 평화는 제1의 과제이다"라고 하여 법적 안정성의 기능을 중요시하였다.

(2) 조화관계

정의와 합목적성 그리고 법적 안정성이 서로 대립하고 모순된다 하더라도 법이 존재하는 한 이념으로서 영속할 것이다. 특히 실정법은 그 시대의 정치와 관련되는 경우가 많다. 예컨대 정치적으로 '자유'의 가치관을 우선하는 측과 '평등'의 가치관을 우선하는 측이 있는 경우, 전자가 정의라고 하는 것이 후자에는 정의로 생각되지 않는 경우가 있다. 각자가 스스로 정의로 믿는 바에 따라 행동하면 법의 혼란을 가져와 법적 안정성을 잃게 된다. 한편 법적 안정성만을 강조하다 보면 합목적성이나 정의를 중요시하는 입장에서는 인간의 자유를 구속하는 진보가 없는 사회로 되기 쉽다. 또 근래 문제되고 있는 동성동본의 금혼에 있어서 유림측에서는 민법의 규정(민법 제809조)은 우리의 윤리질서를 규정한 것이므로 이를 개정하거나 폐지하는 것을 반대하면서 법적 안정성을 들고 있다. 이에 대하여 여성단체 등의 비교적 진보적 성격을 가진 측에서는 이 규정은 인간의 존엄과 양성의 평등이라는 정의에 위배된다고 한다. 특히 헌법 제36조 제1항에서 '혼인과 가족생활은 개인의 존엄과 양성의 평등을 기초로 성립되고 유지되어야 하며, 국가는 이를 보장한다'고 규정하고 있기 때문에 민법의 이 규정은 헌법에 반하는 것이라 하여 무효라는 주장이 있다. 이러한 경우 입법기관은 정의의 실현이냐, 전통의 유지와 안정성의 확보냐 하는 문제를 조화롭게 해결하여야 할 것이다.

무엇이 정의이고, 무엇이 합목적성이며, 무엇이 법적 안정성인가 하는 것은 시대와 장소에 따라 상대적으로 결정할 수밖에 없을 것이다. 그러나 이러한 세 이념은 법이 진실로 추구해야 할 당위적인 목표이므로 이들이 조화되도록 하는 것이 중요한 과제라 할 수 있다.

그러나 독일 나치 정권에 의해 추방당하는 등의 경험을 하게 된 라드브루흐는 후년에 이르러 정의를 강조하게 되었다. 이러한 법사상의 변천은, 그의 정치적 저항의 자세에 연유하는 것이라고 할 수 있다. 라드브루흐는 적극적으로 불법국가의 출현에 대한 법철학의 이론적 무장의 필요를 호소하고 법실증주의를 철저하게 극복해야 한다고 주장하였다. 이른바 라드브루흐의 공식(Radbruchsche Formel)에 따르면 "정의와 법적 안정성이 충돌하는 경우 실정법은 설령 그 내용이 부정의하고 비합리적이라 하여도 (정의의 원칙보다는) 일단 우선된다. 그러나 실정법이 도저히 참을 수 없을 정도로 정의에 위반하는 경우에는 정당하지 못한 법[惡法]이 되며 이 때에는 정의가 법적 안정성에 우선한다. 그런데 정의가 단 한 번도 추구되지 않은 경우—실정법을 제정할 때 정의의 근본을 이루는 평등이 의도적으로 부인되고 침해되는 경우—라면 그 실정법은 정당하지 못한 법[惡法]조차 되지 못하며, 법으로서의 자격 그 자체가 박탈된다"고 본 것이다.

IV. 자연법과 실정법

법은 여러 가지 표준에 의하여 분류할 수 있다. 전술한 성문법과 불문법의 구별은 법의 존재형식에 의하여 분류한 것이고, 법이 실증적으로 제정법화되었는가 여부에 따라 자연법과 실정법으로 나눌 수 있으며, 실정법은 다시 국내법과 국제법으로 대별된다. 국내법은 법의 성질, 내용, 적용범위, 효력 등을 표준으로 하여 여러 가지로 다시 나누어진다.

법은 실정법과 자연법으로 나뉘고 실정법은 크게 국내법과 국제법으로 나뉘는데 국제법은 국제조약과 국제관습법으로 구분되고 국내법은 공법, 사법, 사회법으로 나뉜다. 공법은 다시 실체법(헌법, 행정법, 형법)과 절차법(민사소송법, 형사소송법)으로 구분되며, 사법은 민법과 상법으로 사회법은 노동법, 경제법 사회보장법으로 나뉜다.

1. 자연법

(1) 의의

자연법(自然法)은 실정법과 비교되는 의미에서 법은 마땅히 어떻게 되어야 한다는 당위법으로 이해하는 데 그 의의가 있다. 즉, 자연법이란 현실적으로 존재하는 법이 아니라, 인간의 경험적인 근거에 의하여 때와 장소를 초월하여 보편타당성을 지니는 이성에 의해 인식되는 법이라고 할 수 있어 이상법이라도고 말할 수 있다.

자연법은 인간의 이성 또는 자연을 전제로 하여 존재하는 법으로서, 시대, 민족, 사회 등을 초월하여 보편타당성을 가지기 때문에 법의 근원이 된다. 자연법의 존재를 인정하고 자연법이 실정법의 기반이 되어야 한다는 주장을 자연법사상이라 한다.

이 사상은 고대 그리스로부터 시작된 것이다. 즉, 그리스의 플라톤과 아리스토텔레스에 의하여 이론화되었고, 그 후 스토아학파를 거쳐 중세의 스콜라학파에 이르러 가톨릭신학과 종교철학을 기반으로 하여 그 이론체계가 완성되었다. 이것을 전통적 자연법론이라고 한다. 근세에 이르러 개인주의, 합리주의, 공리주의의 사상이 대두됨에 따라 종래의 전통적 자연법론에서 신학적 유대를 끊고 인간의 이성을 본질로 하는 새로운 자연법이 성립하였다. 이것을 근세자연법론이라고 한다. 전통적 자연법론에서는 자연법은 신이 정한 인간사회의 질서로서 형이상학적으로 존재한다고 한다. 그러나 근세 자연법론에서는 자연법은 인간의 이성을 통하여 인식됨으로써 존재한다고 하고, 그 인식되는 자연법을 정의라고 한다.

(2) 자연법의 근거

자연법사상은 법과 정의의 근거를 자연 혹은 인간의 본성으로부터 밝혀 내려는 시도로서 이를 어떻게 볼 것인가에 따라 달라진다. 고대에서는 사물의 영원불변하는 있는 그대로의 자연적 질서에서, 중세에서는 그리스도교의 신의 의사에서, 근세에 와서는 인간의 본성 또는 이성에서 각각 그 근거를 찾으려고 하였다. 이와 같이 시대의 변천에 따라 자연법의 근거는 차이를 드러내 왔다. 오늘에 있어서 자연법을 인정하는 근거는 인간생활에는 정의의 기준이 있어야 하고, 이러한 정의에 따라 행동해야 된다는 인간의 이성에 두고 있다고 볼 수 있다. 이리하여 자연법은 실정의 상위법으로서 타당성을 부여받은 진실한 법으로 해석되어 온 것이다. 이러한 해석은 근세의 계몽사상에 결부되어 법의 발전에 큰 역할을 해왔다. 예컨대 영국의 판례법은 이러한 자연법을 토대로 하여 구체적 사건을 해결한 법관의 판결에 의해 구성된 것이었다.

2. 실정법

실정법(實定法)이란 제정법, 관습법, 판례법 등과 같이 경험적, 역사적인 사실에 의해 성립되고 현실적인 제도로서 시행되고 있는 법을 말한다. 현재 시행되고 있는 실정법을 현대법이라고 하며, 이 실정법은 인간이 제정함으로서 불완전성을 지니고 있으며, 국가, 사회에 따라 다르고 또한 역사와 더불어 변천해 간다. 19세기 초기에 자연법사상은 실정법에 밀려 법실증주의의 시대로 접어들었다.

법실증주의는 입법자에 의하여 제정된 법률은 그 내용의 정당성과 관계없이 항상 그 효력을 갖는다는 법사상이며, 법은 입법자의 의사에 의한 결정이며, 법은 오로지 제정법만이 존재하며, 제정범위에 있어 초실정적인 법의 존재를 부인한다. 그러므로 법실증주의하에서는 입법자에 의하여 제정만 되면 법이며, 악법도 법임을 인정한다. 법실증주의는 개념법학의 입법만능의 사상을 내용으로 하고 있지만, 근대시민법의 안정과 자본주의의 발전에 크게 공헌한 것은 사실이다.

3. 자연법과 실정법의 관계

실정법은 초경험적인 것에 기원을 둔 영구불변의 자연법과는 달리, 시간과 공간에 한정된 현실사회의 역사적, 경험적 사실로부터 제한을 받고, 인위적으로 생성, 변화하는 경험적 소재를 통해서만 인식되는 법이라고 할 수 있다 자연법은 비현실적, 초인위적인 것에 기초를 둔 결과 개념적, 사변적인 데 반하여, 실정법은 입법작용, 관습, 판례 등과 같이 일반적으로 법원이라 부르는 일정한 사회적 경험적 사실을 기반으로 하여 생성 또는 개정되었으므로 현실사회의 규범으로서 보다 실효성이 있다.

법이나 법학의 역사는 곧 자연법과 실정법의 긴장과 대립, 혹은 이상적인 자연법사상과 현실적인 법실증주의의 대립의 역사라고 하여도 과언이 아닐 것이다. 이 두 가지 가운데 어느 쪽을 강조하느냐 하는 것은 시대적·사회적 요청에 따라 결정된다. 법실증주의로부터 자연법 이념은 끊임없는 비판을 받아 왔으나, 그렇다고 해서 자연법의 실정법에로의 전환이나 합치는 불가능하다고 본다. 양자는 그 이념이 본질적으로 다르기 때문에 각각 존재가치가 있어, 그들 고유의 이념과 가치를 지니고 공존하게 된다.

이와 같이 자연법과 실정법은 서로 다른 체계의 규범이지만 반드시 상호모순되거나 상반되는 것이 아니라, 자연법은 실정법의 전제로서 실정법의 근거가 되기 때문에 앞으로도 법학상 중요한 이념으로 존속할 것이다. 따라서 자연법과 실정법은 서로 배타적인 관계가 아닌, 법의 체계에 있어서 쌍벽을 이루면서 상호보완관계로 존재해 갈 것이다.

4. 법의 타당성과 실효성과의 관계

법이 효력을 갖기 위하여는 규범적 타당성과 사실적 실효성을 동시에 가져야 한다. 법이 이와 같은 이중적 구조성 가운데 그 어느 하나라도 결여되는 경우에는 실정법으로서의 존재가치를 상실하게 된다. 법은 타당성은 있으나 실효성이 없으면 사문화될 것이며, 이와 반대로 실효성은 있으나 타당성이 없으면 그것은 악법에 지나지 않고, 실효성에 의하여 지지되지 않는 법은 아무리 타당하더라도 현실을 규제하는 실정법으로서의 임무를 다하지 못할 것이다.

(1) 타당성이 없는 법

타당성이 없으면서 실효성만 있는 법을 악법이라 한다면 이 악법은 어떻게 취급되어야 할 것인가? 이에 대하여 다음 세 가지 측면이 문제를 된다. 첫째, 악법이란 무엇인가? 즉, 어떠한 법이 악법인가? 둘째, 악법도 법인가? 즉, 악법도 준수되어야 하는가? 셋째, 악법에 대하여 어떠한 태도를 취해야 하는가 등이다.

1) 악법의 기준

어떠한 법을 악법이라고 할 수 있는가 하는 문제는 법의 가치 기준에 속하는 법철학 상의 근본 문제이다. 법적 안정성을 강조하고 자연법을 부정하는 법실증주의의 관점에서는 정당한 절차만 밟아서 제정된 법이면 '악법도 법'이라고 본다. 그러나 자연법론자들은 '자연법에 합치되지 않는 실정법은 악법'이라고 한다. 반면, 자연법은 시대와 논자에 따라 다르다. 결국 이는 법적 안정성이라는 형식적 이념이 내용적 이념인 정의보다 우위에 설 수 있을 것인가가 문제된다. 자연법론의 관점에서 보면 대체로 그 시대나 상황에 따라서 법의 목적(이념)에 어긋나는 법을 악법이라 할 것이다. 예컨대 기본적 인권의 보장을 최대 이념으로 하는 현대에 있어서는 특히 인권을 침해하는 법률이 악법일 것이다.

법적 안정성을 추구하는 '법실증주의자'였던 라드브루흐가 나치스 시대의 악법을 경험한 이후 종래 정의, 합목적성, 법적 안정성을 동렬의 법이념으로 설명하였던 태도를 바꾸어 만년에는 정의를 상위 이념으로 설명함으로써 '자연법론으로 회귀'한 것이다. 오늘날 '라드브루흐 공식(Radbruchsche Formel)'이라 불리는 악법에 대한 그의 표현은 다음과 같다.

> 정의와 법적 안정성 사이의 충돌은 다음과 같이 해결될 수 있다. 비록 내용적으로 정의롭지 못하고 합목적적이지 않더라도 제정과 실력을 통하여 확보된 실정법은 우선권을 가진다. 그러나 정의에 대한 실정법의 모순이 감당할 수 없을 정도에 이르러 실정법이 '부정의한 법(unrichtiges Recht)'으로서 정의에 양보해야만 하는 경우에는 그러하지 아니한다. 법률적 불법과 부정의한 내용을 가졌지만 여전히 효력있는 법률간에 예리한 선을 긋기는 불가능하다. 그러나 다음과 같은 경우에는 아주 분명하게 경계선을 정할 수 있다. 즉 정의가 한법도 추구되지 않는 경우, 정의의 핵심인 평등이 실정법을 제정할 때에 의식적으로 부인되는 경우에는 그 법

률은 단지 '부정의한 법'이 아니라 오히려 법의 본질(Rechtsnatur)을 전적으로 갖추지 못한 것이다. 왜냐하면 법, 그리고 실정법도 의미상 정의에 봉사하는 것으로 규정된 규율과 규범이라고 말할 수밖에 없기 때문이다. 이 기준에 따라 재어본다면 나치법의 전체는 유효한 법의 품격(Würde)에 결코 도달하지 못하였다. (…) 그[히틀러]에게는 어떠한 법의 의미(Rechtsinn)도 결여되어 있기 때문에 그는 거리낌없이 터무니없는 자의를 법률로 승격시킬 수 있었다. (…) 이를 통해 나치법은 같은 것을 같게 취급하라는 정의의 본질규정적인 요구(wesensbestimmende Anfordrung der Gerechtigkeit)를 무시하고자 했던 점이 다시 한번 분명히 드러났다. 따라서 나치법은 전적으로 법의 본질을 결여한다. 즉 한갓 '부정의한 법'이 아니라 전적으로 법이 아니다. (…) 인간을 노예로 취급하고 그들에게 인권을 부인한 모든 법률은 법적 성격(Rechtscharakter)을 상실한다. (…) 인간을 국가행위의 객체로 비하시키고, 즉 범죄의 경중을 고려하지 않고 일시적 위하의 필요에 따라 서로 다른 범죄행위에 동일한 형벌, 번번히 사형을 가하는 형벌 규정도 법적 성격을 상실한다. 이 모든 것이 법률적 불법(gesetzliches Unrecht)의 예가 된다.[13]

이렇게 본다면 라드브루흐에게는 ① 정당한 법률, ② 부정당하지만 효력을 갖고 있는 법률, 그리고 ③ 법적 성격을 갖지 못하는 법(악법)의 세 가지 개념이 설정되고 있다. ①과 ②는 법으로서의 성격을 갖고 있기 때문에 저항권의 대상은 아니라 할 것이다. 여기에서 알 수 있는 것은 악법은 객관적으로 내용적으로 정의를 포기하고 절차적으로 불평등하게 제정된 법률을 말하기 때문에 주관적으로 '나쁜 법'이라는 생각만으로는 '악법'이라 규정될 수 없는 것이다. 왜냐하면 부정당

13 Gustav Radbruch, Gesetzliches Unrecht und übergesetzliches Recht, *Süddeutsche Juristenzeitung* 5 (1946), S. 105-108, zitiert nach dem Neuabdruck in: ders., Rechtsphilosophie, 8. Aufl., hrsg. von Erik Wolf/Hans-Peter Schneider, 1973, S. 339-350; 이재승, 〈라드브루흐 공식〉, 《법철학연구》(한국법철학학회) 제7권, 제1호(2004): 101-102 재인용.

한 요소, 즉 몇 가지 독소조항들이 들어 있다고 해서 한꺼번에 악법이라고 매도하는 것은 악법이란 용어의 지나친 확장과 남용이라고 할 것이기 때문이다. 부정당한 법은 저항이 아니라 비판으로서 일단은 준수해 주면서 국회 등 입법기관을 통하여 정당한 절차를 밟아 개선해 가면 되는 것이다.[14]

'라드브루흐의 공식'으로부터 추론해 보건대, 악법은 인권과 민주주의, 자유, 평등, 박애와 같은 전통적 가치를 부정하는 법률이다. 헌법학자들도 기본권을 침해하는 헌법과 법률, 즉 인간을 차별하여 생명, 재산, 자유를 박탈하며, 언론출판의 자유를 탄압하는 법률을 악법이라고 규정한다. 그러나 이러한 '악법'의 정의는 처음부터 분명하게 공표되는 것이 아니고, 비판과 저항의 결과로 이루어지는 개념이기 때문에 어디까지가 악법이라고 더 구체적으로 말하기는 힘들다. 어떤 통치자나 입법가가 처음부터 악법이라고 더 구체적으로 말하기는 힘들다. 어떤 통치자나 입법자가 처음부터 악법을 제정하려고 하겠는가? 오히려 법의 시행과정이 정의와 평등을 부정하고 극단적인 부정의의 방향으로 몰고 갈 때, 악법이 '형성'되는 것이라고 할 수 있을 것이다. 그래서 '악법도 법'이라는 대전제도 서서히 저항권에 의해 부정되는 것이다.[15]

2) 악법의 준수 여부

로마법이래 '악법도 법이다(Dura lex, sed lex)'라는 법언이 있다. 이 말은 법의 타당성이 절대적일 수가 없다는 것을 의미한다. 따라서 법인 이상 그것이 악법이라고 생각되어도 그것을 따르지 않으면 안된다. 그러나 '악법도 법이다'라고 하여 부정한 법에까지 무조건 복종할 것을 요구한다면 그것은 자칫, 극단적인 전제주의로 흐를 가능성이 있다.

---

14 최종고, 《법학통론》, 제4전정신판(박영사, 2021), 86-87쪽.

15 위의 책, 89쪽.

소크라테스의 말로 알려져 있는 이 법언은 기원전 399년 아테네 법정에서 사형을 선고 받은 그가 독배를 마시기 직전에 남긴 말로 '아무리 가혹한 법률이라도 사회가 합의한 이상 지켜야 한다'는 뜻이다. 그런데 이는 일본 법학자인 오다카 도모오(尾高朝雄)의 저서《법철학》(1935)에서 "소크라테스가 독배를 든 것은 실정법을 존중했기 때문이다. '악법도 법'이므로 이를 지켜야 한다"고 법실증주의를 주장한 내용이 소크라테스의 말로 와전된 것이라고 한다. 한편, 이와 관련하여 국내에서는 2002년 11월 국가인권위원회는 초등학교 6학년 도덕 교과서에 실린 글 중 "법은 국가와의 약속이다. 나는 법에 따라 재판을 받았고, 그것이 나의 목숨을 빼앗아 가는 것일지라도 지켜야 한다"고 말한 구절의 수정을 권고했고 이 부분은 후에 교과서에서 삭제됐다. 또 2004년 11월 헌법재판소는 '소크라테스가 악법도 법이라며 독배를 마신 일화'를 준법사례로 연결하는 것은 부적절하다 하여 그 수정을 권고한 바 있다.

법실증주의자들은 법의 근거로서 법적 타당성보다는 법적 안정성에 치중해야 한다고 한다. 법적 안정성(법의 실효성)보다는 법적 타당성에 더 중점을 둔다면 악법은 법이 아닌 것이다. 그렇다고 각인이 제 멋대로 현행법을 악법이라 판단하고 그 법의 준수를 거부한다면 결국 사회질서는 유지될 수 없는 무정부주의로 될 가능성이 있다. 민주주의 국가에서 법은 국회에서 제정되며, 그 실정법의 타당성에 관하여는 얼마든지 논의될 수 있지만, 일단 제정된 법은 정당한 입법 절차에 의해 개폐되기까지는 법으로서의 효력을 가진다.

3) 저항권

가. 의의—저항권(Widerstandsrecht)이란 실정법 또는 권력 행사의 타당성 가치성을 부정하고, 그것에의 복종을 거부하여 나아가 그것의 철회 또는 폐지를 요구하는 것을 말한다. 즉, 저항권은 자연권으로부터 발전된 것으로, 악법이나 압제에 저항하고 그것을 제거하는 것이 정당하다고 여기는 사상에 입각하는 것이다. 이

는 고대 그리스 도시국가에 있었던 폭군(tyrant)에 대한 도편추방제도(陶片追放制, ostrakismos), 맹자의 역성혁명론(易姓革命論) 등과 같이 동서양의 폭군방벌론(暴君放伐論) 사상에서 공통적으로 전개되었다. 이러한 사상은 로크(J. Locke, 1632-1704)에 의해 저항권의 모습으로 완성되어, 시민혁명기 유럽에 전파되어 근대 시민혁명의 사상적 기초가 되었고, 미합중국의 독립선언서와 버지니아 권리선언, 프랑스 〈인간과 시민의 권리선언〉 등에 명문화되었다.

저항권에서 말하는 저항은 국가권력의 전면적인 불법적 행사가 행해지는 '불법국가(Unrechtsstaat)'에 대한 저항을 의미한다. 이는 국가권력에 의해 헌법과 국가가 부정되고 파괴되는 경우에 주권자인 국민이 국가를 대신하여 헌법과 국가를 불법상태에서 구조하는 '국가긴급구조(Staatsnothilfe)'로서의 성질을 지닌다. 따라서 국가의 전면적인 불법이 아닌 부분적인 위법행위에 대한 비판이나 저항은 이에 해당하지 않는다. 또 국가에 대한 비판행위도 정치적 표현의 자유로 인정되는 것이므로 저항권의 저항에는 해당하지 않는다.

나. 현행법상 저항권 인정 여부—우리 헌법에는 저항권이 명문으로 규정되어 있지는 않다. 헌법 전문에 "불의에 항거한 4·19 민주이념을 계승하고"라는 문구가 저항권을 인정하는 근거가 될 수 있는가에 대해 논란이 있지만, 저항권은 헌법의 본질과 헌법이 정하고 있는 기본권의 보장 및 국가의 본질과 역할에서 자연적으로 도출되는 권리라 할 것이다.

저항권은 헌법을 보호하는 최후의 수단이기 때문에 국민주권원리에 의할 때, 그러한 최후의 수단은 국민에게 유보되어 있는 것이며, 국가권력에 의하여 공동체의 존속·유지와 기본권이 부정되는 극한적인 상황에서는 헌법에 명문의 규정이 있는가에 관계없이 국민은 불법한 국가권력에 대하여 전면적으로 저항하고 상황을 타개할 권리를 가진다.

대법원은 저항권을 인정하지 않는다. 또 헌법재판소도 현행 헌법상 저항권이 인정된다고 명시적으로 판시한 적은 없지만, 저항권의 개념은 인정한다.

현대 입헌 자유민주주의 국가의 헌법이론상 자연법에서 우러나온 자연권으로서의 소위 저항권이 헌법 기타 실정법에 규정되어 있든 없든 간에 엄존하는 권리로 인정되어야 한다는 논지가 시인된다 하더라도 그 저항권이 실정법에 근거를 두지 못하고 오직 자연법에만 근거하고 있는한 법관은 이를 재판규범으로 원용할 수 없다. 더구나 오늘날 저항권의 존재를 긍인하는 학자 사이에도 그 구체적 개념의 의무내용이나 그 성립요건에 관해서는 그 견해가 구구하여 일치된다 할 수 없어 결국 막연하고 추상적인 개념이란 말을 면할 수 없고, 이미 헌법에 저항권의 존재를 선언한 몇 개의 입법례도 그 구체적 요건은 서로 다르다 할 것이니 헌법 및 법률에 저항권에 관하여 아무런 규정도 없는(소론 헌법전문 중 "4.19의거운운"은 저항권 규정으로 볼 수 없다) 우리나라의 현 단계에서는 더욱이 이 저항권이론을 재판의 준거규범으로 채용적용하기를 주저 아니할 수 없다.[16]

저항권이 헌법이나 실정법에 규정이 있는지 여부를 가려 볼 필요도 없이 제청법원이 주장하는 국회법 소정의 협의 없는 개의시간의 변경과 회의일시를 통지하지 아니한 입법과정의 하자는 저항권행사의 대상이 되지 아니한다. 왜냐하면 저항권은 국가권력에 의하여 헌법의 기본원리에 대한 중대한 침해가 행하여지고 그 침해가 헌법의 존재 자체를 부인하는 것으로서 다른 합법적인 구제수단으로는 목적을 달성할 수 없을 때에 국민이 자기의 권리·자유를 지키기 위하여 실력으로 저항하는 권리이기 때문이다.[17]

다. 저항권의 행사 요건—저항권은 헌법의 기본적 가치질서, 즉 공동체의 존속·유지 또는 기본권 보장에 의하여 뒷받침되는 인간의 존엄과 가치, 법치주의와 민주주의 등의 가치를 수호하기 위한 것이어야 한다. 저항권 행사의 목적은 언제나 헌법침해 상태를 제거하고 기존의 헌법질서를 회복하는 소극적 목적에 국한되

16 대법원 1980. 5. 20. 선고 80도306 판결.

17 헌법재판소 1997. 9. 25. 선고 97헌가4 전원재판부 결정.

어야 한다. 그러므로 새로운 헌법질서나 국가질서를 수립하기 위한 적극적 목적을 달성하는 수단으로 저항권은 인정되지 않는다.

> 저항권은 국가권력에 의하여 헌법의 기본원리에 대한 중대한 침해가 행하여지고 그 침해가 헌법의 존재 자체를 부인하는 것으로서 다른 합법적인 구제수단으로는 목적을 달성할 수 없을 때에 국민이 자기의 권리·자유를 지키기 위하여 실력으로 저항하는 권리이므로, 국회법 소정의 협의 없는 개의시간의 변경과 회의일시를 통지하지 아니한 입법과정의 하자는 저항권 행사의 대상이 되지 아니한다.[18]

헌법재판소는 "통합진보당해산" 사건에서 저항권은 공권력의 행사에 대한 '실력적' 저항이어서 그 본질상 질서교란의 위험이 수반되므로 저항권의 정당한 행사에는 엄격한 요건들이 요구된다고 하였다. 즉, 저항권은 최후수단성, 명백성, 성공가능성의 세 가지 요건을 충족한 경우에 비로소 정당하게 행사될 수 있다고 한다. 첫째, 저항권은 헌법이나 법률에 규정된 일체의 법적 구제수단이 이미 유효한 수단이 될 수 없는 경우에 민주적·법치국가적 기본질서를 재건하기 위한 최후의 수단으로 행사가 가능하다. 둘째, 민주적 기본질서라는 전체적 질서에 대한 중대한 침해가 있거나 이를 파괴하려는 시도가 있어야 한다. 자유민주적 기본질서의 핵심 요소 가운데 어느 하나만 침해되어도 저항권은 행사될 수 있다는 것이다. 셋째, 저항권은 성공가능성의 요건이 충족되어야 행사될 수 있다고 한다. 저항권의 행사는 위헌적인 행사를 제거할 가망성이 전혀 없으면 행사할 수 없다는 것이다.

> 저항권은 공권력의 행사자가 민주적 기본질서를 침해하거나 파괴하려는 경우 이를 회복하기 위하여 국민이 공권력에 대하여 폭력·비폭력, 적극적·소극적으로 저항할 수 있다는 국민의 권리이자 헌법수호제도를 의미한다. 하지만 저항권은

---

18 헌법재판소 1997. 9. 25. 선고 97헌가4 전원재판부 결정.

공권력의 행사에 대한 '실력적' 저항이어서 그 본질상 질서교란의 위험이 수반되므로, 저항권의 행사에는 개별 헌법조항에 대한 단순한 위반이 아닌 민주적 기본질서라는 전체적 질서에 대한 중대한 침해가 있거나 이를 파괴하려는 시도가 있어야 하고, 이미 유효한 구제수단이 남아 있지 않아야 한다는 보충성의 요건이 적용된다. 또한 그 행사는 민주적 기본질서의 유지, 회복이라는 소극적인 목적에 그쳐야 하고 정치적, 사회적, 경제적 체제를 개혁하기 위한 수단으로 이용될 수 없다.[19]

V. 법원

1. 법원의 의의

법원(法源)은 법의 연원으로서 일반적으로 법의 존재형식을 의미한다. 즉, 법이 존재하고 있는 모습을 의미한다고 설명하기도 한다. 따라서 법원은 법을 인식할 수 있는 존재형태가 문자로 이루어진 제정법, 즉 성문법인가 아니면 비제정법인 불문법인가와 깊은 관련이 있다. 실제로는 재판과정에서 재판관이 재판을 할 때 어떤 준칙에 따를 것인가와 관련이 있다. 우리나라에서 재판에서 적용하는 법원은 그 존재형식에 따라 성문법과 불문법으로 나눌 수 있다.

19 헌법재판소 2014. 12. 19. 선고 2013헌다1 전원재판부 결정.

2. 성문법

(1) 의의

성문법이란 규범적 의사를 문장에 의하여 표현하고 법전의 형식을 갖춘 법으로, 권한 있는 기관에 의하여 제정되므로 제정법이라고도 한다. 성문법은 문장으로 표현되어 있으며 일정한 입법절차를 거쳐 만들어지는 법이다. 이러한 성문법에는 헌법, 법률, 명령, 규칙, 자치법규, 조약 등이 있다. 대륙법계 국가에서 국민의 권리를 보장할 목적으로 법치주의를 그 통치원리로 받아들이면서, 또한 권력자의 자의적인 통치를 배제하고 명시적인 법규로서 국민의 행위를 규율하는 것을 법원칙으로 확립하면서, 관습법보다 성문법을 선호하게 되었다. 그렇다고 모든 국가가 성문법을 일차적 법원으로 법체계를 꾸린 것은 아니다. 이는 독일·프랑스를 중심으로 한 대륙법계 국가에서 주로 나타난 현상이며, 영국·미국을 중심으로 한 영미법계 국가에서는 불문법인 관습법이나 판례법이 실정법질서에서 일차적 법원으로서 지위를 차지하고 있다. 따라서 오늘날 법의 중심적 존재형식이 성문법으로 이루어진 국가를 성문법주의국가라 하고, 주로 한국, 독일, 프랑스, 스위스, 일본, 중국 등 대륙법계 국가가 이에 속한다. 반면에 법의 중심적 존재형식이 불문법으로 이루어진 국가를 불문법주의국가라 하며, 주로 영국과 미국 및 영미의 법문화에 영향을 받은 국가 등을 중심으로 한 영미법계 국가가 이에 속한다. 성문법주의는 문자로 표시되어 있기 때문에 법의 존재가 명확하고 그 통일 및 정비가 용이하므로 법적 질서가 안정적이라는 장점을 가진다. 그러나 이 입법주의는 사회현실의 변화에 능동적으로 적응하지 못한다는 점에서 법의 경화 현상이 나타날 수 있다는 단점을 가진다. 이에 따라 성문법주의를 취하는 나라에서도 그 단점을 보완하기 위하여 관습법 등의 불문법을 부분적으로 인정한다.

(2) 헌법

헌법은 국민의 기본권과 국가의 이념 및 통치조직, 그리고 그 작용에 관한 국가의 근본법이다. 이러한 의미에서 헌법을 '규범 중의 규범'이라고도 하며 국가의 최고기본법이라고도 한다. 헌법은 국민의 기본권과 국가의 통치권력의 상호관계를 규율하고 있으며, 권력통제를 위한 기능을 하며 국가권력을 상호 견제 및 균형을 이루게 하여 국민의 기본권을 최대한 보장하기 위한 내용을 담고 있다. 국가의 최고기본법인 헌법은 최상위법으로서, 법률, 명령, 규칙 등 하위법의 타당성의 근거가 된다. 따라서 하위법이 헌법에 위반될 수 없고, 헌법에 위반되는 법률이나 명령은 무효이다.

모든 법의 제정은 헌법에 그 근거를 두고 있으며, 헌법을 만드는 힘은 오직 국민에게 있다. 헌법은 국가의 최상위 규범이므로 그 개정은 보통의 법률 개정보다는 엄격한 절차를 필요로 한다. 우리나라에서 헌법 개정은 국회의원 재적 과반수 또는 대통령의 발의로 제안하고 이를 공고한 후, 국회재적의원 3분의 2 이상의 찬성을 얻어 국회의 의결을 거친 헌법개정안은 다시 국회의원 선거권자 과반수 투표와 투표자 과반수의 찬성을 얻도록 하고 있다(헌법 제128조).

(3) 법률

법률이란 넓게는 법 일반을 의미하며, 좁은 의미에서의 법률이란 입법기관인 국회에서 의결되어 대통령이 서명·공포하여 제정된 성문법을 말한다. 법원으로서 법률은 이러한 좁은 의미에서의 법률을 말한다. 국회는 유일한 입법기관으로서(헌법 제40조) 국민의 기본권에 관한 사항을 법률로서 정한다. 헌법은 국민의 권리의무에 관한 사항, 기타 중요한 사항은 반드시 법률로서 규정할 것을 요구하고 있는데 이를 입법사항이라고 한다.

법률은 헌법의 하위에 있으므로 헌법에 위반되면 무효가 된다. 그러나 법률은 헌법 다음의 서열에 있기 때문에 명령이나 규칙이 법률에 위반할 수 없다. 그리고 법률 상호간에는 우열의 관계가 없으나 법률 상호간에 그 내용이 충돌(모순)되는 경우에는 먼저 제정된 구법에 비해 이후에 제정된 신법(후법)이 우선하고, 특별법이 일반법에 우선하여 적용된다.

법률의 제정은 법률안의 제출, 법률안의 의결 그리고 공포라는 3단계를 거친다. 법률안의 제출은 국회의원과 정부가 제출할 수 있고, 국회에서 법률안이 국회 재적의원 과반수의 출석과 출석의원 과반수의 찬성으로 의결되며(헌법 제49조, 제52조), 의결된 법률안은 정부에 이송되어 15일 이내에 대통령이 이를 공포하며, 법률에 특별한 규정이 없는 한 공포한 날로부터 20일이 경과함으로써 효력이 발생한다(헌법 제53조).

(4) 명령

명령은 국회의 의결을 거치지 않고 행정기관이 법률에 의하여 제정하는 위임입법을 말한다. 명령은 법률의 위임에 의하거나 법률을 집행하기 위하여 행정기관이 만든 법규이다. 이와 같이 행정기관이 제정하는 입법이라서 '행정입법'이라고도 한다. 명령의 형식적 효력은 법률의 하위에 있으므로 명령에 의하여 헌법이나 법률을 개정할 수 없다.

명령은 그것을 제정하는 주체에 따라 대통령령, 총리령, 부령(행정 각부 장관이 발하는 명령)으로 나뉜다. 또한 법적 근거를 기준으로 하여 법률이 위임한 사항을 처리하기 위하여 만든 '위임명령'과 법규의 집행을 위하여 만든 '집행명령'으로 나뉜다. 그리고 일반적으로 명령이라 할 때는 법률의 하위에 있는 위임명령과 집행명령을 말한다.

위임명령이란 법률에 의해 위임을 받은 사항에 관하여 규율하는 명령이며(헌법 제75조), 법률의 내용을 보충하는 의미를 가지고 있어서 '보충명령'이라고도 한다. 권력분립주의에 따라 행정기관에 일반적으로 입법권을 부여하는 것과 같은 일반적 위임, 포괄적 위임, 백지 위임은 인정되지 않으며, 법률이 규정한 특정사항에 대해서만 인정하고 있는데, 헌법은 "구체적으로 범위를 정하여"라고 규정하여 위임명령의 범위를 제한하고 있다. 집행명령이란 법규를 집행하기 위하여 필요한 세칙에 관한 사항을 정하는 명령이며 이를 '실시명령'이라고도 한다. '법시행령'이라든가 '법시행규칙' 등이 이에 속한다.

(5) 규칙

규칙은 헌법에 의하여 행정부 이외의 독립적인 국가기관이 내부규율과 사무처리에 관한 자율권을 행사하기 위하여 제정한 법규이다. 우리 헌법은 권력분립의 이념에 따라 국회, 대법원, 중앙선거관리위원회, 헌법재판소, 감사원 등에게 업무의 자율성을 보장하기 위해 각각 규칙의 제정권을 부여하고 있다. 규칙은 명령과 같은 효력을 갖는다.

(6) 자치법규

지방자치단체는 법령의 범위 안에서 자신의 조직, 사무 및 주민의 복리에 관한 법규를 제정할 권한을 가지고 있다(헌법 제117조 제1항). 즉 자치법규는 이러한 권한에 의거하여 지방자치단체가 법령의 범위 안에서 제정한 자치에 관한 법규이다. 자치법규가 법령에 위반하는 경우에는 효력이 없다. 자치법규에는 '조례'와 '규칙' 등이 있다. 조례는 지방자치단체가 법령의 범위 내에서 그 사무에 관한 내용을 지방의회의 의결을 거쳐서 제정한 자치법규이다. 다만, 주민의 권리 제한 또는 의무 부과에 관한 사항이나 벌칙을 정할 때에는 법률의 위임이 있어야 한다(지방자치법 제22조). 규칙은 지방자치단체의 장이 법령 또는 조례가 위임한 범위에서 그 권한에 속하는 사무에 관하여 제정한 자치법규이다(지방자치법 제23조).

(7) 국제조약

조약(treaty)이란 국제법의 주체간의 권리·의무를 발생케 하는 서면형식으로 체결되는 국제적 합의이다. 조약을 체결하는 국제법의 주체는 주로 국가이나 국제기구인 경우도 있다. 조약은 보통 국가 자체의 권리와 의무를 내용으로 하는 것이나, 경우에 따라서 그 당사국 내의 국민의 권리·의무까지도 규정하는 경우가 있다. 조약의 국내적 지위와 관련하여 우리나라 헌법은 "이 헌법에 의하여 체결되고 공포된 조약은 국내법과 같은 효력을 가진다"고 규정하여 (헌법 제6조 제1항) 조약이 국내법의 법원임을 명시하고 있다.

3. 불문법

(1) 의의

불문법이란 성문법과는 달리 일정한 형식과 절차에 따라 성문화되지 않은 법을 말하며, 권한 있는 기관의 제정절차를 거치지 않고 생활관계에서 자연스럽게 생겨난 법이라는 의미에서 비제정법이라고도 한다. 영미법은 관습법이나 판례로 이루어진 대표적인 불문법이다. 오늘날 대부분의 대륙법계 국가가 성문법주의를 취하고 있다. 그렇지만 복잡하고 역동적이며 변화하는 사회현상을 모두 고정적인 성문법 내에서 규율하는 것은 물리적으로 불가능하다. 이를 극복하기 위해서는 필연적으로 불문법이 여전히 필요하다. 그래서 성문법주의 국가에서도 불문법의 존재가치를 인정하고 있다. 즉 불문법에 대해 성문법의 보충적 효력을 갖는 것으로 규정하여 법원으로서의 불문법의 존재가치를 인정하고 있다. 불문법은 변화하는 사회현실에 적응하기 위해 필요한 법원인 것이다. 법원으로 주요한 불문법을 보면 관습법, 판례법, 조리 등이 있다. 불문법주의는 사회현실의 변화에 능동적으로 적응하게 되어 법이 경화하지 않는다는 장점을 가지고 있지만 이 입법주의는 법이 문자로 표시되어 있지 않기 때문에 법의 존재가 명확하지 못하고 그 통일정비가 용이하지 않다는 점에서 법적 안정성이 유동적이라는 단점을 내포하고 있다. 이에 따라 불문법주의를 취하는 나라에서도 그 단점을 보완하기 위하여 부분적으로 성문법을 인정하게 된다.

(2) 관습법

1) 의의

관습법이란 입법기관이 제정한 법이 아니고, 일상생활에서 사회의 관행에 의하여 반복적으로 행해지는 생활규범이 사회·경제적으로 일반인에 의해 법적 확신을 가지게 됨으로써 성립된 것을 말한다. 사람이 사회생활을 하는 동안 여러 생활분야에 일반인들이 반복적으로 일관되게 행하는 관행이 나타나는 경우가 있다. 이 경우 그 관행 전부가 관습법이 되는 것이 아니고, 그중에서 법질서를 구성할 만큼 법적 확신이 있는 관행만이 법적 효력이 있는 관습법이 되는 것이다. 성문법주의 국가들도 성문법의 한계를 극복하기 위해 관습법의 존재가치를 인정하고 있다. 다만 유의할 점은 형법 영역에서는 죄형법정주의의 원칙상 관습법이 인정되지 않는다는 점이다. 관습법을 근거로 형사처벌하는 것은 죄형법정주의 원칙상 허용되지 않는다.

2) 관습법이 법적 효력을 가지는 근거에 대한 학설

관습법이 법으로서 효력을 가지는 근거에 관하여는 여러 가지 학설이 있다. 그중 중요한 학설은 다음과 같다.

가. 관행설 — 어떤 사항에 관하여 동일한 관행이 오랫동안 지속되면 그러한 관행이 관습법 성립의 기초가 된다고 보는 견해이다. 그런데 오랫동안 지속된 관행이

관습법의 내용을 이루기는 하지만 그러한 관행이 바로 관습법이 되는 것은 아니다.

나. 법적 확신설—법적 확신설은 관습법이 성립하기 위해서는 일관되고 계속되는 관행이 존재하고 그에 대해 일반인이 법적 확신을 가져야 한다는 견해이다. 관습법은 일반인 다수가 어떤 관행에 따르는 것이 권리 또는 의무라고 확신할 때, 즉 관습을 법이라고 확신할 때에 성립한다는 주장이다. 법적 확신설은 관습법의 타당근거를 법적 확신에서 구하는 견해로 다른 학설에 비하여 넓은 지지를 받고 있다.

다. 국가승인설—관습의 내용을 국가가 법으로 승인함으로써 관습법이 성립한다는 견해이다. 즉 관습이 법이 되기 위해서는 국가의 승인이 필요하다고 주장한다.

라. 통용설—통용설은 관행이 법률질서의 구성부분이 될 때 관습법으로 된다는 견해이다. 관행이 법질서의 구성부분이 되는 것이 사회·경제적으로 유익할 뿐만 아니라 필요한 것이라고 인정되는 경우에, 그러한 관행은 법질서의 구성부분이 되는 것이라고 한다. 통용설에 의하면, 어떤 관행을 법으로 적용하지 않으면 그 결과 중요한 이익의 침해가 되어 법질서의 입장에서 보아 그 관행을 구속력 있는 것으로 인정할 때 유익한 경우에 관습법이 된다는 것이다.

3) 관습법의 성립요건

가. 관행이 있을 것—관습법이 성립하기 위해서는 먼저 관행이 존재하여야 한다. 여기서 관행의 존재는 법칙 내용에 관한 관행이 상당히 오랜 기간 동안 넓은 시의에 걸쳐서 같은 행위가 반복적으로 행해지는 상태를 일컫는다.

나. 관행에 법적 확신이 존재할 것—관습법이 성립하기 위해서는 관행에 대하여 불특정 다수인이 준수하여야 할 법규범, 즉 관행에 따라 행하는 것이 권리·의무라는 확신이 있어야 한다. 이러한 법적 확신은 현실적으로 분쟁이 발생하였을 때 만

결을 통하여 평가된다.

다. 관행이 공서양속 및 강행법규에 합치할 것—법은 국가사회의 공공질서를 유지하기 위하여 존재하는 것이므로 관습법이 앞의 요건을 갖추었더라도 이것이 선량한 풍속 기타 사회질서에 어긋나는 것은 그 효력이 인정되지 않으므로(민법 제103조 참조), 관습법이 법의 존재형식으로 인정되기 위해서는 공서양속(선량한 풍속 기타 사회질서)에 부합하여야 한다. 아울러 선량한 풍속 기타 사회질서와 관계있는 규정인 강행법규에 위반하면 무효가 되므로, 관습법은 헌법을 비롯한 강행법규에 위반하지 않는 경우에 한하여 법으로서 인정된다.

4) 관습법의 효력

관습법을 법원으로 인정하는 데는 의문의 여지가 없지만, 실제 관습법의 효력에 관하여 논의할 때는 사실인 관습과 관습법과의 관계 및 한계를 어디까지로 볼 것인지가 문제가 된다. 또한 성문법과의 관계에서 어느 법의 효력이 우위에 있는지도 살펴보아야 한다.

가. 사실인 관습과 관습법과의 관계—관습이 아직 법으로 까지는 발전하지 못하고 사회생활 가운데 사실로만 행하여지고 있는 것을 '사실인 관습'이라 한다. 오랫동안 계속적으로 반복되는 일관된 관행이라도 그것을 따르는 것이 당위적인 것으로 받아들이는 법적 확신을 얻지 못하면 그러한 관습은 사실인 관습에 불과하다. 관습은 일정한 행위가 특정범위의 일반인 사이에서 계속적이고 반복적으로 실행되어 짐으로써 이루어지는 사회규범을 의미하는데, 이러한 관습이 법률로서 법적 확신을 갖게 되는 단계에 이르렀을 때 관습법이라 하고 이에 이르지 못한 단계를 사실인 관습이라고 하는 것이다. 그런데 실제로는 관습법과 사실인 관습의 구별은 쉽지 않다. 특히 사적 자치가 인정되는 분야에서는 사실인 관습도 임의법규에 우선하여 해석의 기준이 되기 때문에 양자를 구별하는 실익은 별로 없다. 그런데 사법

의 일반법인 민법에서는 법으로서의 관습, 즉 관습법과 사실로서의 관습을 구별하고 있다. 민법은 사실인 관습에 대해 "법령 중에 선량한 풍속 기타 사회질서에 관계없는 규정과 다른 관습이 있는 경우에 당사자의 의사가 명확하지 아니한 때에는 그 관습에 의한다"라고 규정하고 있다(민법 제106조). 이 규정에 의하면, 하나의 관습은 당사자가 그 관습과 반대되는 의사를 표시하지 않는 한, 또는 당사자의 의사가 불명확할 때에만 법적 효력을 가지고 관습에 따라 해석된다. 양자 사이에는 관행으로부터 생성된 사회규범이라는 공통점이 있으나, 관습법은 당사자의 의사와 관계없이 법규로서의 효력을 갖고 있지만 사실인 관습은 당사자의 의사가 명백하지 않은 경우에만 당사자의 의사를 해석하는 기준이 된다는 점에서 차이가 있다.

나. 성문법과 관습법과의 관계－성문법주의 국가에서는 입법정책적인 차원에서 성문법에 우월적 효력을 인정하고 불문법에 대하여 보충적 효력을 인정하고 있다. 또한 성문법주의 국가에서도 성문법만으로 변화하는 사회현상을 모두 법규정에 담기 어렵기 때문에, 불문법으로 이를 보완해야 할 필요성이 있다. 그런데 불문법을 법원으로 인정하는 경우 성문법과의 사이에, 특히 성문법과 관습법과의 관계에서 관습법의 효력이 문제가 된다. 성문법주의 국가에서 관습법은 성문법의 규정이 없는 경우에 하위법으로서 효력을 갖는 것이 일반적이다.

이에 대한 학설로 보충적 효력설은 오직 법령의 규정에서 명문으로 인정하는 경우이거나 또는 법령의 규정이 없는 사항에 관해서만 관습법이 효력이 인정되는 것이므로, 성문법을 배제하는 관습법의 존재는 인정할 수 없는 것이며, 관습법은 성문법을 개폐하는 효력은 없다는 견해이다. 다시 말해서 관습법의 법규성은 인정되지만 성문법에 대해 보충적 효력만 있다는 견해이다. 예를 들면, 민법 제1조는 "민사에 관하여 법률에 규정이 없으면 관습법에 의하고…"라고 규정하고 있으며, 상법 제1조는 "상사에 관하여 본법에 규정이 없으면 상관습법에 의하고 (…)"라고 규정하고 있어서, 이들 규정에 따라 판단해 보면, 관습법은 성문법에 대해서 보충적인 효력을 갖는다는 견해이다. 반면 변경적 효력설은 관습법에 대해 성문법을 보충하는 효력을 넘어서 성문법을 변경하는 효력까지도 인정된다는 견해이다. 변경적 효력설을 지지하는 견해에 의하면, 상법 제1조 후단에서 상관습법이 없으면 민법의 규정에 의한다"라는 규정은 상거래 관습법이 민법에 우선하여 적용됨으로써 민법에 대한 개폐효력이 인정된다는 것이다.

(3) 판례법

판례법이란 법원의 판결을 통하여 형성된 법이론이나 법원칙인 판례의 형태로 존재하는, 성문화되지 않은 법규범을 뜻한다. 어떤 사건에 대해 법관이 판결을 내린 이후에 그와 비슷한 사건에 대해 판결을 하게 되는 경우, 특별한 사정이 없으면 먼저 이루어진 판결에 따라 동일한 취지의 판결을 내리는 것이 보통이다. 법원의 판결은 구체적 사건의 해결을 본질로 하나, 그 속에 포함되어 있는 일반적인 법이론이나 법원칙은 다른 유사한 사건에 관하여도 동일한 해결을 기대할 수 있게 한다. 여기에 판례의 법규범성이 인정되는 요인이 있는 것이다. 판례법은 법원의 판결 자체가 판례법이 되는 것이 아니라 일정한 법률문제에 관하여 동일취지의 판결이 반복됨으로써 재판의 방향이 대체로 확정될 수 있을 경우에 성립하는 재판의 선례를 말하며, 그 선례가 그 후의 판결을 구속할 때 그 판례는 법원으로서 판례법이 된다.

판례법을 독자적인 법원으로 인정할 것인가? 판례의 법원성을 적극적으로 인정하는 국가는 영미법계 국가들이다. 불문법주의를 취하는 영미법계 국가에 있어서는 판례가 주요한 법원이다. 영미법계 국가들은 판례가 1차적인 법원이다. 이들 국가들은 선례구속성의 원칙을 받아들이고 있다. 판례는 장래의 재판에 대하여 선례의 구실을 하여 판례의 구속력을 인정하는데 이것을 '선례구속의 원칙'이라 한다. 이 원칙은 법관이 재판을 할 때 상급 또는 동급의 선례가 있으면 반드시 그 선례에 따라 재판하여야 한다는 것이다.

이에 비하여 대륙법계, 즉 성문법주의를 취하는 국가에서는 선례구속의 원칙이 인정되지 않는다. 우리나라도 대륙법계로서 성문법주의를 취하고 있고 선례구속의 원칙은 인정되지 않는다. 우리나라에서는 다음과 같은 이유에서 판례법의 법원성을 부정하는 것이 다수설이다. 즉, 현행법상 이를 인정할 아무런 근거규정이 없고, 판례법에 법원성을 인정하면 법원에 입법권을 부여하는 결과가 되어 권력분립의 원칙에 어긋날 뿐만 아니라 법원조직법 제8조는 '상급심재판의 기속력'에 관하여 "상급법원의 재판에 있어서의 판단은 해당 사건에 관하여 하급심을 기속한다"고 규정하고 있으므로, 선례구속의 원칙이 제도적으로 보장되어 있지 않다. 그러나 대법원의 판결에서 내린 법령의 해석은 당해 사건에 관하여 하급심을 기속하며, 대법원 대법관 3분의 2 이상의 합의체에서 종전의 판례를 변경할 수 있고, 법관은 유사한 사건에 관해 대법원 판례에 따라 재판한다는 점에서 어느 정도는 판례의 법규성이 인정될 수 있다.

(4) 조리

조리란 일반 다수인이 건전한 의식으로서 인정하는 공동생활의 원리이며, 사물의 본질적 법칙 또는 사물의 필연의 도리로서 정의, 형평, 공서양속 경험칙, 법의 일반원칙 또는 신의성실의 원칙 등으로 표현되기도 한다. 조리는 특히 법률이 존재하지 아니할 때 조리에 따라 재판해야 한다는 점이다. 법관은 법률의 부재를 이유로 재판을 거절할 수 없다. 이 경우에 법관은 조리에 의하여 재판 할 수밖에 없다. 우리나라 민법 제1조에도 "민사에 관하여 법률에 규정이 없으면 관습법에 의하고 관습법이 없으면 조리에 의한다"라고 규정하여 조리의 법원성을 인정하고 있다. 물론 형법 영역에서는 죄형법정주의가 적용되기 때문에 조리의 법원성을 인정하지 않는다.

VI. 법의 체계

1. 법의 분류

법은 여러 기준에 따라 다양하게 나누어 볼 수 있다. 법의 존재형식에 따라 성문법과 불문법으로, 국가의 권한 있는 기관에 의해 제정되었느냐 여부에 따라 실정법과 자연법으로, 법의 주체·효력 및 적용범위에 따라 국제법과 국내법으로, 법이 규율하는 생활관계에 따라 공법과 사법 및 사회법으로, 법의 적용의 범위에 따라 일반법과 특별법으로 법의 강제적 적용 유무에 따라 강행법과 임의법으로 나누어 볼 수 있다.

2. 실정법과 자연법

실정법이란 특정한 시대와 사회에서 구체적이고 실질적인 효력을 가지고 있는 법규범을 말하며, 실정법의 존재형태는 성문법뿐만 아니라 관습법, 판례법 등과 같이 불문법도 포함된다. 협의로서 실정법은 권한 있는 기관이 제정하거나 채택한 구체적인 법을 의미한다. 실정법은 국가에 따라서 어떤 존재 형식을 일차적 법원으로 할 것이냐는 각기 다르지만 실제적으로 이를 위반하였을 때는 국가의 힘인 공권력에 의해 제재를 받게 되는 것이다.

자연법이란 대체로 실정법을 초월하여 영구불변적으로 존재하는 법이라고 정의된다. 자연법의 특성은 일반적으로 보편타당성, 영구불변성, 역사성, 인식가능성 등이 있다. 자연법은 실정법의 불완전성을 깨우쳐 주는 역할을 한다. 오늘날 자연법은 초실정법적인 것으로 인간의 이성 내지 본성을 바탕으로 시대, 민족, 사회 등을 초월한 영구불변의 보편타당한 법이라고 인식되고 있다. 즉 오늘날에는 자연법의 개념을 실정법과의 관계 속에서 초실정법으로 이해하여 인간의 본성 내지 이성을 바탕으로 인간의 존엄성 및 기본권을 보장하기 위한 것이라고 이해할 수 있다.

3. 국내법과 국제법

국내법과 국제법은 법의 주체, 법원 및 법의 적용범위를 기준으로 분류한 것이다. 국내법은 한 국가에 의하여 형성되고 그 국가의 주권이 미치는 범위 내에서만 시행되는 법으로서, 국가·공공단체와 국민, 또는 개인 상호간의 권리·의무를 규율하는 법이다. 국내법에는 헌법, 법률, 명령, 조례, 규칙 등의 성문법과 관습법, 판례법, 조리 등의 불문법의 형식으로 존재한다. 이에 비하여, 국제법은 주로 국가 간의 관계에 적용되는 국제사회의 법을 말한다. 물론 오늘날 국제법은 국가뿐만 아니라 국제기구 또는 개인에게까지 미친다. 국제법은 조약과 같은 성문법과 국제관습법과 같은 불문법의 형식으로 존재한다. 국제법은 국가·국제조직만이 이를 정립하는 주체가 되고, 개인은 이의 규율을 받는 수동적인 대상이 되는 데 불과하다.

4. 공법과 사법

(1) 서설

법질서는 통치관계로서 국민과 국가 간의 법률관계와 생활관계인 개인 상호간의 법률관계가 이원적으로 존재한다. 이러한 사회구조는 공법(公法)과 사법(私

法)이라는 이원적 체계를 구성하게 되고 전자는 헌법, 형법, 행정법 등으로, 후자는 민법, 상법 등으로 발전되었다. 이와 같이 법을 그것이 규율하는 생활관계를 기준으로 공법과 사법으로 구별할 수 있다.

(2) 구별기준에 대한 학설

법을 공법과 사법으로 구별하여 왔으나, 그 구별기준에 대하여 많은 학설이 대립되고 있다. 이익설은 법이 보호하는 이익을 기준으로 공법과 사법을 구별하는 견해이다. 즉, 국가나 사회의 이익인 공익의 보호를 목적으로 하는 법이 공법이고, 사익의 보호를 목적으로 하는 법을 사법이라고 한다. 그런데 공익 또는 사익이 무엇인지를 구별하는 것이 쉽지 않으며, 공익과 사익의 보호를 동시에 추구하는 법도 존재하기 때문에 이익설에 따라 공법과 사법을 구별하는 것이 적절하지 않다는 주장도 가능하다.

주체설은 법이 규율하는 법률관계의 당사자(주체)를 기준으로 공법과 사법을 구별하는 견해이다. 국가 및 공공단체 상호 간의 관계 또는 이들과 사인 간의 관계를 규율하는 법이 공법이고, 사인 상호 간의 관계를 규율하는 법이 사법이라고 한다. 그런데 국가나 공공단체도 사인과 동등한 자격으로 행위를 하는 경우가 있다. 예컨대, 국가 또는 공공단체가 사경제의 주체로서 개인과 매매계약을 체결한다든가 도급계약 체결하는 경우와 같이 사적인 계약을 맺은 때에는 사법의 적용을 받는다. 따라서 주체설에 의하면 이러한 모순이 나타나기 때문에 설득력이 떨어진다.

성질설(법률관계설)은 법이 규율하는 법률관계의 성질을 기준으로 명령·복종지배관계, 즉 불평등관계를 규율하는 법이 공법이고, 평등·대등한 관계를 규율하는 법이 사법이라고 주장한다. 법률관계를 권력자(지배자, 통치자)와 복종자(피지배자, 피통치자) 사이의 종속적 법률관계와 대등한 당사자간의 평등한 법률관계로 구분하여, 전자에 적용되는 법이 공법이고, 후자에 적용되는 법이 사법이라고 주장한다. 성질설에 의하면 국제법을 사법으로, 친족법을 공법으로 구별하는 모순이 발생할 수 있다.

생활관계설은 사람의 생활관계를 기준으로 국민으로서의 생활관계, 즉 정치적 생활관계(권력적 통치관계)를 규율하는 법이 공법, 개인적인 생활관계를 규율하는 법이 사법이라고 구별하는 견해이다. 그런데 생활관계설도 국민으로서 생활관계와 개인으로서 생활관계를 구별하는 것이 쉽지 않기 때문에 완전하게 설득력을 갖추고 있는 것은 아니다.

여러 학설을 살펴보았지만 어느 하나의 기준으로 공법과 사법을 구별하는 것은 한계가 있다. 그러므로 공법과 사법의 구별은 위에서 언급한 여러 가지 학설에서 내세우고 있는 복수의 기준을 고려하는 것이 타당할 것이다.

(3) 구별의 실익

1) 사적 자치의 적용 여부

공법과 사법을 구별하는 가장 큰 실익은 공법은 일정한 목적 아래 국가생활관계를 규율하게 되므로, 대체로 사적자치의 원칙이 배제되나, 사법에서는 개인 상호간의 생활관계를 다루게 되므로 대체로 사적 자치의 원칙이 적용된다는 점에 있다. 그러나 이는 절대적인 것은 아니며, 공법에서도 개인의 사적 자치가 인정되는 경우가 있고(예컨대, 당사자가 합의로 제1심 관할법원을 정할 수 있도록 규정하고 있는 민사소송법 제29조의 합의관할의 경우) 사법에서도 사적 자치가 배제되는 경우가 있다(예컨데, 민법 제80조의 근친혼 금지 등 사법 중 강행규정이 적용되는 경우).

2) 재판관할의 결정 여부

재판관할은 행정사건인가 아니면 민사사건인가의 여부에 따라 소송의 관할을 달리한다. 공법상의 소송인 행정소송의 경우는 제1심이 행정법원이 되고 원칙적으로 소송 전 행정심판을 제기할 수 있다(행정소송법 제9조, 행정심판법 제3조 참조). 그러나 민사사건은 3심제가 적용되어 지방법원이 제1심이 되고 소송을 제기하기 전 행정심판을 제기할 수 없다(민사소송법 제2조, 제248조, 제390조, 제422조 참조).

(4) 사회법

1) 사회법의 등장

자본주의의 발달로 경제적 지위에 따른 사회 불평등의 심화, 자본가와 노동자 간의 대립 등 자본주의경제제도의 여러 폐단이 나타났다. 이와 같이 자본주의의 발달로 새롭게 발생한 사회경제적 문제를 해결하기 위하여 20세기 초에 사회법이 등장하게 되었다. 자본주의의 발달로 부익부 빈익빈의 현상이 심화되고 사회적 갈등이 증폭하자 경제적 약자를 보호하고 노사간의 대립을 완화하기 위하여 국가가 개인이나 기업의 경제활동 영역에 개입하기 시작하였다. 국가는 계획적으로 사회정책, 노동정책 및 경제정책을 수립하였고 이를 시행하기 위한 입법이 이루어졌는데, 이러한 입법을 통해 종래의 공법이나 사법 어디에도 속하지 않고 새로운 법 영역을 형성하게 되었다. 이와 같이 사회법은 경제적 약자의 이익을 보호하고 나아가서 더욱 적극적으로 경제적 약자를 지원하고 복지를 증진시키는 것을 목적으로 하는 법이라고 할 수 있다. 종래에는 사법관계에서 국가의 간섭이나 개입이 없었던 영역에 국가가 적극적으로 간섭 또는 개입하여 사법의 적용을 받는 동시에 공법의 규율도 받도록 하였다. 이러한 사회법에는 노동법, 경제법, 사회보장법 등이 있다.

2) 노동법

노동법은 근로자의 인간다운 생활을 보장하고 근로자와 사용자 사이의 실질적인 평등을 도모하기 위해서 취업과 근로조건 및 노사관계를 규율하는 법규범을 총칭한 것을 말한다. 자본주의의 경제가 확립됨에 따라서 사회의 새로운 계층으로서의 노동자들이 양산되었고, 이러한 노동자와 사용자의 관계는 종래의 법질서로는 규율할 수 없는 새로운 관계로 발전하였는데, 이를 규율하기 위하여 생성·발전한 것이 노동법이다. 자본주의 체제하에서 노동자는 저임금 또는 실업자로 전락하는 빈익빈의 나락에 떨어지고 반면, 자본가는 더욱 많은 이익으로 부익부의 현상을 초래하게 되어 노동자와 사용자가 크게 대립하게 되었다. 이것이 국가와 사회의 중대한 문제로 등장하였고, 노사간의 협력과 근로자에 대한 특별한 보호가 요청되었다. 그 보호방법으로 제정된 것이 노동법이다. 노동조건의 기준을 행정감독에 의하여 규율하는 법률을 만들고, 노동자의 단결권 및 단체행동권을 인정하는 법률을 제정하는 등 노동자의 권리를 보호하고, 그 지위를 향상시켜 노사의 실질적 평등을 도모하기 위한 노동법이 형성되고 발전되어 온 것이다. 대표적인 노동법으로는 근로기준법, 노동조합 및 노동관계조정법, 최저임금법, 노동위원회법, 임금채권보장법, 직업안정법 등이 있다.

3) 경제법

경제법은 19세기 후반에 나타나기 시작한 새로운 법영역으로서 산업자본주의의 발달로 인하여 새로이 발생한 사회경제적 문제에 대응하기 위해 등장한 법이다. 따라서 경제법은 자본주의 경제체제에서 발생하는 모순과 폐해를 국민 경제 전체의 입장에서 정책적으로 규제하거나 조정하기 위한 목적으로 만들어진 법규범을 총칭한 법체계이다. 경제법이란 용어가 처음 사용된 것은 제1차 세계대전 후 경제적 파탄을 극복하고 재건하는 과정에서 주로 독일에서 발달하였는데, 자본주의경제의 발전에 따라 특수한 경제관계를 규율하기 위하여 제정한 법을 독일 학자들이 경제법이라고 불렀다. 주로 경제법은 자본주의 경제의 테두리 안에서 기업의 독점을 완화하고 규제하여 국민경제를 보호하려는 취지에서 제정된다. 자본주의적 사회경제체제는 개인주의적 자유주의를 기반으로 하여 눈부신 발전을 이룩하였다. 그러나 경제를 자유방임의 상태로 두면 대기업의 경제적 횡포에 의하여 노동자는 물론 일반 국민이 곤경에 빠지는 악순환에 놓이게 되고, 이로 인해 사회불안이 야기되고, 또 경제질서의 혼란과 경제 공황의 주기적 발생 등으로 국가경제가 파탄으로 치닫는 상황을 야기하게 된다. 여기에 국가가 경제활동에 대한 적극적 개입 및 통제의 필요성이 나타나 형성·발전된 법이 경제법이다. 이와 같이 경제법은 국민경제의 건전한 균형발전을 위해서 경제질서를 규율하는 규범인 것이다. 소비자기본법, 독점규제법, 공정거래에 관한 법률, 약관의 규제 관한 법, 할부거래에 관한 법, 방문판매 등에 관한 법, 제조물책임법 등이 여기에 해당된다.

4) 사회보장법

사회보장법이라 함은 개인을 사회적 위험으로부터 보호하는 기능을 수행하는 법규범을 총칭하는 것이다. 사회보장법은 국가가 국민의 생존권을 확인하고 사회적 위험으로부터 국민의 생활을 보장하기 위한 국가의 정책을 실현하기 위한 법이다. 사회보장기본법은 사회보장에 대하여 "질병, 장애, 노령, 실업, 사망 등의 사회적 위험으로부터 모든 국민을 보호하고, 빈곤을 해소하며, 국민생활의 질을 향상시키기 위하여 제공되는 사회보험, 공공부조, 사회복지서비스 및 관련복지제도"라고 정의하고 있다(사회보장기본법 제3조 제1호). 사회보장법은 구빈법 제도에서 유래된 것으로 자본주의경제의 발전과정에서 자유방임을 허용한 결과 부가 소수인의 수중에 집중되어 빈부의 차가 격심하게 되었고 빈자는 자기의 힘으로 생활을 유지할 수 없게 되자 국가가 이를 구제하고 '인간다운 생활을 보장해주기 위해 마련한 법으로부터 발전해 왔다.

우리나라는 사회적 위험을 보호하는 제도적 수단으로 사회보험, 공공부조, 사회복지서비스 및 관련 복지제도 등에 관한 법을 마련하고 있다. 국민건강보험법, 국민연금법, 산업재해보상보험법, 고용보험법 등 4대 사회보험법을 시행하고 있으며, 공공부조에 관한 법률로는 국민기초생활보장법, 긴급복지지원법, 의료급여법, 일제하종군위안부에 대한 생활안정지원법 등이 있다.

5. 일반법과 특별법

(1) 의의

일반법과 특별법은 법의 효력범위를 기준으로 해서 분류한 것인데 일반법이란 법의 효력이 미치는 범위가 제한이 없이 일반적·보편적으로 적용되는 법이고, 특별법이라 함은 특정한 사람, 사항 또는 장소에 국한해서 적용되는 법을 말한다. 특정한 사항을 일반법으로 규율하기에는 적절하지 않는 경우에 특별법이 필요하다. 특별법과 일반법은 법이 적용되는 사람, 장소, 사항 등을 달리한다.

(2) 구별의 표준

1) 사항을 표준으로 한 구별

어떤 사항 전반을 규율대상으로 하여 효력이 미치는 법이 일반법이고, 특정한 사항만을 규율대상으로 하는 법이 특별법이다. 예컨대, 민법은 민사에 관한 일반 사항을 규율대상으로 하는 일반법이고, 상법은 민사 중 특히 상인들의 거래인 상사만을 규율대상으로 하는 특별법이다.

2) 사람을 표준으로 한 구별

법의 효력이 모든 국민에게 적용되는 법이 일반법이고, 어떤 특정한 신분(직업)을 가진 자에게만 적용되는 법이 특별법이다. 예컨대, 민법·형법은 모든 대한민국 국민에게 적용되는 일반법인 데 비하여, 상법·군형법은 상인. 군인 및 군무원의 신분을 가진 자에게만 적용되는 특별법이다.

3) 장소를 표준으로 한 구별

법이 국가의 모든 지역에 적용되는 법이 일반법이고, 국가의 일정 지역에만 적용되는 법이 특별법이다. 예컨대, 지방자치법은 전국에 걸쳐서 적용되므로 일반법이고, 시·도의 조례 및 규칙은 해당 시·도에만 적용되는 특별법이다.

(3) 구별의 실익

일반법과 특별법을 구별하는 실익은 동일한 사안에 대하여 일반법과 특별법이 병존하는 경우에는 특별법이 일반법에 우선하여 적용된다는 점에 있다(이른바 '특별법우선의 원칙'의 적용). 여기서, 유의하여야 할 것은 특별법과 일반법의 관계는 법령 상호간의 관계에서만 적용되는 것이 아니라 동일한 단행 법령의 규정 상호간에도 적용된다는 점이다. 예컨대, 민법 중 채권의 소멸시효기간을 10년으로 규정하고 있는 제162조 제1항의 규정은 일반규정(일반법)이나, 이자채권의 소멸시효기간을 3년으로 규정하고 있는 제163조의 규정은 제162조 제1항에 대한 특별규정(특별법)이다. 또, 형법 중 형벌을 '사형, 무기 또는 5년 이상의 징역'으로 규정하는 보통살인죄에 관한 제250조 제1항은 일반규정이나, 형벌을 '7년 이하의 징역'으로 규정하는 '존속 살해죄'에 관한 제251조 제2항은 제250조 제1항에 대한 특별규정이다.

6. 실체법과 절차법

(1) 의의

실체법은 권리·의무의 종류·내용·성질·발생·변동·효과·소멸 등의 사항을 규정하는 법이고, 절차법은 실체법의 내용, 즉 권리·의무를 실현하는 절차에 관한 법을 말한다. 절차법은 권리·의무의 행사·이행·보전·강제 등의 절차를 규정하는 법이다. 이러한 정의에 따르면, 형법·민법·상법 등은 실체법이고, 형사소송법·민사소송법 등은 대표적인 절차법이다.

실체법과 절차법의 관계를 보면, 실체법이 아무리 권리·의무를 잘 규정하고 있어도 그것은 사회생활에서 실현되어야 현실적인 의의를 가질 수 있기 때문에, 이를 실현하기 위한 절차법이 있어야 한다. 이와 같이 실체법은 절차법과 불가분의 관계에 있으며, 분쟁이 발생하면 절차법에 의하여 실체법의 내용이 현실화된다.

(2) 실체법과 절차법의 관계

법률관계를 통한 분쟁이 발생하면 실체법에서 아무리 권리를 잘 규정하고 있어도 이를 실현하기 위한 절차법이 없으면 그 권리는 유명무실하게 될 뿐이다. 즉, 형사관계나 민사관계 등의 법률관계에 대하여 실체법이 없는 경우 법원은 무죄판결이나 조리에 의하여 판결을 하여야 하나, 실체법이 있어도 절차법이 없으면 법원은 재판을 할 수 없게 된다. 따라서 분쟁이 발생하면 실체법의 내용은 절차법을 통하여 현실화함으로써 법은 비로소 그 목적을 달성하게 된다.

(3) 구별의 실익

실체법과 절차법을 구별하는 실익은 다음과 같다. 첫째로, 법원은 실체법이 존재하지 않다는 이유로 재판을 거절할 수 없으나, 절차법이 없을 때에는 재판을 할 수 없다. 둘째로, 법률불소급의 원칙에 있어서 실체법은 신법에 소급효를 인정하지 않는 것이 일반적 원칙인데, 절차법은 특별한 규정이 없는 한 새로 만들어진 절차법을 적용한다. 이는 법률불소급은 권익의 침해를 막기 위한 것인데, 절차법은 권리 의무의 성질에 관계되는 것이 아니기 때문에 신법을 적용하더라도 권익을 침해하는 경우가 거의 없기 때문이다.

7. 강행법과 임의법

(1) 의의

법은 그 효력이 절대적인 것인가 임의적인 것인가를 표준으로 하여 강행법과 임의법으로 나누어진다. 강행법은 당사자가 법의 규정과 다른 의사표시를 했을 때에도 절대적으로 적용되는 법으로서, 그 법의 규정을 강행규정 또는 강행법규라고 한다. 이에 비하여 임의법은 당사자가 법의 규정과 다른 의사표시를 하지 않았을 때에만 적용되는 법으로서, 그 법의 규정을 임의규정 또는 임의법규라고 한다.

일반적으로 공법(헌법, 형법, 행정법, 민사소송법, 형사소송법 등)은 강행법이고, 사법(민법, 상법)은 임의법이다. 그러나 이는 절대적인 것이 아니다. 즉, 사법인 민법 중 물권법이나 가족법(신족·상속편)에 관한 규정은 강행규정이 다수 존재하고, 공법인 민사소송법 중 합의관할에 관한 규정(동법 제29조)은 임의규정이다. 따라서 어떤 법이 강행법인가 임의법인가는 각 단행법 전체를 단정적으로 말할 수는 없고, 단행법의 각 법조문에 대하여 개별적으로 평가하여야 한다.

(2) 구별의 표준

강행법과 임의법을 구별하는 기준은 쉽지 않으나, 법조문에 '…하여야 한다', '…하지 않으면 …하지 못한다' 등으로 규정하고 있으면 일반적으로 강행법이고, 법조문에 '다른 의사표시가 없으면 …', '… 달리 정한 바가 있으면 그에 의한다' 등으로 규정하고 있으면 일반적으로 임의법이다. 그러나 법조문에 위와 같은 표현이 없는 경우에는 각 조문의 입법취지. 규정의 성질과 내용 등을 종합적으로 검토하여 "선량한 풍속 기타 사회질서에 관계있는 규정"은 강행법이고, "선량한 풍속 기타 사회질서에 관계없는 규정은 임의법으로 판단하여야 한다(민법 제105조 참조). 또 강행법규는 당사자 쌍방에 적용되는 것이 원칙이나, 예외적으로 일방 당사자에게 불리한 경우에만 그 법률행위를 무효로 하는 것이 있으며 이를 편면적 강행규정이라고 한다(주택임대차보호법 제10조 상가건물 임대차보호법 제15조, 집합건물의 소유 및 관리에 관한 법률 제9조 4항 참조).

(3) 구별의 실익

임의법은 당사자가 법의 규정과 다른 의사표시(특약)를 했을 때에도 유효하나, 강행법은 당사자가 법의 규정과 다른 의사표시를 하였을 때에는 효력이 발생하지 않고 무효 또는 취소의 대상이 되거나 그 밖에 일정한 제재가 가하여진다. 또한 강행법은 법률행위의 해석의 표준이 되지 않으나, 임의법은 법률행위를 해석함에 있어서, 당사자의 의사와 관습에 이은 제3의 표준이 된다(민법 제105조, 제106조 참조).

VII. 법의 효력

1. 법의 효력의 의의

법의 효력이란 사회규범으로서의 법이 그 목적과 내용대로 실현하는 힘을 말한다. 다시 말해서 법의 효력이란 행위규범으로서 법의 내용을 실현하는 강제력을 의미하며, 강제규범으로 법이 사회를 구속하는 힘을 말한다. 그리고 법의 내용을 실현하려는 법 효력의 근거를 법의 타당성 또는 정당성이라 한다. 법의 타당성이란 법이 구속력을 가질 수 있는 정당한 권능을 의미한다. 법은 규범으로서 그 내용만으로 효력을 발생하는 것이 아니라 규범으로서 타당성을 가지고 있어야 한다. 또한 법이 강제규범으로서 효력을 지니고 실제로 실현되는 것을 법의 실효성이라 한다. 법의 실효성이란 법이 현실로 지켜져 실현되는 강제력을 말한다. 다시 말해 법이 단지 제정만 되고 실제로 법이 규정한 대로 시행되지 않는다면 어느 누구도 이 법을 효력이 있는 법이라고 하지 않을 것이다. 법이 본연의 효력을 발생하기 위해서는 법이 규범으로서 타당성과 실효성을 동시에 갖추어야 한다. 법은 타당성을 지니면서 이를 실현할 수 있는 실효성을 갖추어야 한다. 법이 실효성을 보장받으려면 법 자체가 타당성이 있어야 한다. 이렇게 본다면 법의 효력은 법의 타당성과 실효성이 모두 갖추어졌을 때 제대로 발휘되는 것이라고 할 수 있다.

2. 법률의 제정

(1) 법률의 개념

일반적으로 법률은 우리나라의 경우에는 헌법이 규정하는 입법절차에 따라 국회가 심의·의결하고, 대통령이 서명·공포함으로써 효력을 발생하는 헌법의 하위법규범인 형식적 의미의 법률을 말한다. 한편, 실질적 의미의 법률은 내용을 기준으로 한 법률개념으로서, 법규와 동의어로서 외부적 효력을 가지는 일반추상적 규율을 가리키며, 이에는 형식적 의미의 법률, 법규명령, 행정규칙 중 법규적 효력이 있는 행적규칙, 자치법규(조례·규칙)가 포함된다.

(2) 법률의 성질

법률은 민주적 정당성을 구비해야 하고 민주적 절차에 따라 제정되어야 하며 법치국가적 질서에도 적합하여야 한다.

(3) 한국의 법률제정절차

1) 법률안의 제안

법률안은 국회의원과 정부가 제출할 수 있다(헌법 제52조). 또한, 국회법 제51조에 의하면 국회의 위원회도 소관사항에 관하여 법률안을 제출할 수 있다. 회기 중 또는 폐회 중에 상관없이 제안할 수 있다. 국회의원이 법률안을 제출하려면 10인 이상의 찬성이 있어야 하고, 예산 또는 기금상의 조치가 수반되는 모든 법률안의 경우에는 그 시행에 수반될 것으로 예상되는 비용에 대한 추계서 등을 첨부하여야 한다(국회법 제79조, 제79조의2).

정부가 법률안을 제출하려면, 국무회의의 심의를 거쳐야 한다(헌법 제89조 제3호). 대통령중심제국가에서 행정부에 법률안제출권을 부여하는 것은 이례적이지만, 경제·사회입법 등 전문적·기술적 내용의 법안이 증가하고 있는 요즈음에는 대통령제국가에서도 행정부에 법률안제출권을 인정하는 것이 합목적적이다. 우리의 경우 제헌 이래 법률안의 제안은 국회의원 또는 정부가 할 수 있도록 하고 있다.

2) 법률안의 심의와 의결

가—법률안이 제출되면 국회의장은 이를 국회의원에게 배부하고 본회의에 보고한 후 소관 상임위원회에 회부하여 심사하게 한다. 의장은 심사기간을 정하여 안건을 위원회에 회부할 수 있다. 만일 해당 위원회가 기간 내에 심사를 마치지 못한 경우 의장은 안건을 다른 위원회에 회부하거나 본회의에 회부할 수 있다(=직권상정), '국회선진화법'은, 의장의 직권상정을 대폭 제한하고 있다. '국회선진화법'이란, 의안 및 예산안의 신속한 처리(=fast track) 등을 위하여 2012년에 이루어진 개정국회법을 말한다. 우리나라·독일·미국·일본 등은, '위원회중심주의'를 채택하고 있다. 위원회의 심도 있는 심사를 위하여 일부개정법률안의 경우 원칙적으로 위원회에 회부된 후 15일이 경과한 후에만 상정할 수 있고, 제정법률안과 전부개정법률안은 20일을 경과하지 않은 때에는 의사일정으로 상정할 수 없다(숙려기간: 국회법 제59조). 숙려기간이 경과했음에도 상정되지 않은 의안(예산안 제외)은 원칙적으로 숙려기간이 경과한 후 30일이 경과한 날 이후 처음으로 개회하는 위원회에 상정된 것으로 본다. '국회선진화법'은 의안의 신속처리장치로서 신속처리안건지정제도를 도입하고 있다(국회법 제85조의20). 이 절차에 따르면, 소관 상임위원회회부 후 대략 11개월이 경과하면, 본회의에 상정된 것으로 본다. 한편, 제정법률안과 전부개정법률안에 대한 위원회의 축조심사는 의무적이다(국회법 제58조). 위원회는 안건을 심사함에 있어서 먼저 그 취지의 설명과 전문위원의 검토보고를 듣고, 안건 전체에 대한 문제점과 당부에 관한 일반적 토론(=대체토론)과 축조심사(=의안의 한 조항씩 낭독하면서 의결함), 그리고 찬반토론을 거쳐 표결한다.

나—위원회는 회부된 법률안에 대하여 10일 이상 입법예고하여야 하고, 전문위원회의 검토보고와 대체토론 후에 공청회 또는 청문회를 개최할 수 있고, 그 뒤에 소위원회에 회부할 수 있다.

다—소관상임위원회에서 법률안의 심사를 마치거나 입안한 때에는 법제사법위원회에 회부하여 체계와 자구에 대한 심사를 거쳐야 한다.

라—위원회의 심사가 끝나면 본회의에 부의된다. 소관 상임위원회의 심사결과 본회의에 부의할 필요가 없으면 소관위원회는 법률안을 본회의에 부의하지 않을 수 있고, 이 경우 그 법안은 폐기된다. 법률안이 본회의의 의제가 되면 소관위원회 위원장이 심사보고 또는 제안설명을 하고, 법률안에 대한 의원의 질의가 끝나면 토론에 붙여 이를 종결한 후 표결한다. 본회의에 상정된 법률안의 의결은 재적의원 과반수의 출석과 출석의원 과반수의 찬성으로써 한다.

3) 법률안의 정부 이송

가—법률안이 본회의에서 의결되면 정부에 이송된다. 정부가 그 법률안에 대하여 이의를 가지지 않으면 국무회의의 심의를 거쳐 대통령이 서명하고, 국무총리와 관계 국무위원이 부서한다.

나—대통령이 이송된 법률안에 이의가 있으면 이송된 날부터 15일 이내에 이의서를 붙여 국회에 환부하고 재의를 요구할 수 있다(대통령의 법률안거부권). 환부거부된 법률안은 국회에서 재의에 붙여지고, 재적의원 과반수의 출석과 출석의원 3분의 2 이상의 찬성으로 재의결되면 법률로 확정된다.

다—대통령중심제 정부형태에서 법률안거부권이 인정되는 것은, 국회가 법률을 제정하지만, 그 집행은 행정부의 책임이므로, 국회가 위헌적이거나 부당한 입법을 하는 경우 또는 집행불가능한 입법을 추진하는 경우 이를 대통령이 견제할 수 있게 함으로써 권력적 균형을 유지하게 하기 위함이다.

4) 법률의 공포

대통령은 법률안이 정부에 이송된 날부터 15일 이내에 이를 공포해야 한다. 공포는 법률의 효력발생요건이며, 관보에 게재함으로써 행한다. 대통령이 15일 이내에 공포나 재의 요구를 하지 않으면 그 법률안은 법률로서 확정된다.

5) 법률의 시행

법률의 시행은 공포된 법률이 효력을 발생하여 현실적으로 적용되는 것을 말하는데, 법률에 특별한 규정이 없으면 법률은 공포한 날부터 20일을 경과함으로써 효력을 발생하지만, 일반적으로 법률의 부칙에서 시행일을 정하고 있다.

3. 법의 효력 범위

법은 '언제', '어느 곳에서', '누구에게' 효력이 미치는가? 법은 시간적, 공간적, 인적으로 일정한 범위 내에서 효력을 갖는다. 즉 법의 효력이 미치는 범위는 시간적으로도 한정되어 있고, 공간적으로도 일정한 제한이 있으며, 적용되는 대상도 정해져 있다. 일반적으로 법의 효력이 미치는 범위를 시간적 효력, 장소적(공간적) 효력 및 사람에 대한 효력으로 나눌 수 있다.

(1) 법의 시간적 효력

1) 법의 시행과 폐지

법은 시간적 제한 없이 영구적으로 효력이 있는 것은 아니다. 그럼 언제부터 언제까지 효력이 발생하는가? 먼저 법은 시행과 더불어 효력을 발생한다. 법이 제정되었더라도 법을 시행하기 전에는 효력이 발생하지 않는다. 또한 법의 폐지가 있으면 법의 효력은 발생하지 않는다. 즉, 법은 시행과 더불어 효력을 발생하고 폐지함으로써 그 효력이 상실하는데 이 기간을 법의 유효기간이라 한다.

가. 법의 시행—법률은 제정과 동시에 효력을 발생하는 것이 아니라 시행하는 날로부터 효력을 발생한다. 그런데 제정된 법은 시행에 앞서 공포하여 일정한 기간 동안 그 내용을 국민에게 알리고 그 후 일정한 기일이 지난 다음 시행한다. 입법기관에서 제정된 법은 해당 법령의 부칙에 효력의 발생시기를 규정하는 것이 일반적이다. 법의 시행시기에 대해서 부칙 또는 시행법령 등에 직접 규정하는 경우에는 그날로부터 시행한다. 공포한 날로부터 시행한다고 규정한 법도 있으며, 공포한 날로부터 시행 기일까지 일정한 기간을 두고 있는 법도 있다. 우리나라에서 법률은 특별한 규정이 없는 한 대통령이 공포한 날로부터 20일을 경과함으로써 그 효력이 발생한다.

나. 법의 폐지—법의 폐지란 법의 효력이 소멸되는 것을 말하며, 이에는 명시적 폐지와 묵시적 폐지가 있다. 명시적 폐지는 명시적인 법규정에 의하여 법이 폐지되는 것이다. 법령에 그 시행기간이 정하여진 경우에 그 기간의 만료로 해당 법은 효력이 소멸한다. 그리고 신법의 명시적 규정에 의하여 구법의 일부 또는 전부를 폐지한다고 규정하고 있는 경우에는 구법은 폐지된다.구법의 일부만 폐지된 경우에는 폐지되지 아니한 조항은 신법과 함께 효력을 유지한다. 그리고 묵시적 폐지란 명시적 규정에 의한 폐지가 아닌 것으로 다음과 같은 경우가 있다. 먼저 구법의 규정이 신법의 규정에 저촉되는 경우이다. 즉, 동일사항에 관하여 신법과 구법이 모순·저촉되는 경우에는 그 저촉의 범위 내에서 구법은 효력을 상실한다. 이 경우에 "신법은 구법을 폐지한다"라는 원칙이 적용된다(신법우선의 원칙 적용). 또 다른 묵시적 폐지에는, 법의 목적사항이 완료되어 법의 효력이 소멸되는 경우이다. 이 경우에는 법이 규율한 목적사항이 완전히 소멸되어 더 이상 시행할 필요가 없어져 자연스럽게 폐지되는 경우이다.

2) 법률불소급의 원칙

법률불소급의 원칙이란 법의 효력은 시행 이후인 시행기간 중에 발생한 사항에 대하여서만 적용되고 그 시행 이전에 발생한 사항에 대하여는 적용되지 않는다는 원칙을 말한다. 만일 소급효를 인정하게 된다면 행위 당시에는 적법하였던 것이 새로운 법에 의하여 부적법한 것으로 되어 법적 생활의 안정성을 크게 해칠 우려가 있다. 행위 당시에는 허용되던 것이 사후에 만들어진 법에 의해 금지되거나 처벌된다면 법적 안정성과 예측가능성을 훼손할 가능성이 높다. 따라서 사후법의 제정을 금지하는 것이다. 만일 이를 위반하여 신법으로써 기왕에 소급하게 된다면 종전에는 정당한 행위이던 것이 현재는 부당하게 되어 처벌대상이 되거나, 현재는 적법한 계약이라고 하여 체결된 것이 장래에는 위법·무효로 되어 국민이 정당하게 얻은 권리를 빼앗기고 정당하게 행한 행위가 파괴되어 국민의 권리, 재산, 생명, 자유는 잠시도 안녕을 얻지 못하게 될 것이다. 법률불소급의 원칙은 주로 법적 생활의 안정성, 인권보장과 기득권 존중의 요구로 인정되는 법원칙이다.

소급에는 진정소급과 부진정소급이 있는데, 전자는 법률의 효력발생일 이전에 이미 완성된 사항에 대하여 법이 적용되는 경우를 가리키며, 후자는 효력발생일에까지 진행 중인 사항에 대하여 법이 적용되는 경우를 가리킨다. 불소급의 원칙은 원칙적으로 진정소급의 금지를 의미한다. 우리 대법원은 "개정법령이 기존의 사실 또는 법률관계를 적용대상으로 하면서 국민의 재산권과 관련하여 종전보다 불리한 법률효과를 규정하고 있는 경우에도 그러한 사실 또는 법률관계가 개정법령이 시행되기 이전에 이미 완성 또는 종결된 것이 아니라면 이를 헌법상 금지되는 소급입법에 의한 재산권침해라고 할 수는 없다"라고 판시하고 있다.[20]

법률불소급의 원칙은 사후입법에 의하여 행위자에게 불이익을 주는 것을 금지하는 원칙이기 때문에 때로는 입법상의 필요에 의하여 예외적으로 소급효를 인정하는 수도 있다. 불소급은 행위자에게 소급하여 불이익을 주는 것을 금지하는 것을 내용으로 하는 만큼 만약 소급함이 오히려 이익이 될 때에는 소급효를 인정하는 것이 타당하다. 신법을 소급하여 적용하는 것이 오히려 사회의 현실적 요구에 적합하고 정의 또는 형평의 이념에 부합하는 경우 또는 국민에게 이익을 주고 불이익을 제거하는 경우에는 소급효를 예외적으로 인정한다.

(2) 법의 인적 효력

1) 속인주의와 속지주의 원칙

속인주의란 그 나라의 '국적'을 가진 자는 국내에 있는 자는 물론이고, 외국에 있는 자에게도 국적국 법을 적용한다는 것이다. 그런데 이러한 속인주의는 다른 나라의 영토주권과 상충하는 측면이 있어서 다른 나라에 있는 자국민은 그 국

---

20 대법원 2014. 4. 24. 선고 2013두26552 판결.

가의 영토주권의 행사 아래에 있으며 그 국가(재유국)의 법이 적용되고, 국적국 법은 적용되기 어려운 측면이 있다. 이러한 한계를 극복하는 방법은 자국의 영토주권을 적용하여 자국 내에 있는 다른 국가 국민에게도 자국법을 적용하는 것이다. 이를 속지주의라 한다. 즉 속지주의란 자국의 영역 내에 있는 모든 사람에 대하여 내·외국인을 불문하고 자국법을 적용할 수 있다는 원칙이다.

2) 원칙에 대한 예외

한 국가의 법이 그 국가의 영토 내에 거주하는 모든 사람에게 적용된다는 속지주의 원칙은 다음과 같은 예외가 있다. 헌법상의 권리·의무 중 참정권 또는 병역의무 등은 외국인에 대해서는 인정하지 않는다. 그리고 자국 영역 밖에서 행해진 범죄에 대해서도 자국법을 적용하는 범죄가 있다. 예를 들면, 내란죄, 외란죄, 국기에 대한 죄, 통화 및 유가증권에 관한 죄 등은 대한민국 영역 밖에서 죄를 범한 경우에도 형법을 적용한다. 그리고 공해상에서 선박이나 항공기에 대한 관할권은 선박 또는 항공기의 등록국에 있다. 이는 기국주의로서 선박이나 항공기는 국적을 가진 국가의 국기를 게양하도록 하고, 그 기국법(旗國法)에 따라 선박이나 항공기에 대한 관할권을 결정하는 원칙을 말한다. 기국주의는 속지주의의 확대에 해당한다

속인주의에 대한 예외로서 국가 정책상 특수한 신분을 가진 자에게 국내법의 적용을 배제하는 경우가 있다. 대표적인 예가 대통령과 국회의원의 특권이다. 대통령에게는 "내란 또는 외환의 죄를 범한 경우를 제외하고는 재직 중 형사상의 소추를 받지 아니할 특권을 부여하고 있으며, 국회의원에게는 회기 중 불체포 및 불구금의 특권을 부여하고 있으며, 또한 국회의원에게는 직무상 발언·표결의 면책특권을 부여하고 있다.

국제법상 특권과 면제를 향유하는 국가원수, 외무장관, 외교사절, 영사 그리고 외국에 주둔하고 있는 군대 등은 주재국의 국내법의 적용을 받지 않는 것이 아니다. 이들도 재유국의 법령을 준수할 의무가 있다. 다만 재유국의 법을 위반할지

라도 재판관할권이 면제되는 것일 뿐이다

(3) 법의 장소적 효력

1) 원칙

법의 장소에 대한 효력은 법이 어느 지역에 적용되느냐에 관한 문제이다. 한 국가의 법은 원칙적으로 그 국가의 전체 영역에 걸쳐 적용된다. 한 국가의 모든 영역은 그 국가의 주권이 절대적으로 미치는 범위로서 영토·영해·영공을 포함한다. 휴전선 이북도 대한민국의 영토(헌법 제3조)이므로 당연히 대한민국의 법의 효력이 미친다.

2) 예외

장소에 관한 특별법의 경우로서 일정한 지역에만 적용되는 경우가 있다. 지방의회 및 지방자치단체의 장이 제정하는 자치법규인 조례와 규칙은 해당 지방자치단체의 관할지역에 대해서만 적용된다.

한 국가의 선박이나 항공기가 공해상이나 다른 국가영역에 있을 경우에 등록국의 국가영역의 연장으로 보아 원칙적으로 등록국가의 법의 효력이 미친다. 또한 외교사절의 공관·주한미군의 주둔지에서 치외법권에 따라 대한민국 법의 효력이 제한된다.

3) 법의 역외적용

원칙적으로 한 국가의 법은 그 국가의 전체 영역에 적용되는 것이나, 오늘날 법의 역외적용(국경을 넘어선 적용)이 문제되고 있다. 법의 역외적용은 국가가 자국의 법률을 자국 영토 밖의 행위나 인물에까지 적용하는 것을 말하며, 속인주의(국적 기준)·속지주의(영토 기준)·보호주의(국가 이익 보호 기준) 등 원칙에 근거한다. 특히 국제 거래나 글로벌 기업 활동이 확대됨에 따라 하나의 사건이 여러 국가의 법규에 동시에 적용되는 경우가 발생할 수 있다. 예를 들어, 공정거래법('독점규제 및 공정거래에 관한 법률')상 어느 기업결합의 거래 당사자인 회사들이 각자 다국적 사업을 영위하고 매출이 여러 국가에서 발생하는 경우라면, 합병 등 일정한 기업결합을 함으로 인하여 경쟁제한적인 효과가 여러 국가의 시장에 미칠 수 있으므로 관련된 각국의 경쟁당국에 기업결합신고를 해야 하는 것이 그 대표적인 예이다. 실제로 대한항공과 아시아나항공의 합병(기업결합)은 한국뿐 아니라 미국, EU, 일본 등 다수 국가의 경쟁당국에 기업결합신고·심사를 받았는데, 이는 해당 결합이 각국 시장 경쟁에 미치는 영향이 역외적용 원리에 의해 평가되었기 때문이다.

4) 인터넷공간과 법의 적용

인터넷 공간에서의 법 적용은 국경을 초월한 정보 유통과 행위지·결과지의 불명확성으로 인해 복잡한 관할권 문제를 야기한다. 특히 인터넷 공간은 국경을 초월하여 정보가 이동하고 행위가 발생하므로, 전통적인 '장소' 개념이 사실상 무의미해진 영역이다.

사이버범죄, 개인정보보호, 지식재산권 침해, 온라인 소비자 보호 등에서 다수 국가의 법률이 중첩 적용될 수 있으며, 행위자·서버·피해자가 모두 다른 국가에 존재할 수 있다. 이에 각국은 자국 내 이용자 보호와 공공질서 유지를 위해 인터넷 관련 규제에 역외적용 조항을 두는 한편, 국제 협약과 상호 사법공조를 통해 집행 가능성을 확보하려 노력하고 있다.

Ⅷ. 법의 해석과 적용

1. 법의 해석의 의의

법의 해석이라 함은 법규범이 가지는 의미와 그 내용을 명백히 확정하는 것을 말한다. 즉, 법을 구체적인 사건에 적용하기 위해서 그 전제가 되는 법규의 의미와 내용을 확정하는 것이 법의 해석이다. 이러한 법의 해석은 주로 추상적이고 고정적인 성문법에서 주로 다루어진다.

2. 법의 해석의 방법

법의 해석의 방법은 국가기관에 의한 권한 있는 해석인 공권해석(유권해석)과 국가기관에 의하여 권한이 부여되어 있지 않고 다만 학리적 사고에 의한 해석인 학리해석(무권해석)으로 나뉜다. 여기서, 공권해석은 법을 해석하는 국가기관의 모습에 따라 입법해석, 사법해석, 행정해석으로 나뉘고, 학리해석은 법조문의 의미를 어떻게 이해할 것인가에 따라 문리해석과 논리해석으로 나뉜다. 다만, 유권해석도 학리해석을 그 기초로 하게 된다.

법해석의 목표는 어디까지나 법적 안정성을 저해하지 않는 범위 내에서 구체적 타당성을 찾는 데 두어야 한다. 그리고 그 과정에서 가능한 한 법률에 사용된 문언의 통상적인 의미에 충실하게 해석하는 것을 원칙으로 하고, 나아가 법률의 입법 취지와 목적, 그 제·개정 연혁, 법질서 전체와의 조화, 다른 법령과의 관계 등을 고려하는 체계적·논리적 해석방법을 추가적으로 동원함으로써, 위와 같

은 법해석의 요청에 부응하는 타당한 해석이 되도록 하여야 한다.[21]

(1) 공권해석

1) 입법해석

입법해석은 법령의 용어를 법문 중에서 해석하는 경우이다. 예컨대, 민법 제98조에서 '물건의 정의'와 관련하여 "본법에서 물건이라 함은 유체물 및 전기기타 관리할 수 있는 자연력을 말한다"고 규정하고 있는 것이 그 대표적인 예이다. 이와 같은 입법해석은 법률 자체에 법의 해석 규정을 두고 있는 것을 의미한다.

2) 사법해석

사법해석은 법관이 법을 적용함에 있어서 판결을 통하여 행하는 해석이다. 법원조직법 제8조는 "상급법원의 재판에 있어서의 판단은 해당 사건에 관하여 하급심을 기속한다"고 규정하고 있으므로, 대법원의 판결을 통한 해당 사건에 관한 법규범의 내용에 대하여는 하급심을 구속하는 권위를 가지게 된다. 예컨대, 대법원은 "계약 내용이 명확하지 않은 경우 계약서의 문언이 계약 해석의 출발점이지만, 당사자들 사이에 계약서의 문언과 다른 내용으로 의사가 합치된 경우 그 의사에 따라 계약이 성립한 것으로 해석하여야 한다"고 판단하고 있는 것이 그 예이다.

3) 행정해석

행정해석은 행정기관이 법령을 집행하기 위한 전제로 법령해석을 하는 데 있어서 의문이 있거나 다른 행정기관의 관장업무와 관련된 법령에 대한 해석이 서로 엇갈리는 경우에 정부 견해의 통일을 위하여 정부 전체 차원에서 법령해석에

---

21 대법원 2010. 12. 23. 선고 2010다81254 판결.

대한 전문적인 의견을 제시하는 것을 말한다. 행정기관에 의한 행정해석은 법원의 사법해석과 달리, 관계 행정기관에 대한 법적 구속력은 없다. 예컨대, 특허청에서 "변호사시험에 합격한 자로서 통산 6개월 이상의 법률사무 종사 또는 연수를 마치지 아니하여 변호사법 제31조의 2 제1항에 따라 사건을 단독 또는 공동으로 수임할 수 없는 자가 변리사법에 따른 변리사 등록을 할 수 있는지 여부"를 질의한 데 대하여 법제처가 "변호사법에 따른 제한으로 말미암아 실제로 변리사로서 사무소 개설, 사건 수임 등이 가능한지 여부는 별론으로 하더라도 변리사법에 따른 변리사 등록 자체는 할 수 있다고 할 것이다"라고 회답하였다.

(2) 학리해석

1) 문리해석

문리해석은 법조문의 문자가 가지는 의의에 따라서 법문의 자구에 얽매여서 법규의 의미를 확정하는 해석의 방법이다.

2) 논리해석

논리해석은 법문의 자구에 얽매이지 않고 법질서 및 법전 전체와의 유기적인 관련하에 입법의 목적. 제정 당시의 사회사정 및 현실의 요구·법규의 연혁 등을 참작하여 논리적인 타당성을 도모하는 해석이다.

가. 확장해석—이는 법규의 내용에 포함되는 개념을 문자 자체의 보통의 뜻보다 확장해서 효력을 인정함으로써 법의 타당성을 확보하려는 해석의 한 방법이다. 예컨대, 민법 제752조의 생명침해로 인한 위자료청구권자의 범위 중 '배우자'의 개념을 법률상의 배우자뿐만 아니라 사실상의 배우자(혼인신고가 되어 있지 않고 단순히 사실상 부부생활의 실제를 영위하고 있는 배우자)도 포함시켜서 해석하는 것이 그 예이다.

나. 축소해석—이는 확장해석의 정반대의 경우로서, 법규의 내용에 포함되는 개념을 문자 자체의 보통의 뜻보다 축소시켜 해석함으로써 법의 타당성을 확보하려는 해석의 한 방법이다. 예컨대, 근로기준법 제38조의 근로자의 임금채권의 우선변제권행사의 대상이 되는 '사용자'의 개념을 동법 제2조 제2호의 사용자 중 '사업주'에 한정하여 그 범위를 해석하는 것이 그 예이다.

다. 반대해석—이는 서로 반대되는 A와 B라는 두 개의 사실 중의 A의 사실에 관하여서만 규정되어 있는 경우에, B에 관하여서는 법문과 반대의 결과를 인정하는 해석방법이다. 예컨대, 민법 제832조는 부부의 일방이 일상의 가사에 관하여 제3자와 법률행위를 한 때에는 다른 일방은 이로 인한 채무에 대하여 연대책임이 있다고 규정하고 있는데, 일상가사에 관한 일이 아니면 부부는 연대책임이 없다고 해석하는 것이 그 예이다.

라. 유추해석—이는 A와 B라는 유사한 두 개의 사실 중 법규에 A라는 하나의 사실에 관하여서만 규정되어 있는 경우에 B라는 다른 사실에 대하여서도 이와 같은 효과를 인정하는 해석방법이다. 유추해석을 위해서는 법적 규율이 없는 사안과 법적 규율이 있는 사안 사이에 공통점 또는 유사점이 있어야 할 뿐만 아니라, 법규범의 체계, 입법 의도와 목적 등에 비추어 유추적용이 정당하다고 평가되는 경우이어야 한다.[22] 예컨대, 대법원은 민법 제837조에 관한 유추적용을 인정하며 "미성년후견인으로 지정되어 미성년 손자를 양육하고 있는 외조부도 손자의 비양육친인 사위를 상대로 장래양육비를 청구할 수 있다"는 취지의 결정을 하였다.[23] 그러나 형법에서는 "법률 없으면 범죄 없고, 법률 없으면 형벌 없다"는 죄형법정주의의 원칙에 따라 행위자에게 불리한 유추해석은 금지된다.

---

22 대법원 2021. 7. 22. 선고 2019다277812 전원합의체 판결.

23 대법원 2021. 5. 27. 선고 2019스621 판결.

마. 물론해석—이는 법문이 경미하거나 좁은 것에 관하여 규정하고 있는 경우에 대하여 입법상의 취지로 미루어 다른 사항(정황이 더욱 중하거나 넓은 사항)에 관하여는 그 성질상 더 한층 강한 이유로 타당한 경우에, 그 법문의 규정이 적용된다고 해석하는 방법이다. 예컨대, 민법 제396조, 제763조는 손해배상과 관련하여 "채권자(피해자)에게 과실이 있는 경우는 손해배상의 책임 및 그 금액을 정함에 있어서 이를 참작하여야 한다"고 규정하고 있는데, 이는 채무자(가해자)가 채권자(피해자)에게 부담하는 손해배상의 공평·타당을 기한다는 취지를 고려할 때 채권자에게 '과실' 아닌 '고의'가 있는 경우에도 당연히 과실상계를 적용하는 것이 그 예이다.

바. 연혁해석—이는 입법자의 의도, 의사록 등 입법 당시의 여러 사정을 두루 참작하여 법규의 의미를 보충하여 법규의 본래의 뜻을 밝히는 해석의 방법을 말한다.

사. 변경해석(보정해석)—이는 법문의 용어에 명백한 착오나 잘못이 있는 경우, 법문의 자구를 변경 또는 보정하여 법의 본래의 뜻에 합당하도록 해석하는 방법이다. 예컨대, 민법 제7조는 "법정대리인은 미성년자가 아직 법률행위를 하기 전에는 전2조의 동의와 허락을 취소할 수 있다"고 규정하고 있는데, 우리 민법은 취소와 철회를 구별하고 있음을 고려해서 위 제7조의 '취소'를 소급효가 없는 '철회'로 해석하는 것이 그 예이다

3. 법의 적용

(1) 법의 적용의 의의

법의 적용은 법적으로 중요한 사실의 존재 및 그 내용을 확인하는 사실 확정,

또 확정된 사실에 적용될 수 있는 법규정을 찾는 법발견·법형성 내지 법획득, 그리고 법적 삼단논법을 통해 법적 판단에 이르게 되는 최종적인 법적 결정의 도출이라는 단계로 진행되는 것을 말한다.

(2) 법의 적용의 과정

법원은 일반적으로 확정된 사실에 대하여 법규범을 다음과 같은 3단계에 따라 적용하게 된다.

1) 사실의 확정

법적용은 적나라한 사실이 아니라 법적 사실, 즉 법적으로 중요한 사실을 확정하는 데에서 출발한다. 법률가가 처리하는 실제 사건 또는 법학교육이나 법학시험의 가상 사건은 법질서로부터 전혀 영향을 받지 않은 적나라한 사실이 아니라 이미 법적용의 관점에서 여과된 사실들로 이루어져 있다.

2) 법의 발견

법적으로 중요한 의미를 갖는 사실이 확정되면 그 다음 단계로 이에 적용될 수 있는 법규정을 탐색하게 된다. 현실의 법 적용 과정을 분석해 보면, 단순히 사실이 확정된 후에 관련 법규정을 발견하여 적용한다고 하여 법적용 과정이 완료되지 않는다. 오히려 법 발견 과정에서 관련 법령이나 법규정에 대한 해석이 필요하게 된다.

3) 법적 판단

법 해석과의 밀접한 상호작용 속에서 법적용자는 법규정의 추상적인 법적 표지를 해석하고, 그 해석 결과를 개념정의를 통해 정리한 후 이를 구체적인 법적 사실과 비교하여 서로 일치하면 법적 사실을 법적 개념에 포섭시키게 되는데, 각각의 포섭 과정을 거쳐 최종적으로 일정한 사실관계가 일련의 법규정에 포섭된다는 법적 판단 내지 결정을 내리게 된다.

■ 정문기(I-IV) · 정우식(V-VIII)

|2부| 사법

제2장 민법

I. 민법총칙

1. 민법 일반

(1) 의의

법은 크게 공법(公法)과 사법(私法)으로 구별할 수 있는데, 민법은 사법에 속한다. 민법은 실질적으로 파악할 수도 있고 형식적으로 파악할 수도 있다. 실질적으로 파악하면 사법의 일부로서 사법관계를 규율하는 사법의 일반법(一般法)이라고 할 수 있다. 또한 형식적인 민법은 〈민법〉이라는 이름의 법률을 가리킨다. 민법은 당사자의 권리와 의무를 규정하는 실체법(實體法)에 속한다.

현행 민법은 1958년 2월 2일 제정되어 법률 제471호로 공포되고, 1960년 1월 1일부터 시행되고 있는 현행 민법전을 '형식적' 의미의 민법이라 하고, 모든 사람들에게 일반적으로 적용되는 사법으로서 사법상의 권리·의무의 내용과 그 발생·변경·소멸 등의 법률관계를 규율하는 법을 '실질적' 의미의 민법이라 한다. 실질적 민법은 민법전뿐만 아니라, 민법부속법률 및 민사특별법, 즉 〈부동산등기법〉, 〈부동산 실권리자 명의등기에 관한 법률〉, 〈주택임대차보호법〉, 〈상가건물임대차보호법〉, 〈실화책임에 관한 법률〉, 〈제조물책임법〉 등이 이에 포함된다.

(2) 민법의 법원

민사에 관한 분쟁이 발생하였을 경우, 이를 해결하기 위한 기본 법규는 민법이다. 여기서 '민사(民事)'라 함은 민법에 의해 규율되는 사항을 말하며 실체법인 민법, 상법 등의 규율대상인 사인 간 생활관계를 통괄한다는 것을 의미이다. 민법 제1조는 "민사에 관하여 법률에 규정이 없으면 관습법에 의하고 관습법이 없으면 조리에 의한다"고 규정하고 있다. 이는 민사에 관한 법원은 법률, 관습법, 조리에 한정된다는 점을 밝히고 있는 것이며, 법률이 1차적인 법원이라는 점을 밝힘으로써, 성문법주의를 채택하고 있다는 것을 보여 주는 것이다. 법률은 국회의 의결를 통해 제정된 형식적 의미의 법률뿐만 아니라, 명령·규칙·조약·자치법규 등 모든 성문법을 포함하지만, 가장 기본이 되는 것은 현행 민법전이다. 또한 불문법도 법원으로 인정되지만, 성문법에 규정이 없는 경우에 한하여 보충적으로 적용된다. 불문법에는 관습법과 조리가 포함된다.

관습법은 사회의 거듭된 관행으로 생성한 사회생활규범이 사회의 법적확신과 인식에 의하여 법규범으로 인정을 받아 규범으로 지켜지고 있는 것을 말하는데, 관습법의 성립요건으로 ① 사회구성원 간의 '관행'이 존재하고 ② 그 관행을 법규범으로 인식하는 '법적 확신'이 있어야 하며 ③ 그 관습이 '헌법과 선량한 풍속 기타 사회질서에 반하지 않는 것'이어야 한다. 관습법은 관습이 법적 확신을 얻은 때에 성립하며, 판결에 의해 관습의 존재가 인정되면 그 관습은 법적 확신을 얻어 그 사회에서 행해지고 있던 때로 소급하여 성립한다고 보는 것이 통설이다. 판례가 인정한 관습법 제도로는 분묘기지권, 관습법상의 법정지상권, 명인방법, 동산 양도담보 등이 있다. 한편 관습법이 인정되더라도 그것과 다른 성문법이 존재하는 경우 이러한 관습법에 어떠한 효력을 인정할 것인가 하는 문제가 발생한다. 판례는 관습법에 보충적 효력만 인정한다.

조리는 사물의 본성 또는 도리, 자연의 이치 등을 의미한다. 조리는 법률이나 계약을 해석하는 기준이 되기도 하고 법의 흠결이 있을 때는 재판의 준거가 되기도 한다. 민법 제1조는 법률이나 관습법이 없는 경우에는 조리에 따라 재판한다고 규정하고 있는데, 조리도 법원으로 볼 수 있는지 여부에 대해서는 학설이 나뉜다. 판례는 조리의 법원성을 긍정하는 태도를 보이는 것으로 평가받고 있다.

(3) 민법의 기본원리

1) 근대 민법의 3대원칙

자유주의 법질서, 특히 민법전의 적용대상이 되는 일반 시민들 간의 대등한 거래관계에서는 개인의 자유가 제한되지 않는 것이 원칙이다. 일반 시민 간의 사적인 생활관계에 국가가 가급적 개입하지 않고 개인의 자발적 의사에 기하여 자유로운 법률관계를 형성할 수 있어야 한다. '사적자치의 원칙'은 각 개인은 자신의 의사에 의하여 법률관계를 형성할 수 있고 국가는 이에 직접 개입해서는 안 된다는 원칙을 말한다. 이러한 사적자치의 대원칙은 계약 자유의 원칙, 소유권 존중의 원칙, 과실책임의 원칙 등의 파생원칙으로 표현된다.

가. 소유권 절대의 원칙－근대법은 인간 생활의 기초가 되는 물질적 기초를 (국가 또는 권력으로부터) 보호하기 위하여 사적 소유권을 절대권으로서 보호하는 제도적 보장을 하기 시작하였다. 이를 '소유권 절대의 원칙'이라고도 한다. 모든 국민의 재산권은 보장되며(헌법 제23조), 소유자는 법률이 정하는 범위 내에서 사용, 수익, 처분할 수 있는 권리(민법 제211조)가 인정된다.

나. 계약자유의 원칙－당사자 상호 간에 권리와 의무를 발생시키는 법적 원인 중 가장 중요한 것으로 계약을 들 수 있다. 이러한 계약은 주체들이 자유로이 체결할 수 있어야 한다. 즉, 계약체결의 자유, 상대방 선택의 자유, 내용결정의 자유, 계약방식의 자유 등의 내용을 포함한다.

다. 과실책임의 원칙—개인이 계약을 자유로이 체결하고, 소유권이 절대적으로 보장된다 하더라도, 발생한 모든 결과까지 책임을 지게 해서는 합리적으로 목적을 달성하기 어렵게 된다. 따라서 타인에게 일정한 불이익을 발생하게 하였다 하더라도 자기의 과실에 의한 경우가 아닌 한, 그 손해에 대하여 책임지지 않는다는 원칙을 확립하게 된 것이다. 즉, 타인에게 가한 손해에 대해서는 그것이 위법할 뿐 아니라 고의나 과실 등 귀책사유에 의한 것이어야 배상책임을 지는 것을 의미한다. 특히 불법행위의 영역에서 두드러지게 작용한다.

2) 현대 민법의 3대원칙

근대 민법의 원칙들은 사회적, 경제적 활동의 자유를 보장하여 근대 시민사회가 확립되고 자본주의가 비약적으로 발전하는 데 기여하였다. 그러나 자본주의가 고도화되면서 자본자와 노동자의 계급적 대립, 심각한 빈부격차, 독과점의 폐해 등 여러 부작용을 경험하게 되었다.

가. 공공복리의 원칙—개인의 소유권은 법에 의해 보장되는 것이지만, 사회 전체의 이익을 위해서는 그 권리의 행사가 제한될 필요가 있었다. 그리하여 소유권 절대의 원칙은 '소유권 공공복리의 원칙'으로 변화되었다. 소유권은 신성불가침의 절대적 자유가 아니라 국가나 사회적으로 필요한 범위에서 제한과 구속을 받을 수 있는 것으로 보게 되었다. 헌법 제23조 제2항은 "재산권의 행사는 공공복리에 적합하도록 하여야 한다"고 하여 소유권의 공공성을 일반원칙으로 선언하고 있다. 민법은 "권리는 남용하지 못한다"(제2조), "소유자는 법률의 범위 내에서 그 소유물을 사용, 수익, 처분할 권리가 있다"(제211조), "토지의 소유권은 '정당한 이익이 있는 범위 내에서' 토지의 상하에 미친다"(제212조)라고 규정하여 헌법상의 원칙을 구체화하고 있다.

나. 계약공정의 원칙—계약자유의 원칙이 그대로 고수될 경우, 경제적 강자는

계약의 내용을 자신에게 유리한 방향으로 정하여 약자를 부당하게 착취하는 결과를 초래한다. 계약 당사자들이 실질적인 자유를 향유하기 위해서는 국가(혹은 '법')가 개입하여 계약의 내용을 수정하거나 효력을 제한하는 등 적극적으로 계약의 자유를 제한하고 있다. 예컨대 선량한 풍속 기타 사회질서에 반하는 계약과 매우 공정성을 잃은 계약(폭리행위, 불공정 법률행위)은 무효로 처리하여, 보호를 하지 아니한다(제103조, 제104조). 이러한 태도는 약관규제법, 노동관계법 등 사회적 기본권을 보장하기 위한 법률들에도 구현되고 있다.

다. 무과실책임의 원칙—자본주의가 고도화되고 과학기술의 발전함에 따라, 과실이 전제되지 않은 기업활동이나 각종 위험시설로부터 피해를 입는 경우도 발생하였다. 과실책임원칙에 의하게 되면 이와 같은 피해를 적절히 전보시킬 수 없다는 문제점이 있었다. 따라서 과실이 없는 경우에도 가해자와 피해자 간 손해의 공평한 분담을 위해 일정한 상황에서 무과실책임'을 인정할 필요가 있었다. 민법상으로는 공작물 소유자의 책임(제758조)이 있고, 특별법상으로는 근로기준법상의 산업재해, 원자력손해배상법, 환경정책기본법, 제조물책임법 등이 있다. 이와 달리 과실책임원칙 아래에서 과실의 추정, 주의의무의 엄격화, 인과관계입증의 경감, 입증책임의 전환을 통해 위 문제점들을 극복하고자 하는 입법례도 존재한다. 자동차손해배상보장법상 자동차운행으로 인한 인체에 대한 손해는 무과실책임에 가까운 책임이고, 민법상 감독자책임과 사용자책임(756조), 공작물소유자책임(제758조), 동물점유자책임(제759조) 등은 중간책임이며, 무과실책임은 아니다. 중간책임은 일단 책임을 지지만, 손해의 방지에 필요한 상당한 주의의무를 해태(懈怠)하지 아니하였음을 입증하면 면책되는 책임을 말한다.

(4) 민법의 지도이념

1) 신의성실의 원칙

가. 의의—현대 민법의 3대원칙은 우리 민법에도 '신의성실의 원칙'과 '권리남용금지의 원칙'으로 구현되어 있다. 즉, 민법 제2조 제1항은 "권리의 행사와 의무의 이행은 신의에 좇아 성실히 하여야 한다"고 하여, 권리자와 의무자는 사회공동체의 일원으로서 상호 신뢰에 어긋나지 않도록 성실하게 행동해야 함을 규정하고 있다. 사권의 사회성·공공성이 강조됨에 따라, 신의성실의 원칙(信義則)은 채권관계의 원리에 그치지 않고 물권관계, 신분관계 등 민법 전반을 지도하는 최고의 원리가 되었다. 신의칙에 어긋난 권리자의 권리행사는 정당한 권리행사로 볼 수 없어 권리남용이 되고, 또한 의무자의 의무이행도 의무불이행으로 간주된다. 신의칙은 사적자치의 폐해를 예외적으로 제한하는 기능을 담당하며, 재판규범인 동시에 행위규범으로서 기능한다. 그리고 신의칙은 일반적으로 모든 사법관계에 적용되는 것이나, 공법관계에도 널리 적용된다. 다만 법치주의가 적용되는 행정법이나 세법분야에서는 합법성의 원칙을 희생해서라도 상대방(납세자 등)의 신뢰를 보호함이 정의의 관념에 부합하는 것으로 인정될 수 있는 특별한 사정이 있는 경우에 한하여 예외적으로 신의칙을 적용한다는 것이 판례이다.[1]

그럼, 이러한 신의칙은 구체적 사례에서 어떠한 모습으로 적용될까? 이와 관련한 대법원 판례를 살펴보도록 하자.

> A는 급성폐렴증세로 영동세브란스병원에 입원하여 침대 옆의 시정장치가 없는 사물함에 예금통장, 신용카드 등이 들어 있는 핸드백 등을 넣어 두었는데, 새벽에 검사를 받기 위하여 입원실을 비운 사이에 위 사물함에서 위 핸드백 등을 도난당하였다. 피고 병원에서는 경비원으로 하여금 순찰하게 하고 있으나 개개의 병

1 대법원 1992. 9. 8. 선고 91누13670 판결.

실에 대하여는 순찰활동이 미치지 못하고 있고, 면회시간은 12:00-14:00와 18:00-20:00로 정해져 있으나 면회시간 외에 면회객이 출입하는 것이 특별히 통제되지는 않았다. 이에 A는 위 도난은 피고 병원이 경비인력을 늘이거나 시정장치 있는 사물함을 비치하는 등으로 도난사고 방지를 위한 조치를 제대로 하지 아니한 과실로 인하여 발생된 것이므로 손해배상책임이 있다고 주장하였다.

대법원은 위 사례에서 "환자가 병원에 입원하여 치료를 받는 경우에 있어서, 병원은 진료뿐만 아니라 환자에 대한 숙식의 제공을 비롯하여 간호, 보호 등 입원에 따른 포괄적 채무를 지는 것인데, 입원환자는 입원 중의 생활을 위하여 필수용품 등을 휴대하지 않을 수 없고 진료를 받기 위하여나 개인 용무를 위하여 병실을 비울 경우에 모든 휴대품을 소지할 수 없는 한편, 병실에는 여러 사람들이 비교적 자유롭게 출입하고 왕왕 병실에서의 도난사고가 발생하는 실정이므로, 병원은 병실에의 출입자를 통제·감독하든가 그것이 불가능하다면 최소한 입원환자에게 휴대품을 안전하게 보관할 수 있는 시정장치가 있는 사물함을 제공하는 등으로 입원환자의 휴대품 등의 도난을 방지함에 필요한 적절한 조치를 강구하여 줄 신의칙상의 보호의무가 있다고 할 것이고, 이를 소홀히 하여 입원환자와는 아무런 관련이 없는 자가 입원환자의 병실에 무단출입하여 입원환자의 휴대품 등을 절취하였다면 병원은 그로 인한 손해배상책임을 면하지 못한다"고 하였다.[2]

이와 같이 신의칙은 당사자 사이에 법률관계가 있고, 세부적인 내용이 법률이나 계약으로 명확하게 정하여지지 않은 사항에 대하여, 법률이나 계약의 의미에 적합하게 보충·발전시키는 기능을 가진다. 또한 개별 사안에 대하여 법률을 형식적·획일적으로 적용함으로써 발생하는 부작용을 완화시킨다. 법률이나 관습에 정함이 없고 유추해석을 통해서도 합리적인 결론을 내리기 어려운 경우에, 조

2 대법원 2003. 4. 11. 선고 2002다63275 판결.

리의 형태로써 이를 보충하는 기능도 있다.

그러나 신의칙은 법률해석의 유연성과 구체적 타당성을 이끌 수 있는 중요한 법원리이지만, 그 '신의칙'이라는 이름으로 내려진 법관의 자의적인 해석은 법적 안정성을 무력화시킬 수 있음을 유념해야 한다. 독일의 민법학자인 헤데만(J. W. Hedemann, 1878-1963)은 그의 저서《일반조항으로의 도피(Die Flucht in die Generalklauseln)》에서 법관이 신의칙과 같은 일반조항으로 도피하는 경우, ① 법률가들의 철저한 연구를 기피하게 만들고 ② 일반조항이 가지는 불확정성 때문에 법률생활 전체가 불안정해지며, ③ 법관은 신의칙을 자신의 가치관을 관철하기 위한 도구로 사용함으로써 자의적인 판결을 내릴 위험이 있다고 하였다.

나. 신의칙이 구체화된 원칙

① 사정변경의 원칙 '사정변경(事情變更)의 원칙'이란 법률행위의 기초가 된 사정이 당사자가 예견할 수 없었던 사정으로 현저히 변경되어 처음의 계약내용을 그대로 유지하는 것이 부당하게 되는 경우, 이를 변경 또는 해제, 해지할 수 있도록 해야 한다는 원칙을 의미한다. 사정변경의 원칙이 적용되기 위해서는 ⓐ 행위의 기초가 되었던 사정이 법률행위 후에 변경되었을 것, ⓑ 사정의 변경을 당사자가 예견할 수 없었을 것, ⓒ 사정변경이 현저할 것, ⓓ 당사자의 귀책사유로 인한 것이 아닐 것, ⓔ 당초의 행위의 구속력을 인정하는 것이 공평에 반할 것 등의 요건을 갖추어야 한다.

대법원은 A 등(원고)이 해외이주 알선업체(피고)와 미국 비숙련 취업이민을 위한 알선업무계약을 체결한 후 이민허가를 받고 이에 따라 위 업체에 국외알선 수수료를 모두 지급하였는데, 주한 미국대사관의 이민비자 인터뷰에서 추가 행정검토(Administrative Processing) 및 이민국 이송(Transfer in Progress) 결정을 하여 비자발급 절차가 진행되지 않고 중단된 사안에서, 위 계약은 성립의 기초가 되었던 비자발급 절차나 기간에 관한 사정이 현저히 변경되었고, 당사자가 계약의 성립 당시 이를 전혀 예견할 수 없었으며, 계약을 유지해도 체결한 목적을 달성할 수 없거나 당사자의 이해에 중대한 불균형을 초래하는 경우에 해당하므로, A 등은 사정변경을 이유로 위 계약을 해지할 수 있다고 판시하였다.[3]

② 모순행위 금지의 원칙(금반언의 원칙) '모순행위 금지의 원칙'은 영미법상 '금반언의 원칙'과 유사한 법리이다. 어떤 행위를 한 자가 후에 그와 모순되는 행위를 함으로써 상대방의 신뢰를 해하는 경우에 그 후행행위의 효력을 인정하지 않는 원칙을 말한다. 선행행위로 인한 신뢰의 창출이 있을 것과 상대방의 신뢰가 보호할 가치가 있을 것을 그 적용요건으로 한다. 판례는 모순행위에 대해서는 '금반언 및 신의칙에 반한다'는 표현을 사용한다.

그러나 강행법규에 위반하는 법률행위를 스스로 행한 사람이 강행규정 위반을 이유로 그 행위의 무효를 주장하는 것은 신의칙에 반하지 않는다. 강행규정의 취지를 관철하는 것이 신의칙을 적용하여 상대방의 신뢰를 보호하는 것보다 우선이기 때문이다. 예컨대 교육재산의 매도나 담보제공이 금지되는데(사립학교법 제28조 제2항), 판례는 이를 위반한 처분은 무효로 보며, 이때 이를 위반하여 교육관련 재산을 처분한 자가 무효를 주장한다고 하여도 학교 자체가 형해화되는 등의 특별한 사정이 없는 한 이는 신의칙위반이 아니라고 하였다.[4] 다만 신의칙을 적용하기 위한 일반적인 요건을 갖추고 강행규정성에도 불구하고 신의칙을 우선하여 적용할 만한 특별한 사정이 있는 예외적인 경우에는 강행규정을 위반한 법률행위의 무효를 주장하는 것이 신의칙에 위배될 수 있다.[5]

③ 실효의 원칙 '실효(失效)의 원칙'이란 권리자가 장기간 권리를 행사하지

---

3 대법원 2021. 6. 30. 선고 2019다276338 판결.

4 대법원 2000. 6. 9. 선고 99다70860 판결.

5 대법원 2005. 9. 30. 선고 2004다63937 판결.

아니하여 상대방에게 권리를 행사하지 않을 것이라는 신뢰를 주고 상대방도 이에 따라 행동한 경우, 그 후에 권리자가 권리를 행사하는 경우 이를 신의칙에 반하는 것으로 보아 그 권리행사를 부정하는 것을 말한다. 대법원은 송전선이 토지 위를 통과하고 있다는 점을 알고서 토지를 취득하였다고 하여 그 취득자가 그 소유 토지에 대한 소유권의 행사가 제한된 상태를 용인하였다고 할 수 없으므로, 그 취득자의 송전선 철거 청구 등 권리행사가 신의성실의 원칙에 반하지 않는다고 본 사례에서 다음과 같이 판시하였다.[6]

> 실효의 원칙이라 함은 권리자가 장기간에 걸쳐 그 권리를 행사하지 아니함에 따라 그 의무자인 상대방이 더 이상 권리자가 그 권리를 행사하지 아니할 것으로 신뢰할 만한 정당한 기대를 가지게 되는 경우에 새삼스럽게 권리자가 그 권리를 행사하는 것은 법질서 전체를 지배하는 신의성실의 원칙에 위반되어 허용되지 않는다는 것을 의미하는 것이므로, 종전 토지 소유자가 자신의 권리를 행사하지 않았다는 사정은 그 토지의 소유권을 적법하게 취득한 새로운 권리자에게 실효의 원칙을 적용함에 있어서 고려하여야 할 것은 아니다.

실효의 원칙을 적용하기 위해서는, ⓐ 권리 불행사에 대한 신뢰의 부여, ⓑ 신뢰에 정당한 사유가 있을 것, 그리고 ⓒ 그 신뢰는 보호할 가치가 있는 것의 요건이 충족되어야 한다.

2) 권리남용금지의 원칙

동조 제2항은 "권리는 남용하지 못한다"고 규정되어 있다. 즉, '권리남용(權利濫用)'이라 함은 외형상으로 정당한 권리행사인 것처럼 보이지만, 실질적으로는 권리의 사회성에 반하여 권리행사로서 인정할 수 없는 행위를 말한다.

---

6 대법원 1995. 8. 25. 선고 94다27069 판결.

A가 소유권을 취득한 임야 중 도로 부분은 종래 인근 주민들 등 불특정 다수의 통행로로 사용되어 왔고, 그 후 B 지방자치단체가 위 도로에 하수관과 오수맨홀을 매설하였으며, 도로 일부는 콘크리트 포장이 되어 있는데, A가 B 지방자치단체를 상대로 하수관, 오수맨홀, 콘크리트 포장 철거 및 도로 부분 인도를 구한 사안에서, 대법원은 통행로 개설 이후의 경과, 도로 부분의 위치와 면적 비율, 도로 및 지하 시설의 이용 현황 등에 비추어 보았을 때, A가 도로 및 지하 부분에 매설된 시설의 철거와 도로 부분의 인도를 청구하는 것은 권리남용에 해당할 수 있다고 판단하였다.[7]

권리남용이 성립하기 위해서는 ① 권리의 행사가 있을 것, ② 그 권리행사로 인한 권리자의 이익과 상대방의 불이익 사이에 현저한 불균형이 있어야 한다. 한편 가해 의사라는 주관적 요건도 요구되는가 하는 문제에서 학설은 대체로 객관적 요건이면 충분하다고 보는 반면, 판례는 객관적 요건 외에 주관적 요건을 요구하는 것이 일반적인 태도이다.[8] 그러나 객관적 사정에 의해 주관적 요건을 추인할 수 있다고 보는 경우와 법제도의 취지를 악용하는 경우에는 주관적 요건을 요구하지 않았다.

(5) 권리의 주체

권리는 일정한 이익을 대상으로 하는데, 그 이익을 향유하는 주체를 권리의 주체라고 한다.

민법상 권리주체로는 자연인과 법인이 있다. 민법에서는 권리주체의 '능력'에 대한 규정을 두고 있으며, 이는 모두 강행규정이므로 당사자가 특약으로 이를

---

7 대법원 2023. 9. 14. 선고 2023다214108 판결.

8 대법원 2003. 2. 14. 선고 2002다62319, 62326 판결.

달리 정할 수 없다.

1) 자연인

가. 권리능력의 존속기간 - 모든 사람은 출생과 더불어 권리능력을 획득하고, 사망함으로써 권리능력을 상실한다. 민법 제3조는 "사람은 생존한 동안 권리와 의무의 주체가 된다"고 규정하고 있다. 즉, 모든 자연인은 출생한 때부터 사망할 때까지 생존하는 동안 사법상의 권리를 향유하고 의무를 부담하는 지위를 갖게 되고, 사망과 동시에 권리능력을 상실한다. 그러면 민법이 보는 자연인의 출생과 사망의 시점은 언제인가?

인간의 출생과 사망의 시점은 의학적 판단 사항이지만, 민법은 이를 명시적으로 규정하지 않아 학설이 나뉘어 있다. 출생시에 대해서는 진통설, 일부노출설, 전부노출설, 독립호흡설 등 견해의 대립이 있고, 형법학에서는 '진통설'이 지배적 입장이지만,[9] 민법학에서는 출산의 완료, 즉 태아가 모체 밖으로 완전히 나온 순간에 출생한 것으로 보는 '전부노출설'이 지배적 견해이다. 따라서 태아는 원칙적으로 권리능력을 갖지 않는다. 그러나 태아의 이익을 보호하기 위해 민법은 불법행위로 인한 손해배상의 청구(제762조), 포태 중인 자의 인지(제858조), 상속(제1000조 제3항), 유증(제1064조) 등 특별한 경우에는 이미 출생한 것으로 본다.

또한 사망의 시점에 대해서도 심박정지설, 호흡정지설, 뇌사설 등 견해 대립이 있으나, 심장의 박동이 영구적으로 멈추는 때를 사망시로 판단하는 삼박정지설이 통설이다. 한편 의학의 발달에 따라 심장 등 장기이식이 가능하게 되고 〈장기 등 이식에 관한 법률〉이 시행되고 있으므로 뇌사시를 사망시점으로 보자는 주장도 제기되고 있다. 사망의 효과는 상속의 개시, 유언의 효력 발생, 혼인관계의 종료, 잔존배우자의 재혼 등이 발생한다. 우리 법은 사망의 입증곤란을 구제하기 위한 제도로서 동시사망의 추정(제30조), 실종선고(제27조), 인정사망 등을 두고 있다.

---

9 대법원 1982. 10. 12. 선고 81도2621 판결.

'동시사망의 추정'이란 2인 이상이 동일한 위난으로 사망한 경우에 동시에 사망한 것으로 추정하는 것을 말한다. 자연과학적으로 엄밀한 의미의 동시사망은 상상하기 어려운 것이나 사망의 선후를 입증할 수 없는 경우 동시에 사망한 것으로 다루는 것이 결과에 있어 가장 공평하고 합리적이라는 데에 그 입법 취지가 있는 것이다.[10] 동시에 사망한 것으로 추정되는 자들 사이에는 상속이 일어나지 않는다. 다만, 대습상속(代襲相續)의 경우에는 예외가 인정된다.[11]

'실종선고제도'란 부재자의 생사불명 상태가 일정 기간 계속해서 살아 있을 가능성이 적게 된 때에, 그 사람을 사망한 것으로 간주하여 그를 중심으로 하는 법률관계를 확정·종결케 하는 것이다.[12] 실종선고의 요건 및 효과에 대해서는 민법 제27조에서 규정하고 있다.

제27조(실종의 선고)

① 부재자의 생사가 5년간 분명하지 아니한 때에는 법원은 이해관 계인이나 검사의 청구에 의하여 실종선고를 하여야 한다.

② 전지에 임한 자, 침몰한 선박 중에 있던 자, 추락한 항공기 중에 있던 자 기타 사망의 원인이 될 위난을 당한 자의 생사가 전쟁종지 후 또는 선박의 침몰, 항공기의 추락 기타 위난이 종료한 후 1년간 분명하지 아니한 때에도 제1항과 같다.

실종선고가 확정되면 실종선고를 받은 자는 실종기간이 만료한 때에 사망한 것으로 본다(제28조). 그에 따라 상속이 개시되고, 혼인이 해소되어 실종자의 배우자는 재혼할 수 있게 된다.

---

10 대법원 2001. 3. 9. 선고 99다13157 판결.

11 Id. 이와 관련하여 5. 가족법 (7) 상속 7) 대습상속에서 상술하도록 한다.

12 대법원 2017. 12. 22. 선고 2017다360, 2017다377 판결.

A는 2008년 3월경 마산시 구산면에 있는 레저사업장 인근 선착장에서 해산물을 채취하기 위해 출항해 입수한 뒤 사라져 생사가 불분명하였다. A는 사고 당일 오후 10시쯤 약 100m 해상에서 잠수장비를 착용하고 입수했고 당시 부상을 당하지는 않은 상황이었다. 그러나 A가 다시 선박으로 돌아오지 않았고 인근 해상을 수색했으나 1년이 지나도록 A의 흔적은 나타나지 않았다. 이에 A의 아버지가 법원에 위난 실종에 의한 실종선고 심판을 구하였다. 대법원은 "민법 제27조의 문언이나 규정의 체계 및 취지 등에 비추어, 그 제2항에서 정하는 '사망의 원인이 될 위난'이라고 함은 화재·홍수·지진·화산 폭발 등과 같이 일반적·객관적으로 사람의 생명에 명백한 위험을 야기하여 사망의 결과를 발생시킬 가능성이 현저히 높은 외부적 사태 또는 상황을 가리킨다고 할 것이다. 이러한 법리에 비추어 기록을 살펴보면, 잠수장비를 착용하고 바다에 들어가서 해산물을 채취하는 것이 그 결과 청구인의 주장대로 행방불명되었다고 하더라도 '사망의 원인이 될 위난'이라고 할 수 없다는 원심의 판단은 정당"하다고 판시했다.[13]

'인정사망'이란 수해, 화재나 그 밖의 재난으로 인하여 사망한 사람이 있는 경우 이를 조사한 관공서가사망지의 시·읍·면장에게 통보하여 가족관계등록부에 사망의 기재가 되면 사망한 것으로 다루는 제도이다(가족관계의 등록 등에 관한 법률 제87조, 제16조). 시신의 확인이 없으면 실종선고 절차를 밟아야 하는데, 고도의 사망확률이 있음에도 그러한 절차를 밟게 하는 것이 불합리하기 때문에 이러한 제도를 둔 것이다.

나. 태아의 권리능력(개별적 보호주의)—사람은 출생을 해야 권리능력이 인정되므로 수태한 때로부터 출생 사이에 있는 태아는 원칙적으로 권리능력이 없다. 그러나 태아에게 권리능력을 전혀 인정하지 않는다면 불법행위에 의한 침해로부

---

13 대법원 2011. 1. 31.자 2010스165 결정.

터 보호받을 수 없고, 태아인 동안 개시된 상속이나 유증을 받을 수 없는 등의 불합리한 결과가 발생할 수 있다. 이를 해결하기 위해 민법은 일정한 경우 태아에게 권리능력을 인정해 주고 있다.

① 불법행위로 인한 손해배상의 청구권과 관련하여, 태아는 손해배상의 청구권에 관하여 이미 출생한 것으로 본다(제762조). 태아 자신의 위자료 청구권 또한 인정된다(제752조). ② 상속능력 등과 관련하여, 태아는 상속순위에 관하여는 이미 출생한 것으로 본다(제1000조제3항). 이 조항은 유증(제1064조), 대습상속(제1001조), 사인증여(제562조), 유류분(제1118조)의 경우에 준용된다. ③ 인지와 관련하여, 부(父)는 포태 중에 있는 자에 대하여 이를 인지할 수 있다(제858조). 그렇다고 태아에게 인지청구권이 있는 것은 아니다.

2) 법인

법인(法人)은 자연인이 아니면서, 법률에 의하여 권리능력이 인정되는 단체 또는 재산을 말한다. 법인은 법률관계의 권리·의무의 주체가 될 수 있고, 기관을 통하여 사회적으로 활동한다. 법인을 설립하면 구성원과는 별개로 단체 자체에 법인격이 인정되기 때문에 단체와 관련된 법률관계를 단순화시킬 수 있다. 단체가 법인격을 취득하여 법인이 되면, 단체 자체가 자연인과 동일하게 자신의 명의로 계약을 체결하거나 소송에서 원피고가 될 수 있으며 단체 명의의 부동산등기나 계좌개설 등이 가능하게 되어 법률관계가 단순하게 된다. 또 거래상대방의 입장에서도 법인으로 인정된 단체에 대해서는 권리·의무의 주체가 명확해지므로 원활하게 거래할 수 있게 되는 장점이 있다. 이러한 이유로 민법은 법률의 규정에 좇아 정관으로 정한 목적의 범위 내에서 법인이 권리와 의무의 주체가 될 수 있음을 규정하고 있다(제34조). 그러나 자연인의 속성을 전제로 하는 생명권, 상속권 등의 권리는 성질상 주체가 될 수 없고, 법률이나 목적에 의해 권리능력이 제한되기도 한다. 또한 법인의 행위능력에 대해서, 법인은 권리능력이 있는 모든 범위에서 행위능력을 가진다고 보는 것이 통설이다. 민법은 제35조 제1항에서 일정한 요건 하에 법인의 손해배상책임에 관하여 규정하고 있는데, 이는 법인의 불법행위 책임과 불법행위능력을 정한 것으로 해석된다. 법인의 대표기관이 아닌 피용자가 가해행위를 한 경우에는 사용자책임(제756조)이 적용된다.

법인은 설립 등기시에 권리능력을 가지게 되고, 해산 등기를 완료하고, 청산사무가 종료되면 권리능력이 소멸한다.

법인은 설립근거 법률이 공법인지 사법인지에 따라 공법인(公法人)과 사법인(私法人)으로 나뉘는데, 민법상 법인과 상법상 회사는 모두 사법인이다.

법인은 실체에 따라 사단법인과 재단법인으로 나뉜다. '사단법인'은 2인 이상의 인적결합을 요소로 하여 성립하는 법인으로서 설립자가 정하여 놓은 자치법규인 정관에 따라 그 목적인 사업을 운영한다. 사단법인에는 영리를 목적으로 하는 영리사단법인(회사)과 비영리사단법인(대한의사회, 대한축구협회 등)이 있는데, 영리사단법인은 상법의 규율을 받고, 비영리사단법인은 민법의 규율을 받는다. '재단법인'은 일정한 목적을 위해 기부된 '재산'을 요소로 하여 성립되는 법인이다. 따라서 사단법인과 달리 사람이 구성요소가 되는 것이 아니라 설립자인 재산을 기부한 자가 정한 '목적사업(예: 학교, 장학재단 등)'을 위하여 운영된다. 재단법인은 재산이 중심이 되므로 비영리법인에 한하고, 민법의 규율을 받게 된다.

법인과 유사한 인적·물적 실체를 갖추고 있으나 주무관청의 법인설립허가를 받지 않았거나, 법인설립허가를 받았더라도 아직 법인설립등기를 완료하지 아니한 단체로 '법인 아닌 사단', '법인 아닌 재단' 그리고 '조합' 등이 있다. '법인 아닌 사단'은 단체의 행동이 그 기관에 의해 행해지고 법률효과도 단체 자체에 귀속하는 등 사단의 실질을 가지고 있지만 법인으로는 인정되지 않는 단체를 말한다. 종중, 교회가 대표적인 예이고, 어촌계, 아파트 부녀회, 자연부락, 공동주택의 입주자대표회의 등도 이에 해당한다. '법인 아닌 재단'은 비영리 목적을 위해 출연되고 일정 관리조직을 갖추고 정해진 목적 범위에서만 행동할 수 있는 등 재단법인의 실체가 되는 재단으로서의 실질은 있으나, 법인으로 인정되지 않는 재단을 말한다. '조합'은 단체로서의 단일성보다는 구성원의 개성이 강하게 나타나는 단체로서 단체의 행동도 그 구성원 전원 또는 전원으로부터 대리권이 주어진 자에 의해 행해지고, 그 법률효과도 단체 자체가 아닌 구성원 모두에게 귀속하는 등 사단의 실질을 가지고 있지 않은 단체를 말한다.

> 민법상의 조합과 법인격은 없으나 사단성이 인정되는 비법인사단을 구별함에 있어서는 일반적으로 그 단체성의 강약을 기준으로 판단하여야 하는바, 조합은 2인 이상이 상호간에 금전 기타 재산 또는 노무를 출자하여 공동사업을 경영할 것을 약정하는 계약관계에 의하여 성립하므로(민법 제703조) 어느 정도 단체성에서 오는 제약을 받게 되는 것이지만 구성원의 개인성이 강하게 드러나는 인적 결합체인 데 비하여 비법인사단은 구성원의 개인성과는 별개로 권리의무의 주체가 될 수 있는 독자적 존재로서의 단체적 조직을 가지는 특성이 있다 하겠는데 민법상 조합의 명칭을 가지고 있는 단체라 하더라도 고유의 목적을 가지고 사단적 성격을 가지는 규약을 만들어 이에 근거하여 의사결정기관 및 집행기관인 대표자를 두는 등의 조직을 갖추고 있고, 기관의 의결이나 업무집행방법이 다수결의 원칙에 의하여 행해지며, 구성원의 가입, 탈퇴 등으로 인한 변경에 관계없이 단체 그 자체가 존속되고, 그 조직에 의하여 대표의 방법, 총회나 이사회 등의 운영, 자본의 구성, 재산의 관리 기타 단체로서의 주요사항이 확정되어 있는 경우에는 비법인사단으로서의 실체를 가진다고 할 것이다.[14]

법인은 독립된 권리주체이지만 자연인처럼 행동할 수 없어 실제로 권리를 취득하거나 의무를 부담하기 위해서는 일정한 자연인의 행위에 의할 수밖에 없다. 따라서 자연인으로 구성되는 '기관'이 법인의 의사를 결정하고 내부적으로 법인의 사무를 처리하며 외부적으로 법인을 대표하게 된다. 기관에는 의사결정기구인 '사원총회', 집행기관으로서 '이사' 그리고 이사의 사무집행을 감독하는 '감사'가 있다.

---

14 대법원 1992. 7. 10. 선고 92다2431 판결.

(6) 권리 주체의 능력

1) 권리능력

권리능력(權利能力)은 권리와 의무의 주체가 될 수 있는 지위 또는 자격을 말한다. 사람은 생존하는 동안 권리와 의무의 주체가 된다(제3조). 그러므로 사람은 출생으로 권리능력을 취득하고, 사망함으로써 권리능력을 상실한다. 권리능력 없는 자의 법률행위는 그 효력을 인정할 수 없으며, 당연히 '무효'가 된다.

현행 민법상 권리능력은 사람에게만 인정되기 때문에, 동물에게 권리능력이 인정될 리는 만무하다. 아무리 사랑하는 반려동물이라 하더라도 동물 자체가 위자료 청구권의 귀속주체가 될 수 없다.

A(원고)는 2009년 3월 B(피고)에게 평소 집에서 기르던 개 2마리를 위탁하면서 위탁료는 월 14만 원으로 약정하였다. 그런데 B가 2011년 3월 9일 A로부터 위탁받은 개 2마리를 유기견으로 오인하여 안락사시켰다. 이에 A는 자신에게 2천만 원을, 동물보호단체인 '유기견에게 사랑을 주세요'는 안락사당한 개들을 대리하여 개들이 입었을 정신적 고통에 대한 위자료로 1천만 원을 지급하라는 소송을 제기하였다.

대법원은 "동물의 생명보호, 안전 보장 및 복지 증진을 꾀하고 동물의 생명 존중 등 국민의 정서를 함양하는 데에 이바지함을 목적으로 한 동물보호법의 입법 취지나 그 규정 내용 등을 고려하더라도, 민법이나 그 밖의 법률에 동물에 대하여 권리능력을 인정하는 규정이 없고 이를 인정하는 관습법도 존재하지 아니하므로, 동물 자체가 위자료 청구권의 귀속주체가 된다고 할 수 없다. 그리고 이는 그 동물이 애완견 등 이른바 반려동물이라고 하더라도 달리 볼 수 없다"고 판시했다.[15]

---

15 대법원 2013. 4. 25. 선고 2012다118594 판결.

2) 의사능력

의사능력(意思能力)은 자신의 행위의 의미나 결과를 정상적인 인식력과 예기력을 바탕으로 합리적으로 판단할 수 있는 정신적 능력을 말한다. 의사능력 유무는 구체적인 법률행위와 관련하여 개별적으로 판단해야 한다.[16] 특히 어떤 법률행위가 그 일상적인 의미만을 이해해서는 알기 어려운 특별한 법률적 의미나 효과가 부여되어 있는 경우 의사능력이 인정되기 위해서는 그 행위의 일상적인 의미뿐만 아니라 법률적인 의미나 효과에 대해서도 이해할 수 있어야 한다.[17] 민법은 각 개인이 정상적인 판단능력을 갖고 행한 행위에 의해서만 권리를 취득하고 의무를 부담하며, 정상적인 판단능력 없이 행한 행위로부터는 법률효과가 생기지 않는다. 의사능력이 없는 자를 '의사무능력자'라 하는데, 7세 정도의 유아, 만취자, 정신병자 등이 이에 해당한다. 의사무능력자의 행위는 '무효'이다.

A 캐피탈 주식회사는 굴삭기를 구입하기 위한 비용이 필요하다는 B에게 8천만 원을 대출해 주었다. B는 지적장애를 가지고 있었지만 겉으로 봐서는 아무런 장애가 없는 것처럼 보였고, 굴삭기운전자격증도 제출하여 의심 없이 약정을 체결하였다. 그리고 A는 대출금을 B에게 지급하지 않고 굴삭기 판매업체에 직접 지급하였다. 이후 B가 대출금 채무를 연체하자 A가 상환을 요구했지만 B 측은 약정 당시 제출한 굴삭기운전자격증은 위조된 것이며, 지능지수가 52에 불과한 B에게는 대출약정을 할 의사능력이 없었으므로 이 대출약정은 무효라고 주장하였다. 이 경우 지적장애 3급을 가진 B 씨에게 대출약정을 체결할 의사능력이 있었는지 여부는 어떻게 판단해야 할까?

대법원은 "지적장애를 가진 사람에게 의사능력이 있는지를 판단할 때 단순히

---

16 대법원 2002. 10. 11. 선고 2001다10113 판결.

17 대법원 2006. 9. 22. 선고 2006다29358 판결; 대법원 2009. 1. 15. 선고 2008다58367 판결 등.

그 외관이나 피상적인 언행만을 근거로 의사능력을 쉽게 인정해서는 안 되고, 의학적 진단이나 감정 등을 통해 확인되는 지적장애의 정도를 고려해서 법률행위의 구체적인 내용과 난이도, 그에 따라 부과되는 책임의 중대성 등에 비추어 볼 때 지적 장애를 가진 사람이 과연 법률행위의 일상적 의미뿐만 아니라 법률적인 의미나 효과를 이해할 수 있는지, 법률행위가 이루어지게 된 동기나 경위 등에 비추어 합리적인 의사결정이라고 보기 어려운 사정이 존재하는지 등을 세심하게 살펴보아야 한다"고 판시하였다.[18]

3) 행위능력

행위능력(行爲能力)은 단독으로 유효한 법률행위를 할 수 있는 지위나 자격을 말한다. 권리능력자나 의사능력자가 반드시 행위능력자인 것은 아니다. 권리능력과 의사능력을 가졌음에도 행위능력자가 아닌 경우가 있다. 예컨대, 미성년자 등 제한능력자가 그러하다. 민법상 '능력'이라 하면 행위능력을 말하고(제5조 이하, 제112조, 제179조), 일반적으로 재산상의 법률행위에 적용된다. 제한된 행위능력자가 독자적으로 한 법률행위는 '취소'할 수 있다. 법인의 경우 행위능력은 대표기관을 기준으로 판단한다.

4) 제한능력자

민법은 행위능력이 제한되는 자, 즉 제한능력자로 미성년자, 피성년후견인, 피한정후견인, 피특정후견인의 네 가지를 규정하고 있다. 이러한 제한능력자제도는 의사능력이 불완전한 제한능력자 본인을 위한 제도이며 강행규정이다.

제한능력자는 정신능력이 없거나 정신능력이 있더라도 완전하지 못하여 단독으로 권리를 행사하거나 의무를 부담함으로써 손해를 당할 우려가 있는 행위능력이 제한된 자를 말한다. 민법상 제한능력자는 우선 연령에 의하여 획일적으로

---

18 대법원 2022. 5. 26. 선고 2019다213344 판결.

결정되는 미성년자(제4조)와 일정한 요건이 갖추어진 경우에 가정법원의 심판에 따라 지정되는 피성년후견인(제9조)과 피한정후견인(제12조), 피특정후견인(제14조의2)이 있다. 제한능력자 제도는 거래관계에 직접적인 영향을 미치므로 강행규정이고, 행위능력을 제한하는 계약은 무효이다.

민법은 제한능력자가 법률행위를 취소한 경우에 선의의 제3자에게도 대항할 수 있도록 한다거나 현존이익만 반환하도록 하여 제한능력자를 충실하게 보호하고 있다.

가. 미성년자: 19세 미만인 자(제4조) ― 민법상 미성년자는 만 19세에 이르지 않은 사람을 의미한다. 미성년자는 원칙적으로 단독으로 유효한 법률행위를 할 수 없으며, 법정대리인의 동의를 얻어야 한다. 만약 법정대리인의 동의 없이 법률행위를 한 경우에는 미성년자나 법정대리인이 그 행위를 취소할 수 있다. 그러나 단순히 권리만을 얻거나 의무만을 면하는 행위(제5조 제1항 단서), 처분이 허락된 재산의 처분행위(제6조), 영업이 허락된 미성년자의 그 영업에 관한 행위(제8조 제1항)는 법정대리인의 동의 없이 단독으로 유효하게 할 수 있다.

만 19세가 넘은 미성년자가 월 소득범위 내에서 신용구매계약을 체결한 사안에서, 대법원은 "스스로 얻고 있던 소득에 대하여는 법정대리인의 묵시적 처분허락이 있었다고 보아 위 신용구매계약은 처분허락을 받은 재산범위 내의 처분행위에 해당한다"고 하였으며, "미성년자가 법률행위를 함에 있어서 요구되는 법정대리인의 동의는 언제나 명시적이어야 하는 것은 아니고 묵시적으로도 가능한 것이며, 미성년자의 행위가 위와 같이 법정대리인의 묵시적 동의가 인정되거나 처분허락이 있는 재산의 처분 등에 해당하는 경우라면, 미성년자로서는 더 이상 행위무능력을 이유로 그 법률행위를 취소할 수 없다"고 판시했다.[19]

---

19 대법원 2007. 11. 16. 선고 2005다71659, 71666, 71673 판결.

이 외에 기타 미성년자가 단독으로 할 수 있는 행위로 미성년자 자신이 법정대리인의 동의 없이 한 법률행위를 취소하는 경우, 대리인으로서의 행위(제117조), 유언행위(만 17세, 제1061조), 근로계약 체결과 임금의 청구(근로기준법 제67조 제1항, 제68조) 등이 있다.

미성년자의 법정대리인은 1차로 친권자가 되고(제911조), 친권자가 없거나 친권자가 법률행위의 대리권과 재산관리권을 행사할 수 없을 때 2차로 미성년후견인(제928조)이 된다.

미성년자의 법정대리인은 미성년자가 법률행위를 하는 데 동의할 권리, 즉 동의권이 있고(제5조 제1항), 미성년자를 대리하여 법률행위를 할 권한, 즉 대리권이 있다(제920조, 제949조). 친권은 부모가 혼인 중인 때에는 부모가 공동으로 이를 행사한다(제909조 제2항). 자의 행위를 목적으로 하는 채무부담행위는 자의 동의를 얻어야 한다(제920조 단서, 제949조 제2항). 그러나 근로계약은 자의 동의를 얻더라도 대리할 수 없고 반드시 자가 법정대리인의 동의를 얻어 직접 체결해야 한다. 법정대리인과 미성년자의 이익이 상반되는 행위를 하는 경우에는, 친권자는 법원에 그 자의 특별대리인의 선임을 청구해야 한다.

초등학생 A는 핸드폰으로 모바일 온라인 게임인 〈클래시 오브 클랜〉을 하던 중 어머니 B의 허락을 받아 구글이 제공하는 결제시스템인 '모바일 인앱(In-app)'을 통해 자신의 구글(Google) 아이디와 비밀번호 및 B의 신용카드 정보를 입력하고 미화 20.04달러 상당의 게임 아이템을 구매하였다. 인앱 시스템은 신용카드 정보를 최초 1회 등록하면 이후에는 별도의 신원 확인 절차 없이 카드를 결제할 수 있도록 하는 간편결제 프로그램이다. A는 이 게임을 하면서 위 결제 시스템을 통해 보름 동안 25회에 걸쳐 약 181만 원 상당의 게임 아이템을 추가로 구매하였고, 그 과정에서 원고의 허락 없이 원고의 신용카드 정보가 계속 사용되었다. B는 신용카드대금 청구서를 받아 본 후에야 자신의 신용카드 정보가 위와 같이 무단으로 사용된 사실을 알게 되었다. B는 구글을 상대로 미성년자가 법정대리인의 동의 없이 이뤄진 결제이므로 취소할 수 있을까?

B의 허락과 동의 없이 단독으로 게임 아이템 구매 행위는 취소가 가능하다. 만약 어머니의 허락을 받지 않은 A가 거짓말을 하고 아이템을 구매했다면 구글은 제17조(제한능력자의 속임수)에 따라 결제를 취소하지 않아도 된다. 그러나 법정대리인의 동의가 없었다는 사실을 증명한다는 것이 쉽지 않다. 이 사건에서도 B는 구글을 상대로 불법행위에 따른 손해배상을 구하였다. 법원은 B의 일부승소 판결을 내리고 구글은 90만 9,000원을 지급하라고 판결했다. "구글은 유료결제 서비스를 제공하는 자로서 유료결제 서비스를 이용한 고객들의 신용카드 정보가 차후에 무단으로 사용되지 않도록 관리할 의무가 있다"고 하여 구글의 주의의무 위반을 인정했다. 다만 "신용카드 소유자인 B도 자녀가 허락 없이 신용카드를 이용해 게임아이템을 구매하지 않도록 지도·교육할 의무를 게을리한 잘못이 있다"고 하여 구글 측의 손해배상액을 50%로 제한하였다.[20]

나. 피성년후견인—피성년후견인(被成年後見人)이란 질병, 장애, 노령, 그 밖의 사유로 인한 정신적 제약으로 사무를 처리할 능력이 지속적으로 결여된 사람으로서 일정한 자[21]의 청구에 의하여 가정법원으로부터 성년후견개시의 심판을 받은 자(제9조 제1항)이다.

피성년후견인의 법률행위는 원칙적으로 취소할 수 있으며(제10조 제1항), 가정법원이 다르게 정하지 않는 한 유효한 법률행위를 할 수 없다. 피성년후견인의 법률행위를 예외적으로 취소할 수 없는 경우는 가정법원이 취소할 수 없는 법률행위를 정한 경우(제10조 제2항)와 일용품의 구입 등 일상생활에서 필요하고 그 대가도 과도하지 않은 법률행위(제10조 제4항)인 경우이다.

---

20 수원지방법원 2018. 9. 20. 선고 2017나69021 판결.

21 본인, 배우자, 4촌 이내의 친족, 미성년후견인, 미성년후견감독인, 성년후견인, 성년후견감독인, 특정후견인, 특정후견감독인, 검사 또는 지방자치단체의 장.

약혼, 혼인, 협의이혼, 인지, 입양, 협의파양 등의 친족법상의 행위는 성년후견인의 동의를 얻어 스스로 할 수 있다.

성년후견인은 원칙적으로 동의권은 없고(제10조 제1항) 대리권만 가진다(제949조). 그러나 예외적으로 친족법상의 행위에 대해서는 동의권이 있다. 또한 취소권도 있다(제10조 제1항, 제140조).

다. 피한정후견인 — 피한정후견인(被限定後見人)이란 질병, 장애, 노령, 그 밖의 사유로 인한 정신적 제약으로 사무를 처리할 능력이 부족한 사람으로서 일정한 자[22]의 청구에 의하여 가정법원으로부터 한정후견개시의 심판을 받은 자이다(제12조 제1항). 피한정후견인은 원칙적으로 행위능력을 가진다. 다만 가정법원이 피한정후견인으로 하여금 한정후견인의 동의를 받아야 할 행위의 범위를 정할 수 있고(제13조 제1항) 일정한 자[23]의 청구에 의해 동의를 받아야 하는 행위의 범위를 변경할 수 있다(제13조 제2항). 피한정후견인이 후견인의 동의가 필요한 법률행위를 그 동의 없이 하였을 때에는 후견인은 이를 취소할 수 있다(제13조 제4항). 그러나, 일용품의 구입 등 일상생활에 필요하고 대가가 과도하지 아니한 법률행위는 후견인이 취소할 수 없다. 후견인이 피한정후견인의 이익이 침해될 염려가 있음에도 그 동의를 하지 아니하는 때에는 가정법원은 피한정후견인의 청구에 의하여 후견인의 동의를 갈음하는 허가를 할 수 있다(제13조 제3항).

민법은 친족편에서 약혼, 혼인, 협의이혼, 인지, 입양, 협의파양 등에 관하여 피한정후견인에 대한 규정을 두고 있지 않은바, 피한정후견인은 그러한 행위를 단독으로 유효하게 할 수 있다고 해석된다. 한정후견인은 원칙적으로 동의권과 취소권 및 대리권이 없다.

---

22 피성년후견인의 청구인과 동일.

23 본인, 배우자, 4촌 이내의 친족, 후견인, 후견감독인, 검사 또는 지방자치단체의 장.

라. 피특정후견인— 피특정후견인(被特定後見人)이란 질병, 장애, 노령, 그 밖의 사유로 인한 정신적 제약으로 일시적 후원 또는 특정한 사무에 관한 후원이 필요한 사람으로서 일정한 자[24]의 청구에 의하여 가정법원으로부터 특정후견의 심판을 받은 자이다(제14조의2 제1항). 피특정후견인은 1회적·특정적으로 보호를 받는 점에서 지속적·포괄적으로 보호를 받는 피성년후견인, 한정후견인과 차이가 있다. 특정후견의 심판이 있어도 피특정후견인은 행위능력에 전혀 영향을 받지 않는다. 특정한 법률행위에 관하여 특정후견인이 선임되어도 특정후견인의 동의 없이 직접 그 법률행위를 할 수 있다.

마. 제한능력자 상대방의 보호— 제한능력자 제도는 제한능력자의 재산보호를 목적으로 하기 때문에 제한능력자가 한 법률행위는 취소할 수 있다. 취소할 수 있는 법률행위의 효력은 취소를 하지 않으면 일단 유효하지만 취소를 하면 소급하여 무효로 된다(제141조). 법률행위의 취소권은 제한능력자 측만 가지므로, 제한능력자와 거래한 상대방 및 그 외 제3자는 전적으로 제한능력자 측의 의사에 좌우되는 불안정한 지위에 놓이게 된다. 제도적 취지가 상대방의 보호보다는 제한능력자의 보호가 더 중요한 것이지만, 상대방의 거래상 지위가 제한능력자 측의 의사결정에 달려 있어 균형이 맞지 않으므로 상대방도 어느 정도까지는 보호해 줄 필요가 있게 된다. 여기서 민법은 제한능력자의 상대방의 확답을 촉구할 권리(제15조), 상대방의 철회권과 거절권(제16조), 제한능력자가 속임수를 쓴 경우에 취소권의 배제(제17조) 등을 규정하고 있다.

(7) 권리의 객체

권리는 일정한 대상을 필요로 하는데, 그것을 권리의 객체라고 한다. 예컨대,

---

24 피한정후견인의 청구인과 동일.

소유권과 같은 물권에 있어서는 물건, 채권에 있어서는 채무자의 행위(급부), 인격권에 있어서는 생명·신체·자유·명예 등 인격적 이익, 친족권에 있어서는 친족법상의 지위, 상속권에 있어서는 상속재산 등이다.

민법상의 물건은 유체물이든 무체물이든 관리가능한 것이어야 한다. 해·달·별·공기 등은 유체물이지만 배타적 지배가능성이 없으므로 물건이 아니다. 인체의 일부도 인격과 함께 배타적 지배가 인정되지 않으므로 인체에 부착되어 있는 한 의수, 의족, 의안 등은 물건이 아니고, 인체와 분리되었다 하더라도 모발·치아·장기·혈액 등은 사회질서에 반하지 않는 범위 내에서 물건으로 인정될 수 있다. 유체와 유골도 통설적 견해에 의하면 소유권의 객체인 물건으로 인정되지만, 보통의 물건처럼 사용·수익·처분할 수는 없고 오로지 매장, 제사 등의 권리·의무를 내용으로 하는 특수한 소유권으로 보아야 한다. 고인이 생전에 자신의 유체·유골의 처분의사를 유언으로 밝혔다고 하더라도 이것이 법에 정해진 유언 사항은 아니기 때문에 결국 유지에 구속되는지는 제사 주재자의 의사에 의해 결정된다.[25]

'관리'라 함은 배타적 지배가능성을 의미한다. 또한 물건은 배타적 지배가능성 외에 독립성을 가져야 한다. 어떤 것을 하나의 물건으로 볼 것인지는 사회통념에 따라 정해진다. 물건의 일부나 집단 위에 물권을 인정하려면 그것을 공시할 수 있어야 한다.

민법에서는 물건의 분류로 부동산과 동산, 주물과 종물, 원물과 과실 이 세 가지를 규정한다. 그러나 강학상 융통물과 불융통물, 단일물·합성물·집합물 등의 개념이 사용되기도 한다. 물건의 개념은 형법과 같은 다른 실정법 영역에서도 중요한 역할을 수행한다. 예컨대, 물건은 형법에서는 재산범죄의 출발점이 되는 재물 개념의 기초가 된다. 따라서 현행 민법에 따르면 반려동물도 단지 민법상 '물건'에 해당하고, 권리의 객체가 될 뿐이다. 또한 타인의 반려동물을 고의로 죽일 경우, 형법상 '재물손괴죄'에 해당된다. 그러나 반려동물은 감정을 지니고 인간과

---

25 대법원 2008. 11. 20. 선고 2007다27670 전원합의체 판결.

공감하는 능력이 있는 생명체로서 다른 물건과는 구분되는 성질이 있다.

> 반려견은 비록 민법상으로는 물건에 해당하지만 감정을 지니고 인간과 공감하는 능력이 있는 생명체로서 여타의 물건과는 구분되는 성질을 갖고 있다. 반려견의 소유자는 반려견과 정신적인 유대감과 애정을 나누고 반려견을 가족의 일원으로 여기는 것이 일반적이다. 이 사건의 경우에도 장애 1급의 원고가 애정과 정성으로 자신의 개를 양육해 왔는바, 이 사건 당시 원고의 개가 피고의 개에게 물려 큰 상처를 입는 장면을 직접 목격함에 따라 상당한 정신적 충격을 받았을 것인 점, 이로 인한 치료 과정에서도 상당한 정신적 고통을 겪었을 것으로 보이는 점 등에 비추어 보면, 원고가 이 사건 사고로 인한 반려견의 상해로 재산적 손해의 배상으로 회복할 수 없는 정신적 손해를 입었고 피고 역시 그러한 사정을 알았거나 알 수 있었다고 할 것이므로, 피고는 원고에게 이 사건 사고로 인한 정신적 고통을 금전으로나마 위자할 의무가 있다.[26]

오스트리아, 독일, 스위스 등은 민법전에 동물은 물건이 아니라는 내용의 규정을 두고 있으면서도 물건에 관한 규정을 준용하고 있다. 우리나라도 제98조에 "동물은 물건이 아니다"라는 조항을 추가하는 내용을 골자로 한 민법 개정안이 2021년에 발의된 바 있다.

동산과 부동산(제99조), 주물과 종물(제100조), 원물과 과실(제101조, 102조)에 대해서는 물권의 객체에서 다시 설명하기로 한다.

---

26 서울중앙지방법원 2019. 7. 26. 선고 2018나64698 판결.

(8) 법률행위

1) 권리변동의 원인

권리의 발생·변경·소멸을 권리변동이라고 한다. 권리변동은 일정한 원인이 있어야 발생하는데, 권리변동의 원인이 되는 것을 법률요건이라 한다. 이러한 권리변동의 원인은 법률행위에 의한 것과 법률의 규정에 의한 것으로 크게 나눌 수 있다. 법률행위에 의한 권리변동으로는 계약에 의한 물권이나 채권의 발생, 변경, 소멸이 있다. 법률의 규정에 의한 물권의 취득으로는 시효취득, 동산의 선의취득, 유치권의 취득, 법정지상권 등이 있다. 법률의 규정에 의한 채권의 취득으로는 사무관리, 부당이득, 불법행위 등이 있다. 또한 소멸시효나 혼동에 의해 물권이나 채권이 소멸하는 것도 법률의 규정에 의한 것이다.

2) 법률행위의 의의 및 종류

법률행위란, 일정한 법률효과의 발생을 목적으로, 한 개 또는 수 개의 '의사표시'를 필수불가결의 요소로 하는 법률요건이다. 단독행위는 하나의 의사표시에 의해 성립하는 법률행위이고, 계약은 둘 이상의 의사표시의 일치로 성립하는 법률행위이다. 이러한 법률행위는 원칙적으로 자유로이 할 수 있으나(법률행위 자유의 원칙), 강행규정(선량한 풍속 기타 사회질서)에 반하는 법률행위는 무효이다.

법률행위를 구분하는 기준은 다양하다. 법률행위에 의해 발생하는 효과에 따라 재산행위와 신분행위로 나누기도 하고, 법률행위의 방식에 따라 요식행위와 불요식행위로 나누기도 하며, 권리변동의 종류에 따라 채권행위, 물권행위, 준물권행위로 나누기도 한다.

또한 의사표시의 개수와 방향에 따라 단독행위, 계약, 합동행위로 나누기도 한다. 단독행위는 하나의 의사표시에 의하여 성립하는 법률행위(예: 동의, 취소, 추인 등)로, 어느 일방의 의사표시만으로 법률관계가 형성되거나 상대방에게 효력이 미친다. 계약은 두 개의 대립되는 의사표시(대립적·교환적)의 합치에 의하여 성립하는 법률행위(예: 매매 등)를 말한다. 합동행위는 복수의 의사표시가 공동목적을 향해 평행적·구심적으로 방향을 같이하는 법률행위(예: 사단법인 설립)이다. 합동행위 당사자는 채권과 채무로 나뉘어 대립하는 구도인 점에서는 계약과 유하사지만 어느 한 사람의 의사표시에 무효나 취소의 사유가 있다고 하여도 계약 전부가 무효가 되지는 않고 나머지 의사표시만으로 그 효과가 생기는 점에서 계약과 구별된다.

3) 법률행위의 요건

법률행위가 그 법률효과를 발생하려면 여러 요건을 갖추어야 하는데, 법률행위의 요건은 성립요건과 효력요건으로 나뉜다. 성립요건은 법률행위의 존재를 위해 필요한 최소한의 요건으로서, 모든 법률행위에 공통하는 일반적 요건과 개별적인 법률행위에 특별히 요구되는 특별 성립요건으로 구분된다.

가. 성립요건—법률행위의 성립요건으로는 ① 법률행위의 당사가가 있을 것, ② 법률행위의 목적이 있을 것, ③ 청약과 승낙이라는 의사표시가 있을 것이 요구된다. 즉 법률행위의 주체가 존재하고, 법률행위의 내용 또는 목적으로서 법률효과 특히, 급부와 반대급부가 특정될 수 있어야 한다. 그리고 의사표시로 볼 수 있는 행위가 존재하여야 하며, 계약의 경우에는 그 합치가 필요하다.

특정한 법률행위의 경우 그 성립에 필요한 요건이 법률에 규정되어 있다. 이를 특별 성립요건이라 한다. 이러한 경우는 법률행위의 요식성이나 요물성을 갖출 것이 요구된다. 예컨대, 특별한 방식을 요건으로 하는 경우로는 혼인에서의 신고(제812조, 제814조), 유언의 방식(제1060조 이하), 법인설립행위(제33조) 등이 있고, 특정 급부를 요건(요물성)으로 하는 경우로는 동산질권 설정(제330조)에서 목적물의 인도, 대물변제(제466조) 등이 이에 해당한다.

대법원은 "전 재산을 연세대에 기부한다"는 자필 유언장과 함께 예금과 채권 등 123억여 원을 우리은행에 맡겼지만, 자필서명이 빠진 유언장의 효력에 대해 "민법에서 유언의 방식을 엄격하게 규정한 것은 유언자의 진의를 명확히 하고 법적 분쟁과 혼란을 예방하기 위한 것으로 서명날인까지 요구하는 법정요건과 방식에 어긋난 유언은 유언자의 진정한 의사와 합치하더라도 무효"라고 판결했다.[27]

나. 효력요건—법률행위가 요건을 갖추어 성립하더라도, 확정적으로 유효한 법률행위가 되려면, 다음 요건을 갖추어야 한다. ① 당사자가 권리능력, 의사능력, 행위능력이 있을 것, ② 법률행위의 목적이 확정성, 가능성, 적법성, 사회적 타당성을 갖출 것, ③ 의사와 표시가 일치하여야 하고, 의사표시에 하자(사기나 강박)가 없을 것이 요구된다.

계약 체결 후에 채무의 이행이 불가능하게 된 경우에는 채권자가 이행을 청구하지 못하고 채무불이행을 이유로 손해배상을 청구하거나 계약을 해제할 수 있다. 그러나 계약 당시에 이미 채무의 이행이 불가능했다면 특별한 사정이 없는 한 채권자가 이행을 구하는 것은 허용되지 않고, 민법 제535조에서 정한 계약체결상의 과실책임을 추궁하는 등으로 권리를 구제받을 수밖에 없다.

채무의 이행이 불가능하다는 것은 절대적·물리적으로 불가능한 경우만이 아니라 사회생활상 경험칙이나 거래상의 관념에 비추어 볼 때 채권자가 채무자의 이행의 실현을 기대할 수 없는 경우도 포함한다. 이는 채무를 이행하는 행위가 법률로 금지되어 그 행위의 실현이 법률상 불가능한 경우에도 마찬가지이다.

1필지의 토지 중 일부를 특정하여 매매계약이 체결되었으나 그 부분의 면적이 건축법 제57조 제1항, 건축법 시행령 제80조에 따라 분할이 제한되는 경우에 해당한다면, 매도인으로서는 그 부분을 분할하여 소유권이전등기절차를 이행할 수 없다. 따라서 매도인이 매매계약에 따라 매수인에게 부담하는 소유권이전등기절

27 대법원 2006. 9. 8. 선고 2006다25103, 25110 판결.

차 이행의무는 이행이 불가능하다고 보아야 한다. 이는 교환계약에서도 마찬가지이다.[28]

법률행위의 내용이 선량한 풍속 기타 사회질서에 위반한 사항, 즉 사회적 타당성을 잃은 것을 내용으로 하는 경우에는 무효로 한다(제103조). 법률행위가 개별 강행법규에 위반하지 않더라도 경우에 따라 사회적 타당성이 없다는 이유로 무효로 될 수 있다.

> 민법 제103조에 의하여 무효로 되는 반사회질서 행위는 법률행위의 목적인 권리·의무의 내용이 선량한 풍속 기타 사회질서에 위반되는 경우뿐 아니라 그 내용 자체는 반사회질서적인 것이 아니라고 하여도 법률적으로 이를 강제하거나 법률행위에 반사회질서적인 조건 또는 금전적 대가가 결부됨으로써 반사회질서적 성질을 띠게 되는 경우 및 표시되거나 상대방에게 알려진 법률행위의 동기가 반사회질서적인 경우를 포함하나, 이상의 각 요건에 해당하지 아니하고 단지 법률행위의 성립과정에 강박이라는 불법적 방법이 사용된 데에 불과한 때에는 강박에 의한 의사표시의 하자나 의사의 흠결을 이유로 효력을 논의할 수는 있을지언정 반사회질서의 법률행위로서 무효라고 할 수는 없다.[29]

제103조의 반사회질서 행위는 ① 법률행위의 목적인 권리·의무의 내용이 선량한 풍속 기타 사회질서에 위반되는 경우(예: 청부살인), ② 권리·의무의 내용 자체는 반사회질서적인 것이 아니라고 하여도 법률적으로 이를 강제하거나(예: 어떠한 일이 있어도 이혼하지 않는다는 합의), ③ 그 법률행위에 반사회질서적인 조건 또는 금전적 대가가 결부됨으로써 반사회질서적 성격을 띠는 경우(예: 부첩관계를 청

---

28 대법원 2017. 8. 29. 선고 2016다212524 판결.

29 대법원 2002. 12. 27. 선고 2000다47361 판결.

산하는 대가로 일정한 돈을 지급하기로 한 합의), ④ 표시되거나 상대방에게 알려진 법률행위의 동기가 반사회질서적인 경우 등을 포괄하는 개념이다. ⑤ 법률행위의 일방 당사자로서 경제력의 차이로 인하여 우월한 지위에 있는 사업자가 그 지위를 이용하여 자기는 부당한 이득을 얻고 상대방에게 과도한 반대급부 내지 부당한 부담을 지우는 것으로 이를 강제하는 것이 사회적 타당성이 없다고 평가할 수 있는 경우 역시 이에 해당하여 무효가 된다.[30]

부동산의 이중매매가 반사회적 법률행위로서 무효가 되기 위해서는 매도인의 배임행위와 매수인이 매도인의 배임행위에 적극 가담한 행위로 이루어진 매매로서, 그 적극가담하는 행위는 매수인이 다른 사람에게 매매목적물이 매도된 것을 안다는 것만으로는 부족하고, 적어도 그 매도사실을 알고도 매도를 요청하여 매매계약에 이르는 정도가 되어야 한다.[31]

> 부동산의 이중매매가 반사회적 법률행위로서 무효가 되기 위하여는 매도인의 배임행위와 매수인이 매도인의 배임행위에 적극 가담한 행위로 이루어진 매매로서, 그 적극가담하는 행위는 매수인이 다른 사람에게 매매목적물이 매도된 것을 안다는 것만으로는 부족하고, 적어도 그 매도사실을 알고도 매도를 요청하여 매매계약에 이르는 정도가 되어야 한다.

제104조는 어떤 자의 궁박·경솔·무경험을 이용하여 현저하게 공정을 잃은 법률행위를 이용하여 현저하게 공정을 잃은 법률행위(불공정한 법률행위 또는 폭리행위)를 한 경우에 이를 무효라고 규정하고 있는데, 불공정한 법률행위는 사회질서 위반행위의 일종이다. 불공정한 법률행위가 되기 위해서는 피해자 측의 궁박·경솔·무경험 중 적어도 어느 하나의 사유가 있어야 하고, 폭리를 얻은 측이 피해

---

30 대법원 2023. 2. 23. 선고 2022다287383 판결.

31 대법원 1994. 3. 11. 선고 93다55289 판결.

자의 그러한 사정을 알고 이를 이용하려는 의사가 있어야 하며, 그로 인해 객관적으로 급부와 반대급부 사이에 현저한 불균형이 존재하여야 한다.

특정한 법률행위에는 당사자의 특약이나 법률규정에 의해 특별히 요구되는 효력요건이 있다. 이를 특별 효력요건이라 한다. 예컨대, 대리행위에서의 대리권의 존재(제114조 내지 제136조), 미성년자·피한정후견인의 법률행위에 있어서 법정대리인의 동의(제5조, 제13조), 유언에 있어서 유언자의 사망(제1073조), 정지조건부 법률행위에 있어서 조건의 성취(제147조 제2항), 시기부 법률행위에 있어서 시기의 도래(제152조 제1항) 등이다.

4) 의사표시

의사표시란 일정한 법률효과의 발생을 원하는 내심의 의사를 표시행위에 의하여 외부에 나타내는 것으로서, 법률행위의 필수불가결의 요소가 되는 법률사실을 말한다. 법률행위가 유효하기 위해서는 의사표시에 관하여 의사와 표시가 일치하여야 한다. 대체로 내심의 의사와 표시가 일치하지만, 그렇지 않은 경우에 의사표시의 효과를 어떻게 정할 것인가 하는 것이 의사표시의 핵심적인 문제이다. 의사와 표시가 일치하지 않은 의사표시란 표의자의 내심적 효과의사와 표시행위로부터 추단되는 표시상의 효과의사가 일치하지 않는 것을 말하며 비진의표시, 통정허위표시, 착오에 의한 의사표시가 있다. 하자 있는 의사표시란 의사와 표시는 일치하나 타인의 부당한 간섭에 의하여 방해된 상태에서 이루어진 것으로 사기·강박에 의한 의사표시를 말한다.

가. 진의 아닌 의사표시―진의 아닌 의사표시(비진의표시)는 의사와 표시의 불일치, 즉 표시행위의 의미가 표의자의 진의(내심적 효과의사)와 다르다는 것을 표의자 스스로 알면서 하는 의사표시이다(제107조). 즉, 표의자가 상대방 또는 제3자가 진의 아닌 것을 알 것이라고 기대하면서 한 의사표시이다. 비진의표시는 원칙적으로 표시된 대로 효력이 발생한다. 다만, 상대방이 표의자의 진의 아님을 알았

거나 이를 알 수 있었을 경우에는 무효이다. 이러한 의사표시의 무효는 선의의 제3자에게 대항하지 못한다(제107조 제1항 및 제2항). 비진의표시는 주로 근로관계와 관련하여 문제되었다.

게임용 프로그램제작 회사인 A 사(피고)의 아트팀의 팀장으로 근무하던 B(원고)는 회사 대표 C와 면담하면서 승진과 연봉인상 등 처우개선을 요구하였으나, C는 승진은 어렵지만 연봉인상은 고려해 보겠다고 하였다. 이후 B의 요구를 거절하면서, "인사와 연봉에 대한 불만이 남아 있어서 관리자급인 아트팀장으로서 역할을 수행하는 것이 적절하지 않으니, 아트팀의 팀원으로 일해 달라"고 했다. 이에 화가 난 B는 "그건 그만두라는 말과 뭐가 다르냐. 차라리 그럴 바엔 그만두겠다"고 말하였다. 그러자 C는 "회사에서 그만두라고 한 것이 아니라 본인이 그만둔다고 한 것"이라고 하면서 업무 인수인계를 준비할 테니 이틀 동안 연차휴가를 다녀오라고 지시했다. A 사는 B의 휴가기간 중에 'B가 자발적으로 퇴사했다'는 취지를 회사 내부에 공지하고, 아트팀의 팀장을 교체·공지하는 조치를 취하였다. B는 퇴사거부와 해고의 부당함을 항의하였으나, C는 "자발적으로 퇴사한 것이니 회사에 들어오지 못하게 하겠다"고 통보했다. 이에 B는 A 사를 상대로 해고무효확인 소송을 제기하였다.[32]

법원은 "원고가 '그만두라는 말과 뭐가 다르냐. 차라리 그럴 바엔 그만두겠다'고 말한 것은, 실제로 사직하겠다는 의사표시라고 할 수는 없고, 피고가 원고에게 갑자기 일방적으로 아트팀의 팀장에서 팀원으로 하향전직을 요구한 데 대하여 화가 나서 감정이 격해진 상태에서, 피고에 대한 강한 불만과 피고의 부당한 하향전직 요구를 결코 받아들일 수 없다는 강한 거부의 의사를 나타내기 위하여, 극단적인 표현을 사용함으로써 자신의 감정을 표출한 것으로 이해할 수 있으며, 피고

---

32 서울고등법원 2019. 2. 15. 선고 2018나2034962 판결.

의 대표이사 C도 이를 알았거나 알 수 있었다고 보인다. 따라서 원고의 사직 의사표시는 민법 제107조 제1항 단서에 해당하여 무효"라고 판시했다.

나. 통정허위표시—표의자가 상대방과 서로 짜고(통정) 행한 진의 아닌 허위의 의사표시를 통정허위표시라 한다(제108조). 표의자가 거짓의 의사표시를 하면서 상대방과 합의를 하고 있다는 점에서 표의자만이 아닌 비진의표시와 다르다. 예컨대, A가 B에게 아파트를 매도할 생각이 없으면서 B와 합의 하에 매매계약서를 작성하는 경우가 허위표시이다.

통정허위표시는 ① 의사표시의 존재, ② 진의와 표시의 불일치, ③ 표의자가 진의와 표시의 불일치를 알고 있을 것, ④ 상대방과의 통정이 있을 것을 요건으로 한다. 의사와 표시가 일치하지 않는다는 사실을 알고 있었던 상대방도 보호가치가 없으므로 당사가 간에는 무효이다. 다만 이 무효는 선의의 제3자에게 대항하지 못한다(제108조 제1항 및 제2항). 이행하기 전이면 이행할 필요가 없고 이행한 후에는 부당이득으로서 반환의무를 진다.

동일인에 대한 대출액 한도를 제한한 구 상호신용금고법(1995. 1. 5. 법률 제4867호로 개정되기 전의 것) 제12조의 적용을 회피하기 위하여 실질적인 주채무자가 실제 대출받고자 하는 채무액에 대하여 제3자를 형식상의 주채무자로 내세우고, 상호신용금고도 이를 양해하여 제3자에 대하여는 채무자로서의 책임을 지우지 않을 의도하에 제3자 명의로 대출관계서류를 작성받은 경우에는, 제3자는 형식상의 명의만을 빌려준 자에 불과하고 그 대출계약의 실질적인 당사자는 상호신용금고와 실질적 주채무자이므로, 제3자 명의로 되어 있는 대출약정은 상호신용금고의 양해하에 그에 따른 채무부담 의사 없이 형식적으로 이루어진 것에 불과하여 통정허위표시에 해당하는 무효의 법률행위이다.[33]

---

33 대법원 2001. 2. 23. 선고 2000다65864 판결.

다. 착오에 의한 의사표시—착오란 표의자가 진의와 다르다는 것을 알지 못하고 한 의사표시를 말한다. 민법 제109조는 "법률행위를 이루는 그 내용의 중요한 부분에 착오가 있는 때에는 취소할 수 있다. 그러나 그 착오가 표의자의 중대한 과실로 인한 때에는 취소하지 못한다"고 하여 착오에 의한 의사표시의 효과에 대해 규정하고 있다. 예컨대, A와 B가 상가건물을 10억 원에 매매하기로 합의하였는데, A가 계약서를 작성하면서 실수로 1억 원으로 표시하였다면 이는 계약의 중요한 부분에 착오가 있었다 하여 취소할 수 있도록 하여야 한다.

착오에 의한 의사표시는 ① 법률행위의 내용의 착오여야 하고(동기의 착오는 제외), ② 그것이 법률행위의 중요부분(표의자뿐만 아니라 보통인의 입장에서 착오가 없었다면 표시하지 않았을 것으로 인정될 정도)이어야 하며, ③ 표의자에게 중과실이 없어야 한다.

그럼 '중요한 부분'을 판단하는 기준은 무엇인가? 대법원은 "법률행위의 중요부분의 착오라 함은 표의자가 그러한 착오가 없었더라면 그 의사표시를 하지 않으리라고 생각될 정도로 중요한 것이어야 하고 보통 일반인도 표의자의 처지에 섰더라면 그러한 의사표시를 하지 않았으리라고 생각될 정도로 중요한 것이어야 한다"고 하여[34] 표의자의 주관적 의도와 일반인의 객관적 기준이라는 두 기준이 모두 충족되어야 하는 것으로 본다.

그리고 표의자에게 중대한 과실이 있어서는 안 되는데, 착오에 의한 의사표시에서 취소할 수 없는 표의자의 '중대한 과실'이라 함은 표의자의 직업, 행위의 종류, 목적 등에 비추어 보통 요구되는 주의를 현저히 결여하는 것을 의미한다.[35] 예컨대 A가 B에게 토지를 매도하기로 했다고 하자. B는 공장을 지을 계획으로 매입하려는 것이었는데, 토지를 사고 보니 그린벨트로 묶여 있는 지역이어서 공장을 지을 수 없는 상태였다면 이러한 경우에도 B에게 취소할 수 있도록 허용하는

---

34 대법원 1996. 3. 26. 선고 93다55487 판결.

35 대법원 2000. 5. 12. 선고 2000다12259 판결.

것이 타당할까? 토지 매수인은 통상적으로 자신이 사려는 토지가 매입 목적에 맞는지 확인하는 과정을 거치게 된다. 그런데 그러한 기초적인 사실조차 확인하지 않았다는 것은 B에게 중대한 과실이 있다고 할 수 있는 것이다.

그런데 표시에 대응하는 내심의 의사가 존재하지만, 그 내심의 의사를 결정할 때의 동기 또는 의사를 결정하는 과정에 착오가 있는 경우가 있다. 이를 '동기의 착오'라 한다. 이러한 동기의 착오는 의사형성과정의 착오로서 의사결정에 영향을 준다. 예컨대, 평당 2,000원에 해당하는 임야를 10,000평 구입한 A가 나중에 알아보니 평당 800원이면 구입할 수 있는 임야였다는 사실을 알게 되었다면, A는 이를 이유로 매매계약을 취소할 수 있을까?

> 판례는 부동산 매매에서 "시가에 관한 착오는 그 부동산을 매매하려는 의사를 결정함에 있어 동기의 착오에 불과할 뿐 법률행위의 중요한 부분에 관한 착오라고 할 수 없다"고 하면서, 동기가 외부에 표현되지 않는 한 동기의 착오에 대해서는 취소권을 부인하고 있다.[36] 또한, "동기의 착오가 법률행위의 내용의 중요부분의 착오에 해당함을 이유로 표의자가 법률행위를 취소하려면 그 동기를 당해 의사표시의 내용으로 삼을 것을 상대방에게 표시하고 의사표시의 해석상 법률행위의 내용으로 되어 있다고 인정되면 충분하고 당사자들 사이에 별도로 그 동기를 의사표시의 내용으로 삼기로 하는 합의까지 이루어질 필요는 없지만, 그 법률행위의 내용의 착오는 보통 일반인이 표의자의 입장에 섰더라면 그와 같은 의사표시를 하지 아니하였으리라고 여겨질 정도로 그 착오가 중요한 부분에 관한 것이어야 한다"는 입장이다.[37]

라. 사기·강박에 의한 의사표시—표의자의 자유로운 의사에 기인하지 않고 타

---

36 대법원 1991. 2. 12. 선고 90다17927 판결.

37 대법원 1997. 9. 30. 선고 97다26210 판결.

인으로부터 부당한 간섭을 받아 결정된 의사표시는 '하자 있는 의사'가 되고, 민법 제110조는 이를 '사기·강박에 의한 의사표시'로 규정하고 있다.

'사기에 의한 의사표시'는 표의자가 타인(또는 제3자)의 기망행위로 인해 착오에 빠진 상태에서 의사표시를 한 경우를 말한다. 일종의 동기의 착오로 볼 수 있지만 그 동기의 착오가 상대방(또는 제3자)로 인해 발생한 점에서 취소할 수 있도록 한 것이다. 요건으로 의사표시의 존재, 사기자의 고의(착오에 빠지게 하려는 고의와 착오에 기해 의사표시를 하게 하려는 고의, 즉 2단 고의), 기망행위, 기망행위의 위법성, 기망행위와 의사표시 사이의 인과관계를 충족해야 한다.

'강박에 의한 의사표시'는 표의자가 상대방(또는 제3자)의 강박행위로 공포심을 가지게 되고, 그 해악을 피하기 위해 어쩔 수 없이 한 의사표시를 말한다. 사기에 의한 의사표시와 달리 동기의 착오는 발생하지 않고 다만 타인의 강박에 의해 의사결정의 자유가 침해되었다는 점에서 취소의 길을 열어 준 것이다. 의사표시의 존재, 강박자의 고의, 강박행위, 강박행위의 위법성, 강박행위와 의사표시 사이의 인과관계를 요건으로 한다.

사기나 강박에 의한 의사표시는 취소할 수 있고, 상대방 있는 의사표시에 관하여 제3자가 사기나 강박을 행한 경우에는 상대방이 그 사실을 알았거나 알 수 있었을 경우에 한하여 그 의사표시를 취소할 수 있다. 다만, 강박의 정도가 단순한 불법적 해악의 고지로 상대방으로 하여금 공포를 느끼도록 하는 정도가 아니고, 의사표시자로 하여금 의사결정을 스스로 할 수 있는 여지를 완전히 박탈한 상태에서 의사표시가 이루어져 단지 법률행위의 외형만이 만들어진 것에 불과한 정도라면 취소에 그치지 않고 '무효'가 된다.[38] 사기·강박에 의한 의사표시의 취소는 선의의 제3자에게 대항하지 못한다(제110조 제3항).

상품의 선전 광고에 있어서 거래의 중요한 사항에 관하여 구체적 사실을 신

38 대법원 2003. 5. 13. 선고 2002다73708, 73715 판결.

의성실의 의무에 비추어 비난받을 정도의 방법으로 허위로 고지한 경우에는 기망행위에 해당한다고 할 것이나, 그 선전 광고에 다소의 과장 허위가 수반되는 것은 그것이 일반 상거래의 관행과 신의칙에 비추어 시인될 수 있는 한 기망성이 결여된다고 할 것이고, 또한 용도가 특정된 특수시설을 분양받을 경우 그 운영을 어떻게 하고, 그 수익은 얼마나 될 것인지와 같은 사항은 투자자들의 책임과 판단하에 결정될 성질의 것이므로, 상가를 분양하면서 그 곳에 첨단 오락타운을 조성하고 전문경영인에 의한 위탁경영을 통하여 일정 수익을 보장한다는 취지의 광고를 하였다고 하여 이로써 상대방을 기망하여 분양계약을 체결하게 하였다거나 상대방이 계약의 중요부분에 관하여 착오를 일으켜 분양계약을 체결하게 된 것이라 볼 수 없다.[39]

마. 의사표시의 효력발생—상대방 있는 의사표시는 그 통지가 상대방에게 도달한 때로부터 효력이 생긴다고 하여 도달주의 원칙을 채택하고 있다(제111조 제1항). 의사표시자가 그 통지를 발송한 후 사망하거나 제한능력자가 되어도 의사표시의 효력에 영향을 미치지 않는다(제111조 제2항). 상대방 없는 의사표시에서는 의사표시를 수령할 특정의 상대방이 없기 때문에 표시행위가 완료된 때에 효력을 발생한다. 의사표시의 수령능력은 행위능력과 동일하므로 제한능력자에 대한 의사표시의 도달, 즉 효력발생을 주장할 수 없다. 다만, 제한능력자 측에서 의사표시의 도달 및 효력발생을 주장하는 것은 무방하다(제112조). 한편 법정대리인이 그 도달을 안 후에는 그렇지 않다.

표의자가 과실 없이 상대방을 알지 못하거나 상대방의 소재를 알지 못하는 경우, 민사소송법 제194조 내지 제196조의 공시송달에 의해 의사표시의 효력을 발생시킬 수 있다.

---

39 대법원 2001. 5. 29. 선고 99다55601, 55618 판결.

5) 대리

가. 의의 ―현대 자본주의 사회에서 거래관계가 고도로 전문화되고 분업화하면서 개인이 모든 법률관계를 스스로 형성한다는 것은 매우 어려울 뿐만 아니라 반드시 그럴 필요도 없다. 그리하여 민법은 대리인이 본인의 이름으로 법률행위를 하거나, 의사표시를 수령함으로써, 그 법률효과가 직접 본인에 관하여 생기는 제도를 두고 있다(제114조). 대리제도는 본인이 다른 사람(대리인)을 통하여 거래를 하거나 그의 전문지식을 이용하여 적극적으로 활동의 범위를 확장할 수 있다는 측면에서 사적자치의 확장 내지 연장하는 기능을 한다(임의대리). 또한 스스로 완전히 유효한 법률관계를 형성할 수 없는 자는 다른 사람을 통하여 권리를 취득하고 의무를 부담함으로써 비로소 유효한 법률관계를 형성할 수 있게 된다는 측면에서 사적자치를 보충하여 주는 기능을 한다(법정대리).

대리는 대리권의 발생근거에 따라 본인의 대리권 수여행위에 의해 대리권이 부여되는 '임의대리'와 본인의 의사와는 무관하게 법률 규정에 의해 대리권이 발생하는 '법정대리'로 나뉜다. 구별 실익은 대리인의 복임권과 대리권의 소멸 등에 있다. 대리권의 유무에 따라 대리인이 정당한 대리권을 가지고 있는 '유권대리'와 그러한 대리권을 가지고 있지 않은 '무권대리'로 나뉜다. 무권대리는 다시 표현대리와 협의의 무권대리로 나뉜다. 대리의 형태에 따라 대리인이 본인을 위하여 제3자에 대하여 의사표시를 하는 '능동대리'와 본인을 위하여 제3자의 의사표시를 수령하는 '수동대리'로 나뉜다. 특별한 사정이 없는 한 대리인은 두 대리권을 모두 가지는 것으로 해석한다.[40]

나. 대리권―대리권은 타인(대리인)이 본인의 이름으로 의사표시를 하거나 또는 제3자의 의사표시를 수령함으로써 직접 본인에게 그 효과를 귀속시킬 수 있는 법률상의 지위를 말한다.

---

40 대법원 1994. 2. 8. 선고 93다39379 판결.

대리인이 한편으로는 본인을 대리하고 다른 한편으로는 자기 자신이 상대방이 되어 계약을 맺는 '자기계약'과 대리인이 혼자서 양 당사자를 대리하는 '쌍방대리'는 원칙적으로 금지된다.

다. 대리행위— 대리행위의 법률효과가 본인에게 생기게 하려면 대리인이 본인을 위한 것임을 표시하여서 본인의 이름으로 의사표시를 하여야 하는데, 이를 '현명주의'라 한다(제114조 제1항). 대리인이 본인을 위한 것임을 표시하지 아니한 때에는 그 의사표시는 자기를 위한 것으로 보기 때문에 대리인 자신이 확정적으로 법률효과를 받는다(제115조).

대리에 있어서 법률행위의 당사자는 대리인이므로, 의사표시의 요건은 본인이 아니고 대리인을 표준으로 판단하여야 한다. 제116조 제1항도 "의사표시의 효력이 의사의 흠결, 사기, 강박 또는 어느 사정을 알았거나 과실로 알지 못한 것으로 인하여 영향을 받을 경우에 그 사실의 유무는 대리인을 표준으로 결정한다"라고 규정하고 있다.

> 대리인이 본인을 대리하여 매매계약을 체결함에 있어서 매매대상 토지에 관한 저간의 사정을 잘 알고 그 배임행위에 가담하였다면, 대리행위의 하자 유무는 대리인을 표준으로 판단하여야 하므로, 설사 본인이 미리 그러한 사정을 몰랐거나 반사회성을 야기한 것이 아니라고 할지라도 그로 인하여 매매계약이 가지는 사회질서에 반한다는 장애사유가 부정되는 것은 아니다.[41]

라. 대리의 효과— 대리인이 대리권을 가지고 행한 법률행위의 효과는 직접 본인에게 발생한다. 대리행위에서 발생하는 권리, 의무가 일단 대리인에게 귀속하였다가 내부적으로 본인에게 이전하는 것이 아니라 곧바로 본인에게 귀속하는 것

---

41 대법원 1998. 2. 27. 선고 97다45532 판결.

이고, 계약의 해제권과 법률행위의 취소권도 본인에게 속한다.

마. 무권대리와 표현대리—무권대리란 본인으로부터 대리권을 수여받지 못하였거나 법률의 규정이 없어서 대리권이 없음에도 대리행위를 한 경우를 말한다. 그러므로 원칙적으로 그러한 행위의 법률효과가 본인에게 생기지 않을 뿐만 아니라, 대리인이 본인의 이름으로 한 것이므로 그 효과를 대리인에게 귀속시킬 수도 없다. 그러나 이 원칙을 고수한다면 대리제도에 대한 신뢰는 유지될 수 없고 대리인과 거래하는 제3자의 지위는 현저하게 불안해진다. 여기서 본인의 이익을 침해하지 않으면서 한편으로 대리제도에 따르는 상대방의 위험을 최소화하는 차원에서 무권대리를 규율한다.

민법은 대리인에게 대리권이 있는 것으로 믿을 만한 외관이 있고 그 외관형성에 관해 본인에게 일정한 귀책사유가 있으며, 또한 상대방에게도 이러한 믿음에 선의이거나 정당한 이유가 있는 경우에는 거래안전을 위해 상대방을 필요가 있는데 이를 표현대리(表現代理)라 한다. 민법상 표현대리는 대리권 수여의 표시에 의한 표현대리(제125조), 권한을 넘은 표현대리(제126조), 대리권 소멸 후의 표현대리(제129조)가 있다.

> 본인으로부터 아파트에 관한 임대 등 일체의 관리권한을 위임받아 본인으로 가장하여 아파트를 임대한 바 있는 대리인이 다시 자신을 본인으로 가장하여 임차인에게 아파트를 매도하는 법률행위를 한 경우에는 권한을 넘은 표현대리의 법리를 유추적용하여 본인에 대하여 그 행위의 효력이 미친다고 볼 수 있다.[42]

우선, 대리권 수여에 의한 표현대리는 본인이 대리권을 수여함과 같은 의사표시를 보였던 자는 대리인이 그 범위 내에서 한 법률행위를 믿은 상대방에 대해

---

42 대법원 1993. 2. 23. 선고 92다52436 판결.

서는 본인으로서 책임을 져야 한다는 것이다. 예컨대, A가 친구 B에게 자신이 운영하는 회사의 '이사' 명함을 만들어 주거나 혹은 그러한 사실을 알면서 묵인한 경우에는 상대방이 B를 '이사'라고 믿고 한 행위에 대해서 책임을 져야 한다는 것이다.

두 번째로, 권한을 넘은 표현대리는 기본적인 대리권을 부여받은 자가 그 대리권의 범위를 유월(踰越)하여 법률행위를 한 경우, 상대방이 이를 믿었음에 정당한 이유가 있는 경우에는 그 무효인 법률행위도 본인에게 책임이 있다는 것을 말한다. 부부는 가정생활을 영위하기 위해 통상적으로 행하여지는 일상가사에 대해서는 서로 간에 대리권을 가지는데(제832조), 이러한 '일상가사대리권(日常家事代理權)'은 부부와 그 자녀의 공동생활을 위해 필요한 통상적인 거래, 즉 생활비, 자녀의 교육비, 치료비 등에 대해서만 대리권이 있는 것이지, 사업을 하는 남편의 자금에 대한 연대보증이라든가, 은행으로부터 대출받는 행위, 주택의 처분행위와 같은 것은 남편을 대리할 수 있는 일상가사의 범위를 벗어난 것이다. 그럼에도 불구하고 이러한 대리행위(처분)에 대하여 달리 아무런 조사를 하지 않은 채 믿었음에는 정당한 이유가 있다고 할 수 없는 것이다.[43]

세 번째로, 대리권 소멸 후의 표현대리는 기존에 존재한 대리권이 이미 소멸되었음에도 그 외관을 제거하지 않아 제3자가 여전히 대리권이 있는 것으로 알고 거래한 경우의 문제이다. 예컨대 회사의 대표이사직에서 물러난 자가 계속 회사의 대표이사 명의로 어음을 발행한 경우 기존 거래계의 사람들이 이러한 사실을 모르고 거래한 경우 본인이 회사가 책임을 져야 한다는 뜻이다. 즉, 본인은 대리인을 통해 자신의 활동영역을 넓혔으므로 법률상 이익을 얻은 것이므로, 만약 이러한 대리권이 소멸되었을 때에는 그 후에 발생될 법적 혼란을 막기 위하여 충분한 조치를 해야 하는 것인데, 이러한 조치를 해태(懈怠)하였다면 그에 상응하는 책임을 져야 한다는 것이다.

---

43 대법원 1993. 9. 28. 선고 93다16369 판결.

6) 무효와 취소

무효와 취소는 법률행위의 효과가 발생하지 않는다는 점에서 공통된다. '무효'는 법률행위가 성립한 당시부터 누구의 주장을 기다리지 않고 법률상 당연히 그 효력이 발생하지 않음을 말하며, 의사무능력자의 법률행위, 진의 아닌 의사표시, 통정허위표시, 반사회적 법률행위, 선량한 풍속 기타 사회질서에 반하는 법률행위, 불공정한 법률행위 등이 이에 속한다. 이에 반하여 '취소'는 취소권자가 취소한다는 의사를 표시하지 않는 한 유효하지만, 일단 취소의 의사표시를 하면 법률행위 당시로 소급하여 그 법률효과가 처음부터 발생하지 않았던 것과 같이 취급된다는 점에서 무효와 다르다. 취소할 수 있는 법률행위에는 제한능력자의 법률행위, 착오나 사기·강박에 의한 법률행위 등이 있다.

법기술적 측면에서 무효와 취소의 차이를 보면, ① 무효인 행위는 누구의 주장도 기다릴 필요 없이 당연히 효력이 없는 반면, 취소할 수 있는 행위는 제140조에 규정된 취소권자(제한능력자, 착오나 사기·강박에 의하여 의사표시한 자, 그의 대리인 또는 승계인)의 주장이 있어야만 비로소 효력이 없게 된다. ② 무효는 기간제한이 문제되지 않고 그대로 방치하더라도 문제가 되지 않지만, 취소는 법률관계를 조기에 안정시키기 위해 제146조에서 취소권의 행사기간(취소의 원인이 종료한 날로부터 3년 내 또는 법률행위를 한 날로부터 10년 내)을 제한하고 있다. 그리고 ③ 무효인 행위와 취소할 수 있는 행위 모두 추인의 대상이 되지만 그 의미가 각각 다르며, 법정추인은 취소할 수 있는 행위에만 가능하다.

그렇다면 법률행위의 일부분이 무효인 경우에 그 일부만 무효로 해야 할 것인지 전부를 무효로 해야 하는지 문제된다. 법률행위의 일부분이 무효인 때에는 전부가 무효이나, 그 무효인 부분이 없더라도 법률행위를 하였을 것이라고 인정될 때에는 나머지 부분은 유효로 할 수 있다(제137조). 그리고 무효인 법률행위가 다른 법률행위의 요건을 구비하고 당사자가 그 무효를 알았더라면 다른 법률행위를 하는 것을 의욕하였을 것이라고 인정될 때에는 다른 법률행위로서 효력을 가진다(제138조). 또한 무효인 법률행위는 당사자가 추인(追認)하여도 그 효력이 발생하지 않으나, 당사자가 그 무효임을 알고 추인한 때에는 이때부터 새로운 법률행위로 본다(제139조).

7) 조건과 기한

법률행위의 효과의 발생 또는 소멸을 장래의 도래가 불확실한 사실의 성부에 의존시키는 법률행위의 부관(附款)이다. 법률행위의 효력 발생 또는 소멸을 '장래의 일정한 사실'에 의존케 할 수 있는데, 장래의 일정한 사실의 발생이 불확실한 것이 조건이고 확실한 것이 기한이다.

조건에는 법률행위의 효력의 '발생'을 장래의 불확실한 사실의 성부에 의존하게 하는 '정지조건'(예: 시험에 합격하면 자동차를 사주겠다)과 법률행위의 효력의 '소멸'을 장래의 불확실한 사실의 성부에 의존하게 하는 '해제조건'(예: 변호사시험에 합격할 때까지 생활비를 지원함)이 있다.

기한에는 법률행위의 효력의 발생시기를 장래의 확정된 사실의 발생에 의존하는 '시기'(예: 내년 1월 1일부터 임대하겠다)와 법률행위의 효력의 소멸을 장래의 확정된 사실의 발생에 의존하게 하는 '종기'(예: 2025년 12월 31까지만 고용함)가 있다.

(9) 소멸시효

시효란 일정한 사실상태가 일정기간 계속된 경우에 그 상태가 진실한 권리관계에 합치되는지 상관없이 그 사실관계를 존중하여 여기에 법률상 효과를 생기게 하는 것을 시효라고 한다. 시효에는 권리가 소멸되는 '소멸시효'와 권리를 취득하는 '취득시효'가 있다.

소멸시효제도를 두는 이유는 사회질서의 유지, 권리 위에 잠자는 자의 태만에 대한 제재 등 여러 가지로 설명이 되지만, 권리자의 장기간의 권리 불행사와 의무자의 변제에 대한 입증곤란이 충돌하는 경우, 사실 상태의 진실성에 대한 개연에 무게를 두고 입증 곤란을 구제하기 위해서 시효제도를 두었다고 보는 견해가 설득력이 있어 보인다.

소멸시효의 요건으로는 ① 권리가 소멸시효의 목적이 될 수 있는 것이어야 한다. 민법은 채권과 소유권 이외의 재산권이 시효로 소멸한다는 점을 정하고 있다(제162조). ② 일정기간 권리를 행사하지 않고 있어야 한다. 그럼 언제부터 그 기간을 산정해야 할까? 민법 제166조 제1항은 "소멸시효는 권리를 행사할 수 있는 때로부터 진행한다"고 한다. 그러므로 권리를 행사할 수 없는 사정이 있는 때에는 소멸시효가 진행하지 않는다. ③ 권리의 불행사의 상태가 일정기간 동안 계속되어야 한다. 소멸시효의 기간은 권리의 종류에 따라 다른데, 채권 이외 및 소유권 이외의 재산권은 '20년', 보통의 채권, 판결·파산절차·재판상 화해·조정 등에 의하여 확정된 채권은 '10년', 상법상의 채권(상사채권)은 '5년', 이자·부양료·급료채권 등은 '3년', 여관·음식점·오락장의 숙박료 등은 '1년'의 시효에 걸린다(제162조-제164조).

소멸시효의 완성에 필요한 권리불행사라는 사실상태는 일정한 사유가 있을 때에 중단되고, 그때까지 진행된 시효기간이 효력을 잃게 되는 것을 소멸시효의 중단이라 하고, 중단사유로는 권리자의 청구, 압류·가압류·가처분, 의무자의 승인 등이 있다(제168조). 이와 달리 일정한 사유가 있는 경우에는 그 사유가 종료된 때부터 일정 기간 내에는 소멸시효가 완성하지 않는데, 이것을 소멸시효의 정지라고 하며(제179-182조), 이미 경과한 시효기간이 없어지지 않고, 일정한 유예기간이 경과하면 시효가 완성하는 점에서 중단과 구분된다.

소멸시효는 그 기산일에 소급하여 효력이 생긴다(제167조). 소멸시효의 완성으로 권리가 소멸하는 시기는 시효기간이 끝난 때이지만 그 효과는 시효기간이 개시한 때로 소급한다.

> 소멸시효는 객관적으로 권리가 발생하여 그 권리를 행사할 수 있는 때로부터 진행하고 그 권리를 행사할 수 없는 동안만은 진행하지 않는바, '권리를 행사할 수 없는' 경우라 함은 그 권리행사에 법률상의 장애사유, 예컨대 기간의 미도래나 조

건불성취 등이 있는 경우를 말하는 것이고, 사실상 권리의 존재나 권리행사가능성을 알지 못하였고 알지 못함에 과실이 없다고 하여도 이러한 사유는 법률상 장애사유에 해당하지 않는다.[44]

II. 물권법

1. 물권법 총론

(1) 물권법의 의의 및 특성

헌법 제23조 제1항은 "모든 국민의 재산권은 보장된다. 그 내용과 한계는 법률로 정한다"고 규정하여 사유재산제도를 취하고 있음을 분명히 하고 있으며, 재산권에 대한 사적 소유를 인정하고 있다. 헌법에서 보장하는 사유재산제에 기초하여 각종 재화에 대한 배타적인 지배·이용관계를 규율하는 사법을 실질적 의미의 물권법이라고 한다. 한편 민법 제2편의 물권편에서 규정하고 있는 물권에 대한 규정을 형식적 의미의 물권법이라 한다.

특정인 사이의 상대적 관계를 규율하는 채권법의 규정들은 사적자치가 인정되는 범위가 넓어서 대체로 임의규정인 반면, 물건에 대한 배타적 지배관계를 규율하는 물권법은 사람의 물건에 대한 지배관계를 규율하고, 그 물권에 대한 공시를 바탕으로 제3자와의 거래가 이루어지므로 물권거래의 원활과 안전을 기하기

44 대법원 1992. 3. 31. 선고 91다32053 전원합의체 판결.

위해 대부분 강행규정으로 되어있다. 또한 채권은 재화의 유통관계를 규율하므로 세계적으로 보편화되어 가는 추세이지만, 물권법은 각국의 역사적·사회적 배경이 다른 만큼 보편성이 채권에 비해 약하다. 예를 들어 전세권은 세계적으로 유례를 찾아보기 힘든 우리 민법의 특유한 제도이다.

(2) 물권의 객체

물권의 객체는 독립한 물건이므로, 물건의 일부분에는 원칙적으로 물권이 성립할 수 없다. 즉, 일물일권주의(一物一權主義)가 적용된다. 다만, 예외적으로 용익물권은 토지나 건물의 일부분에도 성립할 수 있다. 민법상 물건은 유체물 및 전기 기타 관리가능한 자연력을 말한다(제98조). 그리고 민법은 인격절대주의를 근간으로 하므로 사람의 신체나 신체의 일부는 인격권의 대상은 될 수 있을지라도, 물건은 아니다.

1) 부동산과 동산

부동산은 토지 및 그 정착물이다(제99조 제1항). 토지는 연속하고 있으나, 그 지표에 인위적으로 선을 그어서 경계로 삼고 구획되며, 지적공부(토지대장, 임야대장)에 등록된다(지적법 제3조). 등록된 각 구역은 독립성이 인정되고, 지번으로 표시되며, 필(筆) 단위로 계산한다. '토지의 정착물'은 토지에 고정적으로 부착되어 쉽게 이동할 수 없는 물건을 말한다. 이에는 육교, 다리 등과 같이 토지의 일부에 불과한 것도 있고, 건물, 수목의 집단, 미분리 과실, 농작물과 같이 토지와는 별개의 부동산으로 인정되는 것도 있다. 토지와 별개의 부동산으로서의 건물은 일정한 면적, 공간의 이용을 위하여 지상, 지하에 건설된 구조물을 말한다. 건물의 개수는 토지와 같이 공부상의 등록에 의해 결정되는 것이 아니라, 사회통념에 따라 물리적 구조, 거래 또는 이용의 목적물로서 관찰한 건물의 상태 등 객관적 사정과 건축한 자 또는 소유자의 의사를 참작하여 결정한다.

부동산 이외의 물건은 모두 동산이다(제99조 제2항). 다만 자동차, 20톤 이상의 선박, 항공기 등과 같이 경제적 가치가 크고 법률(자동차관리법, 선박등기법, 항공법)에 공시방법이 법정되어 있는 물건은 부동산처럼 다룬다.

2) 주물과 종물

물건의 소유자가 그 물건의 상용(常用)에 이바지하기 위하여 자기소유인 다른 물건을 이에 부속하게 한 때에는, 그 물건을 주물이라 하고, 주물에 부속된 다른 물건을 종물이라 한다(제100조 제1항). 예컨대 주유소 건물과 주유기,[45] 횟집과 수족관,[46] 주택과 창고 등이 이에 해당한다. 판례는 주물과 종물의 소유자는 동일인이어야 한다고 본다. 따라서 소유권을 달리하는 물건에 대해서는 주물과 종물 관계가 성립하지 않는다.

종물은 주물의 처분에 따른다(제100조 제2항). 다만, 이는 임의규정이므로 당사자는 주물을 처분할 때 특약으로 종물을 제외할 수 있고, 종물만 따로 처분할 수도 있다. 다만 저당권의 경우 이러한 취지를 등기하지 않으면 제3자에게 대항할 수 없다. 이러한 주물·종물의 법리는 권리 상호 간에도 유추적용되어, 원본채권이 양도되면 이자채권도 이전하고, 건물이 양도되면 그 건물의 소유를 목적으로 한 토지임차권도 건물양수인에게 이전한다.

3) 천연과실과 법정과실

물건으로부터 생기는 경제적 이익을 과실(果實)이라 하고, 과실을 생기게 하는 물건을 원물이라고 한다. 민법은 물건의 과실을 인정할 뿐이고, 권리의 과실 개념을 인정하지 않는다. 따라서 주식의 배당금, 특허권의 사용료, 노동의 사용대가 등은 과실이 아니다.

---

45 대법원 1995. 6. 29. 선고 94다6345 판결.

46 대법원 1993. 2. 12. 선고 92도3234 판결.

> 국립공원의 입장료는 토지의 사용대가라는 민법상 과실이 아니라 수익자 부담의 원칙에 따라 국립공원의 유지·관리비용의 일부를 국립공원 입장객에게 부담시키고자 하는 것이어서 토지의 소유권이나 그에 기한 과실수취권과는 아무런 관련이 없고, 국립공원의 유지·관리비는 원칙적으로 국가가 부담하여야 할 것이지만 형평에 따른 수익자부담의 원칙을 적용하여 국립공원 이용자에게 입장료를 징수하여 국립공원의 유지·관리비의 일부에 충당하는 것도 가능하다.[47]

과실에는 물건의 용법에 따라서 수취되는 산출물인 천연과실(과일, 우유, 양모 등)과 물건의 사용대가로 받는 금전 기타 물건인 법정과실(이자, 임대료 등)이 있다(제101조).

천연과실의 개념은 원물로부터 분리하는 때에 누구의 권리에 속하느냐를 결정하는 데 그 실익이 있다. 천연과실은 그 원물로부터 분리하는 때에 이를 수취할 권리자에게 속한다(제102조 제1항). 따라서 원칙적으로 수취권을 가지는 자는 원물의 소유자인 것이 일반이다.

> 양도담보 목적물로서 원물인 돼지가 출산한 새끼 돼지는 천연과실에 해당하고 그 천연과실의 수취권은 원물인 돼지의 사용·수익권을 가지는 양도담보설정자에게 귀속되므로, 다른 특별한 약정이 없는 한 천연과실인 새끼 돼지에 대하여는 양도담보의 효력이 미치지 않는다.[48]

그러나 예외적으로 선의의 점유자(제201조), 지상권자(제279조), 전세권자(제303조), 유치권자(제323조), 질권자(제343조), 저당권자(제359조) 등도 천연과실의 수취권자가 될 수 있다. 이 규정은 강행규정이 아니므로 당사자의 합의로써 천연과

---

47 대법원 2001. 12. 28. 선고 2000다27749 판결.

48 대법원 1996. 9. 10. 선고 96다25463 판결.

실의 수취권자를 따로 정할 수 있다.

법정과실은 수취할 권리의 존속기간 일수의 비율로 취득한다(제102조 제2항).

(3) 물권의 종류

물권법정주의란 물권의 종류와 내용은 법률이 정하는 것으로 한정하고 당사자가 임의로 이와 다른 물권을 창설하지 못한다는 원칙을 말한다. 계약자유의 원칙이 지배하는 채권과는 달리 물권은 물권법정주의의 범위 안에서만 사적자치를 허용한다. 물권법정주의를 인정하는 이유는 어떤 물건에 어떤 권리(물권)가 있는지를 외부의 제3자가 예견할 수 있도록 하는 '공시제도' 때문이다. 즉, 물권의 종류와 내용이 법에 명시하여 있어야만 공시가 용이하여 거래의 안전을 꾀할 수 있기 때문이다 이에 관하여 제185조에서는 물권은 법률 또는 관습법에 의하는 외에는 임의로 창설하지 못한다고 규정하고 있다. 여기서 법률은 형식적 의미의 법률, 즉 '민법'이나 '공장 및 광업재단 저당법', '입목에 관한 법률' 등 성문법을 의미한다.

법률에 의해 인정되는 물권은 점유권, 소유권, 지상권, 지역권, 전세권, 질권, 저당권의 여덟 가지의 물권이 있다. 각 권리의 의미를 정리하면 다음 쪽의 표와 같다.

관습법에 의해 인정되는 물권으로는 분묘기지권, 관습법상의 법정지상권, 동산양도담보 등이다. 온천권(溫泉權)은 그것이 용출하는 토지의 구성부분으로서, 독립한 물권의 객체는 아니며, 토지소유권의 범위에 포함되는 것으로 본다.[49] 즉 온천권은 토지소유권과 별개의 물권은 아니다.

---

49 대법원 1970. 5. 26. 선고 69다1239 판결.

<table>
<tr><th colspan="5">민법상 물권의 종류와 내용</th></tr>
<tr><td>점유권</td><td colspan="4">물건을 사실상 지배하는 권리</td></tr>
<tr><td rowspan="7">본권</td><td>소유권</td><td colspan="3">물건을 사용·수익·처분할 수 있는 권리</td></tr>
<tr><td rowspan="6">제한물권</td><td rowspan="3">용익물권</td><td>지상권</td><td>건물·공작물·수목을 소유하기 위하여 타인의 토지를 사용·수익할 수 있는 권리</td></tr>
<tr><td>지역권</td><td>자기의 토지의 편익을 위하여 타인의 토지를 사용·수익할 수 있는 권리</td></tr>
<tr><td>전세권</td><td>전세금을 지급하고, 타인의 토지 또는 건물을 사용·수익할 수 있는 권리</td></tr>
<tr><td rowspan="3">담보물권</td><td>저당권</td><td>채권자가 채무자로부터 점유를 이전하지 아니하고, 그 채권의 담보로 제공된 부동산을 처분하여 우선변제를 받을 수 있는 권리</td></tr>
<tr><td>질권</td><td>채권자가 그 채권의 담보로 채무자의 동산 등을 점유·유치하고, 변제하지 않을 때에는 이를 처분하여 우선변제를 받을 수 있는 권리</td></tr>
<tr><td>유치권</td><td>타인의 물건(또는 유가증권)을 점유한 자가 그 물건(또는 유가증권)에 관하여 생긴 채권이 있는 경우에, 변제받을 때까지 그 물건(또는 유가증권)을 계속 점유하고 인도를 거절(유치)할 수 있는 권리</td></tr>
</table>

(4) 물권의 효력

1) 우선적 효력

물권 상호 간에는 시간적으로 먼저 성립한 물권이 우선한다. 동일한 물건 위에 같은 종류의 물권이 다시 성립할 수는 없는 것을 물권의 배타성이라고 한다. 예컨대 가옥을 이중으로 매매한 경우 먼저 계약을 하였다 하더라도 나중에 계약한 사람이 등기를 완료하면 소유권을 취득할 수 없게 된다. 동일한 물건 위에 교환가치를 지배하는 저당권이 여러 개 성립할 수는 있지만 1순위 저당권자가 우선변제를 받은 나머지에 대해서 2순위 저당권자가 변제를 받을 수 있을 뿐이다. 또한 같은 종류의 물권이 아닌 경우에는 동일물에 함께 성립할 수는 있지만 시간적으로 먼저 성립한 물권이 우선한다.

어느 물건을 목적으로 물권과 채권이 성립하는 경우 그 성립 시기를 불문하고 항상 물권이 우선한다. 예컨대 토지소유자가 토지 임대차 계약을 맺은 후에 다른 사람에게 지상권을 설정하여 준 경우 지상권자(물권)는 임차인(채권)을 배제하고 토지를 배타적으로 사용할 수 있다.

2) 물권적 청구권

물권적 청구권이라 함은 물권의 완전한 실현이 어떠한 사정으로 인하여 침해를 받거나 또는 받을 염려가 있는 경우에 물권자가 그 침해자에 대하여 그 침해의 배제 또는 예방을 청구할 수 있는 권리를 말한다. 이때 방해자의 고의나 과실은 요구되지 않는다. 물권적 청구권의 근거는 물권의 실효성, 즉 목적물에 대한 직접 지배권 확보에 있다.

물권이 침해당하는 것과 같은 외관을 지니고 있어도 그것이 정당한 권원에 기한 것인 때에는 물권적 청구권은 발생되지 않는다(예: 제한물권의 설정 등).

물권적 청구권과 계약상 청구권이 경합되는 경우(예: 임대차가 종료되었음에도 임차인이 건물을 명도하지 아니한 경우)에, 건물소유자는 소유권에 기한 물권척 청구권으로써, 그 반환을 청구할 수도 있고, 또한 임대차계약 종료에 기해 그 반환을 청구할 수도 있다.

물권적 청구권에는 반환청구권, 방해배제청구권, 방해예방청구권이 있다. ① 반환청구권은 타인이 권한 없이 물권의 목적물을 점유함으로써 물권자가 목적물의 점유를 전부 빼앗긴 경우에, 그 반환을 청구해서 빼앗긴 점유를 회복하는 권리이고, ② 방해배제청구권은 물권자가 목적물의 점유를 전부 빼앗기는 것 이외의 형태로 방해를 받는 경우에 방해의 제거를 청구하는 권리이며, ③ 방해예방청구권은 물권이 현재 방해당하고 있지는 않으나, 장차 방해가 생길 염려가 있는 경우에 그 예방을 청구하거나 담보제공을 요구할 수 있는 권리를 말한다.

2. 물권의 변동

물권의 변동이란 물권의 발생·변경·소멸을 통틀어서 일컫는 말이다. 이를 물권의 주체를 중심으로 말한다면 물권의 득실변경이라 표현한다. 물권의 변동은 법률행위에 따른 경우와 그 밖에 취득시효(제245조), 상속(제1005조), 무주물선점(제252조), 유실물습득(제253조), 매장물 발견(제254조), 첨부(제256조-제258조), 민법 외의 규정에 의한 공용징수, 몰수, 경매 등 법률의 규정에 따른 경우가 있으며 일정한 판결(제187조)에 따른 경우도 있다.

(1) 공시의 원칙과 공신의 원칙

공시(公示)의 원칙이란 물권변동은 외부에서 인식할 수 있는 어떤 표상(공시방법)을 수반해야 한다는 원칙이다. 이 원칙을 관철시키기 위해 민법은 동산거래와 부동산거래 모두 '성립요건주의'를 채택하여, 공시방법(부동산은 등기, 동산은 인도)을 갖추지 않으면 제3자와의 관계에서는 물론 당사자 사이에서도 물권변동이 성립하지 않도록 하고 있다(제186조, 제188조).

공신(公信)의 원칙은 공시방법에 의해 공시된 내용을 믿고 거래를 한 경우에는 설령 그 공시방법이 진실한 권리관계에 부합하지 않는다 하더라도, 그 공시방법을 신뢰한 자의 믿음을 보호해야 한다는 원칙을 말한다. 그리고 공시방법에 의하여 공시된 내용을 신뢰하여 거래한 자가 믿은대로 법적 효력을 발생시키는 힘을 공신력(公信力)이라 한다. 그런데 이 원칙을 채택하게 되면 무권리자로부터 물권을 취득할 수 있게 되어 거래의 안전은 보호되지만, 진정한 권리자의 권리는 박탈되게 된다. 이러한 장단점 때문에 우리 민법은 거래가 빈번하게 발생하여 동적 안전을 보호할 필요성이 비교적 큰 동산거래에 국한하여 이를 채택하고(선의취득), 부동산거래에서는 무권리자에 의한 등기가 사회적 문제가 되고 있는 현실을 감안하여 이를 인정하지 않고 있다.

(2) 물권변동의 공시방법

1) 부동산등기

부동산등기란 부동산을 누가 점유하고 있는지 알기 어렵기 때문에 국가에서 등기부라는 공적 장부를 만들고 법원등기관에게 부동산의 표시와 그 부동산에 대한 권리관계를 작성하도록 하여 일반인에게 널리 공시하는 것을 말한다. 등기의 효력에 따라 본등기와 예비등기로 나뉜다. 본등기(종국등기)는 등기 본래의 효력, 즉 물권변동의 효력을 생기게 하는 등기로서, 보통의 등기는 모두 이에 해당한다. 그리고 예비등기는 물권변동이나 대항력과는 직접 관계가 없고, 다만, 장차 행하여질 등기에 대비하여 행하여지는 등기로서 가등기가 이에 해당한다.

등기의 효력에는 창설적 효력, 추정적 효력, 형식적 확정력 등이 있다. 창설적 효력은 물권행위와 부합하는 등기가 있으면 부동산 물권변동의 효력이 생기고(권리 변동적 효력), 같은 부동산에 관하여 등기한 권리의 순위는 시간적 순서에 따르며(순위 확정적 효력), 부동산 제한물권과 부동산을 목적으로 하는 채권에 대해서는 일정한 사항을 등기할 수 있다(대항적 효력). 등기의 추정력으로 어떤 등기가 있으면 그와 일치하는 실체적 권리가 있는 것으로 추정할 수 있다. 그러나 등기의 추정은 권리의 등기에 관한 사항에만 미칠 뿐, 부동산의 표시에 관한 사항에는 미치지 않는다. 그리고 형식적 확정력으로 무효인 등기인 경우에도 일단 형식적으로 유효한 것으로 다루어지므로 이를 말소하려면 부동산등기법상에서의 등기의 말소절차를 따라야 한다.

2) 인도

동산물권 변동의 요건인 인도(引渡)의 종류에는 현실의 인도, 간이인도, 점유개정, 목적물반환청구권의 양도가 있다. '현실의 인도'는 물건을 현실적으로 넘겨주는 것을 말하고, '간이인도'는 점유권을 양수하는 사람이 실제로 그 물건을 소지하고 있는 채로 사실상의 인도를 하지 아니하고, 의사표시만으로 점유권을 양도하는 것이다(제188조). 예컨대 A가 B에게 빌린 노트북을 B로부터 소유권을 취득하는 경우에는 일단 B에게 반환하였다가 다시 이전받는 번거로운 절차를 거쳐야 하므로 이를 생략하고 의사표시만으로 노트북의 인도가 이루어진 것으로 보는 것이다. '점유개정'은 매도인이 목적물을 매수인에게 팔고, 그것을 계속 임차하는 경우와 같이, 양도인이 이후 양수인을 위하여 점유한다는 의사표시를 함으로써 인도의 효력이 생기는 간편한 인도방법(제189조)이다. 예컨대, A가 B에 노트북을 매도함과 동시에 B로부터 다시 임차하는 경우에, A는 일단 B에게 노트북을 인도한 후에 다시 B로부터 인도받는 번거로운 과정을 거쳐야 하므로, 실제로는 물건을 인도하지 않고 의사표시만으로 인도되었다고 보는 것이다. 그리고 '목적물반환청구권의 양도'는 제3자가 점유하고 있는 동산에 관한 물권을 양도하는 경우에는 양도인이 그 제3자에 대한 반환청구권을 양수인에게 양도함으로써 동산을 인도한 것으로 보는 것을 말한다(제190조).

(3) 동산의 물권변동

1) 법률행위에 의한 동산물권의 변동

매매, 증여 등 법률로 인한 동산물권의 양도에 관하여도 성립주의가 적용되므로, 물권행위와 인도가 있을 때 비로소 물권변동이 생긴다(제187조).

2) 법률의 규정에 의한 동산물권 변동—선의취득

민법은 부동산의 등기에는 공신력을 인정하지 않으나, 동산의 점유에는 공신력을 인정한다. 평온·공연하게 동산을 양수한 자가 선의이며, 과실 없이, 그 동산을 점유한 경우에는 양도인이 정당한 소유자가 아닌 경우에도 즉시 그 동산의 소유권을 취득한다(제249조). 선의취득자는 동산의 소유권과 질권을 즉시 취득한다. 이러한 취득은 원시취득에 해당하며, 선의취득자는 원소유자에게 부당이득의 반환의무가 없다. 선의취득의 경우에 그 동산이 도품이나 유실물인 때에는 피해자 또는 유실자는 도난 또는 유실한 날로부터 2년 내 그 물건의 반환을 청구할 수 있다. 그러나 그것이 금전인 때에는 그러하지 아니하다(제250조). 또한 양수인이 도품 또는 유실물을 경매나 공개시장에서 또는 동종류의 물건을 판매하는 상인으로부터 선의로 매수한 때에는 피해자 또는 유실자는 양수인이 지급한 대가를 변상하고 그 물건의 반환을 청구할 수 있다(제251조).

(4) 부동산의 물권변동

1) 법률행위에 의한 부동산물권변동

부동산에 관한 법률행위에 의한 물권변동은 등기를 하여야 그 효력이 생긴다(제186조). 법률행위에 의한 부동산의 물권변동이 생기기 위해서는 유효한 법률행위가 있어야 하고, 이에 부합하는 등기가 있어야 한다. 따라서 법률행위가 있더라도 등기가 존재하지 아니하거나 물권행위가 유효하지 못하면 물권변동은 생기지 않는다. 또한 물권행위가 유효하고 등기가 있는 경우에도 등기와 물권행위의 내용이 합치하지 않는 경우에는 그 등기는 무효가 된다.

2) 법률의 규정에 의한 부동산물권변동

민법 제187조는 상속, 공용징수, 판결, 경매 기타 법률의 규정에 의한 부동산의 물권변동은 등기를 요하지 아니한다고 규정하여 법률행위로 인한 부동산 물권의 변동은 등기를 요한다고 하는 제186조와 상반된 내용을 규정한다. 또한 이 조항에서 '물권의 취득'이라고 하고 있으나, 물권의 소멸과 변동에도 적용된다.

법률행위에 의하지 않는 부동산 물권의 변동에 등기를 요하지 않는 이유로 학설은 다음 세 가지를 든다. ① 상속과 같이 등기를 요구할 상대방이 없는 경우가 있기 때문이다. ② 공용징수, 수용·판결·경매 등 국가기관의 행위는 다툼의 여지가 없기 때문이다. 또한 ③ 법률이 정책적 이유로 개별적으로 정하기 때문이다(법정지상권의 취득, 피담보채권의 소멸에 의한 저당권의 소멸 등).

한편 시효로 인한 부동산소유권의 취득은 법률행위에 의한 것이 아니므로 본조가 적용되어야 할 것이지만, 민법은 제245조 제1항의 취득시효에서는 '등기'함으로써 소유권을 취득한다고 하여 이에 대한 예외를 규정한다. 그리고 이 규정을 소유권 이외의 재산권에 준용하도록 하고 있다(제248조).

> 토지의 매수인이 아직 소유권이전등기를 마치지 않았더라도 매매계약의 이행으로 토지를 인도받은 때에는 매매계약의 효력으로서 이를 점유·사용할 권리가 있으므로, 매도인이 매수인에 대하여 그 점유·사용을 법률상 원인이 없는 이익이라고 하여 부당이득반환청구를 할 수는 없다. 이러한 법리는 대물변제 약정 등에 의하여 매매와 같이 부동산의 소유권을 이전받게 되는 사람이 이미 부동산을 점유·사용하고 있는 경우에도 마찬가지로 적용된다.[50]

민법 제187조에 의해 등기 없이 부동산 물권을 취득하였다 하더라도 이를 처분하기 위해서는 등기해야 한다(제187조 단서). 예를 들어 상속인은 상속으로 인해 피상속인의 부동산소유권을 등기 없이 취득하지만, 상속 등기를 하기 전에는 그 부동산을 타인에게 양도할 수 없는 것이다.

3. 점유권과 소유권

(1) 점유권

1) 점유권의 개념

점유(占有)란 물건을 사실상 지배하는 것을 말한다(제192조 제1항). 물건에 대

50 대법원 2016. 7. 7. 선고 2014다2662 판결.

한 점유란 "사회관념상 어떤 사람의 사실적 지배에 있다고 보이는 객관적 관계를 말하는 것으로서, 사실상의 지배가 있다고 하기 위하여는 반드시 물건을 물리적·현실적으로 지배하는 것만을 의미하는 것이 아니고, 물건과 사람과의 시간적·공간적 관계와 본권관계, 타인 지배의 가능성 등을 고려하여 사회관념에 따라 합목적적으로 판단"하여야 한다.[51] 점유의 성립에 어떤 의사를 따로 요구하고 있지 않으나, 점유가 성립하려면 '사실상의 지배'와 '점유설정의사'가 있어야 한다. 여기서의 사실상 지배의 의미에 대해 판례를 다음과 같이 설명한다.

> 점유라고 함은 물건이 사회통념상 그 사람의 사실적 지배에 속한다고 보여지는 객관적 관계에 있는 것을 말하고 사실상의 지배가 있다고 하기 위하여는 반드시 물건을 물리적, 현실적으로 지배하는 것만을 의미하는 것이 아니고 물건과 사람과의 시간적, 공간적 관계와 본권관계, 타인지배의 배제가능성 등을 고려하여 사회관념에 따라 합목적적으로 판단하여야 한다.[52]

2) 점유권의 모습

가. 자주점유와 타주점유—'자주점유(自主占有)'는 소유의 의사를 가지고 하는 점유이고, '타주점유(他主占有)'는 자주점유가 아닌 경우를 말한다. 여기에서 소유의 의사는 소유권이 있다고 믿고 있거나 소유권을 가지고 있는 경우를 의미하는 것이 아니고, 마치 소유자인 것처럼 지배하려는 자연적 의사를 말한다. 취득시효와 선점에서 자주점유가 요건이며, 점유자의 회복자에 대한 책임의 범위가 달라지는데 구별 실익이 있다. 점유권원의 성질이 불분명한 경우 제197조 제1항에 따라 자주점유인 것으로 추정된다.

---

51 대법원 1997. 8. 22. 선고 97다2665 판결.

52 대법원 2009. 9. 24. 선고 2009다39530 판결.

나. 선의점유와 악의점유—'선의점유(善意占有)'는 본권이 없음에도 있는 것으로 믿고 하는 점유이고, '악의점유(惡意占有)'는 본권이 없음을 알면서 또는 본권의 유무에 의심을 가지면서 하는 점유를 말한다. 구별 실익은 등기부취득시효와 선의취득에서 선의점유를 요건으로 하며, 선의점유와 악의점유에 따라 점유자의 회복자에 대한 반환범위가 달라지는 데 있다. 제197조 제1항에 따라 점유자의 선의는 추정되나, 선의의 점유자라도 본권에 관한 소에서 패소한 때에는 그 소가 제기된 때로부터 악의점유자로 본다(동조 제2항).

다. 과실 있는 점유와 과실 없는 점유—선의점유를 전제로 본권이 있다고 믿는데 과실이 있는지 여부에 따라 과실 있는 점유와 과실 없는 점유로 나눈다. 등기부취득시효와 선의취득에서는 과실 없는 점유를 요건으로 한다. 점유의 무과실을 추정하는 조항은 없으며 무과실을 주장하는 자에게 입증책임이 있다.

라. 평온한 점유와 공연한 점유—폭력에 의하지 않은 점유가 평온한 점유이고 남몰래 하지 않은 점유가 공연한 점유이다. 취득시효와 선의취득의 요건이 되며, 민법상 추정된다.

3) 점유권의 취득과 소멸

물건을 사실상 지배하면 '점유'가 성립하고, 이 경우 '점유권'을 취득하는 것으로 된다(제192조 제1항, 제193조). 점유권의 양도는 점유물의 현실의 인도로, 양수인이 이미 점유하고 있는 때에는 간이인도로 그 효력이 생긴다. 한편, 직접점유자였던 자가 점유매개관계를 설정함으로써 간접점유를 취득할 수 있고, 또한 양도인이 양도한 후 계속해서 점유하는 경우에는 양수인은 간접점유를 취득하게 된다.

직접점유는 점유물에 대한 사실상의 지배를 상실함으로써 소멸한다. 다만 타인의 침탈에 의하여 점유를 상실한 경우 점유자가 제204조의 규정에 의하여 1년 이내에 점유회수의 청구를 하여 점유를 회수하게 되면 점유는 처음부터 상실하지 않았던 것으로 되고, 사실상 지배가 단절되더라도 그것이 일시적인 것에 지나지 않을 때에는 점유권이 상실되지 아니한 것으로 본다.

4) 점유권의 효력

가. 권리의 추정—물권은 공시를 전제로 하기 때문에 그 공시에는 그에 상응하는 물권이 존재하는 것으로 추정하고, 그것을 부정하려는 자가 권리 없음을 입증하도록 하는 것이 공평의 원칙에 상응한다. 이러한 취지에서 민법은 점유자가 점유물에 대해 행사하는 권리는 적법한 것으로 추정한다는 규정을 두고 있는 것이다. 따라서 이 조항은 점유를 공시방법으로 하는 '동산물권'에만 적용된다고 보는 것이 타당하며 판례도 "본조는 특별한 사정이 없는 한 부동산물권에는 적용되지 아니하고 다만 그 등기에 대해서만 추정력이 부여된다"고 하고 있다. 이때 추정되는 권리는 점유자가 점유물에 대해 행사하는 모든 권리를 포함한다고 보는 것이 통설이다. 그러나 통설은 소유자와 소유자로부터 점유를 취득한 점유자 사이에는 적용되지 않는다고 본다. 예컨대 임차인이 소유자인 임대인에 대해서 점유하고 있다고 임차권이 추정되는 것은 아니고 점유할 권한 있음을 임차인이 스스로 입증해야 한다.

점유자가 점유물에 대해 행사하는 권리는 적법하게 보유한 것으로 법률상 추정되므로, 점유자 스스로 그 권리를 입증할 필요는 없고 그 권리를 부인하려는 측에서 주장·입증해야 한다.

나. 점유의 보호

① 점유보호청구권 점유의 침해가 있는 경우에 민법은 점유자에게 그 침해를 배척할 수 있는 권한을 부여한다. 점유물반환청구권(제204조), 점유물방해제거청구권(제205조), 점유물방해예방청구권(제206조)의 세 가지가 있다.

점유보호청구권에서의 '침탈'은 점유자의 의사에 의하지 않고 점유를 빼앗긴 것을 말한다. 따라서 침탈에 해당하지 않는 경우(예: 사기에 의한 물건의 인도, 바람에 날려 빨래가 옆집으로 감, 유실물의 습득 등)에는 침탈이 아니므로 점유물반환청구를 할 수 없다. 청구의 내용은 물건의 반환과 손해의 배상을 청구하는 것이고 1년(제척기간) 내에 소를 제기하는 방법으로 행사해야 한다.

점유물방해제거청구권에서의 '방해'는 침탈 이외의 방법으로 점유를 방해하는 것을 말한다. 판례는 이 방해를 방해의 '상태'가 아닌 방해 '행위'로 보고 있다. 따라서 위 제척기간은 점유의 방해 행위가 종료한 때로부터 기산한다. 다만 공사로 인한 점유의 방해는 특칙을 두어 공사 착수 후 1년이 지났거나 공사가 완성된 때에는 방해의 제거를 청구할 수 없는 것으로 하고 있다.

점유자가 점유의 방해를 방해받을 염려가 있는 경우, 방해의 예방 또는 손해배상의 담보 중 어느 하나를 청구하는 권리를 말한다. 손해배상 담보의 경우 장래 손해가 발생할 것을 대비하여 미리 담보를 제공하도록 하는 것인데, 방해의 염려가 있는 이상 상대방의 고의나 과실이 있을 것까지는 필요하지 않지만 장래에 그 담보에 의한 배상을 받기 위해서는 상대방의 귀책사유는 필요하다. 청구권은 염려가 있는 동안에는 기간의 제한 없이 행사할 수 있지만, 공사의 경우에는 특칙에 따라 공사 착수 후 1년이 지났거나 완공된 때에는 청구할 수 없는 것으로 하고 있다.

② 점유의 소와 본권의 소 점유권을 근거로 하여 소의 제기를 통해 점유보호청구권을 행사하는 것을 '점유의 소'라고 하고, 소유권, 전세권, 임차권 등 점유할 수 있는 권리인 본권을 원인으로 하는 소를 '본권의 소'라고 한다. 예를 들어 A가 점유하고 있는 책을 B가 침탈한 경우 A는 B를 상대로 점유권에 기한 점유물반환청구의 소를 제기할 수도 있고, A가 그 책의 소유자였다면 소유권에 기한 소유물반환청구의 소를 제기할 수도 있는 것이다.

위 조항은 제1항에서 점유의 소와 본권의 소가 별개임을 규정하고, 제2항에서는 점유의 소에서 본권에 기한 항변을 허용하지 않는 것으로 정한다. 즉, 점유의 소에서는 점유에 기한 항변만이 허용되고 본권의 소에서는 본권에 대한 항변만을 허용하겠다는 의미이다. 그러나 본권에 기한 항변의 금지는 점유보호청구권에 한

해서만 적용될 뿐이다. 만약 위 예에서 A가 B를 상대로 점유의 소를 제기하면서 손해배상청구를 하였는데 결국 B에게 소유권이 있음이 증명된 때에는 이를 이유로 A의 손해배상청구는 배척될 수 있다.

③ **자력구제권** 점유의 침해가 있는 경우 점유보호청구권을 행사하는 것이 원칙이다. 그러나 일정한 경우 예외적으로 개인의 실력으로 자신의 권리를 보호하는 것이 허용되는 때가 있는데, 이 경우가 그 일례이다. 제209조에서는 자력 방위권과 자력 탈환권을 규정하고 있다. 점유자로 하여금 점유의 교란상태를 스스로 제거할 수 있도록 함으로써 점유의 사실상의 지배 상태를 유지하도록 하는데 제도의 취지가 있는 만큼 자력구제는 필요한 정도에 그쳐야 하며 그 정도를 넘은 때에는 불법행위가 될 수 있음을 유의해야 한다.

(2) 소유권

1) 의의

소유권은 물건을 전면적으로 지배하는 권리이다. 소유권은 물건을 포괄적으로 지배할 수 있는 관념적인 권리이다. 이 '지배'는 물건에 대한 사용가치(사용·수익)를 얻는 것과 교환가치(처분)를 얻는 모습으로 나타난다. 민법은 "소유자는 법률의 범위 내에서 그 소유물을 사용·수익·처분할 권리가 있다"고 함으로써 소유권이 사용가치와 교환가치를 모두 가지고 있음을 규정하고 있다(제211조). 소유권은 물건을 전면적으로 지배하는 완전물권으로서, 법률의 범위 내에서 그 소유권을 사용·수익·처분할 권능을 가진 권리이다.

'사용'은 그 물건의 용법대로 이용하는 것이고, '수익'은 그 물건으로부터 과실을 수취할 수 있는 것을 의미하며, '처분'은 물건의 교환가치를 실현하는 것을 말한다. 처분에는 일반적인 양도 외에도 담보물권의 설정 등을 통해 타인에게 처분권을 주는 경우도 있으며 물건을 변형·개조·파괴하는 사실적인 처분도 포함된다.

2) 부동산 소유권의 범위

토지의 소유권은 정당한 이익이 있는 범위 내에서 토지의 상하에 미친다(제212조). 이는 지표뿐만 아니라 지상의 공간이나 지하에도 소유권의 효력이 미치고, 소유자의 이익을 침해하지 않는 한도에서는 타인도 그 토지의 상공과 지하를 이용할 수 있음을 의미한다. 한편 땅 속의 광물 가운데 광업권의 객체로 되는 것에 대해서는 광물의 채굴 및 취득에 대한 권리를 국가가 부여할 권능을 가지며 토지소유권이 미치지 않는다. 자연히 용출하는 지하수나 온천, 지하에 형성된 동굴 등은 토지소유권의 범위에 속한다.

한 채의 건물에 대해 수인이 각각 그 일부분을 소유한 때에는 건물과 그 부속물 중 공용하는 부분은 구분소유자의 공유로 추정한다(제215조 제1항). 공용부분의 보존에 관한 비용 기타의 부담은 구분소유자가 각자의 소유부분의 가액에 비례하여 부담하며(제215조 제2항), 공용부분에 대하여는 분할청구를 할 수 없게 된다(제268조 제3항).

3) 소유권에 기한 물권적 청구권

물권의 실현이 방해를 받거나 받을 우려가 있는 경우에 물권의 일반적 효력으로 물권적 청구권이 발생한다. 민법은 점유권에 기초한 물권적 청구권과 소유권에 기초한 물권적 청구권으로 크게 나누면서 제한물권에 관하여는 소유권에 기초한 물권적 청구권에 관한 규정을 유추적용하고 있다. 소유권에 기한 물권적 청구권은 행사에 있어서 제척기간의 제한이 없다는 점, 재판상으로만 행사해야 한다는 제한이 없다는 점, 점유자가 점유할 권리가 없는 이상 반환을 청구할 수도 있고, 침탈을 당한 경우에서 선의의 특별승계인에게 행사할 수 없다는 제한도 받지 않는다는 점 등에서 점유권에 기한 물권적 청구권과 차이가 있다. 유형으로는 소유물반환청구권, 소유물방해제거청구권, 소유물방해예방청구권이 있다.

민법 제213조는 "소유자는 그 소유에 속한 물건을 점유한 자에 대하여 반환을 청구할 수 있다. 그러나 점유자가 그 물건을 점유할 권리가 있는 때에는 반환을 거부할 수 있다"고 하여 '소유물반환청구권'을 규정하고 있다. 또 제214조는 "소유자는 소유권을 방해하는 자에 대하여 방해의 제거를 청구할 수 있고 소유권을 방해할 염려 있는 행위를 하는 자에 대하여 그 예방이나 손해배상의 담보를 청구할 수 있다"고 하여 '소유물방해제거청구권'과 '소유물방해예방청구권'을 규정하고 있다. 본 조항의 '방해'란 타인이 점유 이외의 방법(점유는 소유물반환청구의 대상이 되는 행위이다)으로 사용·수익·처분 권능의 행사에 개입하고 있어서 소유권 실현을 곤란하게 하는 것을 말한다. 또 '방해의 예방'이란 장차 방해를 일으킨 우려가 있는 원인을 제거하여 방해의 발생을 예방하는 것을 말하고, 손해배상의 담보는 방해가 현실적으로 발생할 경우에 상대방이 부담해야 할 손해배상의 의무를 미리 담보하는 것이다.

> "쓰레기 매립으로 조성한 토지에 소유권자가 매립에 동의하지 않은 쓰레기가 매립되어 있다 하더라도 이는 과거의 위법한 매립공사로 인하여 생긴 결과로서 소유권자가 입은 손해에 해당한다 할 것일 뿐, 그 쓰레기가 현재 소유권에 대하여 별도의 침해를 지속하고 있다고 볼 수 없다는 이유로 소유권에 기한 방해배제청구권을 행사할 수 없다"고 한 사례에서, "소유권에 기한 방해배제청구권에 있어서 '방해'라 함은 현재에도 지속되고 있는 침해를 의미하고, 법익 침해가 과거에 일어나서 이미 종결된 경우에 해당하는 '손해'의 개념과는 다르다 할 것이어서, 소유권에 기한 방해배제청구권은 방해결과의 제거를 내용으로 하는 것이 되어서는 아니 되며(이는 손해배상의 영역에 해당한다 할 것이다) 현재 계속되고 있는 방해의 원인을 제거하는 것을 내용으로 한다."[53]

토지의 소유권은 정당한 이익이 있는 범위 내에서 토지의 상하에 미치고(민법 제212조), 토지의 상공으로 어느 정도까지 정당한 이익이 있는지는 구체적 사안에

53 대법원 2003. 3. 28. 선고 2003다5917 판결.

서 거래관념에 따라 판단하여야 한다. 항공기가 토지의 상공을 통과하여 비행하는 등으로 토지의 사용·수익에 대한 방해가 있음을 이유로 비행 금지 등 방해의 제거 및 예방을 청구하거나 손해배상을 청구하려면, 토지소유권이 미치는 범위 내의 상공에서 방해가 있어야 할 뿐 아니라 방해가 사회통념상 일반적으로 참을 한도를 넘는 것이어야 한다. 이때 방해가 참을 한도를 넘는지는 피해의 성질 및 정도, 피해이익의 내용, 항공기 운항의 공공성과 사회적 가치, 항공기의 비행고도와 비행시간 및 비행빈도 등 비행의 태양, 그 토지 상공을 피해서 비행하거나 피해를 줄일 수 있는 방지조치의 가능성, 공법적 규제기준의 위반 여부, 토지가 위치한 지역의 용도 및 이용 상황 등 관련 사정을 종합적으로 고려하여 판단하여야 한다.[54]

4) 공동소유

공동소유란 하나의 물건을 2인 이상의 수인이 공동으로 소유하는 것을 말한다. 민법은 공동소유의 형태를 공유, 총유, 합유의 세 가지로 구분하고 있다.

'공유(共有)'는 수인이 1개의 물건 위에 1개의 소유권을 분량적으로 분할하여 소유하는 형태이다(제262조 제1항). 각 공유자는 지분을 갖고 그 처분이 자유이므로 언제든지 공유관계를 소멸시키고 단독으로 전환할 수 있기 때문에 인적 결합관계가 없다는 특징을 갖는다.

'합유(合有)'는 수인이 조합체를 이루어 물건을 소유하는 형태이다(제272조 제1항). 조합의 소유형태로서 공유와 총유의 중간에 해당하며, 각자가 지분을 가지고 있어도 자유롭게 양도할 수는 없고 분할도 제한되어 있다. 공동의 목적을 위하여 어느 정도 개인적인 입장을 구속하고 있지만, 각자가 지분을 가지고 있는 점에서 총유보다는 개인적 색채가 강하다.

'총유(總有)'는 법인 아닌 사단의 사원이 집합체로서 물건을 소유하는 공동소유의 형태로 물건의 관리·처분의 권한은 단체에 속하고, 그 물건을 사용·수익하

---

54 대법원 2016. 11. 10. 선고 2013다71098 판결.

	공유	합유	총유
보존행위	각자가 단독으로 할 수 있다.	각자가 단독으로 할 수 있다.	사원총회의 의결에 의한다.
관리행위	지분의 과반수로 관리방법 결정	전원의 동의로 결정	사원총회의 의결에 의함
지분의 처분	공유지분의 처분은 자유 (제263조)	전원의 동의 필요 (제277조)	지분 개념이 없음
목적물의 처분·변경	전원의 동의(제264조)	전원의 동의(제272조)	사원총회의 결의에 의함 (제276조 제1항)
사용 수익	지분의 비율로 사용 (제263조)	조합계약에 따라 (제271조 제2항)	정관 또는 규약에 따라 (제276조 제1항)
분할청구	자유(제268조)	존속하는 동안 불가 (제273조 제2항, 제274조)	불가
종료사유	• 공유물 양도 • 분할	• 조합 해산 • 합유물 양도	• 총유물 양도 • 사원지위 상실
부동산 등기방식	전원 명의(지분기재)	전원 명의(합유취지기재)	권리능력 없는 사단 명의

는 권한은 각 구성원에 속하는 것으로 공동소유형태 중 가장 개인적인 색채가 약한 형태이다(제275조).

5) 소유권의 취득시효

가. 취득시효의 의의—물건에 대하여 권리를 가지고 있는 것과 같은 외관이 일정기간 동안 계속되는 경우에, 그것이 진실한 권리관계와 일치하는지 여부를 묻지 않고 그 외관상의 권리자에게 권리취득의 효과가 생기게 하는 제도를 취득시효라고 한다.

소유권 및 그 밖의 재산권(제248조)은 시효취득의 대상이 되나, 점유권(점유취득에 의해 성립), 유치권(법률의 규정에 따라 성립), 저당권(점유를 수반하지 않음)은 시효취득의 대상이 되지 못한다. 민법은 취득시효의 대상에 따라 부동산취득시효와 동산취득시효의 요건을 달리 정하며, 취득시효의 중단과 소유권 취득의 소급효(제247조)에 관해 규정한다.

나. 부동산소유권의 취득시효—부동산취득시효를 점유취득시효(제245조 제1항)와 등기부취득시효(제245 제2항)으로 둘로 나누어 그 요건을 살펴보면, 공통요건으로서 소유의 의사로(자주점유), 평온·공연하게 부동산을 점유하여야 한다.

'자주점유'란 소유의 의사로 점유하는 점유를 말하며, 1차적으로 권원의 객관적 성질을 기준으로 정해지며, 권원의 성질에 의해 소유의 의사 유무를 가릴 수 없는 경우, 점유자는 소유의 의사로 점유한 것으로 추정된다(제197조 제1항). 또한 평온·공연한 점유도 추정된다. 따라서 그러한 점유가 아니라는 사실을 시효취득을 저지하려는 측에서 증명해야 한다.[55]

취득시효의 대상으로는 분필되지 않은 1필지의 토지의 일부에 대해서도 인정된다. 판례는 토지의 일부에 대한 통행지역권에 대한 취득시효를 인정하고 있다. 다만, 그 부분이 다른 부분과 구분되어 시효취득자의 점유에 속한다는 것을 인식하기에 족한 객관적 징표가 계속하여 존재할 것을 요건으로 한다.[56]

점유취득시효는 평온·공연한 자주점유로 '20년간' 계속되어야 하고 '등기'함으로써 그 소유권을 취득한다. 그리고 등기부취득시효에서는 부동산의 소유자로 등기한 자가 '10년간' '선의·무과실로' 부동산을 점유하는 것이 필요하다. 선의 무과실은 등기에 관한 것이 아니고 점유취득에 관한 것으로서, 그 무과실에 관한 입증책임은 그 시효취득을 주장하는 사람에게 있다.[57]

다. 동산소유권의 취득시효—10년간 소유의 의사로 평온, 공연하게 동산을 점

55 대법원 1986. 2. 25. 선고 85다카1891 판결.
56 대법원 1993. 12. 14. 선고 93다5581 판결.
57 대법원 1995. 2. 10. 선고 94다22651 판결.

유한 자는 그 소유권을 취득한다. 그리고 이러한 점유가 선의이며 과실없이 개시된 경우에는 5년을 경과함으로써 그 소유권을 취득한다(제246조). 그런데 동산에는 선의취득제도(제249조 이하)가 있어서 본조 적용의 실익은 크지 않다.

라. 취득시효의 효과―취득시효의 요건을 갖춘 때에는 확정적으로 해당 권리를 취득하며, 이때의 취득은 원시취득으로 보는 것이 통설과 판례의 입장이다. 취득시효에 의한 소유권 취득의 효력은 점유를 개시한 때에 소급한다(제247조 제1항).

4. 용익물권

부동산을 소유하지 않는 사람이 설정계약을 통해 소유권에 있는 사용·수익권을 승계취득하여 그 부동산을 일정한 목적에 따라 사용·수익하는 것을 내용으로 하는 물권을 용익물권이라고 한다. 용익물권에는 지상권, 지역권, 전세권의 세 가지가 있다.

(1) 지상권

지상권은 타인의 토지에 건물 기타 공작물이나 수목을 소유하기 위하여 그 토지를 사용하는 권리이다. 당사자 간의 지상권설정계약과 등기에 의해 성립한다. 한편, 법률로써 일정한 요건을 갖춘 경우 건물의 소유를 위해 지상권이 성립한 것으로 간주하는 '법정지상권' 제도가 있다. 또한 관습법에 의해 인정되는 것으로 '관습상의 법정지상권'과 '분묘기지권'이 있다.

상속·공용징수·판결·경매 등 법률행위가 아닌 그 밖의 사유에 의해서도 지상권을 취득할 수 있으며 이 경우는 등기를 요하지 않는다(제187조). 예외적으로 법률의 규정에 의한 지상권의 취득에도 등기를 요하는 경우가 있는데, 점유취득시효에 의한 지상권 취득의 경우가 그러하다(제245조 제1항, 제248조). 그 밖에 법률의 규정에 의한 지상권의 취득 원인으로 법정지상권이 있다.

우리나라는 건물을 토지와 별개의 부동산으로 보고 있기 때문에 토지와 건물의 소유자가 달라지는 경우가 많다. 그런데 건물은 토지 없이는 존속할 수 없기 때문에 토지의 사용권이 필요하다. 대부분 건물의 소유를 위해 임차권이나 지상권을 설정하지만, 임차권이나 지상권을 설정할 수 없는 경우에 토지와 건물의 소유자가 달라지는 때가 있다. 이런 경우 건물을 철거하도록 하면 사회적으로 손실이고 건물소유자에게도 가혹하기 때문에 법률은 건물소유자에게 지상권을 인정해 주는 규정을 두었는데 이것을 법정지상권이라 한다. 민법상의 규정으로는 제305조 제1항과 제366조, 민사특별법상으로는 〈가등기담보 등에 관한 법률〉 제10조, 〈입목에 관한 법률〉 제6조 등이 있다

토지와 건물의 소유자가 동일하였는데, 건물에만 전세권이 설정되었다가 이후 '토지의 소유자'가 바뀌어 토지와 건물의 소유자가 다르게 된 경우, 혹은 토지와 건물의 소유자가 동일하였는데, 건물 또는 대지 어느 한쪽에만(혹은 양쪽 모두에) 저당권이 설정되었고 이후 저당권이 실행되어 경매가 이루어져 그 결과 토지와 건물소유자가 다르게 된 경우, 토지소유자는 자기 소유 토지에 관한 소유권 행사가 제약받는 상황에 놓이게 되므로 토지소유자는 제214조에 기한 소유물방해배제청구권의 일환으로 건물철거청구권을 행사할 수 있다. 일견 토지소유자의 정당한 권리행사로 볼 수 있으나 건물 철거로 인한 경제적 손실과 건물소유자의 권리가 크게 제한되는 결과를 초래하게 된다. 건물소유자에게만 이러한 손해를 감수하게 하는 것이 과연 정당한 것인가?

지상권은 타인의 토지에 건물 기타 공작물이나 수목을 소유하기 위하여 그 타인의 토지를 사용할 수 있는 권리이다(제279조). 우리나라는 토지와 건물을 별개의 부동산으로 인정하므로, 건물소유를 위한 대지(토지)사용권이 필요하게 된다. 지상권의 객체는 1필지 토지인 것이 원칙이나, 1필지 토지의 일부라도 상관없다. 지상권은 지표 내지 지상에 한하지 않고, 지하의 사용을 그 내용으로 하여도 무방

하다(구분지상권 인정). 지상권은 토지사용권이므로, 현재 공작물이나 수목이 없더라도, 유효하게 지상권은 성립하고, 또한 기존의 공작물이나 수목이 멸실하더라도 지상권이 소멸하지 아니한다. 지상권에 기하여 점유보호청구권을 행사할 수 있고 상린관계에 대한 규정도 준용된다.

지상권은 물권이므로, 직접 그 객체인 토지를 지배하는 권리이다. 지상권의 양도·전대 시에 토지소유자의 동의가 필요하지 않다. 지료의 지급은 지상권의 필수적 요소는 아니다. 그러므로 당사자가 지료를 지급하기로 약정한 경우에만 지료지급의무가 발생된다. 지료와 그 지급시기에 대한 약정은 이를 등기할 수 있다. 그리고 지료가 토지에 관한 조세 기타 부담의 증감이나 지가(地價)의 변동으로 인하여 상당하지 아니하게 된 때에는 당사자는 그 증감을 청구할 수 있다(제286조). 이때 지료증액·감액청구권은 당사자 모두에게 인정된다. 지상권자가 지료를 2년간 연체한 경우에는 지상권설정자는 지상권 소멸을 청구할 수 있다.

민법은 특수한 지상권으로 구분지상권, 분묘기지권, 관습법상의 법정지상권을 인정한다. 구분지상권에 대해서는 제289조의2에 규정하고 있으며, 설정 방법은 설정계약과 등기에 의한다.

제289조의2(구분지상권)

① 지하 또는 지상의 공간은 상하의 범위를 정하여 건물 기타 공작물을 소유하기 위한 지상권의 목적으로 할 수 있다. 이 경우 설정행위로써 지상권의 행사를 위하여 토지의 사용을 제한할 수 있다.

② 제1항의 규정에 의한 구분지상권은 제3자가 토지를 사용·수익할 권리를 가진 때에도 그 권리자 및 그 권리를 목적으로 하는 권리를 가진 자 전원의 승낙이 있으면 이를 설정할 수 있다. 이 경우 토지를 사용·수익할 권리를 가진 제3자는 그 지상권의 행사를 방해하여서는 아니된다.

분묘기지권(墳墓基地權)은 타인의 토지에 있는 분묘를 소유하기 위하여 그 분묘가 있는 토지를 사용할 수 있는 권리를 말하며, 토지소유자의 승낙을 받아 분묘를 설치한 경우, 자신의 토지에 분묘를 설치하였다가 분묘 철거나 이전의 특약을 하지 않은 채 토지소유권을 타인에게 이전한 때 등의 두 가지 경우, 관습에 의한 분묘기지권이 취득된다. 지상권에 유사한 부동산물권이지만 등기 없이 취득한다는 특징이 있다.

> 분묘의 설치기간을 제한하고 토지 소유자의 승낙 없이 설치된 분묘에 대하여 토지 소유자가 이를 개장하는 경우에 분묘의 연고자는 토지 소유자에 대항할 수 없다는 내용의 규정들은 장사법(법률 제6158호) 시행 후 설치된 분묘에 관하여만 적용한다고 명시하고 있어서, 장사법(법률 제6158호)의 시행 전에 설치된 분묘에 대한 분묘기지권의 존립 근거가 위 법률의 시행으로 상실되었다고 볼 수 없다. 또한 (…) 분묘기지권에 관한 관습에 대하여 사회 구성원들의 법적 구속력에 대한 확신이 소멸하였다거나 그러한 관행이 본질적으로 변경되었다고 인정할 수 없다. 그렇다면 타인 소유의 토지에 분묘를 설치한 경우에 20년간 평온, 공연하게 분묘의 기지를 점유하면 지상권과 유사한 관습상의 물권인 분묘기지권을 시효로 취득한다는 점은 오랜 세월 동안 지속되어 온 관습 또는 관행으로서 법적 규범으로 승인되어 왔고, 이러한 법적 규범이 장사법(법률 제6158호) 시행일인 2001. 1. 13. 이전에 설치된 분묘에 관하여 현재까지 유지되고 있다고 보아야 한다.[58]

대법원은 "일정한 조건하에서의 법정지상권을 인정하고 있으나 민법에서 규정하는 요건을 구비하지 아니하였다고 하더라도 토지와 건물이 같은 소유자의 소유에 속하였다가 그 건물 또는 토지가 매각 또는 그 외의 원인으로 인하여 양자의 소유자가 다르게 될 때에는 특히 그 건물을 철거한다는 조건이 없는 이상 당연히 건물소유자는 토지소유자에게 대하여 소위 관습에 의한 법정(당사자의 합의에 의한

---

58 대법원 2017. 1. 19. 선고 2013다17292 전원합의체 판결.

것이 아니라는 의미이다) 지상권을 취득하게 되는 것이다"고 하여 관습법상의 법정 지상권을 인정한다.[59]

(2) 지역권

맹지(盲地)는 지적도상 도로에 접해 있지 않은 땅을 말한다. 사방이 다른 사람의 토지에 둘러싸여 있기 때문에 도로로 나갈 수 없는 땅이므로 비교적 저렴한, 저평가된 가격에 구입해 도로에 접근할 수 있도록 조치를 취해 이용가치를 높일 수 있다. 예컨대 맹지에는 건축물 허가를 받을 수 없지만 지역권이나 주위토지통행권 등을 설정하면 통행을 할 수 있게 되므로 건축허가를 받을 수 있게 되는 것이다. 그렇다면 이를 가능케 하는 지역권은 무엇인가?

지역권은 일정한 목적을 위해 타인의 토지를 자기 토지의 편익에 이용하는 권리이다. 그 편익을 받는 대상이 사람이 아닌 토지라는 점에서 인역권이 아닌 지역권으로 구성하며, 지역권의 전제가 되는 두 토지 중 편익을 받는 토지를 요역지, 편익을 주는 토지를 승역지라 한다. 요역지와 승역지가 반드시 인접하여 있을 필요는 없다(예: 통행, 인수, 전망을 위한 건축금지 등).

지역권은 일반적인 물권과 같이 설정계약과 등기에 의해 취득한다(제186조). 이 외에 유언·상속·양도·취득시효에 의해서도 취득할 수 있다.

> 종전부터 자연발생적으로 또는 도로예정지로 편입되어 사실상 일반공중의 통행로로 사용되어 온 토지의 소유자가 그 독점적이고 배타적인 사용수익권을 포기한 것으로 볼 경우에도, 일반공중의 통행을 방해하지 않는 범위 내에서는 토지 소유자로서 그 토지를 처분하거나 사용수익할 권능을 상실하지 않는다고 할 것이므로, 그 토지를 불법점유하고 있는 제3자에 대하여 물권적 청구권을 행사하여 토

---

59 대법원 1962. 4. 18. 선고 4294민상1103 판결.

지의 반환 내지 방해의 제거, 예방을 청구할 수 있다고 할 것이나, 특별한 사정이 없는 한 토지소유자는 그 이후에도 토지를 독점적, 배타적으로 사용수익할 수는 없고, 따라서 제3자가 그 토지를 불법점유하였다 하더라도 이로 인하여 토지소유자에게 어떠한 손실이 생긴다고 할 수 없어 그 점유로 인한 부당이득의 반환을 청구할 수는 없다. 지역권은 계속되고 표현된 것에 한하여 민법 제245조의 규정을 준용하도록 되어 있으므로, 통행지역권은 요역지의 소유자가 승역지 위에 도로를 설치하여 승역지를 사용하는 객관적 상태가 민법 제245조에 규정된 기간 계속된 경우에 한하여 그 시효취득을 인정할 수 있다.[60]

지역권자는 지역권 설정행위 또는 취득시효의 기초가 된 점유사실에 따라 승역지를 자기 토지의 편익에 이용하는 권리를 가진다. 그중에서 물의 사용은 일상생활에서 중요한 부분을 차지하므로 민법은 제297조에서 용수지역권을 별도로 규정한다. 승역지 소유자는 기본적으로 지역권자의 행위를 인용하고 일정한 이용을 하지 않음으로써 지역권을 방해하지 않아야 할 의무를 진다. 지역권자도 그 침해에 대해서는 물권적청구권을 가지지만, 지역권에는 승역지를 점유할 권능이 포함되지 않으므로 목적물의 반환청구권은 인정될 수 없다.

(3) 전세권

2022년 하반기 인천 미추홀구와 서울 강서구 화곡동 등을 중심으로 시작된 전세 사기 사건은 전국적으로 수많은 피해자를 양산하였고, 한국의 특유한 제도인 전세권 자체에 대한 폐지나 대대적인 보완이 필요하다는 목소리가 커졌다. 이와 더불어 전세사기 피해 방지의 현실적인 대안으로서 '전세권 설정등기'가 거론되었다. 전세 사기 사건에서의 문제가 되었던 전세는 '주택임대차보호법'에서 말

60 대법원 2001. 4. 13. 선고 2001다8493 판결.

하는 전입신고를 하고 확정일자를 받으면 보호받는 채권적 전세를 말하며, 전세금을 지급하고 등기부에 전세권등기를 함으로써 성립하는 '전세권'과는 구분하여야 한다. 전세권은 물권이므로 강력한 법적 효력을 갖지만, 집주인의 동의가 있어야만 전세권설정을 진행할 수 있고, 설정비용도 발생하므로 부담스러운 부분이 있다. 전세권은 전세금을 지급하고 타인의 부동산을 점유하여 그 부동산의 용도에 따라 사용·수익하며, 그 부동산 전부에 대하여 후순위 권리자 기타 채권자보다 전세금을 우선변제 받을 수 있는 권리이다. 과거 관행적으로 행하여 오던 건물의 '전세'를 일종의 성문화한 것으로서 우리 민법만의 특유한 제도이나, 물권으로 편성되면서 성립에 등기를 요하게 된다. 따라서 실제 거래에서는 채권적 전세가 많이 행하여진다. 주택에 대한 채권적 전세는 주택임대차보호법(제12조)이 적용된다. 전세권의 존속기간 동안에는 용익물권으로 기능하지만, 존속기간의 만료로 전세금을 반환하여야 하는 경우에 전세권은 이를 담보하기 위한 물권으로도 작용한다. 따라서 존속기간이 끝나더라도 전세권등기는 전세금의 반환 시까지 유지된다.

> 전세권설정등기를 마친 민법상의 전세권은 그 성질상 용익물권적 성격과 담보물권적 성격을 겸비한 것으로서, 전세권의 존속기간이 만료되면 전세권의 용익물권적 권능은 전세권설정등기의 말소 없이도 당연히 소멸하고 단지 전세금반환채권을 담보하는 담보물권적 권능의 범위 내에서 전세금의 반환 시까지 그 전세권설정등기의 효력이 존속하고 있다 할 것인데, 이와 같이 존속기간의 경과로서 본래의 용익물권적 권능이 소멸하고 담보물권적 권능만 남은 전세권에 대해서도 그 피담보채권인 전세금반환채권과 함께 제3자에게 이를 양도할 수 있다 할 것이지만 이 경우에는 민법 제450조 제2항 소정의 확정일자 있는 증서에 의한 채권양도절차를 거치지 않는 한 위 전세금반환채권의 압류·전부 채권자 등 제3자에게 위 전세보증금반환채권의 양도사실로써 대항할 수 없다.[61]

---

61 대법원 2005. 3. 25. 선고 2003다35659 판결.

약정에 의한 전세권의 존속기간은 토지든 건물이든 10년을 넘을 수 없고, 약정으로 10년 이상을 정하더라도 10년으로 단축한다. 건물에 대한 존속기간은 최단 1년이다. 존속기간을 약정하지 않은 경우 전세권자나 전세권설정자는 소멸통고를 할 수 있다. 그러나 건물전세의 경우 제312조 제2항의 취지에 비추어 제313조는 토지전세의 경우에만 해당하는 것으로 보아야 할 것이다.

전세권자는 타인의 부동산을 점유하여 그 부동산의 용도에 좇아 사용·수익하는 권리가 있다(제303조 제1항 전단). 이에 대응하여 전세권설정자는 이를 방해하지 않을 소극적인 의무를 진다. 그렇다고 임대차에서처럼 목적 부동산을 사용·수익하기에 적합한 상태로 둘 적극적인 의무는 없다. 전세권에서는 임대차와 달리 전세권자가 목적물을 전면적으로 지배하여 사용·수익하기 때문에 목적물의 현상을 유지하고 통상의 관리비용을 부담하는 것이 공평의 원칙에 부합한다고 보기 때문이다. 따라서 전세권자는 필요비를 상환 청구할 수 없다. 또한 당사자는 전세금증감청구권이 있고(제321조의2), 전세권자에게 상린관계가 준용되며(제319조), 점유할 권리가 포함되므로 물권적청구권이 있다(제319조). 동일인의 소유에 속하는 대지와 건물 중 건물에 전세권을 설정한 후 대지의 소유자가 바뀌는 경우, 건물의 소유자와 대지의 이용에 관한 합의가 없더라도 건물소유자가 그 대지에 지상권을 취득하는 것으로 한다(제305조).

전세권은 물권이므로 설정행위로 이를 금지하지 않은 한 양도와 담보의 제공 등을 할 수 있다. 이와 구별되는 것으로는 '전세금반환채권의 양도'가 있다. 전세권은 전세권을 목적으로 한 저당권의 설정을 통해 담보제공 할 수 있다(제371조 제1항). 또한 전세권자는 일정한 책임하에 목적물의 전부 또는 일부를 전전세 또는 임대할 수 있다(제308조, 제306조).

전세권자의 목적물의 인도, 전세권설정등기의 말소등기에 필요한 서류의 교부와 전세권설정자의 전세금의 반환은 동시이행의 관계에 있다. 그리고 전세권자는 전세권설정자의 전세금 반환의 지체가 있는 경우 전세물의 경매를 청구할 수 있으며, 경락대금으로부터 후순위 권리자 기타 채권자보다 우선하여 전세금을 변제반을 수 있다(제303조 제1항 후문). 이 경매절차에 대해서는 민사집행법 제264조 내지 제268조의 규정이 적용된다. 전세권자는 상술한 바와 같이 전세물의 현상을 유지하고 통상의 관리에 필요한 수선을 하여야 할 의무가 있기 때문에 필요비의 상환은 청구할 수 없지만, 유익비에 대해서는 그 가액의 증가가 현존하는 경우 소유자의 선택에 따라 지출액이나 증가액을 선택적으로 상환청구할 수 있다(제310조 제1항).

5. 담보물권

(1) 담보물권의 개념과 특성

1) 담보물권의 개념

장래 이행이 불분명한 채권의 만족을 위해서 채권자가 강구할 수 있는 수단은 크게 두 가지이다. 첫째는 채무자의 수를 늘려 책임재산을 증가시키는 방법이고(인적담보: 불가분채무, 연대채무, 보증채무가 이에 속한다), 둘째는 특정의 물건에 담보를 설정해 두고 채권의 만족을 받지 못하는 경우 그 물건의 교환가치를 통해 우선변제를 받는 방법이다(물적 담보: 질권과 저당권, 전세권 및 유치권이 그러하다).

용익물권이 물건의 사용가치를 목적으로 하는 데 반해 담보물권은 목적물의 교환가치의 취득을 목적으로 한다는 점에 차이가 있다.

민법의 물권편에서 정하는 담보물권은 유치권, 질권, 저당권 등 세 종류가 있다. 유치권은 당사자의 의사와 상관없이 일정한 요건에 해당하면 당연히 성립하는 법정담보물권이다. 질권과 저당권은 전형적으로 물건의 교환가치를 갖는 담보물권인데, 질권은 동산과 재산권을, 저당권은 부동산을 그 객체로 한다.

다른 법률에서 정하는 담보물권으로는 〈가등기담보 등에 관한 법률〉에서의 양도담보와 가등기담보, 〈상법〉에서의 유치권, 질권, 등기한 선박에 대한 저당권,

기타 특별법에 의한 입목저당(입목에 관한 법률), 광업권의 저당(광업법), 각종 재단저당(공장 및 광업재단 저당법), 각종 동산저당(자동차 등 특정 동산저당법), 동산담보권과 채권담보권(동산·채권 등의 담보에 관한 법률)이 있다.

2) 담보물권의 특성

가. 부종성—담보물권은 채권의 담보를 목적으로 하는 것이기 때문에 채권이 존재하지 않으면 담보물권이 성립할 수 없고, 채권이 소멸하면 담보물권도 소멸하게 된다. 이렇게 채권에 의존하는 성질을 '부종성(附從性)'이라고 한다.

나. 수반성—담보물권이 채권과 불가분이 관계에 있기 때문에 피담보 채권의 처분에는 담보물권의 처분이 함께 수반되는 성질이 있다. 즉 피담보채권이 이전하면 담보물권도 따라서 이전하고, 피담보채권 위에 부담이 설정되면 담보물권도 그 부담에 복종한다.

다. 물상대위성—담보물권은 목적물이 가지는 교환가치를 지배하므로 목적물의 멸실·훼손된 경우 그에 갈음하는 교환가치가 존재하면 그것에 효력이 미치게 되는데 이를 '물상대위성(物上代位性)'이라고 한다. 예컨대 담보권의 목적물이 화재로 소실된 경우 담보권설정자가 취득한 화재보험금 청구권에 대하여 양도담보권에 기한 물상대위를 행사할 수 있게 되는 것이다. 민법은 질권에 물상대위를 인정하고 저당권에 준용한다. 한편 유치권은 점유를 통해 채권의 변제를 담보하는 것이기 때문에 목적물이 멸실되어 점유할 것이 없으면 유치권은 소멸하는 것이므로 유치권에는 물상대위성이 인정되지 않는다.

라. 불가분성—담보물권자가 피담보채권의 전부를 변제받을 때까지 목적물의 전부에 대하여 그 권리를 행사할 수 있는 성질을 불가분성이라고 한다. 민법은 유치권에 불가분성을 규정하고 질권과 저당권에 준용한다.

(2) 유치권

길을 지나다 종종 '유치권 행사 중'이라는 현수막이 붙은 건물을 보게 된다. 건물을 새로 지은 업체나 건물에 인테리어공사를 진행한 업체는 공사대금을 지급받지 못할 경우 '유치권(留置權)'을 행사할 수 있다. 유치권은 공사업체가 받아야 하는 공사대금을 받을 때까지 건물을 점유하면서 도급인(혹은 인테리어공사 의뢰인)에게 건물을 인도하지 않는 것인데, 이는 도급인이 공사업체에게 공사대금을 지급하도록 압박하는 효과가 있다. 도급인으로서는 건물을 당장 사용할 수 없기 때문에 그만큼 영업적 손해를 보게 되고, 임차인의 경우에는 월세 상당의 손해를 보기 때문이다. 여기서 말하는 '유치권'은 무엇이며, 그 행사의 요건은 무엇일까?

타인의 물건 또는 유가증권을 점유한 자가 그 물건이나 유가증권에 관하여 생긴 채권이 변제기에 있는 경우에는 변제를 받을 때까지 그 물건 또는 유가증권을 유치할 수 있는 권리를 유치권이라 한다(제320조). 유치권자는 채무의 변제를 받을 때까지 목적물의 소유권이 누구에게 속하든 관계없이 권리를 행사할 수 있다(채무자, 소유자, 양수인, 경매에서의 매수인 등).

일정한 요건을 갖추면 법률상 당연히 성립하는 법정담보물권이다. 그러나 다른 담보물권처럼 우선변제권이 있는 것은 아니고 자기 채권이 만족을 받을 때까지 목적물을 유치할 수 있는 권능만을 가질 뿐이다. 유치권에서의 점유는 성립요건이자 존속요건이다.

건물의 신축공사를 한 수급인이 그 건물을 점유하고 있고 또 그 건물에 관하여 생긴 공사금 채권이 있다면, 수급인은 그 채권을 변제받을 때까지 건물을 유치할 권리가 있는 것이지만(대법원 1995. 9. 15. 선고 95다16202, 16219 판결 등 참조), 건물의 신축공사를 도급받은 수급인이 사회통념상 독립한 건물이라고 볼 수 없는 정착물을 토지에 설치한 상태에서 공사가 중단된 경우에 위 정착물은 토지의 부합물에 불과하여 이러한 정착물에 대하여 유치권을 행사할 수 없는 것이고, 또한 공사중단시까지 발생한 공사금 채권은 토지에 관하여 생긴 것이 아니므로 위 공사금 채권에 기하여 토지에 대하여 유치권을 행사할 수도 없는 것이다.[62]

유치권의 목적이 될 수 있는 것은 타인의 물건 또는 유가증권이다. 여기서의 타인은 자기의 소유가 아닌 것을 의미하며, 통설에 의하면 그 물건의 소유자가 채무자 외의 제3자의 소유라도 무방하다고 한다. 예컨대 타인의 옷을 빌려 입었다가 훼손되어 수선을 맡긴 경우 수선을 맡긴 자가 수선비를 지급하지 않는다면 그 옷의 소유자가 따로 있더라도 수선한 사람은 수선대금을 받을 때까지 그 옷을 유치할 수 있는 것이다. 제320조 제1항에서 '그 물건이나 유가증권에 관하여 생긴' 채권을 규정하고 있는데, 이를 '견련성(牽聯性)'이라고 한다. 유치권이 채권과 관련이 있는 물건을 점유하는 때 성립하는 것이므로 목적물의 점유는 유치권의 성립요건인 동시에 존속요건이 된다. 이때의 점유는 직접점유든 간접점유든 불문한다. 그러나 그 점유가 불법점유인 경우는 유치권의 성립이 허용되지 않는다.

유치권은 법정담보물권이므로, 부동산을 유치하는 경우에도 등기는 필요하지 않다. 다만, 유치권은 당사자 약정으로 그 성립을 배제할 수 있다. 유치권자는 채권 전부의 변제를 받을 때까지 유치물 전부를 점유하면서 인도를 거절할 수 있다(제321조). 그리고 유치권자는 채권의 변제를 받기 위해 유치물을 경매할 수 있으나(제322조), 경락대금으로부터 우선변제를 받을 수 없다. 그런데, 매수인이 유치권자로부터 목적물을 인도받으려면 유치권자에게 피담보채권을 변제해야 하므로, 사실상 우선변제를 받는 결과를 가져온다.

(3) 질권

과거에는 전당포에 가서 자신의 물건을 맡기고 돈을 빌리는 경우를 (동산)질

---

62 대법원 2008. 5. 30.자 2007마98 결정.

권을 설명하는 대표적인 예로 들었다. 이때 돈을 빌려준 전당포업자는 질권자이고, 돈을 빌려 가고 물건을 맡겨 둔 사람을 질권설정자가 된다. 근래에는 동산질권보다 권리질권이 더 많이 이용되고 있다. 일상에서 질권이 설정되는 예로는 은행에서 임대차보증금을 대출받는 경우를 들 수 있다.

임대차보증금이 필요한 임차인이 은행으로부터 대출을 받는 경우, 은행은 임차인이 가지는 '임대차보증금반환채권'이라는 권리에 질권을 설정하여 담보로 잡아두는 것이다. 만약 임차인이 은행에 대출금을 모두 변제하지 못하면 은행은 위 권리질권을 통해 임대인에게 임대차보증금의 반환을 청구할 수 있다.

질권은 목적물을 점유하는 유치적 효력이 있는 점에서 유치권과 같은 점이 있다. 그러나 질권은 약정담보물권인 점에서 법정담보물권인 유치권과 다른 점이 있다. 그리고 질권은 우선변제권과 경매신청권이 있다는 점에서 저당권과 같은 점이 있다. 그러나 질권은 질물(質物)의 인도가 요건인 반면, 저당권은 등기가 요건인 점에서 차이가 있다. 질권은 동산에 성립이 가능하나, 부동산에는 질권의 설정이 인정되지 아니한다. 또 동산질권자는 질물로부터 다른 채권보다 먼저 자기채권의 우선변제를 받을 권리가 있다.

(4) 저당권

1) 의의

저당권은 채권자가 채무담보를 위하여 채무자 또는 제3자가 제공한 부동산 기타 목적물의 점유를 이전받지 않은 채 그 목적물을 관념상으로만 지배하다가, 채무의 변제가 없는 경우 그 목적물로부터 우선변제를 받을 수 있는 권리를 말한다(제356조). 목적물에 대한 점유의 이전 없이 우선변제권을 가지므로, 저당권의 목적물은 점유가 아닌 다른 것(공부상 표시, 등기, 등록)으로 공시가 가능한 것에 한정된다. 따라서 민법은 저당권의 목적물이 될 수 있는 객체로 토지 또는 건물이나 지상권 또는 전세권에 한정하고 있다. 약정 담보물권으로서 우선변제적 효력이 있다는 점에서 질권과 같으나, 목적물의 점유는 설정자가 계속하므로 유치적 효력을 갖지 않는다는 점에서 차이가 있다.

2) 저당권의 성립

저당권은 물권이므로 저당권설정계약과 등기가 있어야 성립한다(제186조). 저당권자는 피담보채권의 채권자여야 한다. 다만, 제3자를 근저당권 명의인으로 하는 근저당권을 설정하는 경우 그 점에 대하여 채권자와 채무자 및 제3자 사이에 합의가 있고, 채권양도, 제3자를 위한 계약, 불가분적 채권관계의 형성 등 방법으로 채권이 그 제3자에게 실질적으로 귀속되었다고 볼 수 있는 특별한 사정이 있는 경우에는 제3자 명의의 근저당권설정등기도 유효하다고 할 것이다.[63] 저당권설정자는 채무자 또는 제3자이다(제356조).

저당권의 객체는 등기나 등록이 가능한 것만 될 수 있다. 따라서 부동산, 지상권 및 전세권(제356조, 제371조), 광업법상의 광업권(법 제11조), 수산업법상의 어업권(법 제16조 제2항), 자동차 등 특정동산 저당법상의 자동차(법 제3조) 등이 저당권의 객체가 된다.

피담보채권은 소비대차에 따른 금전채권이 대부분이지만, 그 밖의 채권도 피담보채권으로 할 수 있다. 또한 장래의 채권을 피담보채권으로 할 수도 있다(제357조).

> 근저당권은 채권담보를 위한 것이므로 원칙적으로 채권자와 근저당권자는 동일인이 되어야 하지만, 제3자를 근저당권 명의인으로 하는 근저당권을 설정하는 경우 그 점에 대하여 채권자와 채무자 및 제3자 사이에 합의가 있고, 채권양도, 제3자를 위한 계약, 불가분적 채권관계의 형성 등 방법으로 채권이 그 제3자에게 실질적으로 귀속되었다고 볼 수 있는 특별한 사정이 있는 경우에는 제3자 명의의

---

63 대법원 2011. 1. 13. 선고 2010다69940 판결.

근저당권설정등기도 유효하다고 보아야 할 것이고, 한편 부동산을 매수한 자가 소유권이전등기를 마치지 아니한 상태에서 매도인인 소유자의 승낙 아래 매수 부동산을 타에 담보로 제공하면서 당사자 사이의 합의로 편의상 매수인 대신 등기부상 소유자인 매도인을 채무자로 하여 마친 근저당권설정등기는 실제 채무자인 매수인의 근저당권자에 대한 채무를 담보하는 것으로서 유효하다고 볼 것인바, 위 양자의 형태가 결합된 근저당권이라 하여도 그 자체만으로는 부종성의 관점에서 근저당권이 무효라고 보아야 할 어떤 질적인 차이를 가져오는 것은 아니라 할 것이다.[64]

3) 저당권의 효력

가. 저당권의 효력이 미치는 목적물의 범위—저당권의 효력은 저당부동산에 부합된 물건과 종물에 미친다. 부합의 시기를 가리지 않으며, 저당권 설정 후에 부합된 경우에도 그 효력이 미친다. 그러나 법률에 특별한 규정 또는 설정행위에 다른 약정이 있으면 에는 저당권의 효력이 부합물에 미치지 않는다(제358조).

저당부동산에 대한 압류가 있은 후에 저당권설정자가 그 부동산으로부터 수취한 과실 또는 수취할 수 있는 과실에는 저당권의 효력이 미친다. 그러나 저당권자가 그 부동산에 대한 소유권, 지상권 또는 전세권을 취득한 제3자에 대하여는 압류한 사실을 통지한 후가 아니면 이로써 대항하지 못한다(제359조).

건물의 증축부분이 기존건물에 부합하여 기존건물과 분리하여서는 별개의 독립건물로서 효용을 가지지 못하는 이상, 기존건물에 대한 경매절차에서 경매목적물로 평가되지 아니하였다 하더라도, 경락인은 부합된 증축부분의 소유권을 취득한다.[65]

---

64 대법원 2001. 3. 15. 선고 99다48948 전원합의체 판결.

65 대법원 2002. 5. 10. 선고 99다24256 판결.

저당권자는 저당물의 멸실, 훼손 또는 공용징수로 인하여 저당권설정자가 받을 금전이나 그 밖의 물건에 대하여도 이를 행사할 수 있다. 이 경우에는 그 지급 또는 인도 전에 압류해야 한다(제370조, 제342조).

저당권은 원본, 이자, 위약금, 채무불이행으로 인한 손해배상 및 저당권의 실행비용을 담보한다. 그러나 지연배상에 대하여는 원본의 이행기일을 경과한 후의 1년분에 한하여 저당권을 행사할 수 있다(제360조). 저당권자는 채권전부의 변제를 받을 때까지 저당물 전부에 대하여 그 권리를 행사할 수 있다(제370조, 제321조).

나. 저당권자의 채권변제를 받는 방법—변제기가 도래하고 채무자의 이행이 없으면 저당권자는 저당물의 경매를 청구할 수 있고, 그 절차는 대체적으로 경매신청, 경매개시결정, 배당절차로 이루어진다. 저당권자는 다른 채권자보다 자기채권의 우선변제를 받을 권리가 있으며, 이에 따라 저당권자는 그 채권의 변제를 받기 위해 저당물의 경매를 청구할 수 있다(제356조, 제363조 제1항). 이 경우 저당물의 소유권을 취득한 제3자도 경매인이 될 수 있다(제363조 제2항). 저당권자는 저당물에 의하여 변제를 받지 못한 부분의 채권에 한하여 채무자의 다른 재산으로부터 변제를 받을 수 있다(제370조 및 제340조 제1항). 다만, 저당물보다 먼저 다른 재산에 관한 배당을 실시하는 경우에는 적용하지 않는다. 그러나 다른 채권자는 저당권자에게 그 배당금액의 공탁을 청구할 수 있다(제370조, 제340조 제2항).

저당부동산에 대해 다른 일반채권자가 강제집행을 하거나 다른 담보권자가 경매를 신청하는 경우 그 부동산 위의 모든 저당권은 변제기 도래 여부와 순위에 상관없이 소멸하며, 그 순위에 따라 우선배당을 받는다. 그리고 저당물로부터 만족을 받지 못한 부분의 채권은 채무자의 다른 재산으로부터 일반 채권자의 자격으로 변제받는다.

다. 저당권의 소멸—피담보채권이 소멸하면 저당권은 부종성으로 인하여 그 말소등기 없이도 당연히 소멸한다. 피담보채권이 소멸하지 않는 동안 저당권만이 소멸하는 일은 없다. 그리고 지상권 또는 전세권을 목적으로 저당권을 설정한 자는 저당권자의 동의 없이 지상권 또는 전세권을 소멸하게 하는 행위를 하지 못한다.

4) 특수한 저당권

가. 근저당권—현대의 채권·채무관계는 계속적 거래관계가 예상되는 경우가 많이 발생하는데, 거래에서 채권이 발생할 때마다 일일이 저당권을 설정하여야 한다면 매우 불편하고 복잡하다. 여기서 하나의 저당권으로 다수의 불특정채권을 일괄하여 담보할 필요가 있게 되는데, 이를 근저당권이라 한다. 근저당권은 일반 저당권과 달리 반드시 채권자와 채무자 간에 계속적으로 채권·채무가 발생하는 기본계약이 존재하여야 한다. 그 후 채권자와 설정자 간에 근저당설정계약을 맺고 이에 기하여 등기를 경료함으로써 성립하게 된다. 근저당권에서는 등기원인이 근저당권설정계약이라는 뜻과 채권최고액 및 채무자만이 등기된다(제357조).

> 근저당권자가 피담보채무의 불이행을 이유로 경매신청을 한 경우에는 경매신청시에 근저당 채무액이 확정되고, 그 이후부터 근저당권은 부종성을 가지게 되어 보통의 저당권과 같은 취급을 받게 되는바, 위와 같이 경매신청을 하여 경매개시결정이 있은 후에 경매신청이 취하되었다고 하더라도 채무확정의 효과가 번복되는 것은 아니다.[66]

나. 공동저당—동일한 채권의 담보로 수 개의 부동산 위에 설정된 저당권을 공동저당이라고 한다(제368조). 예컨대, A가 B에 대하여 5천만 원의 금전채권을 가지고 그 담보로 B 소유 X 토지와 Y 토지에 대해 저당권을 설정하는 것이다. 추가담보로서 때를 달리하여 설정되어도, 수 개의 목적물의 소유자가 달라도 공동저당은 성립될 수 있다. 공동저당은 각 부동산 위에 성립하는 것이므로, 각 부동산

---

66 대법원 2002. 11. 26. 선고 2001다73022 판결.

별로 저당권설정등기를 하여야 한다.

공동저당권이 설정되어 있는 수 개의 부동산 중 일부는 채무자 소유이고 일부는 물상보증인의 소유인 경우 위 각 부동산의 경매대가를 동시에 배당하는 때에는, 물상보증인이 민법 제481조, 제482조의 규정에 의한 변제자대위에 의하여 채무자 소유 부동산에 대하여 담보권을 행사할 수 있는 지위에 있는 점 등을 고려할 때, "동일한 채권의 담보로 수 개의 부동산에 저당권을 설정한 경우에 그 부동산의 경매대가를 동시에 배당하는 때에는 각 부동산의 경매대가에 비례하여 그 채권의 분담을 정한다"고 규정하고 있는 민법 제368조 제1항은 적용되지 아니한다고 봄이 상당하다. 따라서 이러한 경우 경매법원으로서는 채무자 소유 부동산의 경매대가에서 공동저당권자에게 우선적으로 배당을 하고, 부족분이 있는 경우에 한하여 물상보증인 소유 부동산의 경매대가에서 추가로 배당을 하여야 한다.[67]

III. 채권법 총론

1. 채권 일반

당사자 간의 채권·채무관계를 규율하는 법규를 총칭해서 채권법이라고 한다. 물권이 특정의 물건으로부터 직접 만족을 얻는 권리임에 비해 채권은 특정인이 다른 특정인에 대해 그의 채무를 이행할 것을 청구하는 모습으로 이루어진다.

67 대법원 2010. 4. 15. 선고 2008다41475 판결.

물권법과 함께 재산법 관계를 규율하는 채권은 물권법(강행법규성)에 비해 임의적인 성격을 가지고(임의법규성), 물권법이나 가족법이 국가적 성격이나 민족적 성격을 갖는 데 비해 채권법은 거래법으로서 국제적·보편적인 성질을 갖는다. 또한 당사가 간의 신뢰가 바탕이 되므로 신의칙의 규율이 다소 강하게 적용된다고 볼 수 있다.

민법은 제3편에서 채권의 발생원인 중 대표적인 계약, 사무관리, 부당이득, 불법행위에 관하여 개별적인 사항을 규정하고 있다. 채권의 발생원인은 그 성질에 따라 '법률행위'와 '법률의 규정'으로 나눌 수 있다. 계약에 의한 채권의 발생에는 법률규정이 필요하지 않고, 사적자치의 원칙상 계약은 가장 중요한 채권발생원인이다. 계약자유의 원칙상 당사자는 다른 종류의 계약도 얼마든지 체결할 수 있고 열거된 종류의 계약을 체결하는 경우에는 규정된 것과 다른 내용으로 체결할 수 있다. 법률규정은 민법뿐만 아니라 각종의 특별법에도 규정되어 있으나 그중 민법전 채권편에 있는 사무관리·부당이득·불법행위에 의해 채권이 발생한다고 규정되어 있다.

채무자는 채권자에게 일정한 행위(급부)를 하여야 할 의무를 부담한다. 채무자의 급부의무 내용은 계약이나 법률의 규정에 의해 정한다. 그 내용이 명확하지 않은 때에는 보충적으로 관습·임의규정 등에 의해 정해진다(제106조). 사무관리·부당이득·불법행위와 같은 법정채권에서의 급부의무는 민법의 규정에 따라 정해진다.

급부의무에는 주된 급부의무와 종된 급부의무가 있다. 예컨대 물건의 매매계약의 경우 소유권과 점유를 이전하는 것은 '주된 급부의무'이고 그 외 설명서나 보증서 등의 교부는 '종된 급부의무'이다. 구별의 실익은 주된 급부의무는 쌍무계약에서 서로 대가관계에 서게 되며(제536조·제537조), 불이행 시에는 손해배상청구권과 해제권이 발생할 수 있는 데 반해 종된 급부의무 불이행의 경우에는 이행청구와 손해배상청구는 인정되나 원칙적으로 해제권은 발생하지 않는다는 것이다. 급부의무를 실현하기 위해 신의칙상 요구되는 부수적인 의무로서 그 해당 여부는 급부의무에 따라 개별적으로 판단한다. 부수적 주의의무를 위반한 결과로서 손해가 발생한 때에는 채무불이행으로 인한 손해배상청구는 인정되나 해제권은 인정되지 않는다. 부수적 의무 자체가 고유한 목적을 가지는 때에는 이행청구가 가능할 수 있으나 부수적 주의의무는 급부의무에 부수하여 그 실현을 돕는 데 지나지 않는다는 점에서 이 의무의 이행만을 청구할 수 없는 것이 원칙이다.

2. 채권의 목적

채권의 목적은 채권자가 채무자에 대하여 청구할 수 있는 급부(이행행위)이다. 따라서 채무자의 행위에 의하여 실현된 결과가 목적인 경우(결과채무)와 채무자의 행위만을 목적으로 하는 것(행위채무)로 나누어 볼 수 있다. 채권의 목적은 채무자의 이행행위이고 채권의 목적물은 그 이행행위의 객체이기 때문에 양자는 구별하여야 한다.

(1) 특정물채권

특정물채권은 특정물의 인도를 목적으로 하는 채권이다. 특정물채권은 매매·증여·교환·사용대차·임대차·임치와 같은 계약에 의해 발생하거나 법률규정에 의하여서도 발생할 수 있다. 예컨대 부당이득자가 금전 이외의 물건을 보유하고 있는 경우에 발생한다. 채권이 성립할 당시에 특정물이 반드시 특정되어 있어야만 하는 것은 아니고 채권성립 후 특정되면 그때부터 특정물 채권이 된다.

특정물 채무자는 목적물을 인도할 때까지 선량한 관리자의 주의로 보존하여야 한다(제374조). 임의규정이고 일반적·원칙적 규정이므로, 당사자 사이에 다른 특약이 있거나 법률에 특별한 규정이 있는 경우에는 적용되지 않는다. 선관주의는 거래상 일반적으로 평균인에게 요구되는 정도의 주의이고 이를 게을리하는 것을 추상적 과실이라고 한다.

선관주의의무 위반은 채권자가 증명할 필요가 없고 책임을 면하려는 채무자가 자신이 선관주의의무를 다하였음을 증명하여야 한다.[68]

목적물의 보존의무는 자연적 인위적 멸실·훼손으로부터 목적물을 보호하고 그 경제적 가치를 유지하는 것을 말하며 보존에 필요한 비용은 특약이 없는 한 원칙적으로 채무자가 부담하여야 한다. 다만 수령지체로 인하여 보존비용이 증가된 때에는 그 증가액은 채권자가 부담하여야 한다(제403조). 매매의 경우에는 매수인이 수령을 지체한 경우라도 매도인이 부담한다.[69] 보존기간은 제374조에 "물건을 인도하기까지"라고 규정하여 채무자가 실제로 인도할 때까지를 뜻한다. 다만 이행기 이후에도 이행을 하지 않거나 못하는 것이 이행지체·수령지체의 경우가 아니어야 한다. 이행지체나 수령지체의 경우에는 채무자의 책임이 가중되거나 경감되기 때문이다(제392조, 제401조). 특정물채무자가 선관주의로 목적물을 보존한 경우에는 목적물이 멸실·훼손되었다고 해도 채무자는 책임을 면한다. 이에 비해 선관주의를 다하지 못하여 멸실·훼손된 경우, 채무자는 다른 물건으로 급부할 의무는 없으나 손해배상의무는 부담한다.

민법 제462조는 "채무자는 이행기의 현상대로 그 물건을 인도하여야 한다"고 규정하고 있다. 채무자가 선관주의를 가지고 보존한 경우에는 현상 그대로 인도하는 것으로 충분하다는 견해와 특정물의 멸실·훼손과 관계없이 특정물과 법적 동일성을 잃기 전까지만 현상인도가 인정된다는 견해가 대립하고 있다. 목적물의 인도장소는 당사자의 의사표시 또는 채무의 성질에 의하여 정하여지고, 정하여 지지 않는 경우에는 채권성립 당시에 그 물건이 있던 장소에서 인도하여야 한다(제467조 제1항).

---

68 대법원 1991. 10. 25. 선고 91다22605, 22612(반소) 판결.

69 대법원 1981. 5. 26. 선고 80다211 판결.

(2) 종류채권

종류채권은 목적물이 종류와 수량에 의하여 정하여지는 채권이다. 종류채권은 상품의 대량거래에서 주로 발생하며, 종류를 표현하는 종류표지의 결정은 당사자가 자유롭게 할 수 있다. 또한 당사자는 거래관념에 의하여 구별되는 대체물·부대체물의 구별에 구속당하지 않는다. 부대체물도 종류채권의 목적물이 될 수 있다.

민법에 규정되어 있는 특정의 방법으로 ① 채무자가 이행에 필요한 행위를 완료하는 것, ② 채무자가 채권자의 동의를 얻어 이행할 물건을 지정하는 것이 있다(제375조 2항). 당사자들의 합의로 목적물을 선정하면 특정이 되었다고 볼 수 있으므로 다른 특별한 사정이 없는 한 특정 방법이 약정되어 있는 경우는 가장 우선한다. 종류에 속하는 물건이 멸실되어 이행에 필요한 수량만 남은 경우와 종류물이 급부할 양에 미달하는 경우에는 종류채권은 특정물채권으로 변한다고 할 수 있다.

특정으로 종류채권은 그 동일성을 유지하면서 특정물채권으로 변한다. 따라서 급부의 위험은 채권자에게 이전한다. 채무자는 특정된 물건이 불가항력으로 멸실한 경우에는 더 이상 급부할 의무가 없다. 특정물이 채무자의 유책 사유로 멸실한 때에도 다른 물건으로 급부할 의무는 없고 손해배상 의무만을 부담한다. 훼손된 경우에도 다른 물건을 급부할 필요 없이 훼손된 그 물건을 급부하면 된다.

(3) 금전채권

광의적 의미의 금전채권은 금전의 급부(인도)를 목적으로 하는 채권이고 협의의 의미는 '일정액'의 금전의 인도(지급)를 목적으로 하는 채권이다. 후자를 금액채권이라고 하며 보통의 금전채권을 의미한다.

금전채권은 증여·매매·소비대차·임대차·고용·도급·임치 등의 계약이나 유증 등의 단독행위에 의해 발생하기도 하고, 부당이득을 원인으로 한 가액반환 의무, 불법행위에 의한 손해배상의무와 같이 법률의 규정에 의하여 발생하기도 한다. 채무불이행으로 인한 손해배상채권도 원칙적으로 금전채권이다.

금전채권은 이행불능이 있을 수 없고 이행지체만 생길 수 있다. 민법은 금전채권의 이행지체에 관하여 제397조의 특칙을 두고 있다. 금전채무의 이행지체에서 채권자는 손해를 증명할 필요 없이 손해배상을 청구할 수 있다(제397조 제2항 전단). 금전채권의 채무자는 과실 없음을 항변하지 못한다(제397조 제2항 후단). 따라서 책임 없는 사유로 이행을 지체한 경우에도 손해배상책임을 진다(무과실책임). 금전채무를 불이행 경우의 손해배상액은 법정이율에 의하는 것이 원칙이나 법령의 제한에 위반하지 않는 약정이율이 있는 경우에는 그에 따라 산정된다(제397조 제1항 단서).

(4) 이자채권

이자의 급부(지급)를 목적으로 하는 채권으로 이자는 금전 기타의 대체물로 지급되므로 일종의 종류채권이고, 특히 이자가 금전일 경우에는 금전채권이 된다. 당사자 사이의 소비대차·소비임치·매매대금·임차보증금의 지급 유예와 같은 특약이나 법률의 규정에 의하여 발생한다.

이자채권은 원본채권으로부터 독립성을 갖는 하나의 권리이다. 원본채권과 독립적으로 소 제기, 양도가 가능하며 담보도 제공할 수 있고 압류도 가능하다.

(5) 선택채권

수 개의 선택적 급부를 목적으로 하는 채권으로 복수의 채권이 아니고 하나의 채권이다. 따라서 하나의 청구권만 생긴다. 선택채권의 경우에는 급부가 선택적으로 정하여져 있어서 채무자의 선택에 의해 어느 하나의 급부가 확정되므로 선택권자의 선택이 중요하다. 선택채권은 법률행위 또는 법률의 규정(제135조, 제203조 제2항, 제310조 제1항, 제626조 제2항)에 의하여 발생한다.

선택채권의 채무가 이행되려면 급부의 확정이 전제되어야 하는데 이를 선택채권의 특정이라고 한다. 민법 규정에 특정의 방법으로 선택권의 행사와 급부불능이 규정되어 있다. 사적자치에 의해 원칙상 계약에 의한 특정도 가능하다.

> 토지소유자가 1필 또는 수필의 토지 중 일정 면적의 소유권을 상대방에게 양도하기로 하는 계약을 체결한 경우, 상대방이 토지소유자에 대하여 구체적으로 어떠한 내용의 권리를 가지는 것인지는 원칙적으로 당해 계약의 해석문제로 귀착되는 것이지만, 위치와 형상이 중요시되는 토지의 특성 등을 감안하여 볼 때 특별한 사정이 없는 한 위치가 특정된 일정 면적의 토지 소유권을 양도받을 수 있는 권리를 가지는 것으로 보아야 할 것이고, 따라서 위와 같은 계약에 있어서 양도받을 토지의 위치가 확정되지 아니하였다면 상대방이 토지소유자에 대하여 가지는 채권은 민법 제380조 소정의 선택채권에 해당하는 것으로 보아야 한다.[70]

(6) 임의채권

임의채권은 채권의 목적이 하나로 확정되어 있으나, 채권자 또는 채무자가 다른 급부로서 본래의 급부에 갈음할 수 있는 권리를 가지고 있는 채권이다. 임의채권은 당사자의 법률행위 또는 법률의 규정에 의하여 발생한다.

---

70 대법원 2011. 6. 30. 선고 2010다16090 판결.

3. 채권의 효력

(1) 채무불이행

채무자에게 책임 있는 사유로 채무의 내용에 좇은 이행이 이루어지지 않고 있는 상태를 일컫는 말이다. 채무불이행의 경우에는 채권자의 손해배상청구권 등의 법률효과가 발생하게 된다.

1) 이행지체

이행지체는 채무가 이행기에 있고, 그 이행 자체가 가능함에도 불구하고, 채무자가 그의 책임 있는 사유로 인하여 채무의 내용에 따른 이행을 하지 않는 것으로, 이행이 가능하다는 점에서 불완전이행과는 구분된다.

이행지체의 요건은 ① 이행기에 채무의 이행이 가능할 것, ② 이행기가 도래하였을 것, ③ 채무의 이행이 가능할 것, ④ 급부의 제공이 없을 것, ⑤ 채무자의 고의나 과실이 있을 것. ⑥ 이행하지 않는 것이 위법일 것이 요구된다.

이행지체가 성립하면 채권자는 손해배상을 청구할 수 있는데, 이 경우 손해배상은 원칙적으로 이행의 지체로 인하여 생긴 손해배상(지연배상)인 것이나, 채권자가 상당한 기간을 정하여 이행을 최고하여도 그 기간 내에 이행을 하지 않거나 지체 후의 이행이 채권자에게 이익이 없는 경우에는 예외적으로 이행에 갈음하는 손해배상(전보배상)을 청구할 수 있다. 그리고 지체 후에 생긴 손해에 대해서는 채무자에게 귀책사유가 없는 때에도 책임을 진다.

> 금전채무의 지연손해금채무는 금전채무의 이행지체로 인한 손해배상채무로서 이행기의 정함이 없는 채무에 해당하므로, 채무자는 확정된 지연손해금채무에 대하여 채권자로부터 이행청구를 받은 때로부터 지체책임을 부담하게 된다.[71]

부당이득반환의무는 이행기한의 정함이 없는 채무이므로 그 채무자는 이행청구를 받은 때에 비로소 지체책임을 진다.[72]

채무자가 임의로 채무를 이행하지 아니한 때에는 채권자는 그 강제이행을 법원에 청구할 수 있다. 그리고 채권자는 상당 기간을 정해서 그 이행을 최고하고 그 기간 내에 이행하지 않을 때에는 계약을 해제할 수도 있다(제544조). 계약의 해제는 손해배상의 청구에 영향을 미치지 않는다.

2) 이행불능

채권이 성립한 후 채무자에게 책임 있는 사유로 이행할 수 없게 된 경우를 이행불능이라 한다. 이행불능은 채권관계 성립 후, 이행이 불능으로 되고(후발적 불능), 채무자의 고의·과실이 있을 것이 요구된다. 채무자에게 책임 있는 사유로 급부가 불가능하게 되었다면, 채권자가 계약을 해제할 수 있다. 또한 이행에 갈음하는 손해배상(전보배상)을 청구할 수 있다.

이행불능이 발생한 것과 동일한 원인에 의하여 채무자가 이행의 목적물에 갈음하는 이익을 얻었을 경우에, 채권자가 채무자에 대하여 그 이익의 상환을 청구할 수 있는 권리가 주어지는데 이를 대상청구권(代償請求權)이라 한다.

쌍무계약에 있어 당사자 일방이 부담하는 채무의 일부만이 채무자의 책임 있는 사유로 이행할 수 없게 된 때에는, 그 이행이 불가능한 부분을 제외한 나머지 부분만의 이행으로는 계약의 목적을 달성할 수 없다면 채무의 이행은 전부가 불능이라고 보아야 할 것이므로, 채권자로서는 채무자에 대하여 계약 전부를 해제하거나 또는 채무 전부의 이행에 갈음하는 전보배상을 청구할 수 있을 뿐이지 이행이 가능한 부분만의 급부를 청구할 수는 없다.[73]

---

71 대법원 2004. 7. 9. 선고 2004다11582 판결.

72 대법원 2010. 1. 28. 선고 2009다24187, 24194 판결.

3) 불완전이행

불완전이행이란 채무자의 이행행위가 불완전하여 채권자에게 손해가 발생하는 것을 말한다. 채권이 이행불능 또는 이행지체 등의 소극적 사유에 의하여 침해된 것이 아니라, 이행이라는 적극적 행위를 통하여 침해되는 것이므로, 이를 적극적 채권침해라고도 한다(예: 상한 음식을 제공하여 배탈이 나게 한 경우, 수선을 잘못하여 오히려 더 큰 결함이 발생하게 된 경우 등).

이행방법의 잘못으로 채권자에게 '확대손해'가 발생한 경우, 불완전이행이 있은 후에도 완전이행이 가능하지만, 새로운 이행이 채권자에게 아무런 이익을 주지 않는 경우에 채권자는 채무자에게 손해배상을 청구할 수 있다.

4) 채무불이행의 효과

일반적으로 채무불이행의 효과로 이행강제권과 손해배상청구권, 계약의 해제권 · 해지권이 있다. 채무불이행의 가장 중요한 효과는 손해배상청구권이고 불이행으로 된 채무가 계약에 의해 발생한 때에는 일정한 요건 아래 계약의 해제권 · 해지권이 생기게 되고 이 외 이행불능의 경우는 대상청구권이 인정되기도 한다(통설 · 판례).

第387조(이행기와 이행지체)

① 채무이행의 확정한 기한이 있는 경우에는 채무자는 기한이 도래한 때로부터 지체책임이 있다. 채무이행의 불확정한 기한이 있는 경우에는 채무자는 기한이 도래함을 안 때로부터 지체책임이 있다.

② 채무이행의 기한이 없는 경우에는 채무자는 이행청구를 받은 때로부터 지체책임이 있다.

第390조(채무불이행과 손해배상) 채무자가 채무의 내용에 좇은 이행을 하지 아니한 때에는 채권자는 손해배상을 청구할 수 있다. 그러나 채무자의 고의나 과실없

---

73 대법원 1995. 7. 25. 선고 95다5929 판결.

이 이행할 수 없게 된 때에는 그러하지 아니하다.

제546조(이행불능과 해제) 채무자의 책임 있는 사유로 이행이 불능하게 된 때에는 채권자는 계약을 해제할 수 있다.

손해배상의 범위에 대해서는 제393조에 규정되어 있다. 여기에서 통상의 손해라고 하는 것은 채무불이행이 있으면 보통 일반적으로 발생한다고 생각되는 손해이다.

제393조(손해배상의 범위)

① 채무불이행으로 인한 손해배상은 통상의 손해를 그 한도로 한다.

② 특별한 사정으로 인한 손해는 채무자가 그 사정을 알았거나 알 수 있었을 때에 한하여 배상의 책임이 있다.

(2) 채권자지체

채권자의 급부의 수령 기타 채권자의 협력을 필요로 하는 채무의 이행에 있어서, 채무자가 채무의 내용에 좇은 이행의 제공을 하였음에도 채권자가 그것의 수령 기타의 협력을 하지 않거나 수령을 할 수 없기 때문에 채무자의 채무이행이 완료되지 않는 것을 말한다. 채권자가 채무자의 이행을 받을 수 없거나 받지 아니한 때에는 채권자의 수령의무 위반에 대해 책임을 추궁할 수 있다.

(3) 책임재산의 보전

1) 채권자대위권

채권자대위권(債權者代位權)은 채권자 자기 채권을 보전하기 위하여 채무자의 권리를 대신 행사할 수 있는 권리이다(제404조 제1항). 채권자대위권은 ① 강제집행의 준비로서 작용하여 강제집행의 요건·절차보다 간명하다는 점, ② 강제집행을 할 수 없는 권리도 행사할 수 있다는 점, ③ 특정채권의 보존을 위해 이용된다는 점에서 제도적 의의가 있다.

채권자대위권의 성립요건으로는 첫째, 채권이 존재하고, 채권보전의 필요성이 있어야 한다. 피보전채권의 이행기가 도래하지 않은 경우에도 채권자대위권을 인정한다면 채무자의 기한의 이익을 박탈하게 되므로, 피보전채권의 이행기 도래가 요건이 된다. 둘째, 피대위채권은 채무자의 일신에 전속하는 권리가 아니어야 하며, 압류할 수 있는 권리여야 한다. 셋째, 채무자가 스스로 그의 권리를 행사하지 않고 있어야 한다.

채권자대위권은 채권자가 자기의 이름으로 행사한다. 또한 재판 외 행사도 가능하다. 채권자가 채무자를 대위하여 보존행위 이외의 권리를 행사한 때에는 채무자에게 통지하여야 한다.

2) 채권자취소권

채권자취소권(債權者取消權)은 채무자가 채권자를 해함을 알면서 자기의 일반재산을 감소시키는 법률행위를 한 경우에, 채권자가 그 법률행위를 취소하고 재산을 원상으로 회복하는 것을 내용으로 하는 권리를 말한다(제406조 제1항).

채권자취소권은 채권자대위권과 마찬가지로 채무자의 책임재산 보전을 목적으로 하지만 채권자취소권은 채무자와 행한 완전히 유효한 법률행위를 취소하고 재산을 회복시키는 것이어서 채무자나 제3자에 대하여 크게 영향을 미치게 되어 민법은 채권자취소권에 대하여는 '재판상 행사' 및 '단기 제척기간'과 같은 규제를 가하고 있다.

원칙적으로 취소채권자의 채권액의 범위에서만 취소가 가능하나, 예외적으로 목적물의 가액이 채권액을 초과하더라도 그 전부를 취소할 수 있다. 사해행위의 목적물 자체의 반환이 가능한 경우에 원칙으로 그 목적물의 반환을 청구하여야 하며, 특별한 사정이 없는 한 그 목적물의 가액의 반환을 청구하지 못한다.

채권자취소권의 대상이 되는 채권자를 해하는 행위라 함은 적극재산을 감소하거나 소극재산을 증가시킴으로써 채무자를 채무초과 상태에 빠지게 하거나 채무초과상태가 더 나빠지게 하는 행위를 의미하는데, 채무자가 아무 채무도 없이 다른 사람을 위해 자신의 부동산에 관하여 근저당권을 설정함으로써 물상보증인이 되는 행위는 그 부동산의 담보가치만큼 채무자의 총재산에 감소를 가져오는 것이므로, 그 근저당권이 채권자의 가압류와 동순위의 효력밖에 없다 하여도, 그 자체로 다른 채권자를 해하는 행위가 된다고 볼 것이다.[74]

채무자의 재산이 채무의 전부를 변제하기에 부족한 경우에 채무자가 그의 유일한 재산을 어느 특정 채권자에게 대물변제로 제공하는 행위는 다른 특별한 사정이 없는 한 다른 채권자들에 대한 관계에서 사해행위가 되지만, 채권자들의 공동담보가 되는 채무자의 총재산에 대하여 다른 채권자에 우선하여 변제를 받을 수 있는 권리를 가지는 채권자는 처음부터 채무자의 재산에 대한 환가절차에서 다른 채권자에 우선하여 배당을 받을 수 있는 지위에 있으므로, 그와 같은 우선변제권 있는 채권자에 대한 대물변제의 제공행위는 특별한 사정이 없는 한 다른 채권자들의 이익을 해한다고 볼 수 없어 사해행위가 되지 않는다.[75]

채권자취소권은 채권자가 취소원인을 안 날로부터 1년, 법률행위 있은 날로부터 5년 내에 제기하여야 한다(제406조). 채무자가 채권자를 해함을 알면서 사해행위를 하였다는 사실을 알게 된 날을 의미한다. 이는 단순히 채무자가 재산의 처분행위를 한 사실을 아는 것만으로는 부족하고, 구체적인 사해행위의 존재를 알고 나아가 채무자에게 사해의 의사가 있었다는 사실까지 알아야 한다.

---

74 대법원 2010. 6. 24. 선고 2010다20617, 20624 판결.

75 대법원 2008. 2. 14. 선고 2006다33357 판결.

4. 다수당사자의 채권관계

하나의 채권관계에 적어도 2인의 당사자가 있어야 하지만, 채권자 또는 채무자가 수인인 경우로 이러한 관계를 다수당사자 채권관계라고 한다.

(1) 분할채권관계와 불가분채권관계

하나의 가분적 급부에 대하여 채권자 또는 채무자가 수인인 경우에, 각 채권자가 급부의 일부에 대해서만 권리를 가지거나, 각 채무자가 급부의 일부만을 부담하는 채권관계를 분할채권관계라고 한다. 하나의 불가분급부를 목적으로 하는 다수당사자의 채권관계를 불가분채권관계라 한다.

(2) 연대채무

1) 의의

연대채무(連帶債務)는 수인의 채무자가 동일한 내용의 급부에 관하여 각각 독립하여 그 전부를 이행할 채무를 부담하고, 그중 1인의 채무자가 전부를 급부하면 모든 채무자의 채무가 소멸하게 되는 다수당사자의 채무이다(제413조). 이 경우 실질적으로는 하나의 채무인데도 모든 채무자가 전부급부의무를 부담함으로써 채임재산의 범위가 모두 일반재산에까지 확장되는 결과 인적 담보의 기능을 하게 된다.

2) 대외적 효력

채권자는 연대채무자 가운데 어느 1인에 대하여 채무의 전부 또는 일부의 이행을 청구할 수 있고, 또한 모든 채무자에 대하여 동시에 또는 순차로 전부나 일부의 이행을 청구할 수 있다(제414조). 그러나 일부의 변제를 받은 경우에는 나머지 금액만을 청구할 수 있다. 연대채무의 경우에는 어느 채무자가 채무의 전부를 이행하면 모든 채무자의 채무가 소멸한다. 어느 연대채무자에게 생긴 사유가 다른 연대채무자에게도 효력이 인정되는 경우에 이를 절대적 효력이 있는 사유라고 하는데, 민법은 제416조 내지 제422조에서 일곱 가지[76] 사유의 절대적 효력을 인정하고 있다. 그 밖의 어느 연대채무자에게 생긴 사항은 다른 연대채무자에게 효력이 없는 상대적 효력만을 가진다.

3) 대내적 효력

가. 구상권—어느 연대채무자가 변제 기타 자기의 출재로 공동면책이 된 때에는, 다른 연대채무자의 부담 부분에 대하여 구상권을 행사할 수 있다(제425조 제1항). 구상권 행사의 상대방은 공동면책이 된 다른 연대채무자에 한하며, 다른 연대채무자가 그 채권자에게 부담하는 채무를 연대보증한 연대보증인은 상대방이 아니다.[77]

연대채무에 있어서 구상관계는 연대채무자 내부관계에서 출재를 분담하는 부담부분을 전제로 한다. 출재한 연대채무자는 출재액, 면책된 날 이후의 법정이자, 필요비, 기타의 손해를 구상할 수 있다.

나. 구상권의 제한—민법은 제426조에서, 한 연대채무자가 다른 연대채무자에게 통지하지 않고서 자기의 출재로 공동면책이 된 경우에 다른 연대채무자가 채권자에게 대항할 수 있는 사유가 있는 때에는 그 사유로 면책행위를 한 연대채무자에게 대항할 수 있다고 하고(제426조 제1항), 한 연대채무자가 자기의 출재로 공동면책 되었음을 다른 연대채무자에게 통지하지 않은 경우에 다른 연대채무자가

76 변제, 대물변제, 공탁, 이행의 청구, 채권자지체, 상계, 경개, 면제, 혼동, 시효의 완성, 계약의 해지·해제의 경우 절대적 효력이 있다.

77 대법원 1991. 10. 22. 선고 90다20244 판결.

선의로 채권자에게 변제 기타 유상의 면책행위를 한 때에는 그 연대채무자가 자기의 면책행위의 유효를 주장할 수 있다고 한다(제426조 제2항).

(3) 보증채무

1) 의의 및 법적 성질

보증채무(保證債務)는 주된 채무와 동일한 내용의 급부를 행할 것을 내용으로 하여, 주채무가 급부를 이행하지 않은 때에 보증인이 이를 이행하여야 하는 채무를 말한다(제428조 제1항). 보증채무는 주채무자의 채무를 보증할 것을 내용으로 보증인이 채권자와 보증계약을 체결함으로써 성립한다. 현실적으로는 보증인에게 미리 허락을 받은 주채무자가 보증인의 대리인으로서 채권자와 보증계약을 체결하는 경우가 많지만 주채무자는 보증계약의 당사자는 아니다.

> 보증채무는 주채무와 동일한 내용의 급부를 목적으로 함이 원칙이지만 주채무와는 별개 독립의 채무이고, 한편 보증채무자가 주채무를 소멸시키는 행위는 주채무의 존재를 전제로 하므로, 보증인의 출연행위 당시에는 주채무가 유효하게 존속하고 있었다 하더라도 그 후 주계약이 해제되어 소급적으로 소멸하는 경우에는 보증인은 변제를 수령한 채권자를 상대로 이미 이행한 급부를 부당이득으로 반환청구할 수 있다.[78]

보증채무는 ① 반드시 주채무가 존재하지 않으면 보증채무도 존재하지 않는다(부종성). 따라서 주채무의 부존재, 무효, 취소의 경우에는 보증채무도 성립할 여지가 없다. 또한 주채무가 변제, 대물변제, 경개, 면제 등에 의하여 소멸하면, 보증채무도 소멸한다. 그리고 부종성에 의하여 보증채무의 범위는 주채무의 범위

---

78 대법원 2004. 12. 24. 선고 2004다20265 판결.

를 넘지 않아야 하고, 만일 보증인의 부담이 주채무의 목적이나 형태보다 중한 경우에는 주채무의 한도로 감축한다(제430조). ② 주채무와 별개의 독립한 채무이다(독립성). 주채무에 종속하는 부종성의 성질을 가지나, 부종성에 저촉되지 않는 한도에서 독립성이 인정된다. 따라서 보증채무를 위하여 다시 보증하는 것도 가능하며 보증인은 그 보증채무에 관한 위약금 기타 손해배상액을 따로 예정할 수 있다. ③ 주채무자에 대한 채권이 이전하면 원칙적으로 보증채권도 이전한다(수반성). 채권양도의 경우 주채무자에 통지하면, 보증인에 별도로 통지를 하지 않더라도 보증인에 대하여 대항할 수 있다. ④ 보증인은 주채무자의 채무이행이 없을 때에 이행할 책임이 있다(보충성). 보충성으로 인하여 보증인은 최고, 검색의 항변권을 가진다.

2) 대외적 효력

채권자는 주채무자와 보증인에 대하여 각각 또는 동시에 이행기에 있는 채무의 전부나 일부의 이행을 청구할 수 있다. 또한 채권자는 일정한 범위에서 정보제공 및 통지의무를 진다(제436조의2). 즉, 채권자는 보증계약을 체결할 때 보증계약의 체결 여부 또는 그 내용에 영향을 미칠 수 있는 주채무자의 채무 관련 신용정보를 보유하고 있거나 알고 있는 경우에는 보증인에게 그 정보를 알려야 한다. 또 보증계약을 갱신할 때에도 동일하다(제436조의2 제1항). 그리고 채권자는 보증계약을 체결한 후에 ① 주채무자가 원본, 이자, 위약금, 손해배상 또는 그 밖에 주채무에 종속한 채무를 3개월 이상 이행하지 아니하는 경우, ② 주채무자가 이행기에 이행할 수 없음을 미리 안 경우, ③ 주채무자의 채무 관련 신용정보에 중대한 변화가 생겼음을 알게 된 경우 중 어느 하나에 해당하는 사유가 있는 경우에는 지체 없이 보증인에게 그 사실을 알려야 한다(제436조의2 제2항 제1호 내지 제3호). 만약 보증인의 청구가 있으면 채권자는 주채무의 내용 및 그 이행 여부를 알려야 한다(제436조의2 제3항).

보증인은 주채무자가 가지는 동시이행의항변권이나 주채무 소멸의 항변 등을 가지고 채권자에게 대항할 수 있으며, 주채무자가 항변을 포기하여도 그것은 보증인에게는 효력이 없다. 또는 보증인은 채권자의 이행청구에 대하여 일정한 사항을 증명하여 주채무자에게 먼저 청구하라든가, 주채무자의 재산에 대하여 먼저 집행하라고 항변할 수 있는 최고·검색의 항변권이 있다.

3) 대내적 효력

보증인이 자기의 출재로 채무를 이행한 때에는 당연히 주채무자에 대하여 구상권을 가진다.

구상의 범위는 민법의 규율에 따라 보증인이 주채무자로부터 부탁을 받았는지 여부에 따라 달리 규정된다(제441조 제2항, 제444조). 민법은 부탁받은 수탁보증인에게는 일정한 경우에 사전구상권도 인정한다(제442조).

5. 채권양도와 채무인수

(1) 채권양도

민법은 "채권은 양도할 수 있다"고 규정하여(제449조 제1항 본문), 채권의 양도성을 인정하고 있다. 채권양도(債權讓渡)란 종래의 채권자가 채무자에 대한 채권을 동일성을 유지한 채, 새로운 채권자에게 이전하는 계약을 말한다. 지명채권은 채권자가 특정되어 있는 채권을 말하며, 일반적으로 채권이라 하면 지명채권을 가리킨다. 다만, 본질적으로 양도할 수 없는 성격의 채권이거나 당사자 간의 특약으로 양도를 금지한 경우에는 양도할 수 없다(제449조 제1항 단서). 예컨대 채권자가 변경되면 급부의 내용이나 권리의 행사가 달라지는 채권, 특정의 채권자와의 사이에서 결제되어야 하는 채권, 채권 사이에 주·종의 관계가 있는 경우의 종된 채권, 전세금반환청구권은 전세권이 존재하는 상태에서는 전세권과 분리하여 양도할 수 없다. 판례는 매매로 인한 소유권이전등기 청구권은 그 권리의 성질상 양도가 제한된다고 한다. 근로기준법상 임금은 직접 근로자에게 지급하도록 규정(동법 제43조 제1항, 제109조)되어 있으나 이는 양도금지규정은 아니므로 임금채권은 양도할 수 있다.

채권은 당사자가 반대의 의사표시를 한 경우에는 양도하지 못한다(제449조 제2항 본문). 의사표시는 채권 성립시나 성립 후나 무방하다. 그러나 채권의 양도금지의 의사표시가 있다고 하여도 선의의 제3자에게는 대항하지 못한다(제449조 제2항 단서).

법률이 본래의 채권자에게 변제하게 할 목적으로 채권의 양도를 금지하는 경우가 있다. 부양청구권, 각종 연금청구권, 재해보상청구권, 국가배상청구권 등이 그 예이다. 법률에 의하여 양도가 금지되는 것은 압류도 할 수 없다. 그러나 압류가 금지되는 채권은 반드시 양도까지 금지된다고 할 수는 없다.

지명채권의 양도는 당사자인 양도인과 양수인의 합의에 의하여 행하여지며, 채무자와 제3자에게 대항하기 위해서는 일정한 요건을 갖추어야 한다. 양도의 대항요건은 '채무자에 대한 양도인의 통지' 또는 '채무자의 승낙'이고, 다만 제3자에 대항하기 위해서는 추가적으로 통지 또는 승낙을 확정일자 있는 증서로써 하도록 규정하고 있다.

증권적 채권은 채권이 증권(證券)으로 화체되어 채권의 성립·존속·행사·양도 등이 증권에 의하여 행해지는 채권으로서 유가증권의 일종이다. 민법은 증권적 채권에 대하여는 지시(指示)채권(제508조-제522조)과 무기명채권(제523조-제526조)에 대해 규정하고 있다. 지시채권은 그 증권에 배서(背書)하여 교부하는 방식으로 양도되는 채권이고, 무기명채권은 양수인에게 그 증서 자체를 교부함으로써 양도가 이루어지는 채권이다.

지명채권의 양도에 관하여 민법은 '대항요건주의'를 취하고 있다. 채권의 양도 자체는 자유롭지만 그 양도사실에 대해 채무자에게 대항하기 위해서는 양도인이 채무자에 대한 통지나 채무자의 승낙이 있어야 한다(제450조 제1항). 또한, 채권양도를 제3자에게 대항하기 위해서는 채무자에 대한 통지나 승낙이 '확정일자 있는 증서'에 의해 실행되어야 한다(제450조 제2항). 채권양도를 할 경우 양도인과 양수인 간 양도계약서를 작성한 후 이를 첨부하여 채무자에게 확정일자 있는 증서로 채권양도의 통지까지 완료해야 완전한 채권양도가 되는 것이다. '채무자에게 대항'한다는 의미는 양수인이 채무자에 대해 자신이 채권자임을 주장하기 위한 요건이라는 뜻이며, '채무자 외 제3자에게 대항'한다는 것은 동일한 채권을 이중으로 양수하거나 압류한 자 사이에 우열을 정하는 표준이 된다는 뜻이다.

(2) 채무인수

'채무인수(債務引受)'는 채무의 동일성을 유지하면서 이를 종래의 채무자로부터 제3자인 인수인에게 이전하는 것을 목적으로 하는 계약을 말한다. 채무인수가 있으면 종래의 채무자는 채무를 면하게 되고 인수인이 새로운 채무자가 된다. 채무의 이전은 법률규정에 의하여 생길 수도 있으나(제1005조, 주택임대차보호법 제9조), 계약으로 인한 채무인수가 많다.

우선 '면책적 채무인수'란 종래의 채무자는 채무관계에서 벗어나고, 채무가 동일성을 유지하면서 제3자인 인수인에게 옮겨 가는 것을 의미한다. 채권양도가 채권이 기존의 채권자에게서 새로운 채권자에게 옮겨 가는 것이라면 면책적 채무인수는 채무가 기존의 채무자에게서 새로운 채무자에게 옮겨 가는 것을 의미한다. 이는 '채무자 변경'의 개념이라 볼 수 있다.

이에 반해 '중첩적 채무인수'란 기존의 채무자가 채무관계에서 벗어나지 않고, 새로운 채무자가 추가되는 것을 의미한다. 이는 '채무자 추가'의 개념이라고 볼 수 있다. 중첩적 채무인수는 '병존적 채무인수'라고도 한다.

채무인수가 있으면 채무는 그 동일성을 유지하면서 인수자에게 이전한다. 채무가 이전되는 시기는 채무인수가 준물권행위로서 효력을 발생하는 때이다. 따라서 원칙적으로 채무인수계약을 체결하는 때에 이전한다. 다만 계약의 경우에는 채권자의 승낙이 있는 때에 준물권행위로서 효력을 발생하므로, 그 승낙이 있는 때에 채무가 이전한다고 한다. 인수인은 전 채무자가 가지고 있던 항변으로 채권자에게 대항할 수 있다(제458조). 따라서 인수인은 채무의 성립·존속 또는 이행을 저지 또는 배척하는 모든 사유를 주장할 수 있다. 그러나 인수된 채무의 발생원인이 되는 계약의 취소권·해제권과 같이 그 계약의 당사자만이 가질 수 있는 권리는 행사할 수 없다. 인수인은 전 채무자가 가지고 있던 채권으로 상계하지 못하고 인수인이 전 채무자에 대하여 가지는 항변사유로 채권자에게 대항할 수 없다.

> 채무가 인수되는 경우에 구 채무자의 채무에 관하여 제3자가 제공한 담보는 채무인수로 인하여 소멸하되 다만 그 제3자(물상보증인)가 채무인수에 동의한 경우에 한하여 소멸하지 아니하고 신 채무자를 위하여 존속하게 되는바, 이 경우 물상보증인이 채무인수에 관하여 하는 동의는 채무인수인을 위하여 새로운 담보를 설정하겠다는 의사표시가 아니라 기존의 담보를 채무인수인을 위하여 계속 유지하겠다는 의사표시에 불과하여 그 동의에 의하여 유지되는 담보는 기존의 담보와 동일한 내용을 갖는 것이므로, 근저당권에 관하여 채무인수를 원인으로 채무자를 교체하는 변경등기(부기등기)가 마쳐진 경우 특별한 사정이 없는 한 그 근저당권은 당초 구 채무자가 부담하고 있다가 신 채무자가 인수하게 된 채무만을 담보하는 것이지, 그 후 신 채무자(채무인수인)가 다른 원인으로 부담하게 된 새로운 채무까지 담보하는 것으로 볼 수는 없다.[79]

6. 채권의 소멸

채권이 객관적으로 존재하지 않게 되는 것을 채권의 소멸이라 하고, 그 원인

79 대법원 2000. 12. 26. 선고 2000다56204 판결.

에는 여러 가지가 있으나 민법은 변제, 대물변제, 공탁, 상계, 경계, 면제, 혼동의 일곱 가지를 규정하고 있다. 그 밖에도 채권은 목적의 소멸, 채권 존속기간의 만료, 소멸시효의 완성, 채무자에게 책임 없는 이행불능 등에 의해서도 소멸한다.

(1) 변제

1) 의의·변제의 제공·변제의 장소·변제비용

변제(辨濟)란 변제자가 채무의 내용인 급부를 실현하는 것을 말하고, 본래의 변제자는 변제의무를 부담하는 채무자이다. 변제는 채무내용에 좇은 현실제공으로 이를 해야 한다(제460조 전단). "채무의 내용에 좇은 현실제공"이란 대여금을 갚기 위해 채권자에게 대여금을 준비하여 제공하는 것을 말한다. 그러나 채권자가 미리 변제받기를 거절하거나 채무의 이행에 채권자의 행위를 요하는 경우에는 변제준비의 완료를 통지하고 그 수령을 최고하면 된다(제460조 후단). 변제를 제공하면 그 때부터 채무불이행의 책임을 면한다(제461조).

채무의 성질 또는 당사자의 의사표시로 변제장소를 정하지 않은 때에는 금전소비대차계약에 따른 채무변제는 채권자의 현주소에서 해야 한다. 그러나 영업에 관한 채무의 변제는 채권자의 현영업소에서 해야 한다(제467조 제2항). 변제비용은 다른 의사표시가 없으면 채무자의 부담으로 한다. 그러나 채권자의 주소이전이나 그 밖의 행위로 인하여 변제비용이 증가된 때에는 그 증가액은 채권자의 부담으로 한다(제473조). 예컨대, 부산에 사는 채무자가 서울에 사는 채권자의 집에 찾아와서 돈을 갚기 위해 든 차비나, 은행의 계좌이체로 채권자에게 변제한 경우에 드는 계좌이체 수수료 등이 변제비용이다.

2) 변제자·변제수령자

채무의 변제는 제3자도 할 수 있다. 그러나 채무의 성질 또는 당사자의 의사표시로 제3자의 변제를 허용하지 않는 때에는 제3자가 변제할 수 없다(제469조 제

1항). 채권의 준점유자(準占有者)에 대한 변제는 변제자가 선의이며 과실이 없는 때에 한하여 효력이 있다(제470조). 여기서 "채권의 준점유자"란 채권이 사실상 어떤 사람에게 귀속하는 것과 같은 외관을 가진 사람을 말한다. 예컨대, 위조한 영수증을 가지고 있는 사람,[80] 호적에 자녀로 기재되어 있어 외관상 상속인인 것처럼 보이나 실제로는 자녀가 아니어서 상속을 받을 수 없는 사람 등이 그 예다. 영수증을 소지한 자에 대한 변제는 그 소지자가 변제를 받을 권한이 없는 경우에도 효력이 있다. 그러나 변제자가 그 권한 없음을 알았거나 알 수 있었을 경우에는 변제의 효력이 없다(제471조). 채권의 준점유자에 대한 변제 또는 영수증소지자에 대한 변제 이외에 변제받을 권한 없는 사람에 대한 변제는 채권자가 이익을 받은 한도에서 효력이 있다(제472조). 변제받을 권한이 없는 사람에게 변제를 하더라도 변제는 무효인 것이 원칙이다. 다만, 권한 없는 사람이 변제로서 받은 것을 채권자에게 인도하면 그 한도에서 변제는 유효하고 채권은 소멸한다.

3) 변제기 전의 변제

당사자의 특별한 의사표시가 없으면 변제기 전이라도 채무자는 변제할 수 있다. 그러나 상대방의 손해는 배상해야 한다(제468조). 변제기 전에 변제하는 경우 상대방인 채권자에게 발생하는 손해는 이자부 금전소비대차계약에서 변제시점부터 변제기까지 받을 이자를 말한다.

4) 변제충당

가. 의의—'변제충당(辨濟充當)'이란 채무자가 동일한 채권자에 대하여 같은 종류의 목적을 가지는 수 개의 채무를 부담하거나(제476조), 1개의 채무의 변제로서 수 개의 급부를 해야 하거나(제478조), 또는 채무자가 1개 또는 수 개의 채무에 관하여 원본 외에 비용·이자를 지급해야 하는 경우(제479조)에 변제로서 제공한

80 대법원 1963. 10. 10. 선고 63다384 판결.

급부가 그 전부를 소멸하게 하는 데에 부족할 때에 그 변제를 어느 채무에 충당할 것인지의 문제를 말한다. 변제충당은 합의가 있으면 그에 따르고, 합의가 없는 경우 충당을 지정할 수 있는 지정권자의 지정에 의해 정해지며, 지정이 없는 경우에 법이 정한 충당순서에 따르게 된다.

나. 비용, 이자, 원본에 대한 변제충당 순서—채권자와 채무자는 계약체결 시 미리 일부변제 시 변제액이 비용, 이자, 원본 중 어느 금액에 충당할 것인지에 관해 합의할 수 있다. 당사자의 합의가 있으면 그 합의에 따른다. 합의는 차용증 작성시 명시할 수도 있고, 일부변제 시 구두로 할 수도 있다.

채무자가 1개 또는 수 개의 채무의 비용 및 이자를 지급할 경우에 변제자가 그 전부를 소멸하게 하지 못한 급여를 한 때에는 합의가 없으면 비용, 이자, 원본의 순서로 변제에 충당해야 한다(제479조 제1항).

비용, 이자, 원본의 충당순서는 다음과 같은 법정변제충당의 순서(제477조)에 따른다(제479조 제2항). 채무 중에 이행기가 도래한 것과 도래하지 않은 것이 있으면 이행기가 도래한 채무의 변제에 충당한다. 채무 전부의 이행기가 도래하였거나 도래하지 않은 때에는 채무자에게 변제이익이 많은 채무의 변제에 충당한다. 여기서 '변제이익'이란 변제를 통해 채무자가 이익을 얻는 것을 말하며, 무이자 채무보다는 이자부 채무가, 저이율의 채무보다는 고이율의 채무가, 연대채무보다는 단순채무가 변제이익이 더 많다. 채무자에게 변제이익이 같으면 이행기가 먼저 도래한 채무나 먼저 도래할 채무의 변제에 충당한다.

(2) 대물변제

채무자가 채권자의 승낙을 얻어 본래의 채무이행에 갈음하여 다른 급여를 한 때에는 변제와 같은 효력이 있다(제466조). 대물변제(代物辨濟)의 요건은 ① 당사자 사이에 대물변제의 합의, ② 채권이 존재, ③ 본래 급부와 다른 급부를 할 것을 약정, ④ 실제로 본래의 채무이행에 갈음한 다른 급부가 행해져야 한다.

대물변제는 변제와 같은 효과가 있기 때문에 채권이 소멸되고 그 채권을 위한 담보권도 소멸한다. 대물변제는 채무의 일부에 관하여도 행하여질 수 있다. 그런데 대물변제의 예약이 체결되어 있는 한 원칙적으로 채권 전부의 대물변제에 관한 것이라고 해석해야 하므로, 채권의 일부에 대한 대물변제를 주장하는 채권자가 그 사실을 주장·증명하여야 한다.

(3) 공탁

공탁(供託)은 법령의 규정에 따른 원인에 기하여 금전 또는 유가증권 기타의 물건을 공탁소에 맡김으로써 일정한 법률상의 목적을 달성하려고 하는 것이다. 일반적으로 다른 사람과 금전거래를 한 경우 채무자는 채무를 갚으려고 했으나 채권자가 받기를 거부하거나 행방불명 등으로 약속한 때에 채무를 변제하지 못할 상황일 경우 채무자가 책임을 면하기 위해 국가기관인 공탁소에 해당 채무금 또는 물품을 맡김으로써 채무를 면제하는 데 사용된다. 이러한 공탁은 변제를 위하여 뿐만 아니라 담보, 집행, 보관 등을 위하여 이용된다. 변제와 아울러 집행을 위하여서도 공탁을 할 수 있다.

공탁은 반드시 법령에 근거하여야 하고 당사자가 임의로 할 수 없는 것이므로, 금전채권의 채무자가 공탁에 의한 채무의 지급을 약속하더라도 채권자가 채무자에게 이러한 약정에 기하여 공탁하라고 청구할 수 없다.

변제공탁이 있으면 채무자는 채무를 면하게 된다(제487조). 채무의 이행에 채권자의 수령이 필요한 경우에 채무자의 변제제공이 있으면 채무자는 채무불이행 책임을 지지 않게 되지만 채무를 면하지는 못한다. 채권자가 수령을 거절하거나 수령할 수 없는 때에 언제까지나 채무자가 채무에 구속당하게 하는 것은 부당하기에 채무자 기타의 변제자가 목적물을 공탁함으로써 채무를 면할 수 있도록 하였다.

(4) 상계

상계(相計)란 채권자와 채무자가 서로 같은 종류를 목적으로 하는 채권·채무를 가지고 있는 경우에 그 채무들을 대등액에서 소멸하게 하는 단독행위이다(제492조). 예컨대, 채권자와 채무자가 100만 원의 금전소비대차를 하였으나, 채무자에게는 이미 채권자에게 다른 받을 돈 50만 원이 있는 경우 50만 원의 액수에 관해서는 채무자가 채권자에게 상계함을 표시하는 동시에 채무가 소멸한다. 상계가 유효하려면 당사자 쌍방의 채권이 일정한 요건을 갖춘 상계적상(相計適狀)의 상태에 있어야 한다. 그 요건은 ① 쌍방이 동종의 목적을 가지는 채권을 가지고 있고, ② 두 채권이 변제기에 있어야 하며, ③ 채권의 성질이 상계를 허용하고 상계가 금지되어 있지 않아야 한다(제492조). 채무가 고의의 불법행위로 인한 것인 때에는 그 채무자는 상계로 채권자에게 대항하지 못한다(제496조). 상계에 의해 소멸한 채무는 상계할 수 있는 때에 소멸한 것으로 보기 때문에, 상계에는 소급효가 없다(제493조 제2항).

> 민법 제756조에 의한 사용자의 손해배상책임은 피용자의 배상책임에 대한 대체적 책임이고, 같은 조 제1항에서 사용자가 피용자의 선임 및 그 사무감독에 상당한 주의를 한 때 또는 상당한 주의를 하여도 손해가 있을 경우에는 책임을 면할 수 있도록 규정함으로써 사용자책임에서 사용자의 과실은 직접의 가해행위가 아닌 피용자의 선임·감독에 관련된 것으로 해석되는 점에 비추어 볼 때, 피용자의 고의의 불법행위로 인하여 사용자책임이 성립하는 경우에 민법 제496조의 적용을 배제하여야 할 이유가 없으므로 사용자책임이 성립하는 경우 사용자는 자신의 고의의 불법행위가 아니라는 이유로 민법 제496조의 적용을 면할 수는 없다.[81]

81 대법원 2006. 10. 26. 선고 2004다63019 판결.

(5) 경개·면제·혼동

경개(更改)는 채무의 중요 부분을 변경함으로써 신채무를 성립시키는 동시에 구채무를 소멸시키는 계약이다(제500조). 예컨대, 채권자가 채무자의 변제자력이 미치지 못하자 채무자와 가까운 자력 있는 다른 채무자와 채무자로 변경하기로 하거나, 채권자가 제3자를 채권자로 하기로 채무자·제3자와 계약하는 경우를 말한다.

면제(免除)는 채권자가 채무자에 대한 채권을 무상으로 소멸시키는 단독행위이다(제506조). 예컨대, 채권자와 채무자가 100만 원의 금전소비대차를 하였으나 채무자의 어려운 사정을 알고 이를 받지 않기로 하는 의사를 표시한 경우에는 100만 원의 채권은 소멸하게 된다. 면제는 채권을 소멸시키는 행위로서 준물권행위이고 처분행위이다.

혼동(混同)이란 채권과 채무가 동일인에게 귀속하는 사실이다. 혼동이 있으면 채권은 원칙적으로 소멸한다(제507조). 예컨대, 남편이 부인에게 1천만 원을 빌려 주었으나 남편이 사망하고 부인이 단독으로 상속인이 된 경우에는 상속으로 부인이 남편에게 줄 1천만 원의 채무는 소멸하게 된다.

IV. 채권법 각론

1. 계약법 총론

(1) 계약의 의의

계약은 단독행위 및 합동행위와 구별되는 것으로, 사법상의 일정한 법률효과의 발생을 목적으로 하는 법률행위이다. 계약의 성립은 서면의 작성에 의하는 경우가 적지 않으나, 구두에 의한 합의만으로도 계약은 유효하게 성립한다. 계약자유의 원칙은 계약체결의 자유, 상대방 선택의 자유, 내용결정의 자유, 방식의 자유를 그 기본내용으로 하고 있다.

(2) 계약의 종류

1) 전형계약과 비전형계약

민법전에 규정되어 있는 15종의 계약(매매, 교환, 증여, 임대차, 사용대차, 소비대차, 고용, 도급, 현상광고, 위임, 임치, 조합, 종신정기금, 화해, 여행계약)이라고 하고 그렇지 않은 계약을 비전형계약(무명계약)이라 한다.

2) 쌍무계약과 편무계약

쌍무계약이란, 계약당사자가 서로 대가적 의미를 가지는 채무를 부담하는 계약을 의미하며, 매매, 교환, 임대차, 고용, 도급, 조합, 화해, 유상소비대차, 유상위임, 유상임치 등이 이에 해당한다. 편무계약은 당사자의 일방만이 채무를 부담하거나 쌍방이 채무를 부담하더라도 그 채무가 서로 대가적 의미를 갖지 않는 경우를 말하며, 증여, 사용대차, 현상광고, 무상소비대차, 무상위임, 무상임치 등이 이에 해당한다.

쌍무계약에서는 동시이행의 항변(제536조), 위험부담(제537조)의 문제가 생기고, 계약해제에 관한 규정이 적용된다. 편무계약에서는 동시이행의 항변, 위험부담의 문제는 생기지 않는다.

3) 낙성계약과 요물계약

낙성계약이란 당사자 사이의 의사표시가 합치하기만 하면 계약이 성립하고, 그 밖에 다른 형식이나 절차를 필요로 하지 않는 계약을 말한다. 민법상 전형계약인 현상광고를 제외하고는 모두 낙성계약이다.

요물계약이란 당사자 사이의 합의 외에 물건의 인도나 그 밖에 급부가 있어야만 성립하는 계약을 말한다. 대물변제계약, 보증금계약이나 현상광고계약 등이 요물계약이다.

4) 유상계약과 무상계약

유상계약이란 매매나 임대차의 경우와 같이 계약당사자 쌍방이 서로 대가적인 의미를 가지는 재산상 출연을 하는 계약을 말한다. 민법은 유상계약에 관하여 매매의 규정을 준용하도록 규정하고 있다(제567조). 매매, 교환, 임대차, 고용, 도급, 조합, 화해, 현상광고 등이 유상계약에 해당한다.

무상계약은 일방만이 급부를 하든가 혹은 쌍방이 급부를 하더라도 그 급부 사이에 대가적 의미를 갖는 의존관계가 없는 경우를 말한다. 증여, 사용대차 등. 또한 위임이나 소비대차, 임치는 원칙적으로 무상계약이다.

(3) 계약의 성립

계약은 서로 대립하고 있는 의사표시의 합치에 의하여 성립하는데, 보통 청약과 승낙이라고 하는 서로 대립하는 두 의사표시의 합치에 의하여 성립한다. 다만, 예외적으로 호텔방을 예약하는 것과 같이 청약만으로(의사실현) 성립하거나(제532조), 당사자들이 동일한 내용의 청약을 서로에게 하는 경우(교차청약)에도 계약이 성립하기도 한다(제533조).

1) 청약과 승낙의 합치에 의한 계약 성립

가. 청약—'청약(請約)'이란 일방이 타방에게 일정한 내용의 계약을 체결할 것을 제의하는 상대방 있는 의사표시를 말한다. 청약은 하나의 의사표시이고 법률행위가 아니고 때문에 청약 자체만으로는 법률효과가 발생하지 않는다. 청약은 상대방의 승낙이 있으면 곧바로 계약이 성립시킬 수 있을 정도로 내용적으로 확정성을 가지고 있어야 한다(청약의 확정성). 청약의 상대방은 특정인일 필요는 없고, 불특정 다수인에 대한 청약도 유효하다(예: 자동판매기의 설치, 신문광고에 의한 청약, 버스정류장에의 정차 등). 즉, 청약과 승낙이 합치되는 때에 비로소 당사자들이 확정될 수 있으면 족하다. 청약이 그 효력을 발생한 때에는 청약자가 임의로 철회하지 못하는데(제527조), 이를 '청약의 구속력'이라 한다. 이는 청약을 신뢰하고 준비하는 상대방의 신뢰를 보호하기 위함이다. 다만, 청약의 효력발생 전에는 이를 철회할 수는 있다.

청약은 타인에게 청약을 하게 하려는 '청약의 유인(예: 상가분양 광고 및 분양계약 체결시의 설명 등)'과 구별된다. 청약의 유인은 청약이 아니어서 상대방이 그에 대하여 계약체결을 원하는 의사표시를 하더라도 그것이 비로소 청약으로 되어 유인을 한 자는 그에 대하여 승낙 여부를 자유롭게 결정할 수 있다.

나. 승낙—'승낙(承諾)'이란 청약에 대응하여 계약을 성립시킬 목적으로 청약

자에 대하여 행해지는 청약수령자의 의사표시를 말한다. 청약의 상대방은 청약을 받은 사실로부터 법률상 아무런 의무를 부담하지 아니한다(승낙의 자유). 승낙은 특정의 청약자에 대해서만 하여야 한다. 따라서 불특정 다수인에 대한 승낙은 불가하다. 그리고 승낙의 기간을 정한 계약의 청약은 청약자가 그 기간 내에 승낙의 통지를 받지 못한 때에는 그 효력을 잃는다. 승낙의 기간을 정하지 아니한 계약의 청약은 청약자가 상당한 기간 내에 승낙의 통지를 받지 못한 때에는 그 효력을 잃는다(제529조). 또한 승낙은 청약에 대한 '단순 동의'여야 한다. 따라서 승낙자가 청약자에 대하여 조건을 붙이거나 변경을 가하여 승낙한 때에는 청약의 거절과 동시에 '새로운 청약'을 한 것으로 본다(제534조).

다. 교차청약—'교차청약(交叉請約)'이란 당사자 사이에 같은 내용의 청약을 서로 한 경우를 말한다. 예컨대 갑이 을에게 그 소유 토지를 1억 원에 팔겠다고 청약한 데 대하여, 을이 그 사실을 모르고 그 토지를 1억 원에 사겠다고 갑에게 청약한 경우에 계약이 성립하게 된다. 교차청약이 있는 경우에는 양 청약이 상대방에게 '도달'한 때에 계약이 성립한다(제533조).

2) 계약체결상의 과실

계약체결상의 과실책임이란 목적이 원시적(原始的)으로 불능인 계약을 체결한 경우, 그 불능을 알았거나 알 수 있었을 자에게 상대방이 그 계약의 유효를 믿었음으로 인하여 받은 손해(신뢰이익)에 대하여 배상을 청구하는 것을 말한다(제535조 제1항). 계약체결상의 과실책임이 성립하기 위해서는 ① 원시적으로 불능인 계약을 체결하여야 한다. ② 당사자가 그 불능을 알았거나 알 수 있었어야 한다. ③ 상대방이 그 불능에 대하여 선의이며 무과실이어야 한다.

위 요건이 충족되면 유책 당사자는 상대방에 신뢰이익을 배상하여야 한다. 그러나 그 배상액은 계약의 유효로 상대방이 얻었을 이익액, 즉 이행이익을 초과할 수 없다. 여기서 신뢰이익이라 함은 무효인 법률행위를 유효로 믿었기 때문에 입은 손해를 말한다. 예컨대, 계약을 체결하기 위해 지출한 비용, 계약의 준비를 위한 비용 등이 이에 해당한다. 이에 대하여 이행이익은 급부가 이행되었더라면 얻을 수 있었던 이익을 말한다. 예컨대 유효하게 성립한 건물매매계약의 매수인이 채무불이행이나 계약해제 등으로 매도인으로부터 건물에 대한 소유권이전등기와 인도를 받지 못하게 된 경우, 그 매수인이 건물의 소유권을 취득하였다면 얻었을 건물의 시가나 사용이익, 그리고 전매차익 등이 이에 해당한다.

(4) 계약의 효력

계약이 성립한 경우 그 계약의 내용에 따른 채권과 채무의 발생을 인정하고 효과를 부여하는 것이 계약의 효력이다. 구체적인 내용은 각각의 전형계약에 따라 다르지만 당사자 간에 채권과 채무가 생기는 것, 즉 '구속력'을 인정하는 것이 계약의 주된 효력이다.

계약의 효력은 계약의 성립요건과 유효요건을 모두 갖춘 경우에 발생한다. 계약 총칙에서는 쌍무계약에 공통하는 효력으로 동시이행의 항변권(제536조)과 위험부담(제537조, 제538조)을 정하고, 제3자를 위한 계약(제539조, 제542조)에 관하여 규정하고 있다.

1) 동시이행의 항변권

쌍무계약에서 당사자의 의무는 상호의존관계에 있으므로, 채권자가 채무자에게 채무의 이행을 청구한 때에는 채무자는 채권자가 그의 채무를 이행할 때까지 자신의 채무이행을 거절할 수 있는 항변권을 '동시이행의 항변권(同時履行의 抗辯權)'이라 한다.

제536조(동시이행의 항변권)

① 쌍무계약의 당사자 일방은 상대방이 그 채무이행을 제공할 때 까지 자기의 채

무이행을 거절할 수 있다. 그러나 상대방의 채무가 변제기에 있지 아니하는 때에는 그러하지 아니하다.

② 당사자 일방이 상대방에게 먼저 이행하여야 할 경우에 상대방의 이행이 곤란할 현저한 사유가 있는 때에는 전항 본문과 같다.

쌍무계약의 경우 당사자 쌍방의 채무는 서로 대가적인 의미를 가지고 있어서 계약에 있어서 어느 일방 당사자가 자기 채무는 이행하지 않으면서 상대방에 대하여 이행을 청구하는 것은 공평의 원칙과 신의칙에 반한다. 그래서 본조는 당사자 일방은 상대방이 채무의 이행을 제공할 때까지 자기의 채무이행을 거절할 수 있는 이행상의 견련성을 실현하려고 하는 것이다.

법률에서 명문으로 인정하는 경우

- 전세권의 소멸과 동시이행(제317조)
- 계약 해제로 인한 원상회복의무의 이행(제549조)
- 매매의 이행(제568조)
- 매매에 있어서 매도인의 담보책임(제583조)
- 수급인의 하자보수의무와 도급인의 대금지급의무(제667조)
- 종신정기금계약의 해제와 원본반환의무(제728조)
- 가등기담보에서 청산금지급채무와 목적부동산에 대한 본등기 및 인도의무(가등기담보등에관한법률 제4조 제3항)
- 주택임대차보호법 제3조 제4항에서 동시이행의 항변권의 준용

법률에 규정은 없지만, 통설과 판례가 인정하는 경우

- 변제와 영수증의 교부(제474조)
- 부동산매매에서 잔대금지급과 소유권이전등기
- 매매계약이 무효, 취소되는 경우 대금반환과 소유권이전등기의 말소

- 임대차 종료 후 임차보증금 반환과 목적물 반환(판례)
- 임대인의 비용상환의무와 임차인의 임차물 명도의무
- 임대차계약에서 임대인의 목적물을 사용하게할 의무와 임차인의 차임지급의무

동시이행의 항변권은 상대방이 채무를 이행하거나 이행의 제공을 할 때까지 자기 채무의 이행을 거절할 수 있는 권리로 일시적으로 상대방의 청구권의 작용을 저지하는 연기적 항변권이다. 동시이행의 항변권은 항변권의 일종으로 재판상 또는 재판 외에서 행사하여야 그 본질적인 효력이 발생한다. 이를 행사하지 않으면 청구권은 온전한 효력을 발휘하며 법원도 그 존재를 고려하지 않는다. 항변권을 행사할지 여부는 항변권자가 자유롭게 결정할 수 있고 행사 시기는 제한이 없으므로 청구받은 때에 행사하면 된다. 부수적인 효과로는 동시이행관계에 있어서 동시이행의 항변권이 생길 수 있는 동안에는 채무자는 이행지체가 되지 않는다. 이행지체의 요건 중 위법성이 없기 때문이다. 이때 동시이행의 항변권을 행사할 필요도 없다. 동시이행의 항변권이 생길 수 있는 채권을 자동채권으로 상계하지 못한다. 이를 허용하면 상대방은 부당하게 동시이행의 항변권의 기능을 잃게 되기 때문이다.

> 아파트 수분양자의 중도금 지급의무는 아파트를 분양한 건설회사가 수분양자를 아파트에 입주시켜 주어야 할 의무보다 선이행하여야 하는 의무이나, 건설회사의 신용불안이나 재산상태의 악화 등은 민법 제536조 제2항의 건설회사의 의무이행이 곤란할 현저한 사유가 있는 때 또는 민법 제588조의 매매의 목적물에 대하여 권리를 주장하는 자가 있는 경우에 매수인이 매수한 권리의 전부나 일부를 잃을 염려가 있는 때에 해당하여, 아파트 수분양자는 건설회사가 그 의무이행을 제공하거나 매수한 권리를 잃을 염려가 없어질 때까지 자기의 의무이행을 거절할 수 있고, 수분양자에게는 이러한 거절권능의 존재 자체로 인하여 이행지체 책임이 발생하지 않으므로, 수분양자가 건설회사에 중도금을 지급하지 아니하였다고 하더라도 그 지체책임을 지지 않는다.[82]

당사자 일방이 상대방에게 먼저 이행해야 할 경우에 상대방의 이행이 곤란할 현저한 사유가 있는 때에는 채무이행을 거절할 수 있다(제536조 제2항).

동시이행관계에 있는 채무를 부담하는 쌍방 당사자 중 일방이 먼저 현실의 제공을 하고 상대방을 수령지체에 빠지게 하였다고 하더라도 그 이행의 제공이 계속되지 아니하였다면 과거에 이행제공이 있었다는 사실만으로 상대방이 가지는 동시이행의 항변권이 소멸하지 아니하고(대법원 1993. 8. 24. 선고 92다56490 판결, 대법원 1995. 3. 14. 선고 94다26646 판결 등 참조), 또한 동시이행의 관계에 있는 쌍방의 채무 중 어느 한 채무가 이행불능이 됨으로 인하여 발생한 손해배상채무도 여전히 다른 채무와 동시이행의 관계에 있다고 할 것이다(대법원 2000. 2. 25. 선고 97다30066 판결 등 참조).[83]

2) 위험부담

쌍무계약의 당사자 일방의 채무자 당사자 쌍방의 '책임 없는' 사유로 후발적 불능이 되어 소멸한 경우, 그에 대응하는 상대방의 채무도 소멸하는 아니면 존속하는지가 문제되는데, 이를 위험부담(危險負擔)이라고 한다. 이는 쌍무계약에서 당사자 일방의 채무가 당사자 쌍방의 책임 없는 사유로 후발적 불능이 된 경우에 문제되는 책임이다. 민법은 채무자위험부담주의를 취하고 있어, 쌍무계약의 당사자 일방의 채무가 당사자 쌍방의 책임 없는 사유로 이행할 수 없게 된 때에는 채무자는 상대방의 이행을 청구하지 못한다(제537조). 단, 당사자의 특약으로 변경은 가능하다(임의규정).

제538조(채권자귀책사유로 인한 이행불능)

① 쌍무계약의 당사자 일방의 채무가 채권자의 책임 있는 사유로 이행할 수 없게

82 대법원 2006. 10. 26. 선고 2004다24106, 24113 판결.

83 대법원 2014. 4. 30. 선고 2010다11323 판결.

된 때에는 채무자는 상대방의 이행을 청구할 수 있다. 채권자의 수령지체 중에 당사자 쌍방의 책임 없는 사유로 이행할 수 없게 된 때에도 같다.

② 전항의 경우에 채무자는 자기의 채무를 면함으로써 이익을 얻은 때에는 이를 채권자에게 상환하여야 한다.

3) 제3자를 위한 계약

통상의 계약은 그 효력이 당사자 사이에서만 발생시킬 의사로 체결되는 것과는 달리, 제3자를 위한 계약은 계약 당사자가 자기 명의로 체결한 계약에 의하여 제3자로 하여금 직접 계약 당사자의 일방에 대하여 권리를 취득하게 하는 것을 목적으로 하는 계약이다. 예컨대, 부동산을 매매하면서 매도인(요약자, 채권자)과 매수인(채무자, 낙약자) 사이에 중도금 및 잔금은 매도인의 채권자(제3자, 수익자)에게 직접 지급하기로 약정한 경우, 그 약정은 매도인의 채권자로 하여금 매수인에 대하여 그 중도금 및 잔금에 대한 직접청구권을 행사할 권리를 취득케 하는 것이다. 제3자를 위한 계약은 실제로 계약을 체결하는 자가 아닌 자에게 계약의 법률효과가 직접 귀속되는 점에서 대리와 유사하다. 그러나 대리인은 본인(제3자)의 이름으로 행위를 하는 데 반해 요약자는 자신의 이름으로 계약을 체결한다. 대리의 경우에 법률행위의 효과는 모두 본인(제3자)에게 귀속되며 대리인은 법률행위에 기한 권리·의무를 전혀 취득하지 못하나, 제3자를 위한 계약의 경우에는 제3자는 채권만을 취득하고 나머지 권리·의무는 모두 요약자에게 귀속된다.

제3자를 위한 계약은 제3자가 낙약자에 대하여 '수익의 의사표시'를 함으로써 채무자에 대한 권리가 발생한다. 다만, 생명보험계약이나 택배계약은 제3자가 수익의 의사표시를 하지 않아도 수익자로서의 권리가 발생하는 제3자를 위한 특수계약에 해당한다. 제3자를 위한 계약이 성립하기 위해서는 ① 채권자와 채무자 사이에 유효한 계약이 성립하여야 한다(기본관계). ② 그 계약에서 제3자에게 권리를 직접 취득케 하는 약정이 있어야 한다(제3자 수익약정의 존재). 다만, 제3자의 수익의 의사표시는 계약의 성립요건은 아니며, 제3자에게 권리가 발생하는 권리발생요건에 불과하다.

조달청장이 조달사업에 관한 법률 제5조의2 제1항 또는 제2항에 따라 수요기관으로부터 계약 체결을 요청받아 그에 따라 체결하는 계약은, 국가가 당사자가 되고 수요기관은 수익자에 불과한 '제3자를 위한 계약'에 해당한다.[84]

(5) 계약의 해제

A는 정년퇴직 후 노후자금을 마련하고 지방에 내려가 여생을 보내기 위해, 현재 살고 있는 강남 아파트를 처분하기로 마음먹고 부동산중개소에 내놓았다. 마침 강남의 아파트를 구하고 있던 B가 나타나 둘은 15억 원의 가격으로 매매계약을 체결하고, 계약금으로 매매가격의 10%인 1억 5천만 원을 지급하였다. 중도금 40%는 한 달 후에 그리고 잔금은 입주일에 지급하기로 약정하였다. 그런데 중도금 지급일 즈음에 정부가 부동산 대출규제 완화를 발표하자 그다음 날부터 부동산 가격이 급등하기 시작했다. 그래서 부동산중개사무소에 알아 보니 이미 아파트 가격이 3억 원이 상승하였다. A는 아파트 시세가 계속 상승할 것 같으니 계약금의 배액을 상환하고 계약을 해제할지 고민하였다. B 역시 A가 계약금의 배액을 상환하고 계약 해제할지도 모른다고 걱정되어 약속했던 중도금 지급기일 보다 일찍 A의 계좌로 중도금을 이체하였다. A는 이 매매계약을 해제할 수 있을까? 우선 계약해제에 관한 조항과 일반론을 살펴보자.

제543조(해지, 해제권)

① 계약 또는 법률의 규정에 의하여 당사자의 일방이나 쌍방이 해지 또는 해제의 권리가 있는 때에는 그 해지 또는 해제는 상대방에 대한 의사표시로 한다.

---

84 대법원 2017. 6. 29. 선고 2014두14389 판결.

② 전항의 의사표시는 철회하지 못한다.

제544조(이행지체와 해제) 당사자 일방이 그 채무를 이행하지 아니하는 때에는 상대방은 상당한 기간을 정하여 그 이행을 최고하고 그 기간 내에 이행하지 아니한 때에는 계약을 해제할 수 있다. 그러나 채무자가 미리 이행하지 아니할 의사를 표시한 경우에는 최고를 요하지 아니한다.

제546조(이행불능과 해제) 채무자의 책임있는 사유로 이행이 불능하게 된 때에는 채권자는 계약을 해제할 수 있다.

제548조(해제의 효과, 원상회복의무)

① 당사자 일방이 계약을 해제한 때에는 각 당사자는 그 상대방에 대하여 원상회복의 의무가 있다. 그러나 제삼자의 권리를 해하지 못한다.

② 전항의 경우에 반환할 금전에는 그 받은 날로부터 이자를 가하여야 한다.

1) 해제권의 의의 및 발생원인

계약이 성립한 경우에는 당사자는 그 계약에 구속되지만, 당사자 일방에게 채무불이행의 사유가 발생하여 계약의 목적을 달성할 수 없는 경우에는 계약을 더 이상 존속시킬 필요가 없다. 이 경우 그 상대방의 일방적 의사표시만으로 계약을 해소하여, 계약의 구속으로부터 벗어나게 하는 제도가 해제제도이다.

해제권이란 유효한 계약을 당사자 일방의 의사표시만으로 해소시킬 수 있는 권리로서, '법정해제권'과 '약정해제권'으로 분류된다. 약정해제권은 계약의 당사자가 해제권 보류에 관하여 특약을 한 경우에 계약에 의하여 발생하는 해제권이다. 법정해제권은 법률의 규정으로 당연히 발생하는 해제권을 말하는데, 민법은 이행지체와 이행불능 두 가지를 규정하고 있다.

이행지체의 경우, 채무자의 귀책사유에 의한 이행지체가 있는 경우, 채권자가 상당기간을 정하여, 채무자에게 이행을 '최고(催告)'하고, 채무자가 그 최고기간 내에 이행을 하지 아니하여야 해제권이 발생한다. 그러나 채무자가 미리 이행하지 아니할 의사를 표시한 경우에는 최고를 요하지 아니한다(제544조). 그리고 일정한 시일 또는 기간 내에 이행하지 않으면, 계약의 목적을 달성할 수 없는 계약을 정기행위(定期行爲)라 하는데, 정기행위의 경우에는 채권자가 채무자에게 '최고를 하지 않아도' 해제권이 발생한다(제545조).

이행불능의 경우, 채무자의 귀책사유로 인한 후발적 불능이 있는 경우, 채무의 이행이 불가능하므로, 채권자의 이행의 '최고 없이도' 채권자에게 해제권이 발생한다(제546조).

2) 해제권의 행사

해제권이 발생한 경우에 해제권 행사 여부는 해제권자의 자유로운 의사로 결정한다. 해제권의 행사는 상대방에 대한 일방적 의사표시로 하며, 상대방에게 도달하여야 그 효력이 발생된다(제543조 제1항). 그리고 해제의 의사표시는 철회하지 못한다(제543조 제2항). 또한 해제의 의사표시에는 조건이나 기한을 붙이지 못한다. 조건을 붙이면 상대방은 불리한 지위에 놓이게 되며, 해제에는 소급효가 있으므로 기한을 붙이는 것은 또한 무의미하기 때문이다.

당사자 일방 또는 쌍방이 수인인 경우에는 계약의 해제는 그 전원으로부터 또는 전원에 대하여 해야 하고, 이 경우 해제의 권리가 당사자 1인에 대하여 소멸한 때에는 다른 당사자에 대해서도 소멸한다(제547조).

3) 해제의 효과

가. 소급적 무효—원인행위인 채권계약이 해제되면 이전하였던 물권은 등기 또는 인도 없이도 당연히 복귀한다.

해제는 제3자의 권리를 해제하지 못한다(제548 제1항 단서).

민법 548조 1항 본문에 의하면 계약이 해제되면 각 당사자는 상대방을 계약이 없었던 것과 같은 상태에 복귀케 할 의무를 부담한다는 뜻을 규정하고 있는바 계약에 따른 채무의 이행으로 이미 등기나 인도를 하고 있는 경우에 그 원인행위인 채권계약이 해제됨으로써 원상회복된다고 할 때 그 이론 구성에 관하여 소위 채권적 효과설과 물권적 효과설이 대립되어 있으나 우리의 법제가 물권행위의 독자성과 무인성을 인정하고 있지 않는 점과 민법 548조 1항 단서가 거래안정을 위한 특별규정이란 점을 생각할때 계약이 해제되면 그 계약의 이행으로 변동이 생겼던 물권은 당연히 그 계약이 없었던 원상태로 복귀한다 할 것이다.[85]

나. 원상회복의무—부당이득에서는 선의인 경우, 현존이익의 반환이지만, 계약 해제인 경우에는 원상회복의 반환의무를 부담한다. 원상회복은 원물반환을 원칙으로 한다. 원상회복은 그 이득의 현존여부 또는 상대방의 선의·악의를 불문하고 급부 전부를 반환하여야 한다.

위 사례를 정리해 보자. 우선 중도금 지급기한은 매수인인 B를 위해 존재하는 이익이기 때문에 B가 중도금 지급기한의 이익을 포기하고 약속했던 날짜보다 일찍 중도금을 지급하는 것은 문제되지 않는다.

> 민법 제565조가 해제권 행사의 시기를 당사자의 일방이 이행에 착수할 때까지로 제한한 것은 당사자의 일방이 이미 이행에 착수한 때에는 그 당사자는 그에 필요한 비용을 지출하였을 것이고, 또 그 당사자는 계약이 이행될 것으로 기대하고 있는데 만일 이러한 단계에서 상대방으로부터 계약이 해제된다면 예측하지 못한 손해를 입게 될 우려가 있으므로 이를 방지하고자 함에 있고, 이행기의 약정이 있는 경우라 하더라도 당사자가 채무의 이행기 전에는 착수하지 아니하기로 하는 특약을 하는 등 특별한 사정이 없는 한 이행기 전에 이행에 착수할 수 있다.
>
> (…) 매매계약의 체결 이후 시가 상승이 예상되자 매도인이 구두로 구체적인 금액의 제시 없이 매매대금의 증액요청을 하였고, 매수인은 이에 대하여 확답하지 않은 상태에서 중도금을 이행기 전에 제공하였는데, 그 이후 매도인이 계약금

85 대법원 1977. 5. 24. 선고 75다1394 판결.

의 배액을 공탁하여 해제권을 행사한 사안에서, 시가 상승만으로 매매계약의 기초적 사실관계가 변경되었다고 볼 수 없어 '매도인을 당초의 계약에 구속시키는 것이 특히 불공평하다'거나 '매수인에게 계약내용 변경요청의 상당성이 인정된다'고 할 수 없고, 이행기 전의 이행의 착수가 허용되어서는 안 될 만한 불가피한 사정이 있는 것도 아니므로 매도인은 위의 해제권을 행사할 수 없다.[86]

따라서 B는 'A의 해제권 행사 전'인 중도금 지급기일 전에 이행에 착수함으로써, A에게 계약한 아파트 소유권이전을 요구할 수 있다. 물론 A는 B가 중도금을 지급하기 전까지는 언제든지 계약해제권을 행사할 수 있었던 것이다. 즉, 아파트 시세가 상승하여 계약금 배액을 상환하더라도 아파트를 매도하지 않는 것이 낫겠다고 판단하면, 그 즉시 B에게 아파트 매매계약을 해제하겠다는 의사표시를 할 수 있다.

다. 손해배상—계약의 해제는 손해배상의 청구에 영향을 미치지 않는다(제551조).

4) 해제권의 소멸

해제권 행사의 기간을 정하지 아니한 때에는 상대방은 상당한 기간을 정하여 해제권의 행사여부에 대한 확답을 해제권자에게 최고할 수 있다. 다만, 이 기간내에 해제의 통지를 받지 못한 때에는 해제권은 소멸한다(제552조).

또한 해제권자의 고의나 과실로 인하여 계약의 목적물이 현저히 훼손되거나 이를 반환할 수 없게 된 때 또는 가공이나 개조로 인하여 다른 종류의 물건으로 변경된 때에는 해제권은 소멸한다(제553조).

---

86 대법원 2006. 2. 10. 선고 2004다11599 판결.

2. 계약법 각론

민법에서는 15가지의 전형계약을 규정하고 있다.

목적	종류	민법상 15가지 전형계약의 내용	계약의 성질
재산권 이전	매매	당사자 일방이 재산권을 상대방에게 이전할 것을 약정하고, 그 상대방은 그 대금을 지급할 것을 약정하는 계약	유상·쌍무·낙성·불요식
	증여	당사자 일방이 무상으로 재산권을 상대방에게 수여하는 계약	무상·편무·낙성·불요식
	교환	당사자 쌍방이 금전 이외의 재산권을 상호 이전할 것을 약정하는 계약	유상·쌍무·낙성·불요식
물건의 이용	임대차	당사자 일방이 상대방에게 목적물을 사용 수익할 것을 약정하고, 상대방이 이에 대하여 차임을 지급할 것을 약정하는 계약	유상·쌍무·낙성·불요식
	사용대차	당사자 일방이 상대방에게 무상으로 사용 수익하게 하기 위하여 목적물을 인도할 것을 약정하고, 상대방은 이를 사용 수익한 후, 그 물건을 반환할 것을 약정하는 계약	무상·편무·낙성·불요식
	소비대차	당사자 일방이 금전 기타 대체물의 소유권을 상대방에게 이전할 것을 약정하고, 상대방은 그와 같은 종류 품질 수량으로 반환할 것을 약정하는 계약	무상(편무) 또는 유상(쌍무)·낙성·불요식
노무의 제공	고용	당사자 일방이 상대방에 대하여 노무를 제공할 것을 약정하고, 상대방이 이에 대하여 보수를 지급할 것을 약정하는 계약	유상·쌍무·낙성·불요식
	도급	당사자 일방이 어떠한 일을 완성할 것을 약정하고, 상대방이 그 일의 효과에 대하여 보수를 지급할 것을 약정하는 계약	유상·쌍무·낙성·불요식
	현상광고	광고자가 어떠한 행위를 한 자에게 일정한 보수를 지급할 의사를 표시(광고)하고, 이에 응한 자가 그 광고에 정한 행위를 완료함으로써 성립되는 계약	유상 편무 요물
	위임	당사자 일방이 상대방에 대하여 사무의 처리를 위탁하고, 상대방이 이를 승낙함으로써 성립하는 계약	무상(편무) 또는 유상(쌍무)·낙성·불요식
	임치	당사자 일방이 상대방에 대하여 금전 유가증권 기타 물건의 보관을 위탁하고, 상대방이 이를 승낙함으로써 성립하는 계약	무상(편무) 또는 유상(쌍무)·낙성·불요식
기타	조합	2인 이상이 상호출자하여 공동사업을 경영할 것을 약정함으로써 성립하는 계약	유상·쌍무·낙성·불요식
	종신정기금	당사자 일방이 자기 상대방 또는 제3자의 종신까지 정기적으로 금전 기타 물건을 지급할 것을 약정하는 계약	무상(편무) 또는 유상(쌍무)·낙성·불요식
	화해	당사자 상호 양보하여 당사자 간의 분쟁을 종지할 것을 약정하는 계약	유상·쌍무·낙성·불요식
	여행	당사자 일방이 상대방에게 운송, 숙박, 관광 또는 그 밖의 여행관련 용역을 결합하여 제공하기로 약정하고, 상대방이 그 대금을 지급하기로 약정하는 계약	유상·쌍무·낙성·불요식

현상광고(懸賞廣告)는 편무계약이면서, 유상계약, 요물계약에 해당한다.

소비대차, 위임, 임치, 종신정기금은 무상인 경우에는 편무계약에 해당되며, 유상인 경우에는 쌍무계약에 해당. 민법은 이러한 계약에 대하여 무상·편무계약을 원칙으로 한다.

(1) 증여

증여(贈與)는 증여자가 무상으로 재산을 수증자에게 수여하는 의사를 표시하고 상대방이 이를 승낙함으로써 성립하는 계약이다(제554조). 증여자는 증여의 목적인 물건 또는 권리에 하자나 흠결이 있어도 원칙적으로 담보책임을 지지 않지만, 증여자가 그 하자나 흠결을 알고 수증자에게 고지하지 않은 때에는 예외적으로 담보책임을 진다(제559조 제1항). 한편 민법은 세 가지 경우에 증여계약을 해제할 수 있도록 규정하고 있다. 즉, 증여의 의사가 서면으로 표시되지 않았거나(제555조), 수증자의 일정한 망은행위가 있을 때(제556조), 혹은 증여계약 후 증여자의 재산상태가 현저히 변경되고 그 이행으로 인하여 생계에 중대한 영향을 미칠 경우(제557조)에는 증여계약을 해제할 수 있다.

> 기부채납은 기부자가 그의 소유재산을 지방자치단체의 공유재산으로 증여하는 의사표시를 하고 지방자치단체는 이를 승낙하는 채납의 의사표시를 함으로써 성립하는 증여계약이고, 증여계약의 주된 내용은 기부자가 그의 소유재산에 대하여 가지고 있는 소유권 즉 사용·수익권 및 처분권을 무상으로 지방자치단체에게 양도하는 것이므로, 증여계약이 해제된다면 특별한 사정이 없는 한 기부자는 그의 소유재산에 처분권뿐만 아니라 사용·수익권까지 포함한 완전한 소유권을 회복한다.[87]

87 대법원 1996. 11. 8. 선고 96다20581 판결.

(2) 매매

1) 매매의 의의 및 성립

매매(賣買)는 매도인이 재산권을 매수인에게 이전할 것을 약정하고 상대방이 그 대금을 지급할 것을 약정함으로써 성립하는 계약이다(제563조). 매매는 낙성계약이므로 당사자 쌍방의 의사표시의 일치, 즉 합의만 있으면 성립한다. 합의는 반드시 서면일 필요는 없다. 매매의 목적인 재산권은 통상 매도인에 있으나, 타인에게 속하고 있어도 매매는 유효하다. 그 재산권은 물권에 한하지 않고 채권·지식재산권 등도 포함하며, 장래에 성립할 재산권도 매매의 목적이 될 수 있다.

매매의 목적물과 대금은 보통 계약체결 당시에 특정되나 반드시 그래야 할 필요는 없고 사후라도 구체적으로 특정할 수 있는 방법과 기준이 정해져 있으면 충분하다. 그에 비해 이행기까지 특정할 수 없으면 매매계약은 무효로 된다.

2) 계약금

계약금은 계약 체결 시에 당사자 일방이 상대방에 대하여 교부하는 금전 기타의 유가물이다. 민법은 매매에 관하여 규정(제565조)을 두고 이를 다른 유상계약에 준용하고 있다(제567조). 매매의 경우 계약금은 보통 매수인이 매도인에게 교부한다. 계약금의 교부도 하나의 계약이며, 그것은 금전 기타 유가물의 교부를 요건으로 하므로 요물계약이고, 매매 기타의 계약에 부수하여 행하여지므로 '종된 계약'이다.

계약금은 '증약금'과 '위약계약금'의 성격을 가진다. 증약금은 계약체결의 증거로서의 의미를 가지는 계약금이다. 계약금이 교부되어 있는 경우에는 언제나 계약체결의 증거가 되므로, 모든 계약금은 적어도 증약금으로서의 성질을 지닌다. 또한 위약계약금은 위약 즉 채무불이행이 있는 경우에 의미를 갖는 계약금이다. 위약계약금에는 당사자의 특약이 있으면 채무불이행시 위약벌 또는 손해배상 예정의 성질을 가지는 것이 있다. 또한 계약의 해제권을 보류하는 작용을 하는 계약금인 '해약금'의 성격을 갖는다. 이 해약금이 교부되면 계약금의 교부자는 그것을 포기하면서 계약을 해제할 수 있고, 교부받은 자는 그 배액을 상환하면서 계약을 해제할 수 있다. 계약금이 어떤 성질의 것인지는 계약금계약의 해석에 의하여 결정된다. 불분명한 때에는 해약금으로 추정된다(제565조 제1항). 그러나 동조의 해약권은 당사자 간에 다른 약정이 없는 경우에 한하여 인정되는 것이고, 만일 당사자가 위 조항의 해약권을 배제하기로 하는 약정을 하였다면 더 이상 그 해제권은 행사할 수 없다.

> 매도인이 민법 제565조에 의하여 계약금의 배액을 상환하고 계약을 해제하려면 매수인이 이행에 착수할 때까지 하여야 할 것인바, 여기에서 이행에 착수한다는 것은 객관적으로 외부에서 인식할 수 있는 정도로 채무의 이행행위의 일부를 하거나 또는 이행을 하기 위하여 필요한 전제행위를 하는 경우를 말하는 것으로서, 단순히 이행의 준비를 하는 것만으로는 부족하나 반드시 계약내용에 들어맞는 이행의 제공의 정도에까지 이르러야 하는 것은 아니라 할 것이고, 그와 같은 경우에 이행기의 약정이 있다 하더라도 당사자가 채무의 이행기 전에는 착수하지 아니하기로 하는 특약을 하는 등 특별한 사정이 없는 한 그 이행기 전에 이행에 착수할 수도 있다(매수인이 매도인의 동의하에 매매계약의 계약금 및 중도금 지급을 위하여 은행도어음을 교부한 경우 매수인은 계약의 이행에 착수하였다고 본 사례).[88]

3) 매매의 효력

가. 매도인의 재산권이전의무—매매계약이 성립하면, 매도인은 매수인에게 매매의 목적이 된 재산권을 이전하여야 할 의무가 있다. 타인의 재산권을 매도한 때에는 이를 취득하여 매수인에게 이전하여야 한다. 그리고 목적물을 인도하기 전에 그것으로부터 생긴 과실은 매도인에게 귀속한다.

---

88 대법원 2002. 11. 26. 선고 2002다46492 판결.

나. 매도인의 담보책임―매매의 목적인 재산권 또는 그 재산권의 객체인 물건에 하자가 있는 경우에 매도인이 매수인에 대하여 지는 책임을 매도인의 담보책임이라 한다. 그 내용은 개별적인 경우에 따라 다르고, 매수인은 일정한 요건하에 계약해제권·대금감액청구권·손해배상청구권·완전물급부청구권 등을 행사할 수 있다(제580조-제582조).

권리의 하자에 대한 담보책임으로는 ① 권리의 전부가 타인에게 속하는 경우, ② 권리의 일부가 타인에게 속하는 경우, ③ 권리의 일부가 존재하지 않는 경우(목적물의 수량부족·일부멸실), ④ 재산권이 타인의 용익적 권리에 의하여 제한받고 있는 경우, ⑤ 재산권이 저당권·전세권에 의하여 제한받고 있는 경우 등을 들 수 있다. 매매의 목적물인 물건에 하자가 있는 경우, 매수인이 선의이고 무과실인 때에 매수인은 매도인에게 담보책임을 물 수 있는데, 이를 보통 매도인의 하자담보책임이라 한다(제570조-제576조). 이러한 담보책임은 계약의 효력으로부터 발생하는 계약책임의 일종으로 최소한 채권계약은 유효할 것을 전제로 한다. 채권계약이 무효이거나 취소된 경우 담보책임은 발생할 수 없다.

> 매매의 목적물이 거래통념상 기대되는 객관적 성질·성능을 결여하거나, 당사자가 예정 또는 보증한 성질을 결여한 경우에 매도인은 매수인에 대하여 그 하자로 인한 담보책임을 부담한다 할 것이고, 한편 건축을 목적으로 매매된 토지에 대하여 건축허가를 받을 수 없어 건축이 불가능한 경우, 위와 같은 법률적 제한 내지 장애 역시 매매목적물의 하자에 해당한다 할 것이나, 다만 위와 같은 하자의 존부는 매매계약 성립시를 기준으로 판단하여야 할 것이다.[89]

다. 매수인의 의무―매수인은 대금지급의무를 부담한다. 대금지급의 시기나 장소 등은 보통 당사자의 특약에 의해 정하여지고, 특약이 없는 경우에는 민법

89 대법원 2000. 1. 18. 선고 98다18506 판결.

의 규정에 따른다. 재산권이전의무와 대금지급의무 중 어느 하나에 관하여 기한이 정해져 있는 경우에는 다른 의무의 이행시기도 동일한 것으로 추정된다. 특정물채무가 아닌 채무는 채권자의 주소지에서 변제하는 것이 원칙이지만, 매매목적물의 인도와 동시에 대금을 지급할 경우에는 그 인도장소에서 대금을 지급하여야 한다.

(3) 임대차

임대차(賃貸借)는 임대인이 임차인에게 목적물을 사용·수익하게 할 것을 약정하고, 상대방은 이에 대해 차임(借賃)을 지급할 것을 약정함으로써 성립하는 낙성·유상·쌍무·불요식의 계약이다(제618조). 민법이 규율하는 임대차는 '동산'과 농지가 아닌 '일반 토지', 주택이 아닌 '일반 건물'의 임대차를 대상으로 한다. 농지의 임대차에 관해서는 〈농지법〉이 이를 규율하고, 주거용 건물(주택)의 임대차에 관하여는 〈주택임대차보호법〉이 적용되며, 사업자등록의 대상이 되는 '상가건물'에 대해서는 〈상가건물 임대차보호법〉이 민법에 우선하여 적용된다

민법은 부동산의 임대차에 대하여 동산에 비해 상대적으로 중요하게 다루고 있다. 부동산 임차인을 보호하기 위한 규정으로 임차권의 대항력(제621조), 임차권의 최단 존속기간의 보장(규정 없음), 차임 및 보증금의 제한(제628조), 임차권의 전대·양도(제629조, 제632조), 임차권에 기한 방해배제청구권(규정은 없지만 해석상 긍정) 등을 마련하고 있다.

1) 민법상의 임대차

가. 임대차의 성립—임대차는 당사자 일방(임대인)이 상대방(임차인)에게 목적물을 사용·수익하게 할 것을 약정하고, 상대방이 이에 대하여 차임을 지급할 것을 약정함으로써 성립한다. 임대차 기간은 당사자가 임의로 정할 수 있으나, 최장기간에 관하여 제한이 있다. 당사자가 계약으로 정한 임대차의 존속기간은 갱신

할 수 있으나, 그 기간은 갱신한 날로부터 10년을 넘지 못한다. 만약 임대차의 당사자가 그 존속기간을 계약으로 정하지 않았다면 당사자는 언제든지 계약해지의 통고를 할 수 있다. 임대차 기간이 만료한 후에도 임차인이 계속 임차물을 사용·수익하는 경우, 임대인이 상당한 기간 내에 이의를 제기하지 않는 때에는 전임대차와 동일한 조건으로 다시 임대차한 것으로 본다.

나. 임대차의 효력

① 임대인과 임차인의 권리와 의무 임대인은 임차인이 사용·수익하기에 적합하도록 목적물을 인도하고 필요한 상태를 유지하게 할 의무(수선의무)를 부담하고(제623조), 임차인이 임차물에 필요비나 유익비 등의 비용을 지출한 경우에는 임대인은 이를 상환하여야 한다. 임차인은 임대차에 기하여 임차목적물을 사용·수익할 수 있는 임차권을 가진다. 그리고 건물 기타 공작물의 임차인이 그의 사용의 편익을 위하여 임대인의 동의를 얻어 이에 부속시킨 물건이 있거나 임대인으로부터 매수한 부속물이 있는 때에는 임차인은 임대차의 종료 시에 임대인에 대하여 그 부속물의 매수를 청구할 수 있다.

임차인은 목적물을 사용·수익하는 권리(임차권)이 있다. 그러나 임차권은 임대인에게 주장할 수 있는 채권이기 때문에 임대인이 목적물을 제3자에게 양도하면 제3자에게는 임차권을 주장할 수 없게 된다. 이러한 부분을 보호하기 위해 민법은 임대차를 등기할 수 있는 규정을 둔다(제621조). 부동산 임대차를 등기한 때에는 제3자에게도 대항할 수 있게 되는데, 이를 대항력이라고 한다. 대항력을 갖춘 부동산임대차에 대해 물권적 청구권을 긍정하는 것이 통설이다. 또한 임차인에게는 임차물의 보존에 관한 필요비 및 임차물의 가치를 증가시킨 유익비를 임대인에게 청구할 수 있다. 임차인이 임차물에 대해 투입한 자본을 회수할 수 있도록 임차인에게는 부속물매수청구권이 있다(제646조). 이 권리는 형성권이지만 반드시 행사하여야 하는 것은 아니다.

건물 등의 소유를 목적으로 하는 토지임대차에서 임대차 기간이 만료되거나 해지되면 본조에 의해 민법 제283조가 준용되어, 토지임차인은 1차적으로 계약의 갱신을 청구할 수 있고 거절당하면 2차적으로 지상시설의 매수를 청구할 수 있다. 임차인에게는 차임지급 의무와 용법에 따른 사용·수익 의무 및 임차물의 보존에 따른 선관의무(제374조)·통지의무(제634조)·인용의무(제624조)가 있다. 임대차가 종료한 때 임차인은 임차물을 반환할 의무가 있고, 반환을 할 때에는 원상으로 회복시켜야 한다(제654조, 제615조). 임차인의 과실로 임차물을 반환할 수 없는 경우 이행불능에 따른 손해배상책임을 진다.

② 보증금과 권리금 임차인의 의무에 의한 채무(차임, 원상회복에 따른 비용 등)를 담보하기 위해 약정에 의해 임대인에게 일정의 금액을 교부하는 것이 보통인데, 이를 임차보증금이라고 한다. 임차인이 목적물을 인도할 의무와 임대인이 보증금 중 연체 차임 등 당해 임대차에 관해 명도시까지 생긴 모든 채무를 청산한 나머지를 반환할 의무는 동시이행의 관계에 있다. 권리금에 관해서는 규정이 없지만 임대차에서 임차보증금 외에 권리금이 따로 지급되는 경우가 있다. 통상적으로 권리금은 임차권의 양도 또는 전대차 기회에 부수하여 새로운 임차인으로부터만 지급받을 수 있을 뿐이고 임대인에 대해서는 지급을 구할 수 없다. 이는 특약으로 달리 정할 수 있다.

2) 임차권의 양도와 임차물의 전대

임차권의 양도는 임차권을 그 동일성을 유지하면서 이전하는 계약이고, 임차물의 전대는 임차인이 자신이 임대인이 되어서 그의 임차물을 다시 제3자에게 사용·수익하게 하는 계약이다. 임차권의 양도와 임차물의 전대는 원칙적으로 금지되고 임대인의 동의가 있을 때에만 양도·전대를 허용한다. 임차인이 임대인의 동의를 얻지 않고 임차권을 양도하거나 임차물을 전대한 때에는 임대인은 계약을 해지할 수 있다.

민법 제629조는 임차인은 임대인의 동의 없이 그 권리를 양도하거나 전대하지 못하고, 임차인이 이에 위반한 때에는 임대인은 계약을 해지할 수 있다고 규정하고 있는바 이는 민법상의 임대차계약은 원래 당사자의 개인적 신뢰를 기초로 하는 계속적 법률관계임을 고려하여 임대인의 인적 신뢰나 경제적 이익을 보호하여 이를 해치지 않게 하고자 함에 있으며, 임차인이 임대인의 승낙 없이 제3자에게 임차물을 사용·수익시키는 것은 임대인에게 임대차관계를 계속시키기 어려운 배신적 행위가 될 수 있는 것이기 때문에 임대인에게 일방적으로 임대차관계를 종지시킬 수 있도록 하고자 함에 있다.

임차인이 임대인으로부터 별도의 승낙을 얻은 바 없이 제3자에게 임차물을 사용·수익하도록 한 경우에 있어서도 임차인의 당해 행위가 임대인에 대한 배신적 행위라고 인정할 수 없는 특별한 사정이 있는 경우에는 위 법조항에 의한 해지권은 발생하지 않는다(임차권의 양수인이 임차인과 부부로서 임차건물에 동거하면서 함께 가구점을 경영하고 있는 경우에는 '특별한 사정'에 해당한다고 한 사례).[90]

3) 특별법상의 임대차

가. 〈주택임대차보호법〉에 의한 임대차

① 의의 및 적용범위 〈주택임대차보호법〉은 주거용 건물의 임대차에 관하여 '민법'에 대한 특례를 규정함으로써 국민 주거생활의 안정을 보장함을 목적으로 한다(제1조). 주택임대차는 당사자 간 합의에 의해 성립되는 계약임에도 불구하고, 이 법을 위반하여 임차인에게 불리한 것은 효력이 없다(제10조). 이때 '임차인에게 불리한 것은 효력이 없다'는 것은 주임법 규정에 위반되는 당사자의 약정을 모두 무효라고 할 것은 아니고 그 규정에 위반하는 약정이라도 임차인에게 불리하지 않은 것은 유효하다.[91]

---

90 대법원 1993. 4. 27. 선고 92다45308 판결.

91 대법원 1995. 10. 12. 선고 95다22283 판결.

본법의 인적 적용범위는 대한민국의 국적을 가진 자연인이다. 주택을 임차한 외국인이 외국인등록을 하고 전입신고에 준하는 체류지 변경신고를 했다면 예외적으로 주임법의 보호 대상이 될 수 있다.[92] 그리고 법인은 특별한 사정이 없는 한, 보호를 받지 못한다.

물적 적용범위는 주택, 즉 주거용 건물의 전부 또는 일부에 대해 임대차하는 경우에 적용되고 그 임차주택의 일부를 주거 외의 목적으로 사용하는 경우에도 적용된다(제2조). 그리고 본법은 전세권등기를 하지 않은 전세계약(미등기 전세)에도 적용된다(제12조). 다만, 일시 사용을 위한 임대차임이 명백한 경우에는 적용되지 않는다(제11조).

② 대항력과 우선변제권, 최우선변제권 '대항력'이란 임차인이 제3자, 즉 임차주택의 양수인, 임대할 권리를 승계한 사람, 그 밖에 임차주택에 관해 이해관계를 가지고 있는 사람에게 임대차의 내용을 주장할 수 있는 법률상의 힘을 말한다(제3조 제1항). 대항력을 획득하기 위해서는 '주택의 인도'와 '주민등록'이 필요하다(제3조 제1항). 이 경우 전입신고를 한 때에 주민등록이 된 것으로 본다. 대항력은 임차인이 주택의 인도와 주민등록을 마친 때에 그 다음 날부터 제3자에 대하여 효력이 생기고, 전입신고를 한 때에 주민등록을 마친 것으로 본다(제3조 제1항). 여기에서 "그 다음 날부터 제3자에 대하여 효력이 생긴다"고 함은, 다음 날 오전 0시부터 대항력이 생긴다는 취지이다.[93]

> 주택의 임차인이 그 주택의 소재지로 전입신고를 마치고 그 주택에 입주함으로써 일단 임차권의 대항력을 취득한 후 어떤 이유에서든지 그 가족과 함께 일시적이나마 다른 곳으로 주민등록을 이전하였다면 이는 전체적으로나 종국적으로 주민등록의 이탈이라고 볼 수 있으므로 그 대항력은 그 전출 당시 이미 대항요건

---

92 대법원 2016.10.13. 선고 2015다14136 판결.

93 대법원 1999. 5. 25. 선고 99다9981 판결.

의 상실로 소멸되는 것이고, 그 후 그 임차인이 얼마 있지 않아 다시 원래의 주소지로 주민등록을 재전입하였다 하더라도 이로써 소멸되었던 대항력이 당초에 소급하여 회복되는 것이 아니라 그 재전입한 때부터 그와는 동일성이 없는 새로운 대항력이 재차 발생하는 것이라 하겠다.[94]

'우선변제권'이란 임차주택이 경매 또는 공매되는 경우에 임차주택의 환가대금에서 후순위권리자나 그 밖의 채권자보다 우선하여 보증금을 변제받을 권리를 말한다(제3조의2 제2항). 우선변제권은 임차인이 대항요건(주택의 인도 및 전입신고)과 임대차계약증서상의 확정일자를 갖춘 경우에 취득한다(제3조의2 제2항). 여기에서 '확정일자'란 증서가 작성된 날짜에 주택임대차계약서가 존재하고 있음을 증명하기 위해 법률상 인정되는 일자를 말한다.[95] 임차인이 주택의 인도와 전입신고를 마친 당일 또는 그 이전에 주택임대차계약서에 확정일자를 갖춘 경우에는 주택의 인도와 전입신고를 마친 다음날 오전 0시부터 우선변제권이 생긴다.[96]

그리고 임차인이 비록 확정일자가 늦어 선순위로 변제를 받지 못하는 경우라도 임차주택에 대하여 선순위담보권자의 경매신청 등기 전에 '대항력'을 갖춘 경우에는 보증금 중 일정액을 다른 담보물권자보다 우선하여 변제받을 권리가 있는데, 이를 '최우선변제권'이라 한다(제3조 제1항 및 제8조제1항).

서울특별시의 경우 보증금 16,500만 원의 범위에서 5,500만 원, 〈수도권정비계획법〉에 따른 과밀억제권역(서울특별시는 제외), 세종특별자치시, 용인시, 화성시 및 김포시는 보증금 14,500만 원의 범위에서 4,800만 원, 광역시(〈수도권정비계획법〉에 따른 과밀억제권역에 포함된 지역과 군지역은 제외), 안산시, 광주시, 파주시, 이천시 및 평택시는 보증금 8,500만 원의 범위에서 2,800만 원, 그 밖의 지역은 보증금

---

94 대법원 1998. 1. 23. 선고 97다43468 판결.

95 대법원 1998. 10. 2. 선고 98다28879 판결.

96 대법원 1999. 3. 23. 선고 98다46938 판결.

7,500만 원의 범위에서 2,500만 원을 최우선변제받을 수 있다(주택임대차보호법 시행령 부칙 제2조).

③ 임차권등기명령제도 '임차권등기명령제도'란 임대차가 종료된 후 보증금을 반환받지 못한 임차인이 이사를 가려 해도 이사를 가게 되면 주민등록의 계속성과 주택인도의 원칙상 대항력을 잃게 되어 이사를 갈 수 없는 문제가 있기 때문에 임차인의 보호를 위하여 임차인이 임대차가 종료된 후 보증금을 반환받지 못한 경우에 법원에 임차권등기명령을 신청하여 임차권 등기가 되면 보증금을 받지 않고 주소를 옮겨도 대항력 또는 우선변제권이 유지되어 마음 놓고 이사를 갈 수 있도록 보완한 제도이다.

임대차등기명령은 임대차가 끝난 후, 보증금이 반환되지 않은 경우 임차인은 임차주택의 소재지를 관할하는 지방법원·지방법원지원 또는 시·군 법원에 임차권등기명령을 신청할 수 있다(제3조의3 제1항). 임차인은 임차권등기명령의 집행에 따른 임차권등기를 마치면 대항력과 우선변제권을 취득한다. 다만, 임차인이 임차권등기 이전에 이미 대항력이나 우선변제권을 취득한 경우에는 그 대항력이나 우선변제권은 그대로 유지되며, 임차권등기 이후에는 대항요건을 상실하더라도 이미 취득한 대항력이나 우선변제권을 상실하지 않는다(제3조의3 제5항).

④ 임대차 기간, 묵시적 갱신 및 차임증감청구권 기간을 정하지 않거나 2년 미만으로 정한 임대차는 그 기간을 2년으로 본다. 다만, 임차인은 2년 미만으로 정한 기간이 유효함을 주장할 수 있다(제4조 제1항). 임대차기간이 끝난 경우에도 임차인이 보증금을 반환받을 때까지는 임대차관계가 존속되는 것으로 본다(제4조 제2항).

임대인이 임대차기간이 끝나기 6개월 전부터 2개월 전까지의 기간에 임차인에게 갱신거절(更新拒絕)의 통지를 하지 않거나 계약조건을 변경하지 않으면 갱신하지 않는다는 뜻의 통지를 하지 않은 경우에는 그 기간이 끝난 때에 전 임대차와 동일한 조건으로 다시 임대차한 것으로 본다. 임차인이 임대차기간이 끝나기 2개월 전까지 통지하지 않은 경우에도 또한 같다(제6조 제1항). 이 경우 임대차의 존속기간은 2년으로 본다. 그러나 계약이 갱신된 경우 임차인은 언제든지 임대인에게 계약해지를 통지할 수 있으며, 이러한 해지는 임대인이 그 통지를 받은 날부터 3개월이 지나면 그 효력이 발생한다(제6조 제2항 및 제6조의2). 이 규정에도 불구하고 임대인은 임차인이 임대차기간이 끝나기 6개월 전부터 2개월 전까지의 기간 이내에 계약갱신을 요구할 경우 정당한 사유 없이 거절하지 못한다(제6조의3 제1항 본문 및 제6조 제1항). 다만, 제6조의3 제1항 단서의 어느 하나에 해당하는 경우에는 계약갱신을 거절할 수 있다. 임차인은 계약갱신요구권을 1회에 한하여 행사할 수 있고, 이 경우 갱신되는 임대차의 존속기간은 2년으로 본다. 그러나 계약이 갱신된 경우 임차인은 언제든지 임대인에게 계약해지를 통지할 수 있으며, 이러한 해지는 임대인이 그 통지를 받은 날부터 3개월이 지나면 그 효력이 발생한다(제6조의3 제2항, 제4항 및 제6조의2 단서).

당사자는 약정한 차임이나 보증금이 임차주택에 관한 조세, 공과금, 그 밖의 부담의 증감이나 경제사정의 변동으로 인하여 적절하지 않게 된 때에는 장래에 대하여 그 증감을 청구할 수 있다(제7조 제1항 전단). 이 경우 증액청구는 임대차계약 또는 약정한 차임이나 보증금의 증액이 있은 후 1년 이내에는 하지 못한다(제7조 제1항 후단).

나. 〈상가건물 임대차보호법〉에 의한 임대차

① 의의 및 적용범위 〈상가건물 임대차보호법〉이 보호하는 임차목적물은 사업자등록의 대상이 되는 상가건물에 적용되고, 임대차 목적물의 주된 부분을 영업용으로 사용하는 경우에도 적용된다(제2조 제1항 본문). 상가건물에 대해 등기를 하지 않은 전세계약에도 본법이 적용된다(제17조). 다만, 일시사용을 위한 상가건물 임대차임이 명백한 경우에는 적용되지 않는다(제16조).

② 대항력과 우선변제권, 최우선변제권 임대차는 채권이므로 원칙적으로 대항

력이 없지만, 본법이 적용되는 상가건물 임대차는 그 등기를 하지 않았다 하더라도 임차인이 '상가건물을 인도'받았고, '사업자등록'을 신청했다면 그 다음 날부터 제3자에 대해 대항력을 주장할 수 있다(제3조 제1항).

'우선변제권'이란 본법상 임차인이 임차보증금을 우선 변제받을 수 있는 권리를 말하며, 임차인이 위의 '대항요건'과 임대차계약증서상의 '확정일자'를 갖춘 경우에 인정된다. 우선변제권이 있는 임차인은 임차상가건물이 경매 또는 공매에 붙여졌을 때 임차건물(임대인 소유의 대지 포함)의 환가대금에서 후순위권리자나 그 밖의 채권자보다 우선하여 보증금을 변제받을 권리가 있다(제5조 제2항).

임차인은 보증금 중 일정액을 다른 담보물권자보다 우선하여 변제받을 권리가 있다. 이 경우 임차인은 건물에 대한 경매신청의 등기 전에 위의 대항력 요건을 갖추어야 한다(제14조 제1항).

이에 따라 우선변제를 받을 임차인 및 보증금 중 일정액의 범위와 기준은 임대건물가액(임대인 소유의 대지가액을 포함)의 2분의 1 범위에서 해당 지역의 경제 여건, 보증금 및 차임 등을 고려하여 상가건물임대차위원회의 심의를 거쳐 정하며, 다음의 구분에 따른 금액 이하로 한다(제14조 제3항).

> 서울특별시의 경우 보증금 6,500만 원의 범위에서 2,200만 원, 〈수도권정비계획법〉에 따른 과밀억제권역(서울특별시는 제외)은 보증금 5,500만 원의 범위에서 1,900만 원, 광역시(〈수도권정비계획법〉에 따른 과밀억제권역에 포함된 지역과 군지역은 제외), 안산시, 광주시는 보증금 3,800만 원의 범위에서 1,300만 원, 그,밖의 지역은 보증금 3,000만 원의 범위에서 1,000만 원을 최우선변제받을 수 있다.

③ 임차권등기명령제 임대차등기명령은 임대차가 종료된 후, 보증금이 반환되지 않은 경우 임차인은 임차건물의 소재지를 관할하는 지방법원, 지방법원지원 또는 시·군법원에 임차권등기명령을 신청할 수 있다(제6조 제1항). 임차인이 임차권등기명령 이전에 대항력이나 우선변제권을 취득하지 못한 경우에, 임차권등기

를 마치면 대항력과 우선변제권을 취득하게 된다(제6조 제5항 본문). 다만, 임차인이 임차권등기명령 이전에 이미 대항력이나 우선변제권을 취득한 경우에, 그 대항력이나 우선변제권은 그대로 유지되며, 임차권등기 이후에 대항요건을 상실하더라도 이미 취득한 대항력이나 우선변제권을 상실하지 않는다(제6조 제5항 단서). 임차권등기가 끝난 상가건물을 그 이후에 임차한 임차인은 제14조에 따른 우선변제를 받을 권리가 없다(제6조 제6항).

④ **임대차기간, 계약갱신 요구, 차임증감청구** 기간을 정하지 않거나 기간을 1년 미만으로 정한 임대차는 그 기간을 1년으로 본다. 다만, 임차인은 1년 미만으로 정한 기간이 유효함을 주장할 수 있다(제9조제1항). 임대차가 종료한 경우에도 임차인이 보증금을 돌려받을 때까지는 임대차 관계는 존속하는 것으로 본다(제9조 제2항). 임대인은 임차인이 임대차기간이 만료되기 6개월 전부터 1개월 전까지 사이에 계약갱신을 요구할 경우 정당한 사유 없이 거절하지 못한다. 다만, 제10조 제1항에 규정한 어느 하나의 경우에는 그러하지 아니한다. 임차인의 계약갱신요구권은 최초의 임대차기간을 포함한 전체 임대차기간이 10년을 초과하지 않는 범위에서만 행사할 수 있다(제10조 제2항).

갱신되는 임대차는 전 임대차와 동일한 조건으로 다시 계약된 것으로 본다. 다만, 차임과 보증금은 제11조에 따른 범위에서 증감할 수 있다(제10조 제3항). 임대인이 6개월 전부터 1개월 전까지의 기간 이내에 임차인에게 갱신 거절의 통지 또는 조건 변경의 통지를 하지 않은 경우에는 그 기간이 만료된 때에 전 임대차와 동일한 조건으로 다시 임대차한 것으로 본다. 이 경우에 임대차의 존속기간은 1년으로 본다(제10조 제4항). 이 경우 임차인은 언제든지 임대인에게 계약해지의 통고를 할 수 있고, 임대인이 통고를 받은 날부터 3개월이 지나면 효력이 발생한다(제10조 제5항). 차임 등의 증액청구는 임대차계약 또는 약정한 차임 등의 증액이 있은 후 1년 이내에는 하지 못한다(제11조 제2항).

(4) 도급

1) 의의

도급(都給)은 수급인이 어떤 일을 완성할 것을 약정하고 도급인이 그 일의 결과에 대하여 보수를 지급할 것을 약정함으로써 성립하는 계약이다(제664조). 즉 수급인이 노무를 제공하되 약정한 결과를 만들어 내야 하고, 보수는 그 결과에 대한 반대급부로 지급되는 것이다.

보수는 일의 완성 또는 인도가 필요한 경우 완성된 목적물의 인도와 동시에 지급하는 것이 원칙이다(제665조 제1항). 목적물의 인도는 완성된 목적물에 대한 단순한 점유의 이전만을 의미하는 것이 아니라 도급인이 목적물을 검사한 후 그 목적물이 계약내용대로 완성되었음을 인정하는 것까지 포함된다.

오늘날 도급계약은 주문을 받은 수급인이 자기 소유의 재료를 사용하여 독자적으로 물건을 만들어 납품하는 경우도 있다 이러한 계약유형을 특히 제작물공급계약이라고 하는데, 이는 제작의 측면에서는 도급의 성질이 있고 공급의 측면에서는 매매의 성질도 함께 가진다. 적용법률도 제작·공급하는 물건이 대체물인 경우에는 매매에 관한 규정이 적용되지만, 물건이 특정의 주문자의 수요를 만족시키기 위한 부대체물인 경우에는 당해 물건의 공급과 함께 그 제작이 계약의 주목적이 되어 도급에 관한 규정이 적용된다.

2) 수급인의 담보책임

도급계약의 효력 중 가장 중요한 것은 수급인의 담보책임으로 이는 매매에서 매도인의 담보책임에 상응하는 것이다. 수급인은 도급계약의 이행으로 완성된 목적물에 하자가 있는 때에는 그에 대해서 담보책임을 진다. 이는 수급인이 일의 완성을 대가로 받은 보수와 등가성을 유지하기 위한 것이며, 수급인의 과실 여부는 문제되지 않는다.

수급인의 담보책임의 중심을 이루는 것은 '하자보수청구권'이다. 완성물에 하자가 있으면 도급인은 상당한 기간을 정하여 그 하자의 보수를 청구할 수 있다(제667조 제1항 본문). 일을 완성한 수급인은 하자를 보수할 능력을 갖는 것이 일반적이고, 도급인도 하자를 보수받음으로써 만족할 수 있기 때문에 보수청구권이 중요하다. 보수에 들어가는 비용은 수급인이 부담한다. 보수가 여의치 않은 경우에는 하자보수에 갈음한 손해배상을 청구할 수 있다. 보수를 하여도 여전히 목적물의 가치감소 등 손해가 남는 경우에는 보수와 함께 손해배상을 청구할 수 있다(제667조 제2항). 또 하자가 사소한 데 비해 보수비용이 과다한 경우에는 보수 대신에 손해배상만을 청구할 수 있다. 그리고 수급인의 보수(補修)의무 혹은 손해배상채무의 이행과 도급인의 보수(報酬)지급은 동시이행관계에 있다(제667조 제3항). 다만 완성된 목적물에 하자가 있어 도급인이 하자보수에 갈음하여 손해배상을 청구한 경우, 도급인은 수급인이 보수할 때까지 그 손해배상액에 상응하는 보수액에 관하여만 자기의 채무이행을 거절할 수 있을 뿐이고 그 나머지 보수액은 지급을 거절할 수 없다. 즉 도급인의 손해배상채권과 동시이행관계에 있는 수급인의 공사대금채권은 공사잔대금채권 중 손해배상 채권액과 동액의 채권에 한한다.

"도급인이 완성된 목적물의 하자로 인하여 계약의 목적을 달성할 수 없는 때에는 계약을 해제할 수 있다"(제668조). 즉 계약해제권은 보수청구나 손해배상으로 해결되지 못할 때 최후의 수단으로 기능한다. 이러한 하자보수청구, 손해배상, 계약해제 등 담보책임상의 권리행사는 목적물의 인도를 받은 날로부터 1년 이내에 행사하여야 한다(제670조 제1항). 법률관계를 조속히 안정시키기 위하여 단기의 권리행사기간을 정한 것이다.

주의할 것은 권리행사의 기산점은 매매에서와는 달리, 물건을 인도받은 시점이다. 그리고 완성물이 토지나 건물 기타 공작물인 경우에는 담보책임의 존속기간에 관한 특칙을 두어 인도 후 5년간, 특히 석조 등으로 조성된 경우에는 인도 후 10년간 담보책임을 진다(제671조 제1항). 석조나 콘크리트 건물 등에 대하여 이처럼 장기의 담보책임 존속기간을 두는 것은 이러한 건물의 하자는 그 발견이 용이하지 않고 상당한 기간이 지난 후에 발견되는 경우가 많기 때문이다. 이는 수급인이 목적물의 하자보수에 대하여 보증책임을 지는 기간이라고 할 수 있다.

(5) 여행계약

최근 여행은 지속적으로 증가추세에 있고, 이와 관련하여 여러 법적인 문제들이 발생함에도 불구하고 이를 직접 규율하는 법령이 존재하지 않아 여행자 보호에 취약성을 가지고 있었다. 2015년 민법 개정에서는 이러한 점을 보완하기 위해 '여행계약' 규정을 신설하여 2016년부터 시행하고 있다.

여행계약(旅行契約)은 여행주최자가 여행자에게 운송, 숙박, 관광 또는 그 밖의 여행 관련 용역을 결합하여 제공하기로 약정하고 상대방은 그 대금을 지급하기로 약정함으로써 효력이 생기는 계약을 말한다(제674조의2). 여행계약은 여행이라는 무형적 결과 실현을 그 내용으로 한다는 점에서 도급의 성격을 가진다고 볼 수 있으나, 그 밖의 사항도 포함할 수 있으므로 도급계약과는 별개의 독립된 계약으로 보는 것이 타당하다. 여행주최자는 여행계약에 따른 급부를 이행할 의무가 있고, 여행 관련 용역을 제공해야 하며 여행자의 안전을 배려해야 할 신의칙상 주의의무도 부수적으로 부담한다.

> 여행업자는 통상 여행 일반은 물론 목적지의 자연적·사회적 조건에 관하여 전문적 지식을 가진 자로서 우월적 지위에서 행선지나 여행시설의 이용 등에 관한 계약 내용을 일방적으로 결정하는 반면 여행자는 그 안전성을 신뢰하고 여행업자가 제시하는 조건에 따라 여행계약을 체결하게 되는 점을 감안할 때, 여행업자는 기획여행계약의 상대방인 여행자에 대하여 기획여행계약상의 부수의무로서, 여행자의 생명·신체·재산 등의 안전을 확보하기 위하여, 여행목적지·여행일정·여행행정·여행서비스기관의 선택 등에 관하여 미리 충분히 조사·검토하여 전문업자로서의 합리적인 판단을 하고, 또한 그 계약 내용의 실시에 관하여 조우할지 모르는 위험을 미리 제거할 수단을 강구하거나 또는 여행자에게 그 뜻을 고지하여 여

행자 스스로 그 위험을 수용할지 여부에 관하여 선택의 기회를 주는 등의 합리적 조치를 취할 신의칙상의 주의의무를 진다.[97]

여행자는 여행에 대한 대가로서의 대금을 여행주최자에게 지급할 의무가 있다. 약정한 시기 또는 약정이 없으면 관습에 따라, 관습이 없으면 여행 종료 후 지체없이 지급하여야 한다(제674조의5).

여행계약은 계약의 체결 후 상당한 시간이 지나 시작되는 경우가 많고 여행지의 상황도 계속 변화하므로 여행자가 여행을 시작하기 전에는 언제든지 계약을 해제할 수 있는 것으로 정한다(제674조의3). 그러나 해제로 인해 여행주최자가 입은 손해는 배상해야 한다(제674조의3 단서). 또한 부득이한 사유로 인해 계약해지를 할 수 있다(제674조의4).

(6) 위임

1) 의의

위임(委任)이란 자기의 '사무의 처리'를 다른 이에게 맡기는 것을 목적으로 하는 계약이다. 위임은 당사자 일방(委任人)이 상대방(受任人)에 대하여 사무처리를 위탁하고, 상대방이 이를 승낙함으로써 성립한다(제680조). 사무처리의 목적 내에서는 수임인이 어느 정도 재량권을 가지는 점에서 고용과 차이가 있고, 사무의 처리활동 자체를 목적으로 하고 그 결과에 목적을 두지 않는다는 점에서 고용이나 도급과는 다르다. 따라서 유상위임의 경우에는 그 결과에 이르지 못하였다고 하더라도 수임인이 그의 의무를 다한 이상 그 사무처리에 따른 비용과 보수를 청구할 수 있다(제686조 제3항).

---

97 대법원 1998. 11. 24. 선고 98다25061 판결.

2) 위임의 효력

가. 수임인의 의무—수임인은 위임인으로부터 위탁받은 사무를 처리할 의무를 지며(제680조), 민법은 수임인의 위임사무 처리의무와 관련하여 선관주의 의무와 복임권의 제한을 규정하고 있다. 수임인은 위임의 본지(本旨)에 따라 선량한 관리자의 주의로써 위임사무를 처리하여야 한다(제681조). 수임인이 선관의무를 위반한 경우에는 채무불이행이 되며, 위임인에 발생한 손해를 배상할 책임을 진다. 이 때 불법행위로 인한 손해배상책임도 경합될 수 있다(제750조).

위임은 당사자 간의 특별한 신뢰를 바탕으로 하는 것이므로 수임인은 스스로 위임사무를 처리하여야 한다. 다만 위임인의 승낙이 있거나 부득이한 사유가 있는 때에는 수임인은 제3자로 하여금 의임사무를 처리하게 할 수 있다(제682조 제1항). 이 경우 수임인이 제3자(復受任人)에게 위임사무를 처리하게 한 경우에는 복수임인의 선임·감독에 관하여 위임인에게 책임을 진다(제682조 제2항, 제121조). 그리고 복수임인은 위임인과 제3자에 대한 관계에서 직접 수임인과 동일한 권리·의무를 가진다(제682조 제2항, 제123조).

나. 수임인의 권리—민법은 무상의 위임을 원칙으로 하나 당사자 간에 보수지급에 관한 특별한 약정이 있을 때에는 수임인이 보수를 청구할 수 있다(제686조 제1항). 이러한 보수지급 청구권은 선관의무를 제대로 이행할 것을 전제로 하며, 보수의 특약은 묵시의 특약도 가능하다.

위임은 결과가 아닌 사무의 처리 자체에 중점을 두므로 수임인이 선관주의 의무를 다한 이상 위임사무의 성취 여부와는 상관없이 그에 상응하는 보수를 지급하여야 한다. 따라서 수임인의 책임 없는 사유로 위임이 종료된 경우, 이미 처리한 사무의 비율에 비례한 보수지급을 청구할 수 있다.

사무처리 비용은 무상·유상위임의 경우 모두 보수와 별개로 수임인은 그 선급과 상환을 청구할 수 있다. 수임인이 위임사무의 처리에 필요한 채무를 부담한 경우 위임인에게 자기를 갈음하여 채무를 변제하게 할 수 있고, 그 채무가 변제기에 있지 않을 때에는 담보를 제공하게 할 수 있다(제688조 2항).

수임인이 위임사무를 처리하면서 과실 없이 손해를 받은 경우에는 위임인에게 배상을 청구할 수 있다(제688조 제3항). 위임인은 귀책사유가 없어도 배상책임을 지는 '무과실책임'을 진다.

> 부동산중개업자와 중개의뢰인의 법률관계는 민법상 위임관계와 유사하므로 중개의뢰를 받은 중개업자는 선량한 관리자의 주의로 중개대상물의 권리관계 등을 조사·확인하여 중개의뢰인에게 설명할 의무가 있고, 이는 부동산중개업자나 중개보조원이 구 부동산중개업법(2005. 7. 29. 법률 제7638호로 전부 개정되기 전의 것)에서 정한 중개대상물의 범위 외의 물건이나 권리 또는 지위를 중개하는 경우에도 다르지 않다.[98]

3. 법정채권

(1) 사무관리

누구든지 타인의 생활영역에 함부로 참견하는 것은 불법행위가 될 수 있다. 앞서 언급한 '선한 사마리아인의 행위'는 도덕적, 윤리적 문제에 속하는 것일 뿐 법적으로 강제되지는 않는 것이다.[99] 그렇다고 하여 길에 쓰러져 있는 이를 병원으로 데려가 치료를 받도록 한 행위(진료 계약)를 법적으로 위법하다고 평가하는 것은 지나치다. 따라서 민법은 일정한 요건하에서 예외적으로 타인의 생활영역에 개입하는 행위를 허용하고 있는데, 이를 사무관리라 한다. 사무관리(事務管理)는

98 대법원 2015. 1. 29. 선고 2012다74342 판결.

99 제1장 '선한 사마리아인의 법'(43쪽) 참조.

관리자가 법률상 또는 계약상의 의무 없이 타인을 위하여 사무를 처리함으로써 관리자와 본인 사이에 발생한 법정채권관계를 말한다.

사무관리가 성립되려면, 첫째, 관리자에게 법률상 의무가 없어야 한다. 그러므로 법률의 규정이나 계약에 의하여 본인에 대하여 관리의무를 부담하는 경우에는 사무관리가 성립하지 않는다. 다만, 그러한 의무가 있더라도 그 범위를 초과하여 사무를 관리하는 경우에는 그 초과부분에 관하여 사무관리가 성립할 수 있다.

둘째, 타인의 사무를 관리(보존·개량·처분행위)하는 행위가 있어야 한다. '사무'란 재산적 이익을 주는 모든 행위를 말하며, 사무의 '관리'란 일의 처리를 의미하며 보존·개량과 같은 관리행위뿐만 아니라 본인의 의사에 반하지 않는 한 처분행위도 포함하며 기존 관리관계의 처리뿐만 아니라 새로운 권리관계를 창설하는 행위도 포함한다. 그리고 '타인'이란 관리자 이외의 사람으로 사무관리의 이익이 귀속되는 자를 말한다.

셋째, 타인을 위한다는 의사, 즉 관리의사가 필요하다. '관리의사'란 관리의 사실상의 효과를 본인에게 귀속시키려는 의사를 의미한다고 보아야 하지만 공동소유자의 사무관리의 경우와 같이 관리자 자신의 이익을 위한 의사와 병존할 수 있고, 외부적으로 표시되어야 하거나 관리 당시 확정될 필요는 없으며, 진정한 타인에 대한 관리의사가 존재하는 한 타인에 대한 착오가 있더라도 무관하다. 또한 사무관리 자체는 법률행위가 아니기 때문에 행위능력을 요하지는 않으나, 관리의사를 위한 의사능력은 필요하다.

넷째, 관리행위로 본인에게 불리하거나 본인의 의사에 반하지 않아야 한다. 객관적으로 보아 본인에게 불리하거나 본인의 의사에 반하는 것이 명백한 경우에는 관리자에게 관리의사가 있더라도 사무관리가 성립하지 않는다(제734조). 본인의 의사 또는 이익에 반하더라도 본인의 추인이 있으면, 제133조를 유추하여 그 하자가 소급적으로 치유된다고 할 것이다.

사무관리의 효과는 적법행위로서 유효하고, 관리인에게는 본인에게 불이익을 주는 일이 없도록 하기 위하여 수임인과 같은 의무를 부과시킨다. 본인은 관리자가 지출한 비용이 필요비냐 유익비냐를 불문하고 전액 상환하여야 하고(제739조 제1항), 관리자가 본인을 위하여 필요한 채무 또는 유익한 채무를 부담한 경우에 본인은 관리자에게 갈음하여 그 채무를 변제하여야 하며, 그 채무의 이행기가 도래하지 않았다면 상당한 담보를 제공하여야 한다(제739조 제2항, 제688조 제2항). 그러나 관리방법이 본인의 의사에 반하는 경우에는 본인은 현존이익의 한도에서 필요비 또는 유익비를 상환하고 필요하거나 유익한 채무를 변제하거나 담보를 제공할 의무를 부담한다(제739조 제3항).

(2) 부당이득

1) 의의 및 성립요건

부당이득(不當利得)은 법률상 원인 없이 타인의 재산이나 노무로 인하여 이득이 생기고 이로 인하여 타인에게 손실을 입힌 경우 손실자가 수익자에게 그 이득을 반환시키는 부당이득반환청구권을 발생시키는 법정채권관계의 발생원인이다(제741조). 법률상 원인이 없을 것, 타인의 재산 또는 노무로 인하여 이득을 얻을 것, 이득으로 인하여 타인에게 손해를 가할 것, 수익과 손해 사이에 인과관계가 존재할 것을 요건으로 한다. 통상적으로 계약이 해제된 경우 해제 전에 급부한 것은 법률상 원인이 없게 되어 상호 부당이득반환의무를 지게 된다. 이득의 반환 방법은 원칙적으로 받은 목적물 그 자체를 반환하는 것이 원칙이다. 그러나 목적물 그 자체를 반환할 수 없는 경우 그 가액을 반환한다.

2) 비채변제

채무가 없음에도 불구하고 변제로서 급부하는 것을 비채변제(非債辨濟)라고 하고, 원칙적으로 이것은 부당이득이 되어 반환청구를 할 수 있다. 그런데 민법은 일정한 경우에는 반환청구를 허용하지 않고 있다. 변제자가 채무가 없음을 알고 변제한 경우, 채무 없는 자가 채무가 없음을 모르고 변제하였더라도 그 변제가 도의관념에 적합한 경우, 채무자가 변제기 전에 채무를 변제한 경우 등에는 그 반환청구를 못 한다. 또 채무자가 아닌 자가 타인의 채무를 자기의 채무로 변제한 경우라 하더라도, 채권자가 선의로 증서를 훼멸하거나 담보를 포기하거나 시효로 인하여 그 채권을 잃은 때에는, 변제자는 반환을 청구할 수 없다.

3) 불법원인급여

민법은 부당이득 반환청구가 부정되는 특례를 규정하고 있는데, 비채변제(제742조), 기한 전의 변제(제743조), 도의관념에 적합한 비채변제(제744조), 타인의 채무변제(제745조) 그리고 불법원인급여(제746조)이다. 이 중 불법원인급여에 대해서 살펴보자.

불법의 원인에 의한 급부는 그 원인행위가 무효이므로 그로 인한 이익은 부당이득이 되어 반환해야 하는 것이 아니다. 불법의 원인에 의한 급부까지 법으로 그 반환을 보장해 주면 법 스스로 불법을 용인하는 모순된 결과를 초래하게 되기 때문이다. 그런데 불법 원인에 의한 수익자는 그러한 부당이득을 반환하지 않아도 되는 반사적 이익을 누리게 되므로 본 조를 적용할 때는 급부자와 수익자의 불법성의 정도를 비교하여 합리적으로 결정해야 한다는 과제가 따른다. 여기에서의 불법이 강행법규 위반을 의미하는지 사회질서 위반을 의미하는지에 대해 통설과 판례는 강행법규 위반의 경우는 포함되지 않는 것으로 본다. 만약 강행법규에 위반하는 경우라면 그것이 사회질서에도 위반되어야만 불법원인급여가 된다.

> 부당이득의 반환청구가 금지되는 사유로 민법 제746조가 규정하는 불법원인이라 함은 그 원인되는 행위가 선량한 풍속 기타 사회질서에 위반하는 경우를 말하는 것인바, 윤락행위 및 그것을 유인·강요하는 행위는 선량한 풍속 기타 사회질서에 위반되므로, 윤락행위를 할 자를 고용·모집하거나 그 직업을 소개·알선한 자가 윤락행위를 할 자를 고용·모집함에 있어 성매매의 유인·강요의 수단으로 이용되는 선불금 등 명목으로 제공한 금품이나 그 밖의 재산상 이익 등은 불법원인

급여에 해당하여 그 반환을 청구할 수 없다.[100]

민법 제746조는 "불법의 원인으로 인하여 재산을 급여하거나 노무를 제공한 때에는 그 이익의 반환을 청구하지 못한다"고 하여 불법원인급여에 해당하면 부당이득반환청구를 할 수 없도록 규정하고 있다. 여기서 말하는 '불법'이 있다고 하려면, 급부의 원인이 된 행위가 그 내용이나 성격 또는 목적이나 연유 등으로 볼 때 선량한 풍속 기타 사회질서에 위반될 뿐 아니라 반사회성·반윤리성·반도덕성이 현저하거나, 급부가 강행법규를 위반하여 이루어졌지만 이를 반환하게 하는 것이 오히려 규범목적에 부합하지 아니하는 경우 등에 해당하여야 한다.[101]

부당이득이 성립하면 수익자는 그 이익을 반환하여야 하는데(제741조), 수익자가 선의인지 악의인지에 따라 반환의 범위에 차이를 두고 있다(제748조). 선의의 수익자는 얻은 이익이 현존하는 한도에서 반환책임을 지는데, 제한능력자의 경우에는 민법 제141조 단서에 의해 선의·악의를 불문하고 언제나 현존이익을 반환한다.

(3) 불법행위

1) 의의

불법행위(不法行爲)란 고의·과실로 인한 위법행위로 타인에게 손해를 가하는 행위를 의미하고, 불법행위가 있으면 가해자는 피해자에 대해 손해배상책임을 부담한다(제750조). 법률행위가 행위자의 의사에 의해 외적인 법률효과를 발생시키고 그에 대한 법적책임을 야기한다면, 불법행위는 행위자가 법률효과를 발생시킬

100 대법원 2004. 9. 3. 선고 2004다27488, 27495 판결.

101 대법원 2017. 3. 15. 선고 2013다79887(본소), 2013다79894(반소) 판결.

의사표시 없이 자신의 행위가 타인에게 손해를 야기한다는 일정한 사실의 충족에 의해 법적인 책임을 져야 한다는 점에서 차이가 있다. 특히 이 불법행위의 개념은 민법상 손해배상책임을 야기하는 법률원인의 하나로서 형법상 그 행위가 어떠한 처벌을 받는지는 별도의 문제다. 다만 민법상 불법행위도 형법상 범죄성립요건과 매우 유사하여 고의·과실과 위법성 및 책임능력이 있어야 인정된다.

2) 일반불법행위

일반적 불법행위가 성립하기 위해서는 고의·과실, 위법성, 손해의 발생, 인과관계, 책임능력의 다섯 가지가 필요하다. 불법행위로 인한 손해배상채무는 불법행위가 있었던 때부터 발생한다.

가. 고의·과실—불법행위가 성립하기 위해서는 가해자의 고의 또는 과실에 의한 행위가 있어야 하는데, 고의는 일정한 결과의 발생을 인식하면서 행위를 하는 심리상태이고, 과실은 일정한 결과의 발생을 인식했어야 함에도 불구하고 부주의로 인하여 인식하지 못하고 행위를 하는 심리상태이다. 불법행위에 있어서의 과실은 보통 평균인의 주의력을 기준으로 하는 추상적 과실을 의미한다. 가해자의 행위가 고의나 과실에 기인했는가는 원칙적으로 불법행위의 성립을 주장하는 피해자가 입증해야 한다.

나. 책임능력—불법행위가 성립하기 위한 책임능력은 자기의 행위로 인한 결과가 위법한 것으로서 법률상 비난받는 것임을 인식하는 정신능력이고, 책임능력이 있는지 여부는 행위 당시를 기준으로 판단한다. 미성년자가 타인에게 손해를 가한 경우에 그 행위의 책임을 변식할 지능이 없는 때에는 배상의 책임이 없다(제753조). 심신상실 중에 타인에게 손해를 가한 자는 배상의 책임이 없다. 그러나 고의 또는 과실로 인하여 심신상실을 초래한 때에는 손해배상의 책임이 있다(제754조).

다. 위법성—불법행위는 가해자의 가해행위로 인해 타인의 권리 내지 법익을 침해하는 것을 요건으로 하는 점에서, 위법성을 판단하는 데에는 침해되는 이익과 침해행위의 양자를 고려하여 판단하여야 한다. 여기에서 위법이라고 판정을 내리는 기준은 실정법은 물론 선량한 풍속 기타 사회질서도 포함한다. 일정한 사유가 있는 때에는 위법성이 없는 것으로 되는데, 그러한 사유를 위법성조각사유라 한다.

대법원은 "변호사 정보 제공 웹사이트 운영자가 변호사들의 개인신상정보를 기반으로 변호사들의 '인맥지수'를 산출하여 공개하는 서비스를 제공한 사안에서, 위 인맥지수 서비스 제공행위가 변호사들의 개인정보에 관한 인격권을 침해하는 위법한 것"이라고 한 사례에서 "변호사 정보 제공 웹사이트 운영자가 대법원 홈페이지에서 제공하는 '나의 사건검색' 서비스를 통해 수집한 사건정보를 이용하여 변호사들의 '승소율이나 전문성 지수 등'을 제공하는 서비스를 한 사안에서, 위 행위는 변호사들의 개인정보에 관한 인격권을 침해하는 위법한 행위로 평가할 수 없다"고 판시하였다.[102]

라. 손해—손해배상은 금전으로 하여야 하며, 법률에 특별한 규정이 있거나 당사자의 다른 의사표시가 있는 때에도 예외적으로 원상회복청구가 인정된다. 불법행위로 인한 손해배상은 통상의 손해를 그 한도로 한다. 특별한 사정으로 인한 손해는 가해자가 그 사정을 알았거나 알 수 있었을 때 한하여 배상의 책임이 있다. 다른 의사표시가 없으면 손해는 금전으로 배상한다(제763조). 즉, 민법상 손해배상은 금전배상을 원칙으로 한다.

타인의 신체, 자유 또는 명예를 해하거나 기타 정신상 고통을 가한 자는 재산 이외의 손해에 대하여도 배상할 책임이 있다. 이 경우, 법원은 손해배상을 정기금

---

102 대법원 2011. 9. 2. 선고 2008다42430 전원합의체 판결.

채무로 지급할 것을 명할 수 있고, 그 이행을 확보하기 위하여 상당한 담보의 제공을 명할 수 있다(제751조). 타인의 생명을 해한 자는 피해자의 직계존속, 직계비속 및 배우자에 대하여는 재산상의 손해가 없는 경우에도 손해배상의 책임이 있다(제752조).

불법행위에 관하여 피해자에게 과실이 있는 때에는 법원은 손해배상의 책임 및 그 금액을 정함에 이를 반드시 참작하여야 한다. 그리고 불법행위로 인하여 피해자 손해를 입음과 동시에 이익을 얻은 경우에는 배상액에 그 이익을 공제하여야 한다.

3) 특수불법행위

민법이 규정하고 있는 특수불법행위에는 책임무능력자의 감독자책임, 사용자책임, 공작물 등 점유자·소유자의 책임, 동물점유자의 책임, 공동불법행위자의 책임 등이 있다. 이 가운데 공동불법행위는 공동행위자 모두에게 연대책임을 부담시키는 점에서, 나머지는 타인의 가해행위 또는 물건에 의한 손해에 대하여 배상책임을 지우는 점에서 일반불법행위와 다르다.

가. 책임무능력자의 감독자책임—책임무능력자가 책임능력이 없어서 불법행위책임을 지지 않는 경우, 책임무능력자를 감독할 법정의무 있는 자(친권자, 후견인 등), 감독의무자에 갈음하여 무능력자를 감독하는 자(학교장, 정신병원장 등)는 그 손해를 배상할 책임이 있다. 다만, 감독의무를 게을리하지 아니하는 경우에는 그러하지 아니하다(제755조).

> 민법 제755조에 의하여 책임능력 없는 미성년자를 감독할 친권자 등 법정감독의무자의 보호·감독책임은 미성년자의 생활 전반에 미치는 것이고, 법정감독의무자에 대신하여 보호·감독의무를 부담하는 교사 등의 보호·감독책임은 학교 내에서의 학생의 모든 생활관계에 미치는 것이 아니라 학교에서의 교육활동 및 이와

밀접 불가분의 관계에 있는 생활관계에 한하며, 이와 같은 대리감독자가 있다는 사실만 가지고 곧 친권자의 법정감독책임이 면탈된다고는 볼 수 없다.

지방자치단체가 설치·경영하는 학교의 교장이나 교사는 학생을 보호·감독할 의무를 지는데, 이러한 보호·감독의무는 교육법에 따라 학생들을 친권자 등 법정감독의무자에 대신하여 감독을 하여야 하는 의무로서 학교 내에서의 학생의 모든 생활관계에 미치는 것은 아니지만, 학교에서의 교육활동 및 이와 밀접 불가분의 관계에 있는 생활관계에 속하고, 교육활동의 때와 장소, 가해자의 분별능력, 가해자의 성행, 가해자와 피해자의 관계, 기타 여러 사정을 고려하여 사고가 학교생활에서 통상 발생할 수 있다고 하는 것이 예측되거나 또는 예측가능성(사고발생의 구체적 위험성)이 있는 경우에는 교장이나 교사는 보호·감독의무 위반에 대한 책임을 진다.[103]

나. 사용자책임—타인을 사용하여 어느 사무에 종사하게 한 자는 피용자가 그 사무집행에 관하여 제3자에게 가한 손해를 배상할 책임을 지는데, 이를 사용자책임이라 한다. 사용자책임은 기본적으로 과실책임의 범주에 속하는 것이지만, 사용자의 과실이 문제되는 것은 피용자의 선임감독에 관한 것이고 피용자의 가해행위 자체에 대한 것이 아니며, 사용자는 자신에게 그와 같은 과실이 없다는 사실을 입증하여야 면책될 수 있는 점에서 그 입증책임이 가해자에게 전환된 중간책임으로 구성되어 있다. 사용자책임이 성립하는 경우에 사용자와 대리감독자가 책임을 지게 되고, 피용자는 이와 별도로 제750조에 의한 불법행위책임을 진다. 사용자 또는 대리감독자가 피해자에게 배상한 때에는 피용자에 대하여 구상권을 행사할 수 있다.

다. 공작물 등의 점유자·소유자의 책임—공작물의 설치 또는 보존의 하자로 인

---

103 대법원 2007. 4. 26. 선고 2005다24318 판결.

하여 타인에게 손해를 가한 때에는 1차적으로 공작물의 점유자가 손해를 배상할 책임이 있다.

제758조(공작물등의 점유자, 소유자의 책임)

① 공작물의 설치 또는 보존의 하자로 인하여 타인에게 손해를 가한 때에는 공작물점유자가 손해를 배상할 책임이 있다. 그러나 점유자가 손해의 방지에 필요한 주의를 해태하지 아니한 때에는 그 소유자가 손해를 배상할 책임이 있다.

② 전항의 규정은 수목의 재식 또는 보존에 하자 있는 경우에 준용한다.

③ 전2항의 경우 점유자 또는 소유자는 그 손해의 원인에 대한 책임있는 자에 대하여 구상권을 행사할 수 있다.

공작물 점유자가 손해의 방지에 필요한 주의를 게을리하지 않은 때에는 면책되는데, 이 경우에는 2차적으로 공작물의 소유자가 책임을 진다.

폭설로 차량 운전자 등이 고속도로에서 장시간 고립된 사안에서, 고속도로의 관리자가 고립구간의 교통정체를 충분히 예견할 수 있었음에도 교통제한 및 운행정지 등 필요한 조치를 충실히 이행하지 아니하였으므로 고속도로의 관리상 하자가 있다.[104]

라. 동물점유자의 책임—동물의 점유자 또는 점유자에 갈음하여 동물을 보관하는 자는 그 동물이 타인에게 가한 손해를 배상할 책임이 있으나, 동물의 종류와 성질에 따라 그 보관에 상당한 주의를 게을리하지 않은 때에는 배상책임이 없다(제759조).

---

104 대법원 2008. 3. 13. 선고 2007다29287, 29294 판결.

갑이 애완견을 데리고 공원에서 휴식을 취하던 중 애완견의 목줄을 놓치는 바람에 애완견이 부근에 있던 만 4세의 을을 물어 상해를 입게 한 사안에서, 갑은 애완견이 주변 사람들에게 위해를 가하지 못하도록 목줄을 단단히 잡고 있을 의무를 위반한 과실로 을로 하여금 상해를 입게 하였으므로 을이 입은 손해를 배상할 의무가 있고, 어린아이의 보호자로서는 아이에게 위해를 가할 수 있는 주변 상황을 잘 살필 의무가 있고 아이 주변에 동물이 있을 경우 동물이 아이를 공격할 가능성에 대비할 필요가 있으나, 주인이 동행하는 애완견의 경우 주인이 사고 가능성을 예방하는 적절한 조치를 취할 것으로 믿는 것이 일반적이고, 을의 보호자가 사고 예방을 위하여 마땅히 취해야 할 조치를 방임하였다고 볼 수 없다.[105]

마. 공동불법행위책임—공동불법행위는 여러 사람이 공동으로 불법행위를 하여 타인에게 손해를 가하는 경우인데, 민법은 수인이 공동의 불법행위로 타인에게 손해를 가한 경우(협의의 공동불법행위), 공동 아닌 수인의 행위 중 누구의 행위가 그 손해를 야기한 것인지를 알 수 없는 경우(가해자 불명의 공동불법행위) 및 교사자나 방조자의 공동불법행위에 관하여 규정한다.

의사 갑(甲)이 을(乙)을 수술하는 과정에서 을(乙)의 호흡이 정지되어 병(丙) 병원으로 이송하였으나 을(乙)이 저산소성 뇌손상으로 사망한 사안에서, 갑(甲)의 마취제 과다 투여 등 과실과 을(乙)의 뇌손상 및 사망 사이에 상당인과관계가 있다고 추정되고, 병(丙) 병원 의료진의 과실도 을(乙)의 뇌손상 및 사망의 원인이 되었더라도 갑(甲)의 행위와 병(丙) 병원 의료진의 행위는 공동불법행위 관계에 있다.[106]

---

105 서울동부지방법원 2015. 5. 13. 선고 2014나22750 판결(확정).

106 대법원 2012. 1. 27. 선고 2009다82275, 82282 판결.

4) 불법행위의 효과

불법행위가 성립하면 피해자는 손해배상을 통해 피해를 구제받는다(제750조). 명예훼손의 경우 피해자는 손해배상뿐만 아니라 명예회복에 적당한 처분을 통해 구제받을 수도 있다. 불법행위에 의한 손해배상은 금전배상에 의한다(제763조, 제394조). 불법행위에 의해 인과관계가 인정되는 손해를 통상손해와 특별손해로 나누어 배상범위를 결정한다. 예컨대 통상손해라면 가해자가 반드시 배상해야 할 손해가 되며, 특별손해는 가해자가 특별한 사정을 알았거나 알 수 있었을 때에 한하여 배상하게 된다.

> 매수인이 매도인의 기망행위로 인하여 부동산을 고가에 매수하게 됨으로써 입게 된 손해는 부동산의 매수 당시 시가와 매수가격과의 차액이고, 그 후 매수인이 위 부동산 중 일부에 대하여 보상금을 수령하였다거나 부동산 시가가 상승하여 매수가격을 상회하게 되었다고 하여 매수인에게 손해가 발생하지 않았다고 할 수 없다.[107]

원칙적으로 손해를 입은 자인 직접적 피해자가 손해배상청구권을 가진다. 다만 이 청구권은 피해자나 그 법정대리인이 그 손해 및 가해자를 안 날로부터 3년간 행사하지 않으면 시효로 인하여 소멸하며, 불법행위를 한 날로부터 10년이 지난 때에도 마찬가지다(제766조).

---

107 대법원 2010. 4. 29. 선고 2009다91828 판결.

V. 가족법

1. 가족법의 의의 및 특징

민법 중 가족관계를 규율하는 법이 가족법이며, 민법은 친족관계를 규율하는 제4편의 친족법과 상속관계를 규율하는 제5편의 상속법으로 나뉘어 있다. 가족법은 이미 사회적으로 형성되고 승인된 가족제도의 가치를 보호·유지함을 목적으로 하므로, 가족관계 자체의 질서에 관한 규정은 대부분 사적자치와 같이 당사자의 의사로 결정할 수 없다. 따라서 이에 반하는 합의는 무효이다. 그리고 혼인이나 이혼 등과 같은 신분행위는 법적 신고를 해야 효력이 발생하는 요식행위이다. 가족법은 전통적인 가부장제에 기초한 남성우월주의에 입각하여 출발하였으나, 여러 차례의 개정을 통하여 양성평등을 실현하는 방향으로 나아가고 있다. 최근에는 다문화가족, 한부모가정 등 혼인과 가족생활의 형태가 다양하게 변화함에 따라 관련 법도 빠르게 정비되고 있다.

2. 친족의 종류 및 범위

친족은 배우자, 혈족, 인척으로 구성된다(제767조). 혈족은 혈연으로 맺어진 관계로서 자신을 기준으로 직계존속과 직계비속을 포함하여 '직계혈족'이라 하고, 자기의 형제자매와 형제자매의 직계비속, 직계존속의 형제자매 및 그 형제자매의 직계비속을 '방계혈족'이라 한다. 혈족에는 자연혈족과 양친과 양자와 같이 법정혈족을 포함한다. 배우자는 법률혼을 통해서 발생한 관계로 사실혼 관계의 배우자는 친족이 아니다. 인척은 혼인으로 생기는 관계를 의미하는데, 여기에는 '혈족의 배우자', '배우자의 혈족', '배우자의 혈족의 배우자'가 있다. 그런데 모든 친족에게 법률적인 관계가 발생하지는 않는다. 우리 민법은 8촌 이내 혈족, 4촌 이내의 인척 및 배우자를 친족의 범위로 인정하고(제777조), 이들에게만 법률상의 권리를 부여한다. 가정생활의 최소 단위인 '가족'에 대해서도 민법은 배우자, 직계혈족 및 형제자매 그리고 생계를 같이 하는 직계혈족의 배우자, 배우자의 직계혈족 및 배우자의 형제자매를 가족으로 규정하고 있다(제779조).

3. 자(子)의 성과 본

자녀의 성과 본은 부를 따르는 것을 원칙으로 하되, 혼인당사자가 혼인신고시 모의 성과 본으로 따르기로 하는 협의를 한 경우 그 자녀는 모의 성과 본을 따를 수 있다.

제781조(자의 성과 본)

① 자는 부의 성과 본을 따른다. 다만, 부모가 혼인신고시 모의 성과 본을 따르기로 협의한 경우에는 모의 성과 본을 따른다.

⑥ 자의 복리를 위하여 자의 성과 본을 변경할 필요가 있을 때에는 부, 모 또는 자의 청구에 의하여 법원의 허가를 받아 이를 변경할 수 있다. 다만, 자가 미성년자이고 법정대리인이 청구할 수 없는 경우에는 제777조의 규정에 따른 친족 또는 검사가 청구할 수 있다.

2005년 3월 31일 민법 제781조 개정으로 성(姓)변경 제도가 시행되어 자녀의 복리를 위하여 필요한 경우 부 또는 모의 청구로 법원의 허가를 받아 자녀의 성과 본을 변경할 수 있게 되었다.

민법 제781조 제6항에 정한 '자의 복리를 위하여 자의 성과 본을 변경할 필요가 있을 때'에 해당하는지 여부는 자의 나이와 성숙도를 감안하여 자 또는 친권자·양육자의 의사를 고려하되, 먼저 자의 성·본 변경이 이루어지지 아니할 경우에 내부적으로 가족 사이의 정서적 통합에 방해가 되고 대외적으로 가족 구성원에 관련된 편견이나 오해 등으로 학교생활이나 사회생활에서 겪게 되는 불이익의 정도를 심리하고, 다음으로 성·본 변경이 이루어질 경우에 초래되는 정체성의 혼란이나 자와 성·본을 함께 하고 있는 친부나 형제자매 등과의 유대 관계의 단절 및 부양의 중단 등으로 인하여 겪게 되는 불이익의 정도를 심리한 다음, 자의 입장에서 위 두 가지 불이익의 정도를 비교형량하여 자의 행복과 이익에 도움이 되는 쪽으로 판단하여야 한다. 이와 같이 자의 주관적·개인적인 선호의 정도를 넘어 자의 복리를 위하여 성·본의 변경이 필요하다고 판단되고, 범죄를 기도 또는 은폐하거나 법령에 따른 각종 제한을 회피하려는 불순한 의도나 목적이 개입되어 있는 등 성·본 변경권의 남용으로 볼 수 있는 경우가 아니라면, 원칙적으로 성·본 변경을 허가함이 상당하다.[108]

4. 혼인

(1) 혼인의 성립

혼인(婚姻)이란 남녀가 부부가 된다는 의사의 합치로 인한 일종의 신분상 계약이다. 이러한 혼인이 성립하기 위해서는 '실질적인 요건'과 '형식적인 요건'을 모두 충족해야 한다. 우선 실질적 요건은 ① 혼인의 자유로운 의사의 합치가 있어야 하고(제815조), ② 법적으로 혼인이 제한되는 친족관계가 없어야 한다.

---

108 대법원 2009. 12. 11.자 2009스23 결정.

제809조(근친혼 등의 금지)

① 8촌 이내의 혈족(친양자의 입양 전의 혈족을 포함한다) 사이에서는 혼인하지 못한다.

② 6촌 이내의 혈족의 배우자, 배우자의 6촌 이내의 혈족, 배우자의 4촌 이내의 혈족의 배우자인 인척이거나 이러한 인척이었던 자 사이에서는 혼인하지 못한다.

③ 6촌 이내의 양부모계(養父母系)의 혈족이었던 자와 4촌 이내의 양부모계의 인척이었던 자 사이에서는 혼인하지 못한다.

그러나 일단 수리가 되면 혼인은 성립하고, 제815조 제2호 내지 제4호에 해당하면 무효로 되며 그 외에는 취소를 청구할 수 있다. 또한 ③ 중혼(重婚)이 아니어야 한다. 즉, 이미 배우자가 있는 자가 이중으로 혼인하는 것은 인정되지 않는다(제810조). ④ 혼인이 가능한 연령에 도달하여야 한다. 즉, 만 20세 이상(부모의 동의를 받은 만 18세 이상도 가능)이어야 한다(제807조, 제808조).

민법 제815조 제1호가 혼인무효의 사유로 규정하는 '당사자 간에 혼인의 합의가 없는 때'란 당사자 사이에 사회관념상 부부라고 인정되는 정신적·육체적 결합을 생기게 할 의사의 합치가 없는 경우를 의미하므로, 당사자 일방에게만 그와 같은 참다운 부부관계의 설정을 바라는 효과의사가 있고 상대방에게는 그러한 의사가 결여되었다면 비록 당사자 사이에 혼인신고 자체에 관하여 의사의 합치가 있어 일응 법률상의 부부라는 신분관계를 설정할 의사는 있었다고 하더라도 그 혼인은 당사자 간에 혼인의 합의가 없는 것이어서 무효라고 보아야 한다.[109]

형식적 요건으로 혼인은 〈가족관계의 등록 등에 관한 법률〉에 정한 바에 의

109 대법원 2010. 6. 10. 선고 2010므574 판결.

하여 '혼인신고'를 해야 효력이 생긴다(제812조). 혼인신고 없이 결혼생활을 하는 경우는 '사실혼(事實婚)'에 해당되며, 이 경우에는 제한적 범위 내에서만 법적 보호를 받을 수 있다.

(2) 혼인의 효과

혼인으로 인하여 부부 사이에 친족관계가 발생하며, 부부간에는 동거·정조·협조·부양의 의무를 진다(제826조). 부부는 동거(同居)를 해야 한다. 동거는 같은 집에서 공동생활을 하는 것인데, 부부가 협의하여 정하고, 만약 협의할 수 없는 경우에는 부부의 청구에 따라 가정법원이 정한다. 다만 주말부부나 해외출장, 입원 등으로 동거하기가 어려운 경우도 있을 수 있다.

> 부부의 일방이 상대방에 대하여 동거에 관한 심판을 청구한 결과로 그 심판절차에서 동거의무의 이행을 위한 구체적인 조치에 관하여 조정이 성립한 경우에 그 조치의 실현을 위하여 서로 협력할 법적 의무의 본질적 부분을 상대방이 유책하게 위반하였다면, 부부의 일방은 바로 그 의무의 불이행을 들어 그로 인하여 통상 발생하는 비재산적 손해의 배상을 청구할 수 있고, 그에 반드시 이혼의 청구가 전제되어야 할 필요는 없다.[110]

그리고 부부간에는 성적인 성실의무를 지고, 상호 협조하고, 동등한 생활수준으로 서로를 부양할 의무가 있다. 미성년자가 혼인을 하게 되면 혼인의 독립성을 보장하기 위해서 성년으로 의제되는데(成年擬制), 성년으로 의제된 자는 민법상의 행위능력을 갖는다(제826조의2).

---

110 대법원 2009. 7. 23. 선고 2009다32454 판결.

부부는 정신적·육체적·경제적으로 결합된 공동체로서 서로 협조하고 보호하여 부부공동생활로서의 혼인이 유지되도록 상호 간에 포괄적으로 협력할 의무를 부담하고 그에 관한 권리를 가진다. 이러한 동거의무 내지 부부공동생활 유지의무의 내용으로서 부부는 부정행위를 하지 아니하여야 하는 성적(性的) 성실의무를 부담한다. 부부의 일방이 부정행위를 한 경우에 부부의 일방은 그로 인하여 배우자가 입은 정신적 고통에 대하여 불법행위에 의한 손해배상의무를 진다.[111]

혼인의 재산상 효력에 대해서는 당사자 사이의 합의에 의한 약정을 우선으로 하고(부부재산계약), 당사자 간에 이러한 합의가 없는 경우에는 법정재산제에 따른다. 부부재산계약은 '혼인하기 전'의 혼인당사자들의 재산관계에 대한 자유로운 의사를 존중하고 이를 혼인 후에도 보호하기 위한 제도이다. 부부재산계약은 혼인신고 '전' 체결되고 '등기'되어야 한다(제829조). 법정재산제는 우리나라의 경우 부부별산제를 따르고 있다. 혼인 전에 부부 양 당사자가 부부재산계약을 미리 체결하지 않은 경우에는 민법상의 법정재산제가 적용된다. 법정재산제에 의하며 부부의 일방이 혼인 전부터 가진 고유의 재산과 혼인 중 자기의 명의로 취득한 재산은 각자의 특유재산으로 하고, 부부는 그 특유재산을 각자 관리·사용·수익한다(제831조). 그리고 부부의 누구에게 속한 것인지 분명하지 아니한 재산은 부부의 '공유'로 '추정'된다(제830조).

부부의 일방이 혼인 중에 자기 명의로 취득한 재산은 그 명의자의 특유재산으로 추정되지만, 실질적으로 다른 일방 또는 쌍방이 그 재산의 대가를 부담하여 취득한 것이 증명된 때에는 특유재산의 추정은 번복되어 다른 일방의 소유이거나 쌍방의 공유라고 보아야 한다.[112]

---

111 대법원 2015. 5. 29. 선고 2013므2441 판결.

112 대법원 1995. 10. 12. 선고 95다25695 판결.

부부가 가정이라는 한 울타리 안에서 서로 부양·협조의무를 신의성실하게 다할 것을 약속한 사이이므로 보다 나은 공동생활을 영위하기 위해 불가피하게 진 빚을 서로가 갚아 줘야 하는 것은 당연하다고 생각할 수 있다. 배우자 일방이 자신이 사업을 위해 대출받은 채무, 교회에 건축헌금, 주식투자를 위해 몰래 빌린 자금, 저당권 설정행위 등도 부부라는 이유로 모두 책임져야 할까? 그렇다면 어느 범위까지 책임져야 할까?

부부의 공동생활에 필요한 비용은 당사자 사이에 특별한 약정이 없는 한 부부가 공동으로 부담하며(제833조), 가정생활을 영위하기 위해 통상적으로 행하여지는 일상가사에 대해서는 서로 간에 대리권을 가지는데, 이를 '일상가사대리권(日常家事代理權)'이라 한다(제832조).

> 민법 제832조에서 말하는 '일상의 가사에 관한 법률행위'라 함은 부부의 공동생활에서 필요로 하는 통상의 사무에 관한 법률행위를 말하는 것으로, 그 구체적인 범위는 부부공동체의 사회적 지위나 재산, 수입, 능력 등 현실적 생활상태뿐만 아니라 그 부부의 생활장소인 지역사회의 관습 등에 의하여 정하여지나, 당해 구체적인 법률행위가 일상의 가사에 관한 법률행위인지 여부를 판단함에 있어서는 그 법률행위를 한 부부공동체의 내부 사정이나 그 행위의 개별적인 목적만을 중시할 것이 아니라 그 법률행위의 객관적인 종류나 성질 등도 충분히 고려하여 판단하여야 할 것이다.[113]

부부는 일상적인 가사 사무에 관하여 서로 대리할 수 있다. 일상가사의 예로는 부부와 그 자녀의 공동생활을 위해 필요한 통상적인 거래, 즉 생활비, 자녀의 교육비, 치료비 등을 가리킨다. 부부의 일방이 일상의 가사에 관하여 제3자와 법률행위를 한 때에는 다른 일방은 이로 인한 채무에 대하여 연대책임이 있다.

---

113 대법원 2009. 2. 12. 선고 2007다77712 판결.

(3) 사실혼

근래에 들어 혼인신고를 하지 않고 부부로서 공동생활을 유지하는 사례가 늘고 있다. 혼인신고를 하지 않았다 하여 이들은 아무런 법적 보호를 받지 못하는 것일까? 우리 민법은 이러한 부부를 보호하기 위해 '사실혼(事實婚)' 제도를 두고 있다.

사실혼이란 당사자의 합의에 의해 혼인의 의사를 가지고, 사실상 부부로서의 공동생활을 하면서도, 혼인신고를 하지 않은 남녀의 결합관계이다. 혼인의 의사가 있다는 점에서 단순한 '동거'와는 다르다. 혼인신고를 하지 않았으므로, 법률상의 배우자는 아니다. 그러므로 상속[114]이나 친족관계는 발생하지는 않지만, 동거·부양·협조·정조의 의무가 발생되고, 부부간 일상가사대리권도 발생한다. 공무원 연금이나 선원 연금 등의 유족연금이나, 주택임대차보호법상의 임차보증금 승계가 가능하다. 또한 배우자에 대한 제3자의 불법행위에 기한 손해배상청구가 가능하다. 사실혼 부부 사이에서 출생한 자녀는 '혼외자'가 된다. 사실혼 부부의 자녀는 일단 어머니의 성과 본을 따르며, 어머니와는 법률상 모자관계가 성립하지만 아버지와는 부자관계가 생기지 않는다. 다만, 아버지가 친자임을 인지(認知)한 경우에는 자녀에 대한 친권과 양육권을 부부가 공동으로 행사하게 된다.

사실혼 관계의 해소는 두 사람이 부부관계를 끝내자는 일방의 의사만으로 해소된다. 법적인 이혼절차는 필요하지 않으며, 부부 모두 재산분할청구를 할 수 있다. 다만, 사실혼을 부당파기한 일방은 다른 배우자에 대해 손해배상책임을 질 수 있다. 또한 사실혼 관계가 해소되면, 부부가 합의해서 자녀의 친권, 양육자 및 양육사항을 정하고, 합의가 이루어지지 않으면 가정법원에 그 지정을 청구할 수 있다(제837조, 제837조의2, 제843조, 제864조의2 및 제909조 제4항).

---

114 사실혼 배우자도 제1057조의2에 따라, 특별연고자로서 상속재산 분여를 청구할 수는 있다.

(4) 약혼

약혼(約婚)이란 장차 혼인하려는 당사자 간의 계약을 말한다. 실질적인 혼인생활을 하면서 혼인신고만을 하지 않은 '사실혼'과는 구별된다. 약혼이 성립되려면 약혼에 대한 당사자 간의 합의가 있어야 하고, 약혼 연령(혼인과 동일)에 도달하여야 한다(제801조). 조건이나 기한이 있는 약혼도 유효하지만, 특정한 형식은 필요하지는 않다. 약혼은 가까운 시기에 혼인을 하여 부부공동체를 성립시킬 의무를 부담하며, 이를 위반한 때에는 상대방에게 손해배상을 청구할 수 있다. 그러나 강제이행(강제로 혼인)은 청구할 수 없다.

> 약혼은 혼인할 것을 목적으로 하는 혼인의 예약이므로 당사자 일방은 자신의 학력, 경력 및 직업과 같은 혼인의사를 결정하는 데 있어 중대한 영향을 미치는 사항에 관하여 이를 상대방에게 사실대로 고지할 신의성실의 원칙상의 의무가 있다. (…) 갑이 학력과 직장에서의 직종·직급 등을 속인 것이 약혼 후에 밝혀진 경우에는 갑의 말을 신뢰하고 이에 기초하여 혼인의 의사를 결정하였던 을의 입장에서 보면 갑의 이러한 신의성실의 원칙에 위반한 행위로 인하여 갑에 대한 믿음이 깨어져 갑과의 사이에 애정과 신뢰에 바탕을 둔 인격적 결합을 기대할 수 없어 갑과의 약혼을 유지하여 혼인을 하는 것이 사회생활관계상 합리적이라고 할 수 없으므로 민법 제804조 제8호 소정의 '기타 중대한 사유가 있는 때'에 해당하여 갑에 대한 약혼의 해제는 적법하다.[115]

약혼 관계 중에도 정조의무를 부담하며, 이를 위반한 때에는 약혼해제사유에 해당되어, 상대방은 약혼을 해제하고 위자료(손해배상)를 청구할 수 있다. 약혼이 성립되었다 하여 친족관계가 발생하는 것은 아니고, 약혼 중 태어난 자(子)도

---

115 대법원 1995. 12. 8. 선고 94므1676,1683 판결.

혼외자가 된다. 약혼이 해제되면, 과실 있는 상대방에 대한 재산상·정신상 손해배상청구권이 성립되며, 약혼 시 교환되었던 예물에 대한 반환청구권과 반환의무가 생긴다. 약혼 해제의 원인을 제공한 자는 반환의무는 있지만 예물반환청구권은 인정되지 않는다.

> 약혼예물의 수수는 약혼의 성립을 증명하고 혼인이 성립한 경우 당사자 내지 양가의 정리를 두텁게 할 목적으로 수수되는 것으로 혼인의 불성립을 해제조건으로 하는 증여와 유사한 성질을 가지므로, 예물의 수령자측이 혼인 당초부터 성실히 혼인을 계속할 의사가 없고 그로 인하여 혼인의 파국을 초래하였다고 인정되는 등 특별한 사정이 있는 경우에는 신의칙 내지 형평의 원칙에 비추어 혼인 불성립의 경우에 준하여 예물반환의무를 인정함이 상당하나, 그러한 특별한 사정이 없는 한 일단 부부관계가 성립하고 그 혼인이 상당 기간 지속된 이상 후일 혼인이 해소되어도 그 반환을 구할 수는 없으므로, 비록 혼인 파탄의 원인이 며느리에게 있더라도 혼인이 상당 기간 계속된 이상 약혼예물의 소유권은 며느리에게 있다.[116]

5. 이혼

(1) 혼인의 해소

혼인은 배우자의 사망이나 이혼으로 종료하게 되는데, 이를 혼인의 해소(解消)라 한다. 사망에는 자연사와 실종선고에 의한 사망의제를 포함하며, 이혼에는 당사자의 협의에 의한 이혼과 재판에 의한 이혼이 있다.

---

116 대법원 1996. 5. 14. 선고 96다5506 판결.

(2) 협의 이혼

이혼은 부부라는 법률관계를 해소시키는 것으로서 부부의 합의가 있는 것만으로는 이혼되지 않고 법원으로부터 부부 사이에 이혼의사가 합치함을 공식적으로 확인받는 절차가 필요하다. 따라서 협의이혼을 하려는 부부는 먼저 관할 가정법원에 '협의이혼의사확인'을 신청해서 이를 확인받아야 한다. 가정법원의 이혼안내를 받은 날부터 양육해야 할 자녀(포태 중인 자를 포함)가 있는 경우에는 3개월, 그렇지 않은 경우에는 1개월의 이혼숙려기간이 지난 후에 이혼의사의 확인을 받을 수 있다(제836조의2 제2항). 다만, 폭력으로 인해 당사자 일방에게 참을 수 없는 고통이 예상되는 등 이혼을 해야 할 급박한 사정이 있는 경우에는 이 기간이 단축되거나 면제될 수 있다(제836조의2 제3항). 양육하여야 할 자가 있는 경우 양육과 친권자 결정에 관한 협의서 또는 가정법원의 심판정본을 제출하여야 하고, 양육비부담조서를 작성하여 제출하여야 한다. 부부 중 어느 한 사람이 가정법원의 이혼의사확인서 등본을 교부·송달받은 날로부터 3개월 이내에 이혼신고서에 이혼의사확인서 등본을 첨부해서 행정관청에 신고를 하면 비로소 이혼의 효력이 발생한다. 이 3개월의 기간이 경과하면 가정법원의 확인은 효력을 상실한다(제836조 제1항).

(3) 재판상 이혼

부부간에 협의가 이루어지지 않았으나 민법에서 정하고 있는 사유로 인하여 혼인관계를 계속하기 어려운 경우 일방 배우자가 타방 배우자에 대하여 가정법원에 이혼을 청구하여 그 재판에 의해 이혼하게 되는 것을 재판상 이혼이라고 한다. 이때 유책주의에 따라 혼인관계가 파탄된 데 대하여 책임이 있는 당사자는 이혼청구를 하지 못한다.

> 제840조(재판상 이혼원인) 부부의 일방은 다음 각호의 사유가 있는 경우에는

가정법원에 이혼을 청구할 수 있다.

1. 배우자에 부정한 행위가 있었을 때
2. 배우자가 악의로 다른 일방을 유기한 때
3. 배우자 또는 그 직계존속으로부터 심히 부당한 대우를 받았을 때
4. 자기의 직계존속이 배우자로부터 심히 부당한 대우를 받았을 때
5. 배우자의 생사가 3년 이상 분명하지 아니한 때
6. 기타 혼인을 계속하기 어려운 중대한 사유가 있을 때

재판상 이혼을 하려는 자는 우선 가정법원에 조정을 신청하여야 하고(조정전치주의), 조정을 하지 않기로 하는 결정이 있거나 조정이 성립되지 않은 것으로 종결되거나 조정에 갈음하는 결정이 이의신청에 의하여 효력을 상실하게 되면 재판에 의하여 이혼을 하게 된다.

제840조 제6호가 파탄주의를 규정한 것으로 보면 혼인의 파탄에 주된 책임이 있는 배우자(유책배우자)도 이혼청구를 할 수 있는 것으로 보게 되지만, 유책주의를 규정한 것으로 보게 되면 유책배우자는 이혼청구를 할 수 없는 것으로 된다. 학설은 대체로 제한된 범위에서 유책배우자의 이혼청구를 허용하려는 견해가 많지만, 판례는 원칙적으로 허용하지 않고 일정한 경우 예외적으로만 허용하는 태도를 취한다.

> 유책배우자의 이혼청구를 허용하지 아니하고 있는 데에는 중혼관계에 처하게 된 법률상 배우자의 축출이혼을 방지하려는 의도도 있는데, 여러 나라에서 간통죄를 폐지하는 대신 중혼에 대한 처벌규정을 두고 있는 것에 비추어 보면 이에 대한 아무런 대책 없이 파탄주의를 도입한다면 법률이 금지하는 중혼을 결과적으로 인정하게 될 위험이 있다. (…) 제6호 이혼사유에 관하여 유책배우자의 이혼청구를 원칙적으로 허용하지 아니하는 종래의 대법원판례를 변경하는 것이 옳다는 주장은 그 주장이 들고 있는 여러 논거를 감안하더라도 아직은 받아들이기 어렵

다. (…) 이혼을 청구하는 배우자의 유책성을 상쇄할 정도로 상대방 배우자 및 자녀에 대한 보호와 배려가 이루어진 경우, 세월의 경과에 따라 혼인파탄 당시 현저하였던 유책배우자의 유책성과 상대방 배우자가 받은 정신적 고통이 점차 약화되어 쌍방의 책임의 경중을 엄밀히 따지는 것이 더 이상 무의미할 정도가 된 경우 등과 같이 혼인생활의 파탄에 대한 유책성이 그 이혼청구를 배척해야 할 정도로 남아 있지 아니한 특별한 사정이 있는 경우에는 예외적으로 유책배우자의 이혼청구를 허용할 수 있다.[117]

(4) 이혼의 효과

혼인에 의해 성립한 부부 사이의 모든 권리와 의무는 이혼으로 소멸된다. 배우자관계와 인척관계가 소멸하고 재혼이 가능하게 된다. 부모가 이혼하게 되더라도 그들 사이의 혼인 중 출생자는 그 지위를 계속해서 유지한다.

부부의 일방이 양육권을 갖게 되면 양육권을 갖지 않는 부모가 자녀와 면접하고 서신을 교환하고 접촉할 수 있는 권리를 가지게 되는데, 이를 면접교섭권이라 한다. 종래 부모만 면접교섭권을 행사할 수 있었으나, 현재는 자(子)에게도 인정되고 있으며, 면접교섭의 행사방법과 범위에 관해서는 부모의 협의로 정하고, 협의가 이루어지지 않거나 협의할 수 없는 경우에는 당사자가 가정법원에 청구하여 정하게 된다.

이혼을 한 배우자 일방은 상대방에 대하여 혼인생활 중 조성되거나 증가·유지된 재산의 분할을 청구할 수 있게 되는데, 이를 재산분할청구권이라 한다. 재산이 누구의 명의인가는 중요하지 않고, 그 재산을 형성하는 데 기여한 사람이 누구인가, 또 얼마나 기여했는가를 기준으로 분할한다. '이혼의 책임이 있는 당사자(유책배우자)'라도 부부 공동 재산에 대한 재산분할청구권을 가진다.

117 대법원 2015. 9. 15. 선고 2013므568 전원합의체 판결.

재산분할청구권은 이혼소송과 동시에 진행되어도 되고, 별도의 소로 행사되는 것도 가능하다. 다만 별도로 이루어지는 경우 이혼 후 2년 이내에 소가 제기되어야 한다(제839조의2). 이때 분할의 대상이 되는 재산은 쌍방의 협력으로 이룩한 재산에 한정하며, 고유재산이나 특유재산, 개인채무는 분할의 대상이 되지 않는다. 그러나 부부 일방이 이혼 시에 이미 수령한 퇴직금이나 연금, 상여금은 분할의 대상이 되며, 임대차보증금반환채무도 분할 대상이 된다. 재산분할청구권과는 별도로 유책배우자에 대한 정신상 손해배상(위자료)을 청구하는 것도 가능하다. 위자료는 이혼의 책임이 있는 당사자에게 청구하는 정신적 고통에 대한 손해배상이고, 재산분할은 혼인생활 중 형성한 공동재산에 대한 분할로 그 성격과 목적이 다르기 때문이다.

6. 부모와 자

우리 법은 자녀를 친생자와 양자로 나누어 구분한다. 친생자는 자연적 혈연관계가 있는 자(子)이며, 양자는 법적으로 혈연관계를 맺은 자(子)이다. 친생자는 혼인 중의 출생자와 혼인 외의 출생자로 나누어지는데, 이들의 차이는 어떠한 차이가 있을까?

(1) 친생자

아내가 혼인 중에 임신한 자녀는 남편의 자녀로 추정한다(제844조 제1항). 여기서 '추정'이라 함은 불명확한 사실에 대하여 일정한 법률효과를 부여하기 위하여 우선적으로 있는 그대로 그 사실을 확정하여 법률효력을 발생시키는 것을 말한다. 따라서 실제로 그 아이가 다른 남자의 아이라고 해도, 일단 남편의 아이로 추정한다. 그리고 이러한 친생자 추정을 뒤집을 수 있는 제도는 오직 바로 '친생부인의 소'를 통해 그 추정을 깨뜨릴 수 있다. 친생자관계부존재확인의 소로는 그러한 추정을 뒤집을 수가 없다. 두 소송의 가장 큰 차이점은 적용 대상과 제소권자, 그리고 제소기간이다. 친생부인의 소는 혼인 중 출생한 자녀에 대해 부모만이 2년 안에 제기할 수 있는 반면, 친생자관계부존재확인의 소는 그러한 제한이 없다.

부부의 합의하에 타인의 정자를 이용한 인공수정을 진행했다면 태아난 자녀는 친생자인가? 또 아내가 다른 남자와의 관계에서 임신하여 출산한 자녀라는 사실이 밝혀진 경우라 하더라도 친자로 추정해야 하는가?

무정자증으로 아이를 낳을 수 없는 A는 부부 합의하에 1993년 타인의 정자를 이용해서 인공수정으로 첫째 아이를 얻은 후 출생신고를 했다. 그런데 부인 B는 4년 후인 1997년 다른 남성 사이에서 둘째 자녀를 임신하고 출생했다. 무정자증이 치유된 것으로 착각한 A는 부부의 친자식으로 출생신고를 마쳤다. 이후 2014년 가정불화로 아내와 이혼과정에서 A는 둘째 아이가 혼외관계로 태어난 사실을 알게 되어, 두 자녀를 상대로 친자식이 아니라며 친생자관계부존재확인의 소를 제기하였다. 법원이 시행한 유전자 검사결과에서 두 자녀 모두 A와 유전학적으로 친자관계가 아닌 것으로 확인되었다.

대법원은 아내가 혼인 중 남편이 아닌 제3자의 정자를 제공받아 인공수정으로 자녀를 출산한 경우에도 친생추정 규정을 적용하여 그 자녀는 남편의 자녀로 추정된다고 보는 것이 타당하고, 혼인 중 아내가 임신하여 출산한 자녀의 경우 유전자 검사를 통하여 남편과 혈연관계가 없다는 점이 밝혀졌더라도 여전히 친생추정이 미친다고 보아 원고의 상고를 기각하였다.

대법원의 다수의견은 아내가 혼인 중 남편의 동의에 따라 제3자의 정자를 제공받아 인공수정으로 자녀를 출산한 경우에도 친생추정 규정이 적용되어 출생한 자녀가 남편의 자녀로 추정된다고 보았다. 남편의 동의는 인공수정 자녀에 대해서 친생추정 규정을 적용하는 주요한 근거가 되므로, 남편이 나중에 자신의 동의를 번복하고 친생부인의 소를 제기하는 것은 허용되지 않는다는 것이다. 그리고 혼인 중 아내가 임신하여 출산한 자녀가 유전자 검사 등을 통하여 남편과 혈연관계가 없다고 밝혀졌더라도 친생추정이 미친다고 보았다. 혈연관계가 없다는 점을 친생추정이 미치지 않는 전제사실로 보는 것은 원고적격과 제소기간의 제한을 두고 있는 친생부인의 소의 존재를 무의미하게 만드는 것으로 민법 해석상 받아들이기 어렵다고 판시하였다.[118]

(2) 인지

혼외자에 대하여 생부 또는 생모가 자기의 자(子)라고 인정하거나 재판에 의하여 부 또는 모를 확인함으로써 법률상의 친자관계를 형성하는 것을 인지라고 한다. 생부나 생모만이 인지할 수 있는데, 모자관계는 분만이라는 외형적 사실에 의해 객관적으로 확정되므로 대부분의 인지는 주로 생부의 인지가 문제된다. 부가 임의로 인지(임의인지, 제855조-제858조)하지 않는 경우 인지청구의 소(법정인지, 제863조, 제864조)를 제기할 수 있다.

인지의 효과에 대한 민법의 규정은 다음과 같다.

제859조(인지의 효력발생)

① 인지는 〈가족관계의 등록 등에 관한 법률〉의 정하는 바에 의하여 신고함으로써 그 효력이 생긴다.

② 인지는 유언으로도 이를 할 수 있다. 이 경우에는 유언집행자가 이를 신고하여야 한다.

제860조(인지의 소급효) 인지는 그 자의 출생시에 소급하여 효력이 생긴다. 그러나 제삼자의 취득한 권리를 해하지 못한다.

---

118 대법원 2019. 10. 23. 선고 2016므2510 전원합의체 판결.

제864조의2(인지와 자의 양육책임 등) 제837조 및 제837조의2의 규정은 자가 인지된 경우에 자의 양육책임과 면접교섭권에 관하여 이를 준용한다.

(3) 양자

1) 입양

입양을 통해서 양부모와의 사이에 혈족으로 인정되는 관계가 발생한 자를 '양자'라 한다. 양자는 입양을 통해서 발생하게 된다. 입양이 성립하기 위해서는 실질적 성립요건으로 양친과 양자 모두 입양의 의사가 있어야 하고, 양친은 성년자이면 된다. 따라서 미혼이더라도 양친이 될 수 있다. 양자는 의사능력이 있는 자이어야 하고, 13세 미만의 자가 양자가 되는 경우 법정대리인의 대체 승낙이 있어야 하는데, 이를 '대락입양'이라 한다. 13세 이상의 미성년자는 법정대리인의 동의를 받아야 본인이 승낙한다. 미성년자의 경우 부모의 동의를 받은 후 반드시 가정법원의 허가를 받아야 한다. 그러나 일정한 경우 가정법원은 법정대리인의 승낙이나 동의권자의 동의가 없거나, 동의가 동의를 거부하더라도 입양의 허가를 할 수 있다. 성년자도 부모의 동의가 있어야 하고, 배우자 있는 자는 타방 배우자의 동의가 있어야 한다. 입양의사가 합치되고 입양의 신고가 있게 되면, 그들 사이에는 법정 혈족관계가 발생하게 되고, 양자의 성(姓)은 변경되지 않는 것이 원칙이지만, 성의 변경을 청구하면 양친의 성과 본을 따를 수 있다. 양친자관계는 파양을 통해서 해소된다.

2) 파양

파양이란 유효하게 성립한 양친자관계를 인위적으로 해소하는 것을 말한다. 파양이 있으면 양친자관계를 비롯한 친족관계가 소멸하고, 파양에 과실이 있는 상대방은 손해배상책임(제908조)을 진다.

제898조(협의상 파양) 양부모와 양자는 협의하여 파양(罷養)할 수 있다. 다만, 양자가 미성년자 또는 피성년후견인인 경우에는 그러하지 아니하다.

제905조(재판상 파양의 원인) 양부모, 양자 또는 제906조에 따른 청구권자는 다음 각 호의 어느 하나에 해당하는 경우에는 가정법원에 파양을 청구할 수 있다.

1. 양부모가 양자를 학대 또는 유기하거나 그 밖에 양자의 복리를 현저히 해친 경우
2. 양부모가 양자로부터 심히 부당한 대우를 받은 경우
3. 양부모나 양자의 생사가 3년 이상 분명하지 아니한 경우
4. 그 밖에 양친자관계를 계속하기 어려운 중대한 사유가 있는 경우

3) 친양자

일반양자 입양에 따라 입양된 양자는 입양된 때부터 입양한 부모의 혼인 중의 출생자의 신분을 취득하게 되므로, 양자는 입양한 부모의 친권에 따르게 되고, 입양한 부모의 친족들과 친족관계가 생기게 된다. 그러나 종래의 친생부모와의 친족관계는 그대로 유지된다. 반면, 친양자 입양의 경우에는 입양이 허락되면 친생부모와의 친족관계는 종료되고 입양한 부모와의 법률상 친자관계를 새롭게 형성하며, 친양자의 성과 본도 입양한 부의 성과 본을 따르게 된다.

민법 제908조의2는 친양자 입양의 요건으로서 ① 3년 이상 혼인 중인 부부로서 공동으로 입양할 것. 다만, 1년 이상 혼인 중인 부부의 한쪽이 그 배우자의 친생자를 친양자로 하는 경우에는 그러하지 아니하다. ② 친양자가 될 사람이 미성년자일 것, ③ 친양자가 될 사람의 친생부모가 친양자 입양에 동의할 것. 다만, 부모가 친권상실의 선고를 받거나 소재를 알 수 없거나 그 밖의 사유로 동의할 수 없는 경우에는 그러하지 아니하다. ④ 친양자가 될 사람이 13세 이상인 경우에는 법정대리인의 동의를 받아 입양을 승낙할 것. ⑤ 친양자가 될 사람이 13세 미만인 경우에는 법정대리인이 그를 갈음하여 입양을 승낙할 것을 규정하고 있다.

최근 자녀를 가질 수 없어 입양을 고려하는 상황에서 입양아동의 정서적 안정과 정체성 확립 그리고 복리증진을 위해 친양자 제도를 적극적으로 고려하는 사례가 늘고 있다. 그러나 법원의 승인을 받아야 하고, 이를 준비하고 진행하는 과정에서 시간과 비용이 많이 든다는 점, 원래 친부모와의 관계가 완전히 끊어진다는 부정적인 측면도 있다. 친양자 입양과 관련한 흥미로운 사례가 있어 소개한다. 쟁점은 조부모가 손녀를 친양자로 입양하는 것은 가능할까? 하는 문제였다.

> A는 고등학생때 자녀 B를 임신한 직후 친부와 혼인신고를 하고 B를 출산하였다. 그러나 얼마 후 A와 친부는 이혼을 했다. B는 생후 7개월 무렵부터 A의 부모 C와 D가 키워 왔다. B 또한 A보다는 조부모인 C와 D를 자신의 부모로 여겼다. 조부모는 B가 취학할 때 이러한 가족사로 인해 원만한 교우관계를 형성하지 못할 것을 걱정했다. 자녀인 A에게 B를 자신들의 자녀로 친양자 입양하는 것을 제안했고 A는 이에 동의했다. 하지만 관할법원은 입양이 허가되면 외조부모가 부모가 되고 친생모는 어머니이자 누나가 되는 등 가족 내부 질서와 친족관계에 혼란이 생기고, 장래에 B가 진실을 알게 될 경우 충격을 받을 수 있다고 했다. 또 입양을 하지 않고도 양육이 가능하며, 입양을 통해 친부모의 양육 책임을 면해주는 게 B의 복리에 더 바람직하다고 볼 수도 없다고 판단하여 조부모가 낸 친양자 입양신청을 불허했다. 그러나 대법원은 입양 요건이 갖춰지고 입양 대상자의 복리에도 부합한다면 조부모의 손자녀 입양을 허가할 수 있다고 판단했다.[119]

입양은 출생이 아니라 법에 정한 절차에 따라 원래는 부모·자녀가 아닌 사람 사이에 부모·자녀 관계를 형성하는 제도이다. 조부모와 손자녀 사이에는 이미 혈족관계가 존재하지만 부모·자녀 관계에 있는 것은 아니다. 민법은 입양의 요건으로 동의와 허가 등에 관하여 규정하고 있을 뿐이고 존속을 제외하고는 혈족의 입

119 대법원 2021. 12. 23.자 2018스5 전원합의체 결정.

양을 금지하고 있지 않다(민법 제877조 참조). 따라서 조부모가 손자녀를 입양하여 부모·자녀 관계를 맺는 것이 입양의 의미와 본질에 부합하지 않거나 불가능하다고 볼 이유가 없다.

조부모가 자녀의 입양허가를 청구하는 경우에 입양의 요건을 갖추고 입양이 자녀의 복리에 부합한다면 이를 허가할 수 있다. 다만 조부모가 자녀를 입양하는 경우에는, 양부모가 될 사람과 자녀 사이에 이미 조손(祖孫)관계가 존재하고 있고 입양 후에도 양부모가 여전히 자녀의 친생부 또는 친생모에 대하여 부모의 지위에 있다는 특수성이 있으므로, 이러한 사정이 자녀의 복리에 미칠 영향에 관하여 세심하게 살필 필요가 있다.

7. 후견

(1) 미성년후견

미성년자에게 친권자가 없거나 친권자가 법률행위에 대한 대리권과 재산관리권을 행사할 수 없는 경우에는 후견이 개시된다. 미성년후견이 될 자는 자연인으로 1인에 한하며, 지정후견인과 선임후견인이 있다. 미성년 후견인은 미성년자의 신분에 관한 권리와 의무가 있고, 신분행위와 재산행위에 대하여 대리권과 동의권이 있다. 다만 후견인과 피후견인 사이에 이해상반되는 행위를 하는 경우에는 후견인은 법원에 피후견인의 특별대리인의 선임을 청구하여야 한다.

(2) 성년후견

질병, 장애, 고령 그 밖의 사유로 인하여 현재 정신적 제약이 있거나 미래에 정신적 능력이 약해질 상황에 대비하여 후견제도를 이용하려는 사람이 재산행위뿐만 아니라 치료, 요양 등 복리에 관한 폭넓은 도움을 받을 수 있도록 하는 제도가 성년후견제도이다.

성년후견에는 성년후견, 한정후견, 특정후견, 임의후견의 네 종류가 있는데, 후견인은 자연인뿐만 아니라 법인도 될 수 있으며 여러 명일 수도 있다. 성년후견, 한정후견, 특정후견의 경우 후견개시 심판으로 후견이 개시되고 가정법원은 직권으로 후견인을 선임한다. 선임된 후견인은 피후견인의 신상결정 등에 관한 권한과 재산에 관한 권한을 갖게 된다. 임의 후견은 후견계약과 공정증서로 체결하고 등기하여야 하며, 가정법원이 임의후견감독인을 선임한 때 임의후견이 개시된다. 임의후견인은 임의후견계약에 명시된 자로 특별한 자격이 요구되지는 않고, 임무는 계약의 내용에 따른다.

8. 상속

(1) 상속의 의의

상속(相續)이란 피상속인이 사망한 경우에 그가 생전에 가지고 있던 재산상의 권리·의무가 일정한 범위의 혈족과 배우자에게 포괄적으로 승계되는 것을 의미한다

상속제도의 근거에 관하여는 피상속인과 피를 나눈 자들에게 상속재산이 이전되는 것이라는 혈연대가설(血緣代價說), 피상속인의 생전의 의사가 사후에 보장되거나 혹은 피상속인의 추정적 의사가 실현되는 것이라는 의사추정설(意思推定說), 주택이나 살림도구, 부동산 등과 같은 재산은 가산이므로, 피상속인이 사망하였을 때, 이를 공동소유하는 상속인에게 분여하는 제도라는 가산공유설(家産共有設), 피상속인 사망 후에 남은 상속인들의 생활을 보장하기 위한 제도라는 생활보장설(生活保障設) 등이 주장되고 있다.

(2) 상속인과 상속순위 및 상속분

민법은 혈족상속인의 순위를 직계비속, 직계존속, 형제자매, 4촌 이내의 방계혈족으로 정하고, 배우자는 항상 상속인이 됨을 정하고 있다.

피상속인의 사망으로 직계비속이 1순위 상속인이 되고, 그가 없으면 직계비속이 2순위 상속인이 된다. 그 역시 없고 배우자도 없다면 3순위로 형제자매가 상속인이 된다. 마지막 3순위 상속인까지 없다면 4촌 이내의 방계혈족이 4순위 상속인이 된다. 배우자의 상속순위는 유동적인데, 1순위 상속인 있으면 그 직계비속과 동순위로 공동상속인이 되고, 직계비속이 없는 경우에는 피상속인의 직계존속과 공동상속인이 되며, 피상속인이 직계비속도 직계존속도 없으면, 단독상속인이 된다(제1000조).

상속분(相續分)은 각 공동상속인이 소극재산을 포함하는 포괄적인 상속재산에 대하여 가지는 권리·의무의 비율이고, 법정상속분은 상속분에 대한 유언이 없는 경우에는 법정상속분에 따라 상속이 이루어진다. 동순위의 상속인이 다수인 경우에는 그 상속분은 균등하게 배분한다. 피상속인의 배우자의 상속분은 직계비속과 공동으로 상속하는 경우에는 직계비속의 상속분에 5할(0.5)을 가산하고, 피상속인의 직계존속과 공동으로 상속하는 경우에는 직계존속의 상속분에 5할(0.5)을 가산한다. 그리고 대습상속인은 피대습자의 상속분에 따른다.

공동상속인 중에서 피상속인 재산 유지나 증가에 특별히 기여하거나 피상속인을 특별히 부양한 자가 있다면, 상속분 산정에 있어서 이를 참작하는 것이 공평의 원칙에 부합하는 것이 아닐까? 우리 민법은 이와 같은 점을 고려하여 '제1008조의2에 기여분 제도'를 두고 있다.

즉, 상속개시 당시의 피상속인의 재산가액에서 공동상속인의 협의로 정한 그 자의 기여분을 공제한 것을 상속재산으로 보고, 법정 상속분에 기여분을 가산한 액으로써 그 자의 상속분으로 한다고 규정하고 있다. 예컨대 A가 부인 B와 자녀 C, D를 두고 있는 사람으로 최근 췌장암 4기 진단을 받았는데, 아들 C가 A의 고액 치료비를 부담하고, A가 사망할 때까지 극진히 간병해 왔다. 얼마 지나지 않아 A는 사망하였다. A가 남긴 상속재산이 총 3억 3천만 원이라면, 이때 C가 받을 수 있는 상속재산은 얼마일까? C의 기여분이 5천만 원으로 합의되었다. 상속인들에게 돌아갈 상속재산은 A의 배우자 B는 (3억 3천만 원 –5천만 원) × 1.5/3.5 = 1억 2천만 원, C는 (3억 3천만 원 –5천만 원) × 1/3.5 + 5천만 원 = 1억 3천만 원, D는 (3억 3천만 원 –5천만 원) × 1/3.5 = 8천만 원이 된다.

기여분이 인정되기 위해서는 특별한 기여이어야 하고, 기여행위로 인해 피상속인의 재산의 유지 또는 증가가 있어야 하는 것인데, 만약 장기간 간병을 이유로 배우자에게 기여분을 인정한다면 부부 상호 간 부양의무를 정한 민법 제826조 제1항과 부합되지 않는 것은 아닐까? 이와 관련한 최근 대법원 판례[120]를 살펴보자.

> 피상속인 A는 1940년 D와 혼인하여 그 사이에 9명의 자녀(청구인)를 두었다. 이후 A는 1971년 E를 만나 중혼적 사실혼 관계를 유지하면서 그 사이에 자녀로 B, C를 두었다. A는 D가 1984년 사망하자 1987년 E와 혼인신고를 하고 2008년 사망할 때까지 A 소유의 주택에서 함께 살았다. 상속재산으로는 약 32억 원의 부동산과 임대차보증금반환채무 등 5억원의 상속채무가 있었다. A는 2003년부터 사망할 때까지 약 5년 동안 여러 병원에서 통원치료를 받아 왔고 10여 회에 걸쳐 입원치료를 받았는데, E가 그 대부분의 기간 간호하였다. E는 사건이 대법원에 계속 중이던 2014년에 사망하였다. 상속재산의 적정한 분할을 구하는 청구인들의 심판청구에 대하여 E, B, C는 상당한 기간 투병 중인 피상속인과 동거하면서 간호하였음을 주장하면서 반심판으로 30%의 기여분결정을 청구하였다.

대법원의 다수의견은 배우자의 기여분 인정 여부와 그 정도는 "민법 제1008조의2의 해석상 가정법원이 배우자의 동거·간호가 부부 사이의 제1차 부양의무 이

120 대법원 2019. 11. 21.자 2014스44, 2014스45 전원합의체 결정.

행을 넘어서 '특별한 부양'에 이르는지 여부와 더불어 동거·간호의 시기와 방법 및 정도뿐 아니라 동거·간호에 따른 부양비용의 부담 주체, 상속재산의 규모와 배우자에 대한 특별수익액, 다른 공동상속인의 숫자와 배우자의 법정상속분 등 일체의 사정을 종합적으로 고려하여 공동상속인들 사이의 실질적 공평을 도모하기 위하여 배우자의 상속분을 조정할 필요성이 인정되는지 여부를 따져서 판단하여야 한다"고 하여 E의 기여분 주장을 받아들이지 않았다.

정리하면, 특별한 기여가 인정되기 위해서는 요양이나 간호 비용을 기여자가 부담하여 상속재산의 손실이 없었던 경우로서, 통상의 부양·간호의 정도를 넘어 그러한 요양이나 간호로 상속재산이 유지되는 경우이어야 한다.

(3) 상속의 효과

상속인의 사망으로 상속은 개시된다(제997조). 자연사망의 경우, 실제로 사망한 때를 말하고, 사망신고가 행하여지는 시점이 아니다. 상속인은 상속개시와 동시에 피상속인의 재산에 관한 권리·의무를 포괄적으로 승계한다. 그러나 피상속인의 일신(一身)에 전속하는 것은 상속되지 아니한다(제1005조). "일신에 전속한 것"이라 함은 특정한 재산권이 그 성질상 타인에게 귀속될 수 없고, 피상속인 개인에게만 귀속될 수 있는 개인적인 것을 의미한다. 예컨대, 당사자 간 인적 신뢰를 요하는 위임, 고용, 조합 등에서의 당사자 지위는 상속되지 않는다.

상속되는 재산은 상속인에게 이익이 되는 적극재산뿐만 아니라 채무와 조세와 같은 소극재산도 포함된다. 물권은 원칙적으로 전부 상속된다. 그리고 상속으로 인한 부동산물권의 변동에는 등기를 요하지 아니하고, 동산의 경우에도 인도를 필요로 하지 아니한다. 채권과 채무도 일반적으로 상속의 대상이다. 일신전속적 성질이 없는 채권(예: 임차권, 손해배상청구권), 임대차 계약상의 지위, 특허권·상표권·저작권·실용신안권 등 지적재산권도 상속 대상이 된다.

(4) 대습상속

대습상속(代襲相續)이란 상속인이 될 직계비속 또는 형제자매가 상속개시 전에 사망하거나, 상속결격자로 된 경우에 상속인이 될 자의 직계비속이나 배우자가 있으면, 그 직계비속이나 배우자가 그 순위에 갈음하여 상속인이 되는 것을 말한다(제1001조, 제1003조 제2항). 이때의 상속인에는 직계비속과 형제자매만 포함된다.

'대습상속'이 사회 일반에 크게 알려진 계기가 된 것은 1997년 8월 6일 괌에서 KAL기가 추락해 총 254명의 탑승자 중 229명이 숨진 '대한항공 801편 추락사고'이다. 대습상속이 이루어지기 위해서는 피상속인의 사망 '전'에 상속인이 사망하여야 하는데, 이 사건과 같이 사망의 선후관계가 밝혀지지 않아 민법 제30조에 따라 동시에 사망한 것으로 추정되는 경우에도 대습상속할 수 있는지 문제가 된다. 그럼 이 사건의 사실관계를 파악해 보자.

> 인천J상호신용금고 회장 A는 여름휴가를 위해 부인, 아들 내외와 손자, 딸과 외손녀, 외손자 등 가족 8명과 함께 탑승하였다. 사립대학교 의과대학 교수였던 사위 B는 업무상 사정으로 함께 탑승하지 못하였고, 다른 비행기편으로 출발하기로 했다. 비행기가 괌에 도착할 무렵, 괌 아가나 국제공항에는 심한 폭우가 내리고 있었고, 관제탑의 항공기 착륙 유도장치도 고장 나 있었다. 시야가 제대로 확보되지 않은 상태에서 조종사는 무리하게 착륙을 시도하다, 결국 비행기는 괌의 니미츠 언덕에 충돌하고 말았다. 추락사고로 A의 가족 8명은 전원 사망한 것으로 밝혀졌다. 당시 A에게는 다른 직계혈족은 없었고 방계혈족인 형제자매들만 있었다. 이후 1천억 원이 넘는 상속재산을 둘러싸고 A의 형제자매와 사위 간 치열한 법적 공방이 시작되었다.
>
> A의 형제자매들(원고)은 1순위 상속권자인 자녀와 손자녀들이 모두 사망했으며 사위는 상속권이 없기 때문에 2순위 상속권자로서 혈연관계를 맺고 있는 자신들이 상속을 받아야 한다는 점과 동시사망의 경우 대습상속의 요건에 해당하지 않

는다는 점을 주장했다. 반면 B(피고)는 민법 제1001조의 "상속 개시 전"에는 상속인이 피상속인보다 먼저 사망한 경우뿐만 아니라 동시에 사망하거나 '동시에 사망하는 것으로 추정되는 경우'도 포함하는 것으로 해석되어야 한다고 항변하였다.

대법원은 우선 피상속인의 사위가 형제자매보다 우선하여 단독으로 대습상속한다는 민법 제1003조 제2항이 헌법에 위반되지 않는다고 판단하였다.[121]

① 우리나라에서는 전통적으로 오랫동안 며느리의 대습상속이 인정되어 왔고, 1958. 2. 22. 제정된 민법에서도 며느리의 대습상속을 인정하였으며, 1990. 1. 13. 개정된 민법에서 며느리에게만 대습상속을 인정하는 것은 남녀평등·부부평등에 반한다는 것을 근거로 하여 사위에게도 대습상속을 인정하는 것으로 개정한 점, ② 헌법 제11조 제1항이 누구든지 성별에 의하여 정치적·경제적·사회적·문화적 생활의 모든 영역에 있어서 차별을 받지 아니한다고 규정하고 있고, 헌법 제36조 제1항이 혼인과 가족생활은 양성의 평등을 기초로 성립되고 유지되어야 하며 국가는 이를 보장한다고 규정하고 있는 점, ③ 현대 사회에서 딸이나 사위가 친정 부모 내지 장인 장모를 봉양, 간호하거나 경제적으로 지원하는 경우가 드물지 아니한 점, ④ 배우자의 대습상속은 혈족상속과 배우자상속이 충돌하는 부분인데 이와 관련한 상속순위와 상속분은 입법자가 입법정책적으로 결정할 사항으로서 원칙적으로 입법자의 입법형성의 재량에 속한다고 할 것인 점, ⑤ 상속순위와 상속분은 그 나라 고유의 전통과 문화에 따라 결정될 사항이지 다른 나라의 입법례에 크게 좌우될 것은 아닌 점, ⑥ 피상속인의 방계혈족에 불과한 피상속인의 형제자매가 피상속인의 재산을 상속받을 것을 기대하는 지위는 피상속인의 직계혈족의 그러한 지위만큼 입법적으로 보호하여야 할 당위성이 강하지 않은 점 등을 종합하여 볼 때, 외국에서 사위의 대습상속권을 인정한 입법례를 찾기 어렵고, 피상속인의

---

121 대법원 2001. 3. 9. 선고 99다13157 판결.

> 사위가 피상속인의 형제자매보다 우선하여 단독으로 대습상속하는 것이 반드시 공평한 것인지 의문을 가져 볼 수는 있다 하더라도, 이를 이유로 곧바로 피상속인의 사위가 피상속인의 형제자매보다 우선하여 단독으로 대습상속할 수 있음이 규정된 민법 제1003조 제2항이 입법형성의 재량의 범위를 일탈하여 행복추구권이나 재산권보장 등에 관한 헌법규정에 위배되는 것이라고 할 수 없다.

두 번째로, 동시사망이 추정되는 경우에도 다음과 같은 이유로 대습상속이 가능하다고 판시하였다.

> 원래 대습상속제도는 대습자의 상속에 대한 기대를 보호함으로써 공평을 꾀하고 생존 배우자의 생계를 보장하여 주려는 것이고, 또한 동시사망 추정규정도 자연과학적으로 엄밀한 의미의 동시사망은 상상하기 어려운 것이나 사망의 선후를 입증할 수 없는 경우 동시에 사망한 것으로 다루는 것이 결과에 있어 가장 공평하고 합리적이라는 데에 그 입법 취지가 있는 것인바, 상속인이 될 직계비속이나 형제자매(피대습자)의 직계비속 또는 배우자(대습자)는 피대습자가 상속개시 전에 사망한 경우에는 대습상속을 하고, 피대습자가 상속개시 후에 사망한 경우에는 피대습자를 거쳐 피상속인의 재산을 본위상속을 하므로 두 경우 모두 상속을 하는데, 만일 피대습자가 피상속인의 사망, 즉 상속개시와 동시에 사망한 것으로 추정되는 경우에만 그 직계비속 또는 배우자가 본위상속과 대습상속의 어느 쪽도 하지 못하게 된다면 동시사망 추정 이외의 경우에 비하여 현저히 불공평하고 불합리한 것이라 할 것이고, 이는 앞서 본 대습상속제도 및 동시사망 추정규정의 입법 취지에도 반하는 것이므로, 민법 제1001조의 '상속인이 될 직계비속이 상속개시 전에 사망한 경우'에는 '상속인이 될 직계비속이 상속개시와 동시에 사망한 것으로 추정되는 경우'도 포함하는 것으로 합목적적으로 해석함이 상당하다.

(5) 상속결격

상속인이 피상속인과 선순위 상속인에 대하여 부덕한 행위를 하거나 피상속인의 유언에 관하여 부정한 행위를 하는 경우 상속인은 이를 확정하는 재판상 선고를 기다리지 않고 법률상 당연히 그 상속인이 피상속인을 상속할 지위를 잃게 되는 것을 말한다.

제1004조(상속인의 결격사유) 다음 각 호의 어느 하나에 해당한 자는 상속인이 되지 못한다.

1. 고의로 직계존속, 피상속인, 그 배우자 또는 상속의 선순위나 동순위에 있는 자를 살해하거나 살해하려 한 자
2. 고의로 직계존속, 피상속인과 그 배우자에게 상해를 가하여 사망에 이르게 한 자
3. 사기 또는 강박으로 피상속인의 상속에 관한 유언 또는 유언의 철회를 방해한 자
4. 사기 또는 강박으로 피상속인의 상속에 관한 유언을 하게 한 자
5. 피상속인의 상속에 관한 유언서를 위조·변조·파기 또는 은닉한 자

2019년 헌법재판소는 형법 제269조 제1항의 낙태죄에 대하여 헌법불합치결정을 하여 2020년 12월 31일까지 이를 개정하도록 하였지만 아직도 법 개정은 이루어지지 않은 상황이다. 현재 낙태죄의 처벌 조항을 적용하지 못하지만, 태아는 상속에 있어서는 아직 태어나기 전이라도 상속능력이 인정되므로(제1000조 제3항) 태아에 대한 낙태는 민법상 문제가 발생할 수 있다.

A는 임신 상태에서 갑자기 남편이 교통사고로 사망하자, 이후 태어날 아이가 결손가정에서 자랄 것이 걱정되어 낙태를 했다. 그런데 이 사실을 알고 충격을 받은 시어머니 B는 사망한 아들의 혈육을 낙태한 며느리 A는 아들의 재산을 상속받

을 권리가 없다고 주장하였다. A는 남편의 재산을 상속받지 못하는 것인가?

A의 낙태행위는 제1004조에 규정한 '상속결격사유'에 해당되어 상속을 받을 수 없다. 태아도 상속에 있어서는 권리능력이 있어 정당한 상속인이 되는 것이므로, 위 낙태행위는 상속인을 살해한 것이 된다. 대법원은 살해의 고의가 있어야 하지만, 상속에 유리하다는 인식까지 있어야 하는 것은 아니라고 본다.[122]

> 태아가 호주상속의 선순위 또는 재산상속의 선순위나 동순위에 있는 경우에 그를 낙태하면 이 사건 당시 시행되던 민법(1990. 1. 13. 법률 제4199호로 개정되기 전의 것. 이하 같다) 제992조 제1호 및 제1004조 제1호 소정의 상속결격사유에 해당한다는 부분은 옳다고 하겠다.
>
> 그러나 과연 위 민법 규정들 소정의 상속결격사유로서 '살해의 고의' 이외에 원심이 판시한 바와 같이 '상속에 유리하다는 인식'을 필요로 하는지 여부에 관하여 살피건대, (1) 우선 민법 제992조 제1호 및 제1004조 제1호는 그 규정에 정한 자를 고의로 살해하면 상속결격자에 해당한다고만 규정하고 있을 뿐, 더 나아가 '상속에 유리하다는 인식'이 있어야 한다고까지는 규정하고 있지 아니하고 있으므로, 원심의 판시는 위 규정들의 명문에 반하고, (2) 또한 민법은 '피상속인 또는 호주상속의 선순위자'(제992조 제1호)와 '피상속인 또는 재산상속의 선순위나 동순위에 있는 자'(제1004조 제1호) 이외에 '직계존속'도 피해자에 포함하고 있고, 위 '직계존속'은 가해자보다도 상속순위가 후순위일 경우가 있는바, 민법이 굳이 동인을 살해한 경우에도 그 가해자를 상속결격자에 해당한다고 규정한 이유는, 상속결격요건으로서 '살해의 고의' 이외에 '상속에 유리하다는 인식'을 요구하지 아니한다는 데에 있다고 해석할 수밖에 없으며, (3) 그리고 민법 제992조 제2호 및 이를 준용하는 제1004조 제2호는 '고의로 직계존속, 피상속인과 그 배우자에게 상해를 가하여 사망에 이르게 한 자'도 상속결격자로 규정하고 있는데, 이 경우에는 '상해의 고

---

122 대법원 1992. 5. 22. 선고 92다2127 판결.

의'만 있으면 되므로, 이 '고의'에 '상속에 유리하다는 인식'이 필요없음은 당연하므로, 이 규정들의 취지에 비추어 보아도 그 각 제1호의 요건으로서 '살해의 고의' 이외에 '상속에 유리하다는 인식'은 필요로 하지 아니한다고 하지 않을 수 없다.

(6) 상속회복청구권

진정한 상속인이 그 상속권의 실현을 방해하는 참칭상속인(僭稱相續人) 또는 그로부터 상속재산을 취득한 제3자에 대하여, 상속권을 주장함으로써, 그 방해의 제거를 청구하고, 상속재산의 회복을 구하는 청구권을 말한다(제999조). 상속회복청구권은 상속권의 침해를 안 날로부터 3년, 상속권의 침해행위가 있은 날로부터 10년을 경과하면 소멸된다. 원고의 청구가 인용되면 피고는 그가 점유하고 있는 상속재산을 진정상속인인 원고에게 반환해야 한다.

(7) 상속의 승인과 포기

상속인은 상속개시 있음을 안 날로부터 3월 이내에 단순승인이나 한정승인 또는 상속의 포기를 할 수 있다(제1019조). 승인에는 단순승인과 한정승인이 있다.

단순승인을 하게 되면 상속인은 피상속인의 재산상의 모든 권리와 의무를 제한이나 조건 없이 포괄적으로 승계하게 된다.

상속인은 상속채무가 상속재산을 초과하는 사실을 중대한 과실 없이 고려기간 내에 알지 못하고 단순승인을 한 경우에는 상속채무가 상속재산을 초과한 사실을 안 날로부터 3월 이내에 '한정승인(限定承認)'을 할 수 있다. 한정승인은 상속인이 상속으로 인하여 얻은 재산의 한도에서 피상속인의 채무나 유증을 변제하는 조건으로 상속을 승인하는 것을 의미한다. 일반적으로 피상속인의 적극재산과 소극재산을 제대로 파악하기 어려운 경우에 하게 된다. 한정승인은 상속개시가 있음을 안 날로부터 3월 이내에 상속재산의 목록을 첨부하여 가정법원에 신고해야 한다. 다만, 상속인이 채무가 상속재산을 초과하는 사실을 중대한 과실 없이 알지 못하고 단순승인을 한 경우 그 사실을 안 날로부터 3월 이내에 한정승인을 할 수 있다.

상속의 승인이나 포기는 상속개시 후에 할 수 있고, 상속개시 전에는 이를 하더라도 그 효력은 무효가 된다.

(8) 상속권 상실선고 제도

2019년 사망한 가수 겸 배우 A는 가족으로 친모와 오빠가 있었다. 그런데 친모는 A가 9살 때 집을 나가서 20년이 넘게 연락을 끊고 살았다. 문제는 A의 친모가 재산을 상속하려고 하면서 일어났다. A는 미혼인 상태에서 사망했기 때문에 A의 친모는 민법상 최선순위 상속인이었기 때문이다. 민법 제1000조는 상속의 순위를 규정하고 있고, 제1004조에서는 일정한 형사상의 범죄행위와 유언의 자유를 침해하는 부정행위 등 5가지 상속 결격사유를 한정적으로 열거하고 있는데, A의 친모는 위 규정된 결격사유 어디에도 해당되지 않았다. 이에 부양의무를 다하지 않은 상속권자에게 상속을 제한할 필요가 대두되었다.

일명 '구하라법'이라 불리는 이 규정(제1004조의2 제1항)은 자녀를 부양하지 않은 부모의 상속권을 제한하는 제도로서, 모든 상속인에 대한 상속권 상실을 규정한 것은 아니다. 자녀의 사망으로 인해 부모가 상속인이 되는 경우만 적용된다. 민법에서 규정한 부모의 상속권 상실선고사유는 크게 두 가지다. 부모가 ① 자녀에 대한 부양의무를 중대하게 위반하거나, ② 자녀 또는 자녀의 배우자(며느리, 사위), 자녀의 자녀(손자녀)에게 중대한 범죄행위를 하거나 심히 부당한 대우를 한 경우이다.

부모에게 상속권 상실 사유가 있음에도 불구하고 자녀가 상속권 상실에 대한 유언을 남기지 않은 경우가 있을 수 있다. 이 경우 자녀의 공동상속인 또는 부모의 상속권 상실로 인해 자녀의 공동상속인이 될 수 있는 사람은 가정법원에 부모의 상속권 상실을 청구할 수 있다. 유언이 없는 경우의 상속권 상실 청구는 상속권 상실 사유가 있는 부모가 상속인이 됐음을 안 날로부터 6개월 이내에 할 수 있다.

(9) 유언

유언(遺言)은 유언자의 사망과 동시에 일정한 법률효과를 발생시키는 것을

민법상 인정되는 유언의 방법	
녹음에 의한 유언	• 녹음에 의한 유언은 유언자가 유언의 취지, 그 성명과 연월일을 구술하고, 이에 참여한 증인이 유언의 정확함과 그 성명을 구술하여야 한다(제1067조). • 유언자가 녹음한다. 증인도 녹음한다.
자필증서에 의한 유언	• 자필증서에 의한 유언은 유언자가 그 전문과 연월일, 주소, 성명을 자서하고 날인해야 한다(제1066조). • 유언자가 작성하고, 유언자가 날인한다. 증인은 필요 없다.
공정증서에 의한 유언	• 공정증서에 의한 유언은 유언자가 증인 2인이 참여한 공증인의 면전에서 유언의 취지를 구수하고, 공증인이 이를 필기 낭독하여 유언자와 증인이 그 정확함을 승인한 후, 각자 서명 또는 기명날인하여야 한다(제1068조). • 유언자가 구수하고, 공증인이 작성한다. 증인도 서명한다.
비밀증서에 의한 유언	• 비밀증서에 의한 유언은 유언자가 필자의 성명을 기입한 증서를 엄봉 날인하고, 이를 2인 이상의 증인의 면전에 제출하여 자기의 유언서임을 표시한 후, 그 봉서 표면에 제출 연월일을 기재하고 유언자와 증인이 각자 서명 또는 기명날인하여야 한다(제1069조). • 유언봉서는 그 표면에 기재된 날로부터 5일 내 공증인 또는 법원서기에 제출하여 그 봉인상에 확정일자 인을 받아야 한다. • 유언자가 작성하여 엄봉 날인한다. 증인도 서명한다.
구수증서에 의한 유언	• 구수증서에 의한 유언은 질병 기타 급박한 사유로 인하여 위의 방식에 의할 수 없는 경우에, 유언자가 2인 이상의 증인의 참여로 그 1인에게 유언의 취지를 구수하고, 그 구수를 받은 자가 이를 필기 낭독하여, 유언자의 증인이 그 정확함을 승인한 후, 각자 서명 또는 기명날인하여야 한다(제1070조). • 구수증서에 의한 유언은 그 증인 또는 이해관계인이, 급박한 사유의 종료한 날로부터 7일 내에 법원에 그 검인을 신청하여야 한다. • 구수증서는 급박한 사유로 보충적으로 한다. 구수를 받은 자가 작성한다. 서명한 후, 차후 법원에 검인을 받아야 한다.

목적으로 하는 단독적 법률행위(상대방 없는 단독행위)이다. 유언의 내용은 법률에서 인정한 일정한 사항으로 제한된다.

유언은 민법에서 정한 방식에 의해야 법적으로 효력이 발생하며, 민법에서는 녹음에 의한 유언, 자필에 의한 유언, 공정증서에 의한 유언, 비밀증서에 의한 유언, 구수증서에 의한 유언 등 다섯 가지에 한하여 인정하고 있다(유언방식 법정주의).

유언자가 사망한 때로부터 그 효력이 발생한다(제1073조). 유언자는 유언의 의사표시를 한 때에 의사능력(사리분별에 대한 판단능력)을 갖추고 있어야 한다. 그러므로 심신상실이나 혼수상태에서 한 유언은 무효이다. 또한 만 17세 이상이어야 한다(제1061조).

유언은 유언자의 최종적인 의사를 존중하는 제도이므로, 유언자가 유언을 한 후에도 언제든지 그 전부 또는 일부를 철회할 수 있다. 그러므로 날짜가 다른, 충돌하는 유언장이 존재하는 경우에는 시간상으로 앞선 유언은 철회한 것으로 보며, 뒤의 유언만 유효하다.

(10) 유류분

부인과 자식 셋(아들 B, C, 딸 D)을 둔 남편 A는 유산으로 9억 원을 남기고 사망했다. 둘째 아들인 C는 A를 수시로 폭행했고, 인연을 끊고 A가 사망하기 전까지도 찾아오지도 않았다. 반면 D는 A와 함께 동거하며 간병하고 부양해 왔다. A는 죽기 전 모든 재산을 장남에게 주라는 유언을 남겼다. 하지만 A의 유언과 달리 재산을 놓고 법적 분쟁이 발생했다. 9억 원의 유산은 어떻게 나뉠 수 있을까? 다만, 단순히 패륜행위는 상속결격사유에 해당하지 않는다.

1) 의의

유류분(遺留分)이란 피상속인의 유언에 의한 상속재산 처분의 자유를 제한하여, 상속인 중 일정한 범위의 근친자에게 법률상 유보된 상속재산을 말한다. 사적

자치와 재산권 보장에 따라 개인은 자신의 재산을 처분할 자유를 가지므로, 피상속인은 생전에 자신의 재산을 타인에게 증여하거나 유증할 자유도 가지게 된다. 그러나 이러한 개인의 재산에 관한 자유를 무한정 인정하게 된다면, 상속인의 생활이 곤궁해질 위험이 있다. 또한 경우에 따라서는 피상속인의 상속재산과 상속인들의 재산이 섞여 있을 수도 있고, 혹은 상속인이 상속재산 형성에 기여한 경우가 있을 수 있다. 이러한 취지에서 민법은 일정한 범위의 강제분을 '유류분'이라는 이름으로 상속인에게 보호해 주고 있다.

유류분권자는 모든 상속인이 아니라, 피상속인의 직계비속, 배우자, 직계존속, 형제자매이다. 태아도 살아서 출생하면 유류분권을 가진다. 또한 대습상속인도 피대습자의 상속분의 범위 내에서 유류분권을 가진다. 유류분은 피상속인의 직계비속과 배우자는 그 법정상속분의 1/2, 피상속인의 직계존속은 그 법정상속분의 1/3이다(제1112조).

그런데 유류분 제도가 도입된 1977년에는 농경사회와 대가족제를 바탕으로 가족구성원이 서로를 부양하면서, 모든 재산이 가족 전체의 재산이라는 '가산(家産)'이라는 관념이 지배하고 있었다. 이것이 유류분권리자의 범위에 피상속인의 배우자나 자녀, 부모 외에 형제자매까지 포함됐던 배경이다. 40여 년이 지난 지금, 우리 사회에 그러한 관념이 여전히 중요하게 유지되고 있는가? 1인 가구 비율이 증가하는 등 가족제도가 근본적으로 변화하고 있으며, 특히 형제자매의 경우 과거보다 유대관계가 약해졌다. 또한 피상속인과 서로 부양하는 경우도 많지 않아, 형제자매가 가지는 상속분에 대한 기대를 보장할 필요성이 크게 감소했다. 이러한 이유에서 현행 유류분제도가 입법목적 달성에 적정한지 의문이 제기되어 왔다. 이러한 가운데 헌법재판소는 2024. 4. 25. 결정에서, 유류분 제도가 오늘날에도 유족들의 생존권 보호 등 여러 측면에서 필요하다는 점에서 헌법적 정당성은 계속 인정하면서도, 유류분제도를 정한 7개의 조항 가운데 2개 조항에 대하여 단순위헌 및 헌법불합치결정을 하였다.

2) 유류분반환청구권

유류분권자가 피상속인의 증여나 유증으로 인해서 그의 유류분이 부족이 생긴 경우에는 부족한 한도에서 증여나 유증된 재산의 반환을 청구할 수 있는데, 이것을 '유류분반환청구권'이라 한다. 반환청구권은 유류분권자가 상속개시와 반환해야 할 증여나 유증을 한 사실을 안 때로부터 1년, 상속개시가 있은 날로부터 10년이 경과하면 시효로 소멸한다(제1117조).

3) 일부위헌 및 헌법불합치 결정

가. 제1112조 제4호 형제자매 유류분(단순위헌)—고인의 의사와는 관계없이 형제·자매에게 일정 비율 이상의 유산을 상속하도록 정한 현행 민법은 헌법에 어긋난다. 따라서 피상속인의 형제·자매는 그 법정상속분의 3분의 1이 유류분이라는 민법 제1112조 제4호 조문의 효력은 위헌 결정 당시 즉시 상실되었다.

나. 배우자와 직계존비속 유류분(헌법불합치)—헌법재판소는 배우자와 직계 존·비속의 법정상속분을 규정한 부분도 유류분 상실 사유를 규정하지 않아 헌법불합치 결정을 내렸다. 부모를 장기간 유기하거나 정신적·신체적으로 학대하는 등 패륜적인 행위를 일삼은 상속인의 유류분을 인정하는 것은 일반 국민의 법감정과 상식에 반한다고 할 것이므로, 유류분 상실 사유를 별도로 규정하지 않은 민법 제1112조 제1호-제3호, 기여상속인은 비기여상속인의 유류분반환청구에 응해 증여재산을 반환해야 하는 부당·불합리한 상황이 발생하는 등 제1008조의2를 유류분에 준용하는 규정을 두지 않은 입법부작위로 민법 제1118조에 대해서도 재판관 전원 일치 의견으로 헌법불합치라고 판단하였다.[123]

■ 정문기

123 헌법재판소 2024. 4. 25. 선고 2020헌가4 등 결정.

제3장 상법

I. 상법 서설

1. 상법의 개념

(1) 실질적 의미의 상법

상법은 실질적으로는 '기업에 관한 특별법'으로 정의된다. 상법의 규율대상은 상인이다. 거래활동의 주체인 상인의 조직과 활동에 관한 규범의 총합을 실질적 의의의 상법이라 부른다.

상법은 '상인'에 관한 법규범이다. 상인은 계속적인 의도하에 영리행위를 실현하는 독립된 경제단위로서 가계와는 별개의 개념이다. 같은 사람이 물건을 팔고 그 대가로 돈을 받는 경우에도 파는 사람이 계속 반복의 의사를 가진 경우가 있는 반면에 1회적인 처분의사로 행하는 경우가 있는데 전자의 경우에는 상행위에 해당되어 상법의 적용을 받는 반면에 후자의 행위는 민법의 적용을 받게 되는 차이가 있다.

상법은 민법에 대한 '특별법'이다. 1회적 내지 비반복적인 의사로써 하는 일반사인(一般私人)의 경제적 생활관계는 민법이 적용되지만, 상법은 영리목적으로 계속 반복적 의사로 하는 상인의 상행위를 규율하므로 이 점에서 민법에 대한 특별법으로서의 지위를 가진다.

상법은 공법에 대비되는 개념으로서, '사법'이다. 상법은 상인질서를 구현하기 위하여 벌칙규정과 같은 공법적 규정도 일부 포함하고는 있으나 상인에 관한 사법적 규정이 주가 된다.

상법은 기업에 관련된 법이다. 여기서의 '기업'이란 영업을 수행하기 위하여 인적·물적 설비를 유기적으로 결합시켜서 계속적으로 영리를 실현하는 독립된 경제적 단위를 의미한다. 이러한 사회적 실체인 기업을 중심으로 하여 발생하는 법률관계에서 권리의무의 귀속주체를 상법은 '상인' 이라고 부르고 있는바, 상법은 상인을 중심으로 해서 전개된다. 상법이 기업과 기업 간의 법률관계만을 다루는 것은 아니며 일반사인도 상행위와 관련된 거래를 하는 경우 상법의 적용을 받고, 원래는 상인이 아니어도 그 설비와 방법에 있어서 상인성이 인정되는 경우 상법의 적용을 받는다.

(2) 형식적 의미의 상법

형식적 의의의 상법은 '상법'이라는 명칭을 가진 상법전을 말한다. 우리나라의 상법전은 현재 총칙·상행위·회사·보험·해상·항공운송의 6편으로 구성되어 있다. 이를 구체적으로 살펴보면 제1편 총칙과 제3편 회사의 일부 및 제5편 해상의 일부는 기업의 조직에 관한 규정이고, 제2편 상행위와 제3편 회사의 일부, 제4편 보험과 제5편 해상의 일부 및 제6편 항공운송은 기업의 활동에 관한 규정이다. 조직의 단체법적 규율을 정한 규정은 강행규정이 다수인 반면 기업활동에 관한 규정은 임의규정이기는 하나 정책적인 고려(거래상대방 보호 혹은 고도의 거래 안전이나 소수주주 보호 등)가 필요한 경우에는 강행규정으로 정하기도 한다. 한편 상법전과 별도의 법전으로 제정된 어음법(1962년 1월 20일 법률 제1001호로 제정)과 수표법(1962년 1월 20일 법률 제1002호로 제정)은 기업활동에 관련한 결제수단으로 예전에 많이 이용되던 어음과 수표에 대하여 각각 규정하고 있다. 상법전 이외에도 예를 들면 주식회사의 외부감사에 관한 법률, 주식·사채 등의 전자등록에 관한 법률이나 자본시장과 금융투자업에 관한 법률과 같이 별도의 법률 형태로 상사관계를 규율하는 법률을 마련한 경우도 많다. 따라서 형식적 의미의 상법보다 실질적 의미의 상법이 더 넓은 의미이다.

2. 상법의 법원

(1) 의의와 종류

법원(법의 근원)은 법의 존재형식이라는 의미이며 상법의 법원으로는 상사제정법으로서의 상법전과 상사특별법령(상법시행법과 같은 부속특별법령과 은행법, 선박법, 항공법과 같은 독립특별법령으로 다시 나뉜다) 및 상사조약(헌법 6조 1항 참조), 불문법인 상관습법이 있다. 회사의 정관(178조)과 같은 자치규정, 약관, 판례 및 조리(민법 1조)의 법원성 여부에 대하여는 견해가 대립하는 한편 학설의 법원성은 부정된다. 판례는 선례기속력의 원칙(doctrine of stare decisis)을 인정하는 영미와 달리 우리나라에서는 법원성이 부정되나 사실상 영향력이 전혀 없다고는 할 수 없다.

(2) 상사법률관계에 적용되는 순서

상법 제1조는 "상사에 관하여 본법에 규정이 없으면 상관습법에 의하고 상관습법이 없으면 민법의 규정에 의한다"라고 규정한다. 자치규정은 법의 강행규정에 위반하지 않는 한 우선적용되고, 특별법은 일반법에 우선하므로 정리하면,

의 순서가 된다.

II. 상인과 상행위

1. 상인이란 무엇인가

영리행위의 주체가 되는 자를 상인이라고 하는데, 상인 개념을 정하는 것은 상법이 적용될 지 여부를 결정하는 매우 중요한 요소이다. 상인은 자연인인 개인이 될 수도 있고 법인이 될 수도 있다. 그리고 상인 개념을 정함에 있어서 상행위 개념과 어떻게 관련시킬 것인지에 따라 세 가지 입법주의가 있다. ① 실질적으로 일정한 행위(상행위)를 하는 자를 상인으로 하는 실질주의, ② 행위의 종류와 내용과는 무관하게 일정한 형식을 갖추고 상인적 방법에 의하여 영업을 하는 자를 상인으로 하는 형식주의 및 ③ 실질주의에 형식주의를 가미한 절충주의가 있다.

우리 상법은 일정한 형태의 행위를 영업으로 하는 경우 이러한 행위를 '기본적 상행위'로 정하고 있는바(상법 46조) 제4조에서 이러한 영업적 상행위(46조)개념을 기초로 하여 상인개념을 정하는 실질주의를, 제5조에서 상행위와 무관하게 영업의 설비 또는 조직에 착안하여 상인성을 인정하는 형식주의를 둘 다 채택한 절충주의의 입장을 취하고 있다.

(1) 상인의 종류

상법은 상인을 당연상인과 의제상인으로 구분하고 의제상인은 다시 설비상인(5조 1항)과 회사(5조 2항)으로 구분하고 있다.

회사는 회사라는 사실 자체만으로 상인이 된다(의제상인). 반면에 의제상인 중 설비상인이라 함은 상법 제46조의 상행위에 해당하지 않는 행위를 점포 기타 유사한 설비에 의하여 상인적 방법으로 영업을 하는 자를 뜻하는데 설비상인인지를 파악하기 위해서는 당연상인의 개념을 먼저 이해해야 파악할 수 있다.

당연상인은 자기명의로 상행위를 영업으로 하는 자이다. 자기명의(自己名義)로 상행위를 한다는 것은 그 행위의 결과 발생하는 법률상 권리의무의 주체가 된다는 뜻이다. 권리의무의 주체가 되는 이상 상행위를 자신이 직접 하여야 하는 것은 아니고 타인을 대신 시켜도 무방하나, 반대로 영업에 직접 종사하더라도 타인 명의로 상행위를 하는 자는 상인이 아니다. 여기의 '상행위'는 상법 제46조 제1호 내지 제22호에 한정적으로 열거되어 있는 상행위를 말한다. 영업으로 한다'는 것은 이익을 목적으로 일정한 계획에 따라서 동종의 행위를 계속적으로 반복하는 것을 말한다.

그 밖에도 자본금액이 1천만 원에 미치지 못하는 상인으로서 회사가 아닌 자를 소상인으로 분류한다. 소상인을 이렇듯 따로 구분하는 이유는 소상인에게는 지배인, 상호, 상업장부와 상업등기에 관한 규정을 적용되지 않기 때문이다.

(2) 상인이 될 수 있는 자격

상인자격은 권리능력자가 상법 제4조와 제5조의 요건을 구비함으로써 취득하는 자격이다. 민법상의 권리능력자는 상법상으로 모두 상인자격을 가질 수 있다.

자연인은 생존한 동안 권리능력이 있으므로 자기의 의사에 기하여 상법 제4조의 상행위 또는 제5조 제1항의 영업행위를 개시함으로써 상인자격을 취득한다. 여기서 언제 상행위 또는 영업행위를 개시하였다고 볼 것인가가 문제된다. 다수설과 판례는 '영업의 개시'는 기본적 상행위의 개시가 아니라 영업을 위한 준비행위, 즉 개업준비행위를 개시한 때를 포함한다고 한다. 여기서의 개업준비행위는 점포의 구입, 영업의 양수, 상업사용인의 고용, 영업재산의 구입 등 영업의사의 존재를 객관적으로 인식할 수 있는 행위를 의미한다.

영리법인은 회사로서, 이는 상행위를 영업으로 하는 상사회사와 상행위 이외의 행위를 영리의 목적으로 하는 민사회사로 구분된다. 상사회사는 당연상인이고, 민사회사는 의제상인이나 모두 상인으로서 그 상인자격은 상행위 또는 영업행위의 개시 여부와 상관없이 회사가 성립함으로써 취득한다. 즉, 회사는 태생적 상인으로서 상인자격의 취득시기와 법인격의 취득시기가 일치한다.

2. 상행위란 무엇인가

상행위는 실질적으로는 영리에 관한 행위이고, 형식적으로는 상법과 특별법에서 상행위로 규정한 것을 말한다. 상행위의 성질은 채권행위이다.

상행위는 기본적 상행위와 보조적 상행위, 준상행위로 나누어 볼 수 있다. 기본적 상행위란 당연상인 개념의 기초가 되는 상행위로서, 영업적 상행위(상법 제46조에 열거된 22개의 상행위)와 절대적 상행위(담보부사채신탁법 제23조 2항의 제3자의 사채총액의 인수행위)가 이에 속한다.

보조적 상행위는 상인이 영업을 위하여 하는 행위를 말한다. 이는 상인의 영업목적인 행위와는 달리 그 자체로서 반드시 영리성을 가지는 것은 아니지만 영업을 위한 수단적 행위이므로 상법은 이를 상행위로 하고 상행위의 통칙규정을 적용하도록 한 것이다. 이때의 '상인'에는 제한이 없으므로 상인인 이상 의제상인, 소상인을 불문한다. 어떤 행위가 영업을 위하여 하는 행위인지 여부가 명백하지 않은 경우 거래의 안전을 위하여 상인의 행위는 영업을 위하여 하는 것으로 추정하고 있다.

준상행위는 의제상인이 영업으로 하는 행위를 말한다(제66조). 점포 등의 설비를 갖추고 상인적 방법으로 영업으로 하는 경우 또는 회사의 행위는 이에 해당한다. 이러한 행위도 상행위법에 의하여 규율할 필요가 있으므로, 상법은 상행위에 관한 규정을 준용하고 있다.

III. 회사법

회사 형태의 역동적인 형성

회사 및 회사법에 관해 당신이 갖고 있는 견해는 투자자들과 종업원들 그리고 여타의 주체들이 어떻게 하나의 기업 안에서 결합하게 되었는지에 관한 당신의 생각에 좌우되기 쉽다. 회사는 경영자, 종업원, 그리고 투자자들의 상호보완적인 결합으로서 탄생한 것이지만 만약 경영자가 완전히 회사를 지배하고 있고 투자자들은 무기력한 존재라고 본다면 규제주의적 회사관(regulatory view of corporations)에 빠지기 쉽다. 그러나 회사가 자연발생적으로 만들어지는 것은 아니다. 경영자는 그들의 역할을 수임할 때 그 결과를 인식한다. 투자자들 또한 스스로의 의사에 의해 금전을 투자한다. 즉 채권매입이나 은행 예금, 또는 토지나 금괴 구입 대신에 주식에 투자하는 것은 주식 투자가 더 매력적이라고 믿기 때문이다. 경영자들은 천신만고 끝에 그 지위에 올랐으며 이것은 그 지위를 얻기 위해 다른 사람들과 경쟁한 결과인 것이다. 회사에 참가하는 사람들은 모두 이해관계로 인해 참여한다. 기업들은 소규모로 창업한 뒤에 성장한다. 기업들이 고객과 투자자들을 모집하기 위해서는 사람들이 가치 있다고 평가하는 것을 준다고 약속하고 이를 실천하지 않으면 안된다. 이렇게 하지 않는 회사는 살아남지 못할 것이다. 개별 투자자들에 비해 기업들의 규모가 매우 크다는 것을 목격할 때는 기업들이 투자자들과 고객들을 만족시키는 데 성공했다는 사실이 만들어낸 결과를 목격하고 있는 것이다.

— 프랭크 H. 이스터브룩 · 다니엘 R. 피셸, 《회사법의 경제학적 구조》, 이문지 옮김(자유기업센터, 1999), 20-21쪽 발췌.

1. 회사법의 의의

(1) 회사법의 개념

회사법은 실질적 의의의 회사법과 형식적 의의의 회사법으로 강학상 분류된다. 실질적 의의의 회사법은 공동기업형태 중 회사기업의 조직과 경영을 규율하는 법이다. 그 대부분은 회사의 설립·운영·해산에 있어서 구성원·채권자 간의 사법적 규정이나 공법적 규정도 포함된다. 형식적 의의의 회사법은 '회사'라는 명칭을 사용한 성문법전으로 그 규정의 실질이 회사에 고유한 것인가를 불문한다. 상법전 제3편 회사가 이에 해당한다.

(2) 회사법의 특성

회사법은 상법의 일부이기는 하나 회사라는 특수한 공동기업형태를 규율함을 목적으로 하는 법이라는 점에서 단체법적 성질을 갖는다. 회사법은 회사라는 단체의 조직과 활동에 관한 규범이므로 대부분의 규정이 단체법에 속한다. 따라서 개인법에서와는 다른 원리, 즉 다수결원리·법률관계의 획일적 확정·사원평등의 원칙 등에 의하여 지배된다.

그리고 회사법에서 말하는 영리성은 일반 상거래에서의 영리성과 달리, 회사의 영리 활동(회사의 사업운영)에 의하여 얻은 수익을 구성원인 사원에게 분배하는 것을 말한다. 따라서 회사법은 이익배당, 청산 시 잔여재산의 분배, 주식에 관한 규정을 두고 있다.

(3) 회사의 의의

상법상 회사는 상행위나 그 밖의 영리를 목적으로 하여 설립한 법인, 즉 영리법인이다. 또한 공동기업운영을 전제한 것이므로 사람의 단체라는 의미에서 사단성도 인정된다고 보는 것이 통설이다. 합명회사의 경우 사원이 1인으로 된 때에는 회사의 해산원인이 된다(제227조). 다만 물적 회사인 주식회사의 경우에는 사원에 해당하는 주주가 1인인 경우에도 회사의 해산원인이 되지 않는데, 이는 주식은 얼마든지 양도 가능하고, 주주의 숫자보다 회사에 출자한 재산이 더 중요하기 때문이다.

또한 상법은 모든 회사를 법인으로 규정하고 있다. '법인'은 그 명의로 권리의무의 주체가 될 수 있는 지위 내지 자격으로서 외부관계에서 독립한 인격체로 나타나는 문제이다. 회사는 그 자체로 별도의 법인격을 가진다. 따라서 회사의 책임을 원칙적으로 그 배후에 있는 사업주체인 개인에게 물을 수 없고, 또 개인의 책임을 그가 지배하는 회사에 물을 수 없는 것이 원칙이다. 우리나라는 단체의 법률관계를 간명히 처리하기 위하여 인적회사에도 법인격을 인정한다. 법인의 속성으로는 ① 법인명의로 권리의무의 귀속주체가 되고, ② 독립한 상호와 주소를 가지며, ③ 법인명의로 소송당사자가 되고, 법인의 재산과 사원의 재산이 구별된다는 점을 들 수 있다.

그런데 회사 제도를 남용하여 채무를 면탈하려는 시도가 있을 때 그 상황을 방치하는 것이 정의와 형평에 반하는 경우가 있을 수 있다. 이러한 경우에 예외적으로 회사의 법인격을 부인하는 이론을 '법인격부인론'이라 한다. 법인격부인론은 회사의 독립적인 법인격을 특정 거래에서 예외적으로 부인한다는 법리이며, 특히 주식회사의 경우 주주는 유한책임을 진다는 점을 악용하여 배후의 주주가 자신의 책임을 회피하고자 한 것으로 판단되면 일시적으로 회사의 법인격을 무시하고 회사와 그 배후의 자를 동일시하여 회사의 책임을 주주에게 부담하도록 하는 이론이다.

그렇다면 개인이 자신의 기존 채무를 면탈하기 위해 회사를 설립한 다음 자신의 재산을 회사로 빼돌리는 경우에도 회사 제도를 남용하여 개인의 책임을 면탈한 것이므로 이를 회사에게 물을 수 있다고 볼 필요가 있다. 최근 대법원은 이 점과 관련하여 회사의 법인격을 부인하고 회사의 재산을 지배주주의 개인 재산으로 취급하여 개인의 책임을 회사도 부담하도록 판시함으로써 법인격부인론의 역적용도 허용하고 있다(대법원 2021. 4. 15. 선고 2019다293449 판결).

(4) 회사의 종류

상법은 합명회사·합자회사·유한책임회사·주식회사·유한회사의 5종류의 회사 형태를 인정하고 있다. 이는 회사의 채무에 대한 사원의 책임(유한 또는 무한 책임, 직접 또는 간접책임 등)에 따른 것이다.

1) 합명회사

합명회사(合名會社)는 2인 이상의 무한책임사원, 즉 회사재산으로써 회사의 채무를 완제할 수 없는 때 각 사원이 직접 회사채권자에 대하여 연대하여 무한책임을 지는 사원만으로 구성된 회사이다. 사원은 정관에 의해 확정된 출자의무를 이행해야 하는데, 출자란 사원이 회사의 목적사업을 운영하는 데 필요한 고유의 재산을 구성할 금전 기타 재산, 노무 또는 신용을 제공하는 것을 말한다. 합명회사에서는 사원의 무한책임이 대외적 신용의 기초가 되므로 재산 출자 이외에 노무, 신용 출자도 인정된다(제222조). 개인기업의 단순결합에 가까운 합명회사는 기관의 분화가 생기지 않고 각 사원이 스스로 기관을 겸하여 업무를 집행하며 또 회사를 대표한다. 사원의 지위의 교체는 엄격히 제한되어 지분의 양도, 입사·퇴사는 총사원의 동의를 요한다. 그 실질은 조합이므로 합명회사의 내부관계 관하여는 정관이나 상법에 다른 규정이 없으면 조합에 관한 민법의 규정을 준용한다.

2) 합자회사

합자회사(合資會社)는 합명회사와 같은 책임을 부담하는 무한책임사원과 유한책임사원으로 구성된 이원적 조직의 회사이다. 유한책임사원은 회사채권자에 대하여 정관에서 정한 출자액의 한도 내에서만 책임을 부담한다. 유한책임사원은 재산출자만을 할 수 있다(신용 또는 노무를 출자의 목적으로 하지 못한다). 유한책임사원은 회사의 업무집행권이나 회사대표권이 없고, 감시권이 있을 뿐이다. 지분의 양도에는 무한책임사원 전원의 동의로 족하고, 지분의 상속도 허용된다. 소수의

사원으로 구성되고 인적 신뢰를 바탕으로 하는 점에서 합명회사와 유사하므로 합자회사에는 다른 규정이 없는 한 합명회사의 규정을 준용한다.

3) 유한책임회사

유한책임회사(有限責任會社)는 회사에 대하여만 자신의 출자금액을 한도로 책임을 지는 간접·유한의 책임을 지는 사원만으로 이루어진 회사이다. 이 점에서 주식회사와 유사하나 유한책임회사의 자본금은 주식과 달리 일정한 단위로 분할되지 않는다. 유한책임회사의 업무집행권은 정관에서 업무집행자로 정한 사원 또는 사원 아닌 자에게 있고, 그 업무집행자가 동시에 회사대표권을 가진다. 유한책임회사의 지분의 양도에는 정관에서 달리 정하지 않으면 업무집행자는 다른 사원 전원의 동의, 업무를 집행하지 않는 사원은 업무집행사원 전원의 동의(업무집행사원이 없는 경우에는 사원 전원의 동의)를 받아야 한다. 유한책임회사는 대내적으로는 조합성, 대외적으로는 주식회사적 요소를 가지는 인적회사와 물적회사의 중간적 회사 형태이다.

4) 주식회사

주식회사(株式會社)는 사원인 주주의 출자로서 구성되는 자본금을 가지고, 자본금은 균일한 단위인 주식에 의하여 분할되며, 주주는 그가 인수한 주식의 인수가액을 한도로 회사에 대하여만 책임을 지는 회사이다. 주주는 회사에 대하여 인수가액을 납입할 의무가 있을 뿐, 회사채권자에 대하여 직접 책임을 부담하지 않는 간접·유한의 책임을 진다. 이 점에서 합자회사의 유한책임사원과 구별된다. 합명회사의 유한책임사원은 그 출자가액에서 이미 이행한 부분을 공제한 가액을 한도로 하여 회사채무를 변제할 책임이 있기 때문이다(제279조 1항). 주식회사 중에서 ① 집행임원 비설치회사의 경우에는 업무집행권은 이사회와 대표이사에게, 대표권은 대표이사에게 있고, ② 집행임원 설치회사의 경우에는 업무집행권은 집행임원에게, 대표권은 대표집행임원에게 있으며, 이사회는 업무 감독기능을 수행하며 주주는 주주총회를 통하여 회사의 중요사항에 관한 결정에 참여하는 형태가 된다(소유와 경영 분리). 회사의 업무집행과 회계에 대한 감사기관으로서 감사 또는 감사위원회가 필요기관으로 법정되어 있다. 정관에 다른 규정이 없는 한 주식은 자유롭게 양도가 가능하다.

5) 유한회사

유한회사(有限會社)는 사원의 균등액 단위의 출자로 이루어진 자본금을 가지고, 사원은 회사에 대하여 출자의무만을 부담할 뿐 회사채권자에 대하여는 아무런 책임을 지지 않는 회사이다. 간접·유한의 책임인 점에서 합명회사와 다르고, 주식회사와 유사하나 자본금결손에 대한 연대책임을 지는 점과 회사의 조직이 합명회사와 비슷한 간이성을 띠고 있는 점이 다르다. 유한회사의 대표권과 업무집행권은 이사에게 있으므로, 사원이 그 지위에서 회사의 대표행위 및 업무집행을 할 수 없는 것은 주식회사와 같다. 2011년 상법 개정 전에는 사원의 지분 양도는 정관변경과 같은 요건인 사원총회의 특별결의에 의하도록 하였으나 개정법에서는 이를 완화하여 원칙적으로 지분의 전부 또는 일부를 양도하거나 상속할 수 있다고 하되 다만 정관으로 지분의 양도를 제한할 수 있음을 규정했다(556조 단서).

(5) 회사의 설립

1) 회사설립에 관한 입법주의

회사설립에 대한 입법주의로는 자유설립주의·특허주의·면허주의·준칙주의가 있다. 우리 상법은 회사설립의 요건을 세세히 규정하고, 회사설립관여자인 발기인 등에게 엄격한 책임을 부담하게 하는 엄격준칙주의를 취하고 있는데, 이는 대부분의 국가들이 채택하고 있는 입법례이다.

2) 설립절차

회사의 설립은 회사라는 법인을 창설하는 절차이다. 이는 실체형성절차와 설립등기로 2분된다. 실체형성절차는 인적회사(합명회사와 합자회사)에서는 정관의 작성과 사원의 확정이고 물적회사(주식회사와 유한회사)는 거기에 출자의 이행과 기관의 구성이 더하여진다. 실체형성절차 후 설립등기에 의하여 회사의 설립절차가 종료됨과 동시에 회사라는 법인격이 탄생한다.

(6) 회사의 합병

회사의 합병은 2개 이상의 회사가 상법의 규정에 따라 청산절차를 거치지 않고 하나의 회사로 합쳐짐에 따라 기존회사의 전부 또는 일부가 소멸하고 회사재산이 포괄적으로 신설회사 또는 존속회사에 이전되는 효과를 가져오는 것이다. 흡수합병의 경우에는 존속회사 이외의 모든 회사는 소멸하고, 신설합병의 경우에는 당사회사의 전부가 소멸한다. 존속회사 또는 신설회사는 소멸회사의 모든 권리의무를 포괄적으로 승계하고, 소멸회사의 사원은 존속회사 또는 신설회사의 사원이 되는 것이 원칙이다.

(7) 회사의 조직변경

회사의 조직변경은 회사가 그 법인격의 동일성을 유지하면서 법률상의 조직을 변경하여 다른 종류의 회사로 되는 것이다. 이는 기존회사를 다른 회사로 변경하는 경우에 기존회사를 해산하고 다른 종류의 회사를 설립하는 번잡함과 경제적 부담을 줄이기 위한 제도이다. 조직변경은 성질이 유사한 회사 간에만 인정된다.

(8) 회사의 해산

회사의 해산은 법인격의 소멸의 원인이 되는 법률요건이다. 해산은 회사의 소멸 자체를 가져오는 법률요건은 아니므로 해산사유가 발생된 후에는 청산절차가 개시되어 회사는 청산의 목적범위 내에서 존속한다. 회사의 법인격은 청산이 종료된 때 비로소 소멸한다.

(9) 회사의 청산

회사의 청산은 회사가 합병 또는 파산 이외의 사유로 인하여 해산한 경우에 회사의 법률관계를 정리하여 회사의 법인격을 소멸시키는 절차이다. 이는 법원의 감독을 받는다. 해산 후 청산 중에 있는 회사를 청산회사라고 하며, 청산의 목적범위 내에서 존속한다.

2. 주식회사

(1) 주식회사의 의의

주식회사는 주주의 출자로서 구성되는 자본금을 가지고, 자본금은 주식으로 균일하게 분할되며, 주주는 그가 인수한 주식의 인수가액을 한도로 회사에 대하여 출자의무를 부담할 뿐 회사의 채무에 대하여는 아무런 책임을 지지 않는 회사이다.

1) 자본금

자본금은 주주가 출자한 금액을 말한다. 자본금은 발행주식의 액면총액으로

우리나라 최초의 주식회사, 경성방직 주식회사!

영등포 타임스퀘어 전경

경성방직 주식회사는 생필품인 면직물을 국내에서 생산하여 자급을 도모함으로써 조선경제독립을 위하여 일본 자본 없이 오로지 민족 자본으로만 세운, 국내 최초의 주식회사이며 100년이 넘은 대표적인 국내 기업 중 한 곳이다. 1970년 상호를 경성방직 주식회사에서 ㈜ 경방으로 변경했다.

인촌 김성수 선생은 [*1919년] 경성방직주식회사를 설립하면서 조선 최초로 주식회사 제도를 도입했다. 인촌 자신만의 자본만으로 회사 설립이 가능했는데도 그는 전국 방방곡곡을 돌면 경성방직주식회사 주주를 모집했다. 아직 주식회사라는 개념이 생소하던 시대에 국민을 계몽하면서 일인일주(一人一株)운동을 벌였다. 1주당 가격은 50원이었고 모두 4회 불입에 1회 불입금은 12원 50전으로 쌀 두 말 값을 넘는 금액이었다. 2만 주를 발행하여 자본금 100만 원을 조달할 계획이었다. 지금의 금액으로 환산하면 1,200억 원이 넘는 거금이었다.

발기인의 면면은 김기중[*인촌 선생의 양부], 김경중(인촌 선생의 친부), 김성수 3父子, 경성방직의 초대 사장을 맡은 조선 왕조 중신 박영효, 경주 최 부자로 알려진 최 준, 경성방직 초대 전무를 한 파주 출신 실업가 박용희, 동래 구포 출신 윤상은, 영광 출신 조계현, 대구 출신 이일우, 경성직뉴[*직뉴업자 18명이 뜻을 모아 설립한 민족기업으로서 경성방직의 전신, 심각한 경영난으로 인해 인촌 선생이 1917년 파산직전에 인수한 뒤 경성방직 주식회사로 설립하게 됨] 전무를 지낸 군산 출신 변광호, 서울 출신 실업가 장두현, 장춘재, 봉산 출신 이성준 등이었다.

발기인들이 인수한 주식이 3,790주, 일반 공모주가 16,210주에 달했다. 경성방직이 당초 계획대로 2만 주 발행에 성공한 것은 마침 그 해에 일어났던 3·1운동과 대한민국 임시정부의 출범으로 국민들의 애국심이 고양돼 있었기에 가능했다. (…)

1956년 3월 3일 국내에서는 처음으로 증권시장이 문을 열었다. 대한증권거래소(지금의 한국거래소)가 개장하면서 처음 상장이 된 기업은 총 12개 기업이었다. 대부분이 금융기관이거나 공기업이었고 일반 민간 기업은 경성방직을 포함해 4개사에 불과했다. 경성방직은 회원번호 001번을 받아 '1호 상장기업'이라는 명예를 안게 되었다

— 이진강 · 황호택, 《인촌 탐사 – 밝은 길을 찾아가다》(나남, 2025), 154-155, 166쪽 발췌인용([*] 부분은 인용자 추가).

수하는 방법인 모집설립이 있다.

3) 발기인과 발기인조합

발기인은 회사설립을 기획하고 설립사무를 주관하는 자를 말한다. 상법은 발기인을 정관을 작성하고 정관에 기명날인 또는 서명한 자로서, 그 정관에 성명·주민등록번호 및 주소가 기재되어 있는 자로 규정하고 있다. 발기인조합은 주식회사의 설립을 목적으로 발기인들 사이에 성립한 조합을 말한다. 발기인이 2인 이상인 경우, 발기인 상호 간에는 설립될 회사의 내용, 각 발기인이 인수할 주식의 수, 설립절차를 집행할 자, 설립비용을 부담할 자, 정관의 내용 등을 정하는 계약이 존재하게 된다. 이 계약에 따라 성립하는 것이 발기인 조합이다.

4) 설립중의 회사

회사설립에 착수한 이후 설립등기 전까지 존재하는 미완성의 회사이다. 발기인이 회사의 설립에 착수한 이후에는 설립등기 전까지도 어느 정도 회사의 실체가 존재하는데, 이 기간 중에 존재하는 회사를 가리킨다.

발기인이 회사설립을 위해서 취득한 권리의무는 설립 중의 회사에 귀속하였다가, 회사가 성립하면 별도의 절차 없이 성립후의 회사에 이전된다. 이러한 효과가 발생하기 위해서는 발기인이 그 권한범위 내에서 행위한 것에 한정된다. 발기인이 그 권한범위를 넘어서서 한 행위는 별도의 이전절차를 거쳐야 한다.

5) 정관작성

가. 절대적 기재사항—절대적 기재사항은 반드시 기재되어야 하는 사항으로서 누락되거나 적법하게 기재되지 아니한 때에는 정관 자체가 무효가 된다. ① 목적, ② 상호, ③ 회사가 발행할 주식의 총수, ④ 1주의 금액(액면주식을 발행하는 경우), ⑤ 회사의 설립 시에 발행하는 주식의 총수, ⑥ 본점의 소재지, ⑦ 회사가 공고를 하는 방법, ⑧ 발기인의 성명·주민등록번호 및 주소 등 8가지이다.

나. 상대적 기재사항—정관에 기재하지 않아도 정관의 효력에는 영향이 없으나 그 사항을 유효하게 하기 위해서는 반드시 정관에 기재되어야 하는 사항이다. 상대적 기재사항임에도 불구하고 정관에 기재되어 있지 않으면 무효이다.

상법은 설립 시 발기인이 권한을 남용하는 경우 회사의 자본충실을 해칠 우려가 있는 사항, 이른바 위험한 약속으로 ① 발기인이 받을 특별이익과 이익 받을 자의 성명, ② 현물출자를 하는 자의 성명과 그 목적인 재산의 종류·수량·가격과 이에 대하여 부여할 주식의 종류와 수, ③ 회사 성립 후에 양수할 것을 약정한 재산의 종류·수량·가격과 그 양도인의 성명, ④ 회사가 부담할 설립비용과 발기인이 받을 보수액 등을 열거하고, 이를 변태설립 사항이라고 하여 반드시 정관에 기재하도록 하고 있다. 모집주주가 알 수 있도록 주주청약서에도 기재되어야 한다.

다. 정관변경—정관변경은 회사의 기본적 규칙의 변경을 말한다. 여기의 '변경'에는 기존 정관 중 일부규정의 변경, 삭제 및 새로운 규정의 추가 등이 모두 포함되며, 규정의 실질적인 변경뿐만 아니라, 문언만의 변경, 즉 형식상의 변경도 포함한다. 정관변경은 원칙적으로 자유이며 절대적 기재사항이나 기타의 사항이라도 무방하지만, 그 내용이 주식회사의 본질이나 강행법규에 반할 수는 없으며, 주주의 고유권이나 주주평등의 원칙을 침해하지 못한다. 정관변경은 특별결의사항이므로 그에 대한 결의는 출석한 주주의 의결권의 3분의 2 이상의 수와 발행주식 총수의 3분의 1 이상의 수로써 한다. 주주총회의 특별결의에 의하여 정관변경은 당연히 효력이 생기는 것이며 정관의 규정이 등기사항이면 변경등기를 수반하나, 이는 정관변경의 효력발생요건이 아니다.

6) 주식발행 사항의 결정

회사설립 시 주식발행에 관한 주요 사항은 정관에 기재하나 설립 시에 발행하는 ① 주식의 종류와 수, ② 액면주식의 경우 액면 이상의 주식을 발행할 때는 그 수와 금액 등은 정관으로 달리 정하지 아니하면 발기인 전원의 동의로 이를 정하여야 한다.

7) 발기설립의 경우 이후의 절차

가. 주식의 인수—발기인이 주식의 총수를 인수한다.

나. 출자의 이행—발기인이 주식의 총수를 인수한 때에는 지체 없이 각 주식에 대하여 그 인수가액의 전액을 납입하여야 한다.

다. 이사·감사의 선임—출자의 이행이 완료된 때에는 발기인은 지체 없이 의결권의 과반수로 이사와 감사를 선임하여야 한다.

라. 설립경과의 조사—선임된 이사와 감사는 취임 후 지체 없이 회사의 설립에 관한 모든 사항이 법령 또는 정관의 규정에 위반되지 아니하는지의 여부를 조사하여 발기인에 보고하여야 한다. 변태설립사항의 경우 이사는 그 조사를 위하여 검사인의 선임을 법원에 청구하여야 하고, 검사인은 그 결과를 법원에 보고하여야 한다. 법원은 변태설립사항이 부당한 때에는 변경할 권한을 갖고 있다.

8) 모집설립 경우 이후의 절차

가. 주식의 인수—모집설립의 경우에도 각 발기인은 회사설립 시에 발행하는 주식 중 1주 이상을 인수하여야 한다. 상법상 주식인수는 주식청약서에 의하여야 한다. 주식인수인의 주식청약서 작성은 청약, 발기인의 주식의 배정은 승낙의 의사표시에 해당한다.

나. 출자의 이행—주식인수인은 발기인이 배정한 주식의 수에 따라 인수가액을 납입할 의무를 부담한다. 발기인은 지체 없이 주식인수인에 대하여 각 주식에 대한 인수가액의 전액을 납입시켜야 한다. 실권한 주식에 대해서는 다시 주주를

모집할 수 있다. 다만 이 경우 실권절차, 즉 주식인수인이 금전출자를 이행하지 아니한 때에는 발기인은 일정한 기일을 정하여 그 기일 내에 납입하지 아니하면 인수인의 권리를 잃는다는 뜻을 기일의 2주간 전에 그 주식인수인에게 통지하여야 한다(제307조 1항). 본래의 주식인수인 지위를 박탈하고 새로운 주식인수인을 모집할 수 있는 것이 원칙인데 발기인 스스로 직접 인수할 수도 있다. 이러한 실권절차에 의하지 않고는 납입하지 않았다는 이유로 주식인수인의 권리가 상실되는 것은 아니다. 다만 현실에서는 주식인수 청약과 함께 인수가액 전액을 청약증거금으로 납입하도록 하는 것이 관행이므로 실제로 실권주 문제는 발생하지 않는다.

다. 창립총회 소집—출자이행을 완료한 때에는 발기인은 지체 없이 창립총회를 소집하여야 한다. 창립총회는 이사와 감사를 선임한다. 이사와 감사는 취임 후 지체 없이 회사의 모든 사항이 법령 또는 정관에 위반되지 아니하는지의 여부를 조사하여 창립총회에 보고한다.

라. 설립경과의 조사—발기인은 변태설립사항에 관한 조사를 위하여 검사인의 선임을 법원에 청구하여야 한다. 검사인은 창립총회에 보고서를 제출하여야 한다. 창립총회는 변태설립사항이 부당하다고 인정한 때에는 이를 변경할 수 있다.

9) 설립등기

발기설립의 경우에는 설립경과조사가 종료한 날로부터, 모집설립의 경우에는 창립총회가 종결한 날 또는 창립총회에 의한 변태설립사항의 변경이 종료한 날로부터 2주간 내에 하여야 한다. 주식회사는 설립등기에 의하여 법인격을 취득하여 회사로 성립한다. 설립 중의 회사는 소멸한다. 주식인수인의 지위는 주주가 된다.

(3) 주식과 주주

1) 주식의 의의

자본금의 구성단위와 주주권의 의미를 가진다. 자본금은 주식으로 분할되는데, 액면주식의 1주의 금액은 100원 이상으로 균일하여야 한다. 한 개의 주식을 다시 분할하여 그 일부분의 주주를 인정할 수는 없다. 한 개의 주식을 수인이 공유할 수는 있다. 주주권은 주주의 회사에 대한 법률상의 지위를 말하며, 이는 주식을 단위로 하여 인정된다.

1주 미만 소수단위 주식 거래 허용

흔히 실무에서 '소수점 주식'이라 편하게 부르기도 하지만 법적으로 정확한 용어는 아니다. 주식 자체는 소수점이 있을 수 없기 때문이다.

주식은 인적회사 지분과 달리, 균등한 단위로 나누어 주주의 출자액에 따라 발행되고, 주주는 자신이 소유하는 주식 수를 발행주식총수로 나눈 몫만큼 회사에 대해 비례적인 권리를 갖는다. 우리 상법상 주주권은 '1개'의 주식을 최소 단위로 한하므로, 1개의 주식보다 낮은 단위로는 만들 수 없다. 주식은 사원의 지위를 나타내는 최소출자단위로서, 주주와 회사 간의 법률관계의 안정을 위해 1주 미만으로 분할하는 것은 불가하다('주식불가분 원칙').

한편 주식의 거래는 원칙적으로 주권을 매개로 이루어진다. 주식의 양도에는 주식을 양도한다는 당사자들의 합의가 있어야 할 뿐만 아니라 그에 대한 공시방법으로서 주권을 교부하는 것이 필요하다는 뜻이다(상법 제336조 제1항). (…)

그렇다면 소수단위로 주식을 거래하는 것이 법적으로 허용될 수 있는지, 만약 허용된다면 어떠한 법리를 매개로 해서 거래구조가 성립되는지, (…) 현행 회사법의 법리만으로는 허용되기 어려워 이를 극복하기 위하여 신탁의 법리를 활용한 거래구조가 고안되었다. (…)

— 김태진, 〈주식의 소수단위 거래 관련 제문제〉, 《신탁연구》 제5권, 제1호(2023. 6.), 30-32쪽 발췌 인용.

2) 주주

주주는 주식의 귀속주체로서 주식회사의 사원이다. 주주는 주주의 자격에 기한 법률관계에 관하여 그가 가진 주식의 수에 따라서 평등한 대우를 받아야 하는데 이를 주주평등의 원칙이라 한다. 이는 사람의 평등이 아니라 주식의 평등(자본적 평등), 종류주식의 경우 종류적 평등을 의미한다. 이는 회사법상의 근본원칙으로서 정관이나 주주총회 또는 이사회의 결의로 침해할 수 없다. 이 원칙을 위반하여 권리침해를 받은 주주의 동의가 없는 한 회사의 선의·악의 불문하고 효력이 없다. 주주는 인수한 주식의 인수가액을 한도로 출자의무를 부담할 뿐이므로 회사에 대하여 의무를 부담하지 않는다. 또한 회사채권자에 대하여도 책임을 부담하지 않는 것이 원칙이다.

3) 주주권

주주권은 회사에 대한 주주의 권리로서 주주권의 행사는 주주명부에 적법하게 주주로 기재되어 있는 자만이 행사할 수 있다, 주주는 회사로부터 경제적 이익 등 재산적 이익을 받을 권리가 있고, 회사 또는 주주 공동의 이익을 위하여 회사의 운영에 관여할 수 있는 권리가 있다. 또한 특별히 발행주식총수의 일정 비율 이상의 주식을 가진 주주만이 행사할 수 있는 권리도 있다.

4) 주권

주권을 표창하는 기명식 유가증권이다. 주권의 소지에 의하여 회사의 주주임을 나타낼 수 있으며, 주식의 양도를 촉진하는 기능을 한다. 주식의 양도에 있어서 주권의 교부로써 당사자 간에는 양도의 효력이 발생하나 권리를 행사하기 위하여는 주주명부에 취득자의 성명과 주소를 기재하여야 한다. 주권은 회사성립 후 또는 신주의 납입기일 후 지체없이 발행하여야 한다. 회사의 성립 전이나 신주의 납입기일 전에는 주권을 발행하지 못하며, 이에 위반하여 발행한 주권은 무효이다. 다만 주권은 주식 양도를 용이하게 하기 위해 고안되었으나 발행이나 관리에 많은 비용이 들고 또 분실의 위험도 있다. 그리하여 주권불소지제도(제358조의 2)나 주권 없이 주식을 양도할 수 있도록 예탁결제제도가 이용되었는데, 2019년 9월부터는 아예 주권을 대체하는 것으로서 주식에 관한 전자등록제도가 시행되었다(〈주식·사채 등의 전자등록에 관한 법률〉). 상장주식의 경우는 전자등록이 강제되고 있다.

5) 주주명부

주주명부는 주주와 주권에 관한 사항을 명백히 하기 위하여 상법의 규정에 따라서 작성·비치하는 장부이다. 주주의 성명과 주소 등을 기재하여야 하며, 이사는 이를 회사의 본점에 비치하여야 한다. 주주명부에는 다음과 같은 효력이 있다. 주식의 양수인이 주주명부에 명의개서를 하면 이후 적법한 주주로 사실상 추정되어 회사의 반증이 없는 한 실질적 권리자라는 것을 증명하지 않고도 주주로서의 권리를 행사할 수 있다. 회사는 주주명부에 기재된 자를 주주로서 취급하면 그가 사실은 진정한 주주가 아닌 경우에도 악의 또는 중과실이 없는 한 책임을 면한다. 주주명부에 그의 성명과 주소를 기재함으로써 회사에 대하여 그가 주주임을 대항할 수 있다.

(4) 주식의 양도

주식의 양도는 사원의 지위를 표상하는 주식을 당사자 사이의 법률행위에 의하여 이전하는 것이다 상법은 주주의 투하자본회수를 보장하기 위하여 주식양도자유의 원칙을 인정한다. 다만, 정관이 정하는 바에 따라 주식의 양도에 관하여 이사회의 승인을 얻도록 할 수 있다. 이러한 제한을 허용한 것은 회사에 따라 주주구성의 폐쇄성을 원하는 경우가 있기 때문이다. 또한 법률에 의하여 주권발행 전의 주식양도제한, 자식주식의 취득제한, 자회사에 의한 모회사 주식취득의 제한이 있다.

(5) 주식매수선택권

주식매수선택권은 일정한 요건을 갖춘 회사의 임직원이 미리 정한 가액(행사가액)에 회사의 주식을 취득할 수 있는 권리이다. 주식매수선택권을 부여받을 수 있는 대상자는 회사의 설립·경영 및 기술혁신 등에 기여하거나 기여할 수 있는 회사의 이사, 집행임원, 감사 또는 피용자이다. 회사는 행사가액으로 ① 주식매수선택권자가 신주를 인수하거나 ② 자기주식을 매수하거나 또는 ③ 행사가액이 주식의 실질가액보다 낮은 경우에 그 차액을 금전으로 지급하거나 그 차액에 상당하는 자기의 주식을 양도하는 세 가지 중 하나의 방식으로 주식매수선택권을 부여할 수 있다. 다만, 주식매수선택권의 부여로 발행할 신주 또는 양도할 자기의 주식은 회사의 발행주식총수의 100분의 10을 초과할 수 없다. 주식매수선택권은 주식매수선택권자의 일방적 의사표시에 의하여 행사하고 주식매수선택권자가 그 권리를 행사하면 회사는 그 부여방법에 따른 의무를 부담한다. 주식매수선택권은 이를 양도할 수 없다. 다만, 주식매수선택권을 행사할 수 있는 자가 사망한 경우에는 그 상속인이 이를 행사할 수 있다.

(6) 신주발행

1) 자본금 조달방법

주식회사의 자본금 조달의 방법은 신주를 발행하여 자기자본금을 조달하는 방법과 사채를 발행하여 타인자본을 조달하는 방법이 있다. 신주발행은 회사가 주식을 소각하지 않는 한 반환의 부담이 없고 이익이 없을 때에는 배당을 하지 않아도 되지만, 사채의 발행은 상환의 기일이 도래하면 반드시 상환하여야 하고 이익이 없어도 일정한 이자를 지급하여야 한다는 점에 차이가 있다.

2) 신주발행의 의의

신주의 발행이란 발행예정주식총수 내에서 이미 발행하고 남은 미발행주식 중에서 주식을 발행하여 회사의 자본금을 증가시키는 것을 말한다. 미발행주식 중에서 새로이 주식을 발행하는 것은 이사회의 권한사항이므로 이사회의 의사결정만으로 신속하게 자본금을 조달할 수 있다.

3) 신주인수권

신주인수권이란 회사가 신주를 발행하는 경우에 그 신주를 타인에 우선하여 인수할 수 있는 권리를 말한다. 주주의 신주인수권이란 주주가 소유주식의 수에 비례하여 우선적으로 신주의 배정을 받을 수 있는 권리를 말한다. 주주의 신주인수권은 신기술의 도입, 재무구조의 개선 등 회사의 경영상 목적을 달성하기 위하여 필요한 경우에 한하여 제한될 수 있다. 모든 주주는 원칙적으로 그가 소유하는 주식의 수에 비례하여 평등하게 신주인수권이 인정된다. 주주에게 신주인수권이 있음에도 이를 무시하고 회사가 신주를 발행하려고 하는 때에는 주주는 신주발행유지청구권을 행사할 수 있고, 신주발행무효의 원인이 된다.

4) 신주인수권의 양도

주주의 신주인수권의 양도는 정관의 규정이나 정관으로 주주총회에서 결정하기로 정한 경우가 아니면 이사회의 결의에 의하여 인정할 수 있다. 신주인수권의 양도를 정관 또는 이사회의 결의로 정한 때에는 신주인수권증서의 교부에 의해서만 가능한 것이 원칙이다. 다만 신주인수권의 양도성을 제한할 필요성은 회사측의 신주발행사무의 편의를 위한 것이므로 회사가 정관이나 이사회 결의로 신주인수권의 양도에 관한 사항을 결정하지 않았다고 하여도 회사가 신주인수권의 양돌양도를 승낙한 경우에는 회사에 대하여도 그 효력이 있다는 것이 판례이다.

3. 기관

법원, 영풍이 신청했던 '고려아연 임시주총 소집' 기각

영풍이 지난해 11월 제기한 고려아연 임시 주주총회 소집 허가 신청이 기각됐다.
고려아연 공시에 따르면 서울중앙지법 민사50부(재판장 김＊＊ 수석부장판사)는 영풍이 신청한 고려아연 임시 주주총회 소집 허가 신청을 11일 기각했다(2024비합30454).

재판부는 "임시주주총회가 실제 소집 개최돼 신청인이 요구한 사항이 안건으로 상정됐고, 이 사건 이사 선임 결의까지 이루어졌으므로 이 신청은 더 이상 그 이익 내지 필요성을 인정하기 어렵다"고 밝혔다.

이어 "설령 이 주총결의에 신청인이 주장하는 하자가 있다고 하더라도, 신청인이 주총결의에 관한 취소·무효확인 등 별건의 소를 제기해 그 효력을 다투는 것은 별론으로 하고, 이 사건 주총결의의 하자가 중대해 그 자체가 존재하지 않는다고 보기는 어렵다"고 했다.

고려아연 경영권 확보에 나선 영풍과 MBK파트너스는 고려아연 주식을 공개 매수한 후 지난해 11월 법원에 고려아연 임시 주총 소집 허가를 신청했다.

법원 판결이 나오지 않은 상태에서 지난달 23일 열린 임시주총에서 고려아연 최윤범 회장 측은 영풍이 보유한 고려아연 지분의 의결권을 제한하는 전략으로 경영권을 방어했다.

한편 영풍·MBK는 지난달 31일 고려아연을 상대로 서울중앙지법에 지난달 23일 열린 임시주총 결의에 대한 효력 정지 가처분을 냈다. 이달 3일에는 고려아연 추천 이사들에 대한 직무집행 정지 가처분도 제기했다.

— 《법률신문》, 2025년 2월 11일 기사(https://www.lawtimes.co.kr/news/205502).

(1) 총설

주식회사는 독립된 사회적 실재로서 그 자체의 의사를 결정하고 행위하여야 한다. 그러나 법인인 까닭에 실제로 그 자신의 의사를 결정하고 그에 따라 행위할 수는 없으므로, 결국 그 의사와 행위는 회사조직 내부의 일정한 지위에 있는 자에 의하여 결정되고 실행된다. 이와 같은 회사의 의사를 결정하고 그에 따라 집행하는 회사조직상의 지위를 기관이라 한다.

현행 상법상 주식회사의 기관은 크게 필요기관과 임시기관으로 나뉜다. 필요기관에는 일정한 사항에 대하여 주주의 총의에 의한 회사의 의사결정기관인 주주총회가 있고, 업무집행기관으로서 집행임원 비설치회사의 경우에는 이사회와 대표이사, 집행임원설치회사의 경우에는 이사회와 집행임원이 있으며, 감사기관으로서 감사 또는 감사위원회가 있다. 임시기관으로는 검사인이 있고, 특별법인 주식회사의 외부감사에 관한 법률에 의한 외부 감사인이 있다.

(2) 주주총회

1) 의의

주주총회는 주주의 총의에 의하여 회사의 기본적인 의사를 결정하는 주식회사의 필요적 기관이다. 주주총회의 결의권한은 상법 또는 정관에 정한 사항에 한정되어 있으므로 상법상 주주총회의 권한사항이 회사의 존폐와 관련된 중요한 사항인 동시에 이사와 감사의 선임·해임권이나 정관변경권 등을 가지고 있어 이러한 점에서 최고기관이라 할 수 있다. 주주총회는 정기 또는 임시로 소집에 의하여 구성되는 비상설기관이라고 할 것이다.

2) 권한

주주총회는 상법 또는 정관에 정하여진 사항에 한하여 결의할 수 있다. 상법에서 주주총회의 권한사항으로 규정한 것은 주주의 이익에 중대한 영향을 주는 사항으로서 ① 이사·감사의 선임과 같이 출자자의 지위에서 당연히 행사하는 기관구성에 관한 권한, ② 이사의 보수결정과 같이 자의적 집행을 방지하기 위한 업무감독권한, ③ 주식의 포괄적 교환, 주식의 포괄적 이전, 정관변경, 합병, 조직변경, 회사해산과 같이 회사조직에 대한 중대한 변화에 관한 권한 및 ④ 이익배당과 같이 회사재산 분배에 관한 권한이 있다. 특히 ① 내지 ③에 관한 권한은 정관을 통하여도 이사회 등 다른 기관에 위임할 수 없다. 주주총회의 권한은 정관에 의하여 확장될 수 있다.

3) 소집

가. 원칙—주주총회의 소집은 원칙적으로 이사회가 결정하고 대표이사가 소집절차를 실행한다. 주주총회는 소집시기에 따라 정기총회와 임시총회로 나뉜다. 정기총회는 매년 1회 일정한 시기(매 결산기)에 소집하여야 한다. 연 2회 이상의 결산기를 정한 회사는 매기에 총회를 소집하여야 한다. 임시총회는 필요할 때마다 수시로 소집한다. 소집장소는 정관에 다른 정함이 없으면 본점소재지 또는 이에 인접한 지에 소집하여야 한다. 주주에 대한 소집통지는 회일의 2주 전에 서면 또는 각 주주의 동의를 받아 전자문서로 통지를 발송하여야 하고 통지서에는 회의의 목적사항을 적어야 하며, 특히 중요한 의안에 대하여는 의안의 요령 또는 주요내용까지 기재하여야 한다. 회의의 목적사항은 이사회에서 결정함이 원칙이나, 주주도 주주제안권에 의하여 제안할 수 있다. 이를 주주제안권이라 한다. 주주제안권을 행사하려면, 의결권 있는 발행주식총수의 3% 이상의 주식을 가진 주주가 총회일 6주 전까지 이사에게 제안내용을 서면 또는 전자문서로 제출하여야 한다. 이사회는 제안내용이 법령·정관에 위반하는 등 주주제안의 제한사유에 해당하지 않는 한 주주총회의 목적사항으로 상정하여야 하며, 제안주주의 요청이 있으면 주주총회에서 당해 의안을 설명할 기회를 주어야 한다.

나. 주주의 총회 소집에 관한 권리—주주의 임시주주총회 소집청구권은 이사회가 총회를 소집하지 않는 경우 주주가 직접 주도적으로 총회를 소집할 수 있도록 하기 위하여, 앞서 본 주주제안권과 더불어, 상법이 인정하고 있는 소수주주권의 주요한 내용 중 하나이다. 발행주식총수의 100분의 3 이상에 해당하는 주식을 가진 주주는 회의의 목적사항과 소집의 이유를 적은 서면 또는 전자문서를 이사회

에 제출하여 임시총회의 소집을 청구할 수 있고(1단계: 이사회에 소집청구), 소수주주가 이사회에 총회 소집을 청구하였음에도 이사회가 소집절차를 밟지 않을 때에는 소집을 청구한 소수주주는 법원의 허가를 얻어 직접 총회를 소집할 수 있다.

4) 전자주주총회

2025년 7월 상법 개정을 통해 전자주주총회 제도가 도입되었다(2027. 1. 1. 시행). 특히 코로나 사태 이후 전 세계적으로 전자주주총회의 필요성을 인식하여, 주주의 주주총회 참석 및 의결권 행사 여건을 개선하기 위해, 상장회사의 경우 현장 및 온라인 개최를 병행하는 병행 전자주주총회 개최를 이사회의 결정에 따라 허용하고, 일정 규모 이상의 상장회사의 경우 이를 의무화하였다.

(3) 주주의 의결권

1) 의의

주주의 의결권은 주주가 주주총회에 출석하여 결의에 참가할 수 있는 권리이다. 이는 주주의 공익권 중 가장 중요한 것으로서, 법률에 의하지 않고는 정관이나 주주총회의 결의에 의하여 박탈 또는 제한할 수 없다.

2) 의결권

가. 1주 1의결권의 원칙—의결권은 1주마다 1개로 한다. 이는 강행규정으로 상법상 복수의결권은 부인된다. 다만 2023년 11월 17일부터 비상장 벤처기업의 창업주로서 현재 회사를 경영하는 자에 한하여 그의 지분이 희석되지 않고 대규모 투자를 유치하여 기업이 성장할 수 있도록 일정한 요건 하에 예외적으로 복수의결권을 허용하고 있다(벤처기업육성을 위한 특별조치법).

나. 예외—상법상 의결권이 제한되는 경우는 다음과 같다.

① 무의결권 또는 의결권이 제한되는 종류주식

② 자기주식　회사가 가진 자기주식은 의결권이 없다.

③ 상호보유주식　회사, 모회사 및 자회사 또는 자회사가 다른 회사의 발행주식의 총수의 10분의 1을 초과하는 주식을 가지고 있는 경우 그 다른 회사가 가지고 있는 회사 또는 모회사의 주식은 의결권이 없다.

④ 특별이해관계인의 주식　총회의 결의에 관하여 특별한 이해관계가 있는 자는 의결권을 행사하지 못한다(제368조 3항). 회사가 소송을 하는 상대가 그 회사의 주주인 경우, 이사의 보수나 공로금의 결정 또는 이사와 감사의 책임면제에 있어서 당사자인 이사 또는 감사가 주주인 경우, 회사와의 영업양도계약에서의 당사자 일방이 주주인 경우 등에 있어서는 의결권이 없다.

⑤ 주주명부폐쇄기간 중에 전환된 주식　주부명부폐쇄기간 중에 전환된 주식의 주주는 그 기간 중의 총회의 결의에 관하여는 의결권을 행사할 수 없다.

3) 의결권의 행사방법

주주명부상의 명의개서를 마친 주주는 의결권을 행사할 수 있다.

가. 대리행사—주주는 대리인으로 하여금 그 의결권을 행사하게 할 수 있다. 의결권 대리행사를 위하여 대리인은 대리권을 증명하는 서면을 총회에 제출하여야 한다.

나. 불통일행사—주주가 2 이상의 의결권을 가지고 있는 때에는 이를 통일하

지 아니하고 행사할 수 있다. 의결권의 불통일행사는 실질주주의 의사를 반영하기 위한 것이다. 의결권의 불통일행사를 인정한 취지는 명의상의 주주의 배후에 이해관계를 달리하는 다수의 실질주주가 존재하는 경우 그 실질주주들의 의사를 반영하도록 하기 위함이다.

다. 서면행사—주주는 정관이 정한 바에 따라 총회에 출석하지 아니하고 서면에 의하여 의결권을 행사할 수 있다. 회사는 총회의 소집통지서에 주주가 서면에 의한 의결권 행사에 필요한 서면과 참고자료를 첨부하여야 한다.

라. 전자적 방법에 의한 행사—회사는 이사회의 결의로 주주가 총회에 출석하지 아니하고 전자적 방법으로 의결권을 행사할 수 있음을 정할 수 있다. 최근에는 주주총회 개최 방식으로 전자주주총회가 많이 논의된다. 전자주주총회는 현실의 주주총회가 개최되는지 여부에 따라 ① 현장에서 주주총회를 개최하면서 물리적으로 참석하지 못하는 주주들을 위하여 인터넷으로 전자주주총회를 함께 개최하는 병행 전자주주총회 형태와 ② 현장 주주총회 대신에 오로지 인터넷 상으로만 주주총회를 개최하는 완전 전자주주총회 형태로 나누어 볼 수 있다. 참고로 전자주주총회에 관한 상법 개정안이 2025년 3월 13일 국회 본회의를 통과하였다.

마. 이익공여의 금지—회사는 누구에게든지 주주의 권리행사와 관련하여 재산상의 이익을 공여할 수 없다. 주주권 행사의 공정성을 확보하기 위한 것이다. 회사가 특정의 주주에 대하여 무상으로 재산상의 이익을 공여하거나 유상으로 공여한 경우에도 회사가 얻은 이익이 공여한 이익에 비하여 현저하게 적은 경우 주주의 권리행사와 관련하여 공여한 것으로 추정하며 이를 위반한 경우 그 이익을 회사에 반환하여야 한다.

4) 의사와 결의

가. 의사—주주총회는 회의체이므로 의사의 운영을 담당하는 의장이 필요하다. 주주총회의 의장은 정관에서 달리 정함이 없는 때에는 총회에서 선임한다. 의장은 총회의 질서유지와 의사정리를 담당한다. 총회의 의사에는 의사록을 작성하여야 한다.

나. 결의—주주총회결의는 주주 각자의 의사표시에 다수결의 원칙을 적용한 결과 형성된 주주총회의 의사표시로서 결의의 성립이 선언된 때로부터 회사와 주주를 포함한 관계인에 대하여 법적 구속력을 가진다.

다. 결의의 방법

① **보통결의** 보통결의는 출석한 주주의 의결권의 과반수와 발행주식 총수의 4분의 1 이상의 수로써 한다. 상법이나 정관에서 특별결의 또는 특수결의사항으로 정한 사항 이외의 모든 사항이 여기에 속한다. 이사의 선임, 이사·감사·청산인의 보수, 검사인의 선임 등이 그 예이다. 정관으로 이 요건을 가중할 수 있다.

② **특별결의** 특별결의는 출석한 주주의 의결권의 3분의 2 이상의 수와 발행주식 총수의 3분의 1 이상의 수로써 한다. 이사의 해임, 영업의 전부 또는 중요한 일부의 양도 등이 그 예이다. 특별결의사항의 중대성에 비추어 정관으로 이 요건을 가중할 수는 있으나, 완화할 수는 없다고 본다.

③ **특수결의** 특수결의는 주주 전원의 동의 또는 총주주의 일치에 의한 총회의 결의를 요한다. ① 주주 전원의 동의는 발기인·이사·감사·청산인의 회사에 대한 책임면제, ② 총주주의 일치에 의한 총회의 결의는 주식회사의 유한책임회사로의 조직변경, 주식회사의 유한회사로의 조직변경에 각각 요구된다.

5) 주주총회결의 반대주주의 주식매수청구권

주주총회의 결의에 반대하는 주주의 투하자본회수책으로서 상법은 ① 회사의 영업의 전부양도 등, ② 회사합병, ③ 회사분할합병, ④ 주식의 포괄적 교환, ⑤ 주식의 포괄적 이전에 반대하는 경우 및 ⑥ 회사로부터 주식양도승인거부의 통지를 받은 경우에 반대주주의 주식매수청구권을 인정한다. 반대주주는 주주총회 전에 회사에 대하여 서면으로 그 결의에 반대하는 의사를 통지하고, 그 총회의 결의일로부터 20일(매수청구기간) 내에 주식의 종류와 수를 기재한 서면으로 회사에 대하여 주식매수를 청구할 수 있다. 회사가 그 청구를 받으면 매수청구기간이 종료하는 날부터 2개월 이내에 그 주식을 매수하여야 한다.

6) 주주총회결의의 하자

주주총회의 결의가 외형상 성립하면 이를 기초로 다수인의 이해관계가 형성되므로 절차상 또는 내용상의 하자가 있는 경우 이를 일반원칙에 의하여 처리하여서는 법률관계의 안정을 기할 수 없다. 이에 회사의 법률관계의 획일적 취급과 주주 등 이해관계인의 보호를 위하여 회사법상 특별한 네 가지 형태의 소로써 결의의 하자를 다투도록 정하고 있다. ① 총회의 소집절차 또는 결의방법이 법령 또는 정관에 위반하거나 현저하게 불공정한 때 또는 그 결의의 내용이 정관에 위반한 때에는 결의취소의 소를 제기할 수 있다. ② 총회의 결의내용이 법령에 위반한 때에 그 무효확인의 소를 제기할 수 있다. ③ 총회의 소집절차 또는 결의방법에 총회결의가 존재한다고 볼 수 없을 정도의 중대한 하자가 있는 경우 결의부존재확인의 소를 제기할 수 있다. ④ 주주가 총회의 결의에 관하여 특별한 이해관계가 있음으로 말미암아 의결권을 행사할 수 없었던 경우에 그 결의가 현저하게 부당하고 그 주주가 의결권을 행사하였더라면 이를 저지할 수 있는 정도의 주식을 보유한 때에는 소로써 그 결의의 취소 또는 변경을 구할 수 있다.

(4) 이사

1) 의의

이사는 회사의 업무집행에 관한 의사결정과 업무감독권을 가지는 이사회의 구성원이다.

2) 사외이사

사외이사는 상무에 종사하지 않는 이사를 말한다. 사외이사제도는 회사경영에 대한 독립적이고 객관적인 입장에서의 감시 및 경영진의 전문성 보완기능을 위하여 마련된 것으로서 상장회사의 경우 일정한 경우를 제외하고는 이사의 총수의 4분의 1 이상을 사외이사로 하여야 한다. 사외이사도 상법상의 이사이므로 선관의무, 충실의무 외에 경업피지의무, 자기거래의 제한, 감사에 대한 보고의무 등을 부담하고, 회사 및 제3자에 대한 책임도 진다. 또한 이사회의 구성원으로서 이사회소집권이 있고, 각종의 소권도 가지나 주식 또는 사채청약서의 작성 등 업무집행을 전제로 하는 사항에 대하여는 권한이 없다.

한편 2025년 7월 상법 개정을 통해 상장회사 이사회 기능을 강화하기 위하여 상장회사의 사외이사의 명칭을 '독립이사'로 변경하고, 일반 상장회사에 대한 독립이사 선임 비율을 종전의 4분의 1에서 3분의 1로 상향조정하였다(자산총액 2조원 이상의 대규모 상장회사는 종전대로 과반수로 유지).

3) 선임

가. 선임기관－이사는 주주총회에서 선임하고, 보통결의에 의한다.

나. 단순투표제와 집중투표제－원칙적으로 이사는 주주총회의 보통결의에 의하여 선임되고 이사 선임결의는 1인의 이사 선임이 하나의 의안을 구성하기 때문에 통상적으로 찬반을 묻는 형태의 결의방식이 일반적이다(단순투표제). 그러

나 단순투표제에 의하면 지분의 과반수를 점한 다수파가 원하는 대로 이사 전원을 선임하게 되어버리므로 다수파 혹은 지배주주가 이사 전원을 독점적으로 선임하는 것을 견제하기 위하여 집중투표제가 도입되어 있다. 집중투표제를 채택하기 위해서는 2인 이상의 이사의 선임을 목적으로 하는 총회의 소집이 있는 때에 의결권 없는 주식을 제외한 발행주식 총수의 100분의 3 이상에 해당하는 주식을 가진 주주가 정관에서 달리 정하는 경우를 제외하고 회사에 대하여 집중투표의 방법으로 이사를 선임할 것을 청구하여야 한다. 이 청구는 주주총회일의 7일 전까지 서면 또는 전자문서로 하여야 하고, 청구가 있는 경우에 이사의 선임결의에 관하여 각 주주는 1주마다 선임할 이사의 수와 동일한 수의 의결권을 가지며, 그 의결권은 이사 후보자 1인 또는 수인에게 집중하여 투표하는 방법으로 행사할 수 있다. 이 방법으로 이사를 선임하는 경우에는 투표의 최다수를 얻은 자부터 순차적으로 이사에 선임되는 것으로 한다.

다. 이사의 원수·임기—이사는 3인 이상이어야 한다. 이사의 임기는 3년을 초과하지 못한다. 그러나 회사가 임기를 정하지 않은 경우에 그 임기를 3년으로 본다는 의미는 아니며 연임도 가능하다. 다만 상장회사의 경우에는 해당 상장회사에서 6년, 해당 상장회사 또는 그 계열회사에서 각각 합산하여 9년을 초과하여 재직한 사외이사는 더 이상 해당 상장회사에서는 사외이사를 할 수 없다는 연임 제한규정이 있다.

4) 이사의 보수

이사의 보수는 이사의 직무집행의 대가로서 지급되는 것이다. 이에 대하여 정관에 그 액을 정하지 아니한 때에는 주주총회의 결의로 이를 정한다.

5) 종임

가. 일반적 종임사유—이사와 회사는 위임관계에 있으므로 이사는 언제든지

사임할 수 있으며, 또 이사의 사망·파산 또는 회사의 파산으로 인하여 종임이 된다. 그 밖에 임기만료·정관 소정의 자격의 상실 또는 회사의 해산에 의하여 종임한다.

나. 해임결의와 해임판결

① 주주총회의 해임결의 회사는 주주총회의 특별결의에 의하여 언제든지 이사를 해임할 수 있다. 이사의 임기를 정한 경우에 정당한 사유 없이 그 임기만료 전에 해임한 때에는 그 이사는 회사에 대하여 해임으로 인한 손해배상을 청구할 수 있다.

② 소수주주에 의한 해임청구 이사가 그 직무에 관하여 부정행위 또는 법령이나 정관에 위반한 중대한 사실이 있음에도 불구하고 주주총회에서 그 해임을 부결한 때에는 발행주식 총수의 100분의 3 이상에 해당하는 주식을 가진 주주는 총회의 결의가 있은 날로부터 1월 내에 그 이사의 해임을 법원에 청구할 수 있다.

6) 이사결원의 경우

법률 또는 정관에 정한 이사의 원수를 결한 경우에는 임기의 만료 또는 사임으로 인하여 퇴임한 이사는 새로 선임된 이사가 취임할 때까지 이사로서의 권리의무를 가지게 된다.

(5) 이사회

1) 의의

이사회는 이사 전원으로 구성되어, 회사의 업무에 관한 의사를 결정하고 직무집행을 감독하는 권한을 가진 필요상설의 기관이다.

2) 소집

가. 소집권자—소집권은 각 이사에게 있지만 이사회의 결의로 특정 이사만을 소집권자로 할 수 있다. 이 경우 소집권자로 지정되지 않은 다른 이사는 소집권자인 이사에게 이사회 소집을 요구할 수 있고, 소집권자인 이사가 정당한 이유 없이 이사회 소집을 거절하는 경우에는 다른 이사가 이사회를 소집할 수 있다.

나. 소집절차—이사회를 소집함에는 회일의 1주간 전에 각 이사 및 감사에 대하여 통지를 발송하여야 하나, 그 기간은 정관으로 단축할 수 있다. 이사회가 소집되면 업무집행에 관한 제반사항을 부의할 것이 예상되므로 이사회의 소집통지에는 주주총회의 경우와는 달리 의제나 의안을 기재할 필요가 없다. 이사 및 감사 전원의 동의가 있는 때에는 소집절차 없이 언제든지 회의할 수 있다.

3) 권한

이사회의 권한은 집행임원비설치회사와 집행임원설치회사에 따라 차이가 있다.

가. 집행임원비설치회사

① 업무집행에 관한 회사의 의사결정 상법이나 정관에 의하여 주주총회의 권한사항을 제외한 회사의 모든 업무집행에 관한 의사를 결정한다.

② 대표이사의 직무집행에 대한 감독 이사회는 이사의 직무집행을 감독한다. 이사회의 업무결정사항은 대표이사가 집행하므로 결국 이사회의 대표이사의 업무집행감독권을 규정한 것이 된다.

나. 집행임원설치회사

① 업무집행에 관한 회사의 의사결정 상법상 규정된 이사회 권한사항에 대한 회사의 의사결정은 집행임원비설치회사와 동일하다.

② **기타 이사회의 권한사항** 집행임원설치회사의 이사회는 ㉠ 집행임원과 대표집행임원의 선임·해임, ㉡ 집행임원의 업무집행 감독, ㉢ 업무집행임원에 대한 전반적인 사항 결정 등을 한다.

4) 결의

가. 결의방법— 이사회의 결의는 이사 과반수의 출석(출석정족수)과 출석이사의 과반수(의결정족수)로 하여야 한다. 이 결의요건은 정관으로 가중할 수 있다. 회사의 사업기회 이용에 대한 이사회의 승인은 재적 이사 3분의 2 이상을 요건으로 규정하고 있다. 직접 출석하여 토의하고 결의하여야 하므로, 서면결의나 대리인에 의한 결의는 무효이다. 정관으로 배제하지 않는 한 모든 이사가 음성을 동시에 송수신하는 원격통신수단에 의하여 결의에 참가하는 것도 허용된다. 화상회의도 당연히 유효하다. 특별한 이해관계가 있는 이사는 의결권을 행사하지 못한다.

나. 결의의 하자— 이사회 결의에 절차상 또는 내용상 하자가 있는 경우 그 결의는 민법의 일반 원칙에 따라 무효가 된다.

5) 의사록

이사회의 의사에 관하여는 의사록을 작성하여야 하며, 의사록에는 의사의 안건, 경과요령, 그 결과, 반대하는자와 그 반대이유를 기재하고 출석한 이사 및 감사가 기명날인 또는 서명하여야 한다. 이사회에 참석한 이사가 결의에 이의를 한 때에는 의사록에 그 사실을 기재하여야 하며, 이의를 한 기재가 없는 자는 그 결의에 찬성한 것으로 추정한다.

(6) 대표이사

1) 의의

대표이사는 집행임원비설치회사에서 대외적으로 회사를 대표하고 대내적으로 업무집행을 담당하는 주식회사의 필요·상설기관이다. 집행임원비설치회사에서 이사회는 업무집행에 관한 의사결정을 하고, 대표이사는 이사회에서 결정된 업무를 집행하고 회사를 대표한다.

2) 선임

대표이사는 이사 중에서 이사회의 결의로 선임하는 것이 원칙이나, 정관에 의하여 주주총회에서 선정할 것을 정할 수 있다. 대표이사의 인원수는 제한이 없다. 대표이사를 선임한 경우에는 등기하여야 한다.

3) 종임

대표이사는 이사의 지위를 전제로 하므로 이사의 자격을 상실하면 당연히 대표이사의 지위도 상실한다. 그러나 대표이사의 지위를 떠나도 이사의 자격을 당연히 상실하는 것은 아니다. 언제든지 이사회의 결의에 의하여 대표이사의 지위만을 해임할 수 있다. 또한 대표이사는 언제든지 그 직을 사임할 수 있다. 종임은 변경등기사항이다.

4) 권한

가. 업무집행권—대표이사는 주주총회와 이사회가 결의한 사항을 집행하고, 이사회가 구체적으로 위임한 사항과 상무(일상적 업무)에 관한 사항을 결정·집행권한을 가진다.

나. 회사대표권

① 대표권의 범위 대외적으로 회사를 대표한다. 그 범위는 회사의 영업에 관한 재판상 또는 재판 외의 모든 행위에 미치며, 이 권한을 제한하여도 선의의 제3자에게 대항하지 못한다.

② 대표권의 행사방법 대표이사가 2인 이상이어도 각자 단독으로 회사를 대표하고 업무를 집행하는 것이나(각자대표), 수인의 대표이사가 공동으로 회사를 대표할 것을 정할 수 있다.

③ 부적법한 대표행위

i) 대표이사의 불법행위 대표이사가 그 업무집행으로 인하여 타인에게 손해를 가한 때에는 회사와 연대하여 그 손해를 배상할 책임이 있다.

ii) 전단적 행위 대표권은 법률 또는 회사 내부적으로 제한되는 경우가 있는데 이를 위반한 대표이사의 행위를 전단적 대표행위라고 한다. ㉮ 법률상 제한의 경우: 예컨대 법률상 주주총회 또는 이사회의 결의가 요구되는 경우가 있다. 대법원은 주주총회 결의가 없는 대표행위는 상대방의 선의, 악의 여부와 무관하게 무효라고 하고 있다. 법률상 이사회 결의를 요하는 경우는 이익형량으로 판단할 수밖에 없다. 우선 회사의 내부적 사항인 준비금의 자본금 전입 등의 경우에는 거래안전을 고려할 여지가 적으므로 이사회 결의 없이 이루어지면 그 행위는 무효라고 보아야 한다. 반면 모든 이해관계자에 대하여 획일적으로 확정되어야 하는 신주발행이나 사채발행 등의 경우에는 거래 안전이 중요하게 고려되어야 하므로 이사회 결의의 하자에도 불구하고 판례 및 통설은 상대방 선의 여부와 무관하게 언제나 유효로 보고 있다. 반면 중요한 자산을 처분하면서 법률상 요구되는 이사회 결의를 거치지 않은 경우에는 회사의 이익과 거래안전을 모두 고려해야 하므로 대표권의 내부적 제한과 같이 제3자에게 악의 또는 중과실이 없는 한 유효하다고 보아야 한다. 이때 제3자의 악의 또는 중과실에 대한 증명책임은 회사에게 있다.

㈏ 내부적 제한의 경우: 이사회 결의 없는 대표이사의 대외적 거래행위에 대하여 이에 위반한 대표행위는 무효이나 선의의 제3자에게 대항하지 못한다고 한다.

iii) 대표권남용행위 대표권남용행위는 대표이사가 대표권을 가지는 사항에 관하여 자기 또는 회사가 아닌 제3자의 이익을 위하여 그 권한을 행사하는 대표행위이다. 이는 주관적으로는 회사 이외의 자의 이익을 위하는 의도 하에, 객관적으로는 대표이사의 권한 내에서 행위하는 것이다. 이러한 행위는 객관적으로 대표권의 범위 내에 속하는 이상 거래안전을 위하여 유효한 대표행위가 된다. 다만, 상대방이 대표권의 남용행위임을 알았거나 알 수 있었을 경우에는 회사는 그 무효를 주장할 수 있다.

④ 표현대표이사의 행위와 회사의 책임

사장, 부사장, 전무, 상무 기타 회사를 대표할 권한이 있는 것으로 인정될 만한 명칭을 사용한 이사의 행위에 대하여는 그 이사가 회사를 대표할 권한이 없는 경우에도 회사는 선의의 제삼자에 대하여 그 책임을 진다.

(7) 집행임원

1) 집행임원의 의의

집행임원이란 이사회에서 선임되어 이사회의 경영방침에 따라 업무집행을 맡는 회사의 집행기관으로서, 경영·재무·기술 등 분야별 집행임원이 경영 전반에 권한을 갖고 책임을 지는 자이다.

2) 집행임원의 선임과 종임

가. 선임－집행임원은 이사회에서 선임한다. 집행임원의 성명 및 주민등록번호는 등기하여야 한다. 집행임원을 선임하는 회사는 대표이사를 두지 못한다.

나. 종임—집행임원의 사망·파산·금치산과 회사의 해산 및 청산에 의하여 종임한다. 또한 사임이나 이사회의 해임에 의하여 종임한다. 집행임원의 선임 무효나 취소 또는 해임의 소가 제기된 경우에는 이사의 직무집행정지가처분 및 직무대행자의 직무에 관한 규정이 준용된다.

3) 집행임원의 수와 임기 및 자격

가. 집행임원의 수—집행임원의 수에는 특별한 제한이 없으므로, 이사회의 결의에 따라 1인 이상의 집행임원을 둘 수 있다. 2명 이상의 집행위원이 선임된 경우에는 이사회에서 집행임원 설치회사의 대표집행위원을 선임하여야 한다. 다만, 집행임원이 1명인 경우에는 그 집행임원이 대표집행임원이 된다.

나. 집행임원의 임기—집행임원의 임기는 정관에 다른 규정이 없으면 2년을 초과하지 못한다.

4) 집행임원의 보수

집행임원의 보수는 정관에 규정이 없거나 주주총회의 승인이 없는 경우에는 이사회에서 결정한다.

5) 집행임원의 권한, 의무와 책임

가. 집행임원의 권한

① **업무집행에 관한 의사결정권** 집행임원은 집행임원 설치회사의 업무집행과 정관이나 이사회의 결의에 의하여 위임받은 업무집행에 관한 의사결정을 할 권한을 갖는다.

② **이사회소집청구권** 집행임원은 필요하면 회사의 목적사항과 소집이유를 서면에 적어 이사(소집권자가 있는 경우에는 소집권자)에게 제출하여 이사회의 소집을

청구할 수 있다.

(8) 이사의 의무

1) 선관주의의무·충실의무

이사는 회사와 위임관계에 있으므로, 이사는 회사에 대해 선량한 관리자로서의 주의의무(선관주의의무)를 다해 회사의 사무를 처리하여야 하며, 이러한 의무로 상법은 이사는 법령과 정관의 규정에 따라 회사를 위하여 직무를 충실하게 수행하여야 한다고 규정하고 있다. 한편 이사는 법령과 정관의 규정에 따라 회사를 위하여 그 직무를 충실하게 수행하여야 한다는 충실의무를 부담하고 있었으나, 2025년 7월 상법 개정을 통하여 회사에 대한 충실의무에 보태어 이사가 직무를 수행함에 있어 전체 주주의 이익을 보호하여야 한다는 이사의 주주에 대한 충실의무를 신설하였다(382-3). 이에 따라 향후 이사는 경영의사결정을 하는 과정에서 회사의 이익뿐만 아니라 총주주의 이익을 보호하고, 전체 주주 이익을 공평하게 대우하여야 한다. 선관주의의무와 충실의무의 관계에 대해서는 동질설과 이질설의 대립이 있으나, 통설 및 판례는 동질설로 보고 있다. 이사의 회사에 대한 선관주의의무 위반 여부가 종종 다투어지는데 이때 선관주의의무 위반이 아니라고 할 수 있는 영역을 구분짓는 것이 필요한데 그 판단기준으로서 논의되는 것이 경영판단의 원칙이다. 이는 이사 또는 임원이 성실하게 그리고 자신의 독자적이고 합리적인 판단에 의해 회사에 최선의 이익이라고 생각되는 방법으로 임무를 수행하였다면 법원은 그 판단의 잘못을 탓할 수 없다는 이론이다. 이 이론은 임무해태에 국한하여 적용할 수 있고, 법령에 위반한 행위에는 적용될 수 없다.

2) 경업금지 및 겸직금지의무

가. 의의—이사는 이사회의 승인이 없으면 자기 또는 제3자의 계산으로 회사의 영업부류에 속하는 거래를 하거나 동종영업을 목적으로 하는 다른 회사의 무

한책임사원이나 이사가 되지 못한다.

나. 이사회의 승인—이사는 사전에 이사회에 대하여 승인의 대상인 사항에 관하여 중요한 사실을 밝히고 승인을 얻어야 한다. 경업 거래의 승인은 원칙적으로 구체적인 거래에 대하여 개별적으로 하여야 한다. 경업의 승인을 구하는 이사는 이사회의 경업승인 결의에서 특별이해관계자에 해당하므로 그의 의결권을 행사하지 못한다.

다. 금지내용

① 경업　자기 또는 제3자의 계산으로 회사의 영업부류에 속하는 거래를 하는 것을 말한다.

② 겸직　이사는 동종영업을 목적으로 하는 다른 회사의 무한책임사원이 되지 못한다.

라. 위반의 효과

① 손해배상책임　경업금지의무 위반으로 회사에 손해가 발생한 경우에 이사는 회사에 대하여 손해배상책임을 진다.

② 해임　경업 또는 겸직의무 위반은 이사해임의 사유가 되며, 소수주주가 법원에 해임을 청구할 수 있는 사유가 된다.

③ 거래의 효과　경업금지에 위반한 거래도 그 자체는 유효하다.

④ 개입권　이사가 경업을 한 경우에만 인정되는 회사의 권리이다. 회사는 경업거래가 이사 자신의 계산으로 한 것인 때에는 이를 회사의 계산으로 한 것으로

볼 수 있고, 제3자의 계산으로 한 것인 때에는 그 이사에 대하여 이로 인한 이득의 양도를 청구할 수 있다. 회사가 개입권을 행사하면 이사가 자기의 계산으로 한 경우에는 이사는 그 거래의 경제적 효과를 회사에 귀속시켜야 하고, 제3자의 계산으로 한 경우에는 이사는 회사에 그 거래로 인하여 취득한 이득, 즉 제3자로부터 받은 보수를 인도하여야 한다.

3) 이사의 기회 및 자산의 유용 금지

가. 의의—이사는 이사회의 승인 없이 현재 또는 장래에 회사의 이익이 될 수 있는 회사의 사업기회를 자기 또는 제3자의 이익을 위하여 이용하여서는 아니된다. 이를 이사의 사업기회의 유용금지의무라 한다. 여기서 사업기회의 유용이란 회사에 대하여 충실의무를 부담하는 이사나 임원이 정당하게 회사에 귀속되어야 할 사업기회를 이사나 임원 또는 제3자의 이익을 위하여 편취하는 것을 말한다.

나. 금지의무의 내용

① 이사회의 승인 이사가 회사의 사업기회를 이용하기 위해서는 이사회의 승인을 얻어야 한다. 이 경우 이사회의 승인은 재적 이사 3분의2 이상의 수로써 하여야 한다.

② 사업기회의 의미 이사는 회사의 사업기회를 이용하여서는 아니된다. 사업기회에 관하여 상법은 현재 또는 장래에 회사의 이익이 될 수 있는 직무를 수행하는 과정에서 알게 되거나 회사의 정보를 이용한 사업기회, 회사가 수행하고 있거나 수행할 사업과 밀접한 관계가 있는 사업기회를 예시하고 있다.

③ 자기 또는 제3자의 이익 자기 또는 제3자의 이익을 위하여 이용하여서는 아니된다. 자기 또는 제3자의 이익은 곧 회사의 손해로 추정되어 회사는 손해배상청구를 할 수 있다.

다. 의무위반의 효과—이사회의 승인을 얻지 않고 사업기회를 이용하여 회사에 손해를 발생시킨 이사는 손해배상책임을 지며, 이사회에서 승인을 얻어 사업기회를 이용하더라도 회사에 손해가 있는 때에는 그 이사와 이사회에서 승인한 이사는 연대하여 손해를 배상할 책임을 부담한다. 회사의 사업기회의 이용으로 얻은 이사 또는 제3자의 이익은 회사의 손해로 추정한다.

4) 자기거래의 제한

가. 의의—이사 등은 미리 이사회의 승인을 얻은 경우에 한하여 자기 또는 제3자의 계산으로 회사와 거래를 할 수 있다. 이사 등의 회사와의 거래내용과 절차는 공정하여야 한다.

나. 제한되는 거래의 내용—직접거래와 간접거래. 제한되는 거래는 이사와 회사의 이해가 상충되어 회사의 이익을 해할 염려가 있는 모든 재산적 거래이다. 이사와 회사 간의 직접거래(이사가 직접 회사의 상대방이 된 경우)뿐만 아니라 간접거래(회사의 거래로 인한 결과적인 이득이 이사에 귀속되는 경우)도 포함된다.

다. 제한되지 않는 거래—형식상은 이사와 회사 간의 거래라도 실질상의 이해충돌을 가져올 염려가 없는 거래 또는 행위의 성질상 회사에 불이익이 생길 염려가 없는 거래, 즉 회사에 대한 무이자·무담보자금대여, 상계, 채무의 이행, 보통거래약관에 의한 거래, 회사채무의 보증, 회사의 명의로 해 두었던 명의신탁의 해지, 회사가 부담 없이 무상증여를 받는 계약 등과 같은 거래는 자기거래에 포함되지 않는다(판례).

라. 이사회의 승인

① 승인기관 및 승인시기 이사 등의 자기거래는 미리 이사회의 승인을 받아야 하고, 승인은 이사 3분의 2 이상의 수로써 하여야 한다

② 승인방법　이사회의 승인을 얻기 위해서는 해당 거래에 관한 중요 사실을 밝혀야 한다.

③ 이사회의 승인과 이사의 책임　이사회의 승인을 얻어 거래한 결과 그 거래이사가 회사에 손해를 가했을 때에는 이사는 회사에 대해 손해배상책임을 지며, 이사회에서 승인결의에 찬성한 이사도 연대하여 책임을 진다.

마. 위반거래의 효과—이사가 이사회의 승인 없이 자기거래를 한 경우에 그 효력에 대해서 판례는 이사와 회사 간에는 무효이나, 자기거래에 관련되는 제3자와의 사이에서는 제3자가 선의이고 중대한 과실이 없는 때에는 유효하다는 입장이다.

(9) 이사의 책임

1) 이사의 회사에 대한 책임

가. 손해배상책임

① 의의　이사가 고의 또는 과실로 법령 또는 정관에 위반한 행위를 하거나 그 임무를 해태한 때에는 회사에 대하여 연대하여 손해를 배상할 책임을 진다.

② 책임의 원인　법령 또는 정관의 위반 법령 또는 정관에 위반한 행위는 이사가 단독으로 법령 또는 정관에 위반한 행위(예: 이사회의 승인 없이 경업을 하거나 자기거래를 한 경우), 이사들이 이사회에서 법령 또는 정관에 위반한 결의한 경우(예: 위법한 신주발행을 결의한 경우), 대표이사가 법령 또는 정관에 위반하여 업무집행 또는 대표행위를 한 경우(예: 정관상의 제한을 위반하여 업무집행을 한 경우, 공동대표가 단독으로 대표하는 것, 대표권을 남용한 경우 등)의 세 가지 형태로 나누어질 수 있다.

임무해태란 이사가 직무수행과 관련하여 선량한 관리자로서의 주의의무를 게을리함으로써 회사에 손해를 가하거나 손해를 방지하지 못한 경우를 뜻한다.

③ 공동행위자의 책임형태　고의 또는 과실로 법령 또는 정관에 위반한 행위 또는 임무해태가 수인의 이사에 의하여 이루어진 경우에는 연대책임을 지며, 감사도 책임질 경우에는 이사와 연대책임을 진다. 이들의 연대책임은 부진정연대책임이다.

④ 찬성이사의 책임　고의 또는 과실로 법령 또는 정관에 위반한 행위 또는 임무해태가 이사회의 결의에 의한 것인 때에는 그 결의에 찬성한 이사도 연대하여 책임을 진다. 이사회의 결의에 참가한 이사로서 이의를 한 기재가 의사록에 없는 자는 그 결의에 찬성한 것으로 추정한다.

⑤ 책임의 범위　이사의 책임은 손해배상의 일반원칙에 따라 법령 또는 정관 위반이나 임무해태와 상당인과관계가 있는 손해에 한하여 책임을 진다.

나. 자본금충실책임—이사는 신주발행의 경우에 설립 시의 발기인의 책임과 같은 자본금충실의 책임을 진다. 그 결과 신주의 발행으로 인한 변경등기가 있은 후에 아직 인수하지 아니한 주식이 있거나 주식인수의 청약이 취소된 때에는 이사가 이를 공동으로 인수한 것으로 본다. 자본금충실의 책임은 무과실책임이며, 회사채권자의 보호를 위하여 법정한 특별책임이다.

다. 책임의 추궁—이사의 회사에 대한 손해배상책임과 자본금충실의 책임은 회사가 추궁하여야 하지만, 발행주식총수의 100분의 1(상장회사는 1만분의 1) 이상의 주식을 가진 소수주주도 일정한 요건하에 대표소송에 의하여 이를 추궁할 수 있다. 2020년 상법 개정을 통해 모회사 발행주식총수의 100분의 1 이상에 해당하는 주식을 가진 주주에 대해 일정한 요건을 갖춘 경우 자회사 이사를 상대로 책임을 추궁할 소를 제기할 수 있는 다중대표소송 제도가 도입되었다.

라. 책임의 소멸

① 책임의 면제 이사의 손해배상책임은 의결권 없는 주식을 포함하여 총주주의 동의가 없으면 면제하지 못한다. 그러나 이사의 자본금충실의 책임은 총주주의 동의로도 면제되지 않는다. 이사가 고의 또는 중대한 과실로 손해를 발생시킨 경우와 경업피지의무 위반, 자기거래 제한에 위반한 경우, 회사의 사업기회유용금지의무에 위반한 경우에는 면제되지 않는다.

② 책임의 해제 정기주주총회에서 재무제표를 승인한 때에는 이사·감사의 부정행위가 있는 경우를 제외하고는 2년 내에 다른 결의가 없으면 이사와 감사의 책임은 해제된다.

2) 이사의 제3자에 대한 책임

이사가 고의 또는 중대한 과실로 인하여 그 임무를 해태한 때에는 그 이사는 제3자에 대하여 연대하여 손해를 배상할 책임이 있다.

가. 손해의 범위—이사의 임무해태로 인한 손해는 직접손해(직접 제3자가 입은 손해)와 간접손해(회사가 입은 손해로 인해 다시 제3자가 입은 손해)가 있을 수 있다.

나. 제3자의 범위—이사가 책임을 지는 제3자는 회사와 책임을 지는 이사 이외의 자를 말하며, 이 경우 주주는 직접손해의 경우에만 제3자에 해당한다.

다. 입증책임—이사의 임무해태에 관한 고의 또는 중대한 과실은 제3자가 입증하여야 한다.

4. 감사·감사위원회

(1) 감사

1) 의의

감사란 회사의 회계 및 업무의 감사를 직무로 하는 주식회사의 필요적 상설기관이다. 감사위원회를 설치한 경우에는 감사를 둘 수 없다. 이사의 선임과 달리 특히 감사의 선임에 대하여 상법은 제409조 제2항에서 "의결권 없는 주식을 제외한 발행주식총수의 100분의 3을 초과하는 수의 주식을 가진 주주는 그 초과하는 주식에 관하여는 의결권을 행사하지 못한다"라고 규정하고 있다.

2) 선임·종임 등

가. 선임 및 자격

① 감사의 선임 감사는 주주총회에서 보통결의로 선임한다. 의결권 없는 주식을 제외한 발행주식총수의 100분의 3을 초과하는 수의 주식을 가진 주주는 그 초과하는 주식에 관하여는 의결권을 행사하지 못한다.

② 감사의 자격 감사의 자격에는 제한이 없으나, 감사는 당해 회사 및 자회사의 이사, 지배인 또는 그 밖의 사용인을 겸하지 못한다.

나. 감사의 수와 임기—감사의 수에는 제한이 없으므로 1인 또는 수인을 둘 수 있다. 감사의 임기는 취임 후 3년 내의 최종의 결산기에 관한 정기주주총회의 종결일까지이다.

다. 종임—감사는 임기만료와 위임의 종료사유로 퇴임한다. 또한 특별결의에 의한 이사의 해임, 소수주주에 의한 해임청구의 소, 직무집행정지 등에 의해 종임하는 것은 이사의 경우와 같다. 그러나 회사가 해산하여도 이사의 경우와는 달리 그 자격을 잃지 않는다.

라. 보수—감사의 보수도 이사의 보수와 같이 정관으로 정하거나 주주총회에서 정하여야 한다.

3) 감사의 권한

가. 회계 및 업무감사권—감사는 회계감사의 업무 이외에 이사의 직무의 집행을 감사한다. 감사는 언제든지 이사 또는 집행임원에 대하여 영업에 관하여 보고를 요구하거나 회사의 업무와 재산상태를 조사할 수 있고, 이때 회사의 비용으로 전문가의 도움을 구할 수 있다.

나. 기타의 권한—감사는 자회사의 감사권, 이사회 소집청구권, 이사회 출석권·의견진술권, 이사회 의사록의 기명날인 또는 서명권, 이사의 보고수령권, 주주총회소집청구권, 감사해임에 관한 의견진술권, 회사와 이사 간의 소송 시 회사대표권, 위법행위유지청구권, 각종의 소제기권 등을 가진다.

4) 감사의 의무

가. 이사회에 대한 보고의무—감사는 이사가 법령 또는 정관에 위반한 행위를 하거나 그 행위를 할 염려가 있다고 인정한 때에는 이사회에 이를 보고하여야 한다.

나. 주주총회에서의 의견진술의무—감사는 이사가 주주총회에 제출할 의안 및 서류를 조사하여 법령 또는 정관에 위반하거나 현저하게 부당한 사항이 있는지의 여부에 관하여 주주총회에서 그 의견을 진술하여야 한다.

다. 감사록의 작성의무—감사는 감사에 관하여 감사록을 작성하여야 한다. 감사록에는 감사의 실시요령과 그 결과를 기재하고 감사를 실시한 감사가 기명날인 또는 서명하여야 한다.

라. 감사보고서의 작성의무—감사는 이사로부터 정기총회일의 6주간 전에 재무제표와 그 부속명세서 및 영업보고서를 제출받아, 이를 받은 날로부터 4주간 내에 감사보고서를 이사에게 제출하여야 한다.

5) 감사의 책임

가. 회사에 대한 책임—감사는 그 임무를 해태한 때에는 그 감사는 회사에 대하여 연대하여 손해를 배상할 책임이 있다. 감사의 회사에 대한 손해배상책임도 총주주의 동의로 면제할 수 있고, 이사의 경우와 같이 대표소송에 의한 책임추궁이 인정된다.

나. 제3자에 대한 책임—감사가 직무를 수행함에 있어서 악의 또는 중대한 과실이 있는 때에는 제3자에 대하여도 연대하여 손해배상책임을 부담한다. 이 경우 이사도 책임이 있는 때에는 감사와 이사는 연대하여 손해배상책임을 진다.

(2) 감사위원회

1) 의의

회사는 정관의 정하는 바에 따라 감사에 갈음하여 이사회의 위원회로서 감사위원회를 둘 수 있고, 감사위원회를 설치하는 경우에는 감사를 둘 수 없다.

2) 감사위원회의 설치와 구성

가. 설치—회사는 정관의 정하는 바에 따라 이사회 내 위원회의 하나로서 감사에 갈음하여 감사위원회를 설치할 수 있다. 최근 사업연도 말 현재 자산총액 2

조 원 이상의 상장회사는 반드시 감사위원회를 설치하여야 한다.

나. 감사위원회의와 자격—감사위원회는 3인 이상의 이사로 구성된다. 다만 감사위원회의 중립성과 객관성을 확보하기 위하여 사외이사가 감사위원회 위원의 3분의 2 이상이어야 한다.

다. 감사위원의 선임·해임—감사위원은 정관에 다른 정함이 없는 한 이사회의 결의로 선임하며, 감사위원의 해임은 이사 총수의 3분의 2 이상의 결의로 하여야 한다. 정관 또는 이사회의 정함이 없는 한 감사위원의 임기는 이사의 지위의 종료와 함께 종료된다. 최근 사업연도 말 현재 자산총액 2조원 이상의 상장회사의 경우 감사위원회 위원의 선임·해임은 주주총회의 권한사항이며, 감사위원회 위원은 주주총회에서 이사를 선임한 후 선임된 이사 중에서 선임하여야 한다. 주주총회에서 감사위원회 위원을 선임 또는 해임 시 사내이사, 독립이사인지 여부를 불문하고 ① 최대주주의 경우는 특수관계인 등과 의결권을 합산하여 발행주식총수의 100분의 3을 초과하는 수의 주식에 대해 의결권을 행사하지 못하는 반면, ② 최대주주가 아닌 기타 주주는 개별 주주별로 3% 초과하는 의결권이 제한된다(2025년 7월 상법 개정을 통해 감사위원회 위원 선임 시 사내이사 또는 사외이사 여부를 불문하고 최대주주는 합산 3% 룰이 적용되는 것으로 정리되었다).

3) 감사위원회의 운영

감사위원회는 회의체기관이므로 권한행사는 위원회의 결의를 통하여 한다. 감사위원회의 결의내용에 대해서는 이사회가 재결의를 할 수 없다.

4) 감사위원회의 권한과 책임

감사위원회는 감사와 동등한 권한과 의무를 부담한다.

IV. 보험법

1. 보험제도의 의의

보험제도는 동일한 위험을 부담하는 다수인이 단체를 구성하여 통계적 기초에서 산출된 금액(보험료)의 납부를 통해 기금을 마련하고 이후 실제로 사고가 발생한 경우 그 기금에서 일정한 재산적 급여(보험금)를 받음으로써 사고로 인한 경제적 위험을 보전하는 제도이다.

2. 보험계약

보험계약은 당사자 일방이 약정한 보험료를 지급하고 재산 또는 생명·신체에 불확정한 사고가 발생할 경우에 상대방이 일정한 보험금이나 그 밖의 급여를 지급할 것을 약정함으로써 효력이 생기는 계약이다.

보험계약의 당사자 중 보험료납부의무를 지는 자를 보험계약자라 하고 보험사고발생시 보험금지급의무를 지는 자를 보험자라 한다. 그리고 사고 발생시 보험금을 수령하는 자를 손해보험에서는 피보험자, 인보험에서는 보험수익자라고 한다. 보험계약자와 피보험자가 동일인인 경우를 자기를 위한 손해보험, 다른 경우를 타인을 위한 손해보험이라고 하고 보험계약자와 보험수익자가 동일인인 경우를 자기를 위한 인보험, 다른 경우를 타인을 위한 인보험이라고 한다.

보험계약은 보험계약의 목적이 재산(물건)인 손해보험과 사람의 생명·신체인 인보험으로 크게 나누어진다. 손해보험은 적극적으로 피보험자가 가지고 있는 물건의 파손·손괴위험을 담보하는 물건보험과 소극적으로 피보험자의 행위로 인해 입을 수 있는 피보험자의 전체재산상 손실을 담보하는 재산보험으로 나누어진다. 인보험은 사람의 생명에 관한 위험을 담보하는 생명보험과 사람의 신체에 관한 위험을 담보하는 상해보험으로 나누어진다.

보험계약은 그 체결시 보험자의 보조자로 보험대리상, 보험중개인, 보험모집인을 통한 계약체결의 경우가 많다. 또한 인보험계약의 경우 피보험자가 신체검사를 받아야 하는 경우가 많은데 이 경우 신체검사를 담당하는 의사를 보험의라고 하고 보험자의 보조자 중 하나이다.

보험계약은 불확정한 보험사고의 발생을 원인으로 보험금의 지급여부가 결정되기 때문에 사행계약성을 가진다. 또한 보험계약은 보험계약자와 피보험자가 자신의 사정을 정확히 보험자에게 알려야 정확한 위험을 계산하여 적절한 보험료를 계산할 수 있기 때문에 선의계약성을 가진다. 이러한 선의계약성에 근거하여 보험계약 당시에 보험계약자 또는 피보험자는 중요한 사항을 고지하고 부실의 고지를 하지 않아야 하는 고지의무를 부담하고 고지의무 위반 시 보험자는 보험계약을 해지할 수 있다.

그리고 보험계약은 대부분 보험자가 미리 작성하여 제시하는 보험약관에 따르는 부합계약성을 가진다. 때문에 보험계약자의 소비자로서의 보호가 불충분할 것을 예상하여 상법은 보험자에게 보험계약 시 보험약관의 교부의무와 명시설명의무를 지도록 하고 있다.

3. 손해보험

손해보험계약이란 보험계약자가 보험료를 지급할 것을 약정하고 이에 대하여 보험자가 보험사고로 인한 피보험자의 재산상의 손해를 보상할 것을 약정함으로써 효력이 생기는 계약이다. 손해보험계약에서 보험자의 주된 의무는 보험사고로 인하여 생길 피보험자의 재산상의 손해를 보전할 보험금을 지급할 의무이다. 따라서 보험계약은 금전으로 산정할 수 있는 이익에 한하여 보험계약의 목적으로 할 수 있다. 또한 보험금의 지급은 피보험자가 보험사고로 입을 재산상 손해의 최고액(보험가액)을 초과하여서는 아니된다. 만약 보험가액을 초과하는 보험금을 지급한다면 피보험자의 도덕적 위험이 발생할 여지가 크기 때문이다. 마찬가지 이유에서 보험가액의 일부를 보험에 붙인 경우에는 보험자는 보험금액의 보험가액에 대한 비율에 따라 보상할 책임을 진다. 보험의 목적의 전부가 멸실한 경우에 보험금액의 전부를 지급한 보험자는 그 목적에 대한 피보험자의 권리를 취득하고, 손해가 제3자의 행위로 인하여 발생한 경우에 보험금을 지급한 보험자는 그 지급한 금액의 한도에서 그 제3자에 대한 보험계약자 또는 피보험자의 권리를 취득한다. 이를 보험자대위라고 한다.

상법상 손해보험의 유형으로는 화재보험, 운송보험, 해상보험, 책임보험, 자동차보험, 보증보험이 있다.

4. 인보험

인보험 계약이란 보험계약자가 보험료를 지급할 것을 약정하고 이에 대하여 보험자가 피보험자의 생명 또는 신체에 관하여 보험사고가 생길 경우에 보험계약이 정하는 바에 따라 보험금액 기타의 급여를 보험수익자에게 지급할 것을 약정하는 계약이다. 따라서 보험자는 보험사고가 발생한 경우에 약정된 보험금을 지급할 책임이 있다. 인보험에 있어서는 보험의 목적이 사람의 생명 또는 신체이기 때문에 손해보험과는 다르게 보험사고로 입을 재산상 손해의 최고액(보험가액)이라는 개념이 존재하지 않는다. 인명은 재산적 가치를 측정할 수 없는 소중한 것이기 때문이다. 마찬가지 이유로 손해보험과는 다르게 제3자에 대한 보험자대위가 금지된다.

상법상 인보험의 유형으로는 생명보험과 상해보험, 질병보험이 있다.

V. 어음수표법

1. 어음·수표의 특성과 종류

어음과 수표는 완전한 유가증권이다. 유가증권이란 권리를 표창하는 증권으로 그 증권상 권리의 발생·행사·이전에 증권의 소지를 필요로 하는 증권을 뜻한다. 어음과 수표는 완전한 유가증권이기 때문에 유가증권의 속성인 요식증권성, 지시증권성, 문언증권성, 제시증권성, 상환증권성, 면책증권성, 인적항변절단성을 모두 가진다.

어음이란 일정한 기간 후에 일정한 금액의 지급을 위탁 또는 약속하는 유가증권을 의미한다. 어음의 종류에는 환어음과 약속어음이 있다. 환어음은 발행인이 제3자인 지급인에게 수취인 기타 증권의 소지인에게 일정한 금액을 지급할 것을 위탁하는 지급위탁증권으로서 신용기능, 송금기능, 추심기능, 지급기능이 있다. 약속어음은 발행인이 수취인 기타 증권의 소지인에게 일정한 금액을 자신이 지급할 것을 약속하는 지급약속증권으로서 신용기능, 추심기능, 지급기능은 있으나 송금기능은 없다.

수표는 어음과 달리 제시하면 즉시 일정한 액수의 지급을 금융기관에게 위탁하는 유가증권이다. 수표는 환어음과 마찬가지로 그 성질이 지급위탁증권이나 환어음과 달리 지급기능, 송금기능은 있으나 추심기능, 신용기능이 없다.

2. 발행

어음의 발행이란 발행인이 어음에 법정사항을 기재하고 기명날인 또는 서명하여 수취인에게 교부하는 어음행위를 말한다. 어음의 기재사항은 필요적 기재사항, 유익적 기재사항, 무익적 기재사항, 유해적 기재사항으로 구별된다.

어음법 제1조의 어음요건, 즉 ① 증권의 본문 중에 그 증권을 작성할 때 사용하는 국어로 환어음임을 표시하는 글자, ② 조건 없이 일정한 금액을 지급할 것을 위탁하는 뜻, ③ 지급인의 명칭, ④ 만기, ⑤ 지급지, ⑥ 지급받을 자 또는 지급받을 자를 지시할 자의 명칭, ⑦ 발행일과 발행지, ⑧ 발행인의 기명날인 또는 서명 등은 필요적 기재사항으로 만일 이를 기재하지 않으면 환어음의 효력이 없다. 유익적 기재사항은 어음에 기재되면 이에 상응하는 어음의 효력이 발생한다. 무익적 기재사항은 기재하여도 아무런 어음상의 효력이 발생하지 않고, 유해적 기재사항을 어음에 기재하면 어음 자체가 무효로 된다.

3. 배서

어음의 배서는 어음의 뒷면에 피배서인에게 지급할 뜻을 기재하여 자기의 권리를 양도하는 어음행위로 유가증권에 특유한 권리양도방법이다.

어음은 당연한 지시증권성을 가지기 때문에 어음을 지시식으로 발행하지 아니하고 기명식으로 발행한 경우에도 배서에 의하여 양도할 수 있다. 배서는 무조건이고, 배서에 붙인 조건은 기재하지 아니한 것으로 보며, 일부의 배서는 무효로 한다. 배서를 어음의 뒷면 외에 어음의 앞면이나 어음에 결합한 보충지에 기재하는 경우도 무방하다.

배서는 권리이전적 효력, 담보적 효력, 자격수여적 효력이 있고, 배서의 연속이 있는 경우 선의취득, 인적 항변의 절단이라는 효력이 생긴다.

4. 인수

환어음의 인수는 어음인수인이 어음상에 '인수'라는 문구를 기재하여 어음금액의 지급채무를 부담함으로써 어음상의 주채무자가 되는 어음행위이다. 인수는 지급위탁증권인 환어음에만 있는 어음행위이다. 환어음의 소지인 또는 단순한 점유자는 만기에 이르기까지 인수를 위하여 지급인에게 그 주소에서 어음을 제시할 수 있다. 지급인은 인수를 환어음에 기재하여야 하며, '인수' 그 밖에 이와 같은 뜻이 있는 글자로 표시하고 지급인의 기명날인 또는 서명이 있으면 이를 인수로 본다. 지급인은 인수를 함으로써 만기에 환어음을 지급할 의무를 부담한다. 약속어음은 지급인이 없기 때문에 인수라는 것이 없고, 수표는 지급인이 있지만 신용증권으로 되는 것을 막기 위해 인수가 금지되고 있다. 대신 수표의 지급이 확실하도록 하기 위해 인수와 비슷한 지급보증제도를 마련하고 있다.

5. 지급

어음소지인은 지급을 할 날 또는 그날 이후의 2거래일 내에 지급을 위한 제시를 하여야 한다. 환어음의 지급인은 지급을 할 때에 소지인에 대하여 그 어음에 영수를 증명하는 뜻을 적어서 교부할 것을 청구할 수 있다. 지급인은 만기에 어음금액을 지급할 의무가 발생한다. 따라서 환어음의 소지인은 만기 전에는 그 지급을 받을 의무가 없고 만약 지급인이 만기 전에 지급을 하는 경우에는 자기위험부담으로 한 것으로 본다. 그리고 만기에 지급하는 지급인은 배서의 연속이 있는지를 조사할 의무는 있으나 배서인의 기명날인 또는 서명을 조사할 의무는 없다. 따라서 어음의 지급인은 배서의 연속이 있는 한 그 어음소지인이 무권리자일지라도 어음금의 지급으로 인하여 책임을 면한다.

6. 상환청구

상환청구는 어음이 인수거절 또는 지급거절된 경우에 어음의 소지인이 배서인, 발행인 그 밖의 어음채무자에 대하여 어음금액 기타 비용을 청구하는 어음행위이다. 어음소지인의 상환청구권은 실질적 요건과 형식적 요건인 경우에만 행사할 수 있다. 즉 어음소지인은 만기에 지급되지 않거나 만기 전이라도 실질적으로 지급이 불가능한 경우에 인수거절증서 또는 지급거절증서를 작성하여 상환청구권을 행사할 수 있다.

■ 정우식

|3부| 공법

제4장 헌법

I. 헌법 총론

1. 헌법의 개념과 성격

(1) 의미

헌법이란, 국민의 기본권과 국가의 조직 및 작용에 관하여 합의된 내용을 법 규범의 형태로 정립한 국가의 기본법이라고 정의할 수 있다.

(2) 헌법의 정치적 성격

이러한 헌법의 개념본질로부터 헌법이 여타의 법률과는 다른 성격을 갖게 되는데, 이것이 바로 헌법의 **정치적 성격**이다. 헌법은 그 내용과 목적 자체가 국가의 창설과 유지라는 정치적 성격을 지니고, 이로부터 정치생활을 주도하는 힘을 갖게 되며, 궁극적으로는 사회통합을 실현한다.

(3) 헌법의 규범적 성격

헌법의 정치적 성격에 대비되는 것이 바로 **규범적 성격**인데, 이는 다음과 같이 셋으로 구체화된다.

첫째는 헌법의 **최고 규범성**으로서 헌법은 국가의 최고법으로서 법체계에서 가장 상위법에 해당하기 때문에, 헌법은 모든 법령의 제정 근거(기초)가 되고, 모든 법령은 헌법에 부합되도록 제정되어야 한다. 최고법인 헌법에 위반하는 법령은 위헌무효로서, 이는 헌법 제6장의 헌법재판소(제111조-제113조)에 의해서 위헌법률심판 등이 이루어지는 규범적 근거가 된다.

둘째는 **기본권 보장 규범성**으로서 헌법은 기본권을 헌법에 규정함으로써 기본권의 헌법적 보장을 이루게 되고, 이를 통해서 국민의 기본권(불가침의 기본적 인권)을 보장하는 기능을 갖는다. 헌법 제10조 제2문은 "국가는 개인이 가지는 불가침의 기본적 인권을 확인하고 이를 보장할 의무를 진다"고 규정함으로써, 헌법은 국가에게 국민의 기본권을 보장할 의무를 지우고 있을 뿐만 아니라, 헌법 제37조 제1항에서 "국민의 자유와 권리는 헌법에 열거되지 아니한 이유로 경시되지 아니한다"고 규정함으로써 기본권 보장의 범위를 넓히고, 시대적 변화에 따라 새롭게 등장하는 권리를 포착하는 유연성 및 개방성을 갖는다.

셋째는 **조직 수권(授權) 규범성**으로서 헌법은 국가권력의 조직과 권력에 대한 모든 정당성의 근거가 되기 때문에, 헌법은 국가통치조직에 일정한 권한을 부여한다. 헌법 제40조는 "입법권은 국회에 속한다", 헌법 제66조 제4항은 "행정권은 대통령을 수반으로 하는 정부에 속한다", 헌법 제101조 제1항은 "사법권은 법관으로 구성된 법원에 속한다"고 규정함으로써, 입법권은 국회, 행정권은 정부, 사법권은 법원에 부여하고 있다. 이처럼 국가의 여러 필수적 기능들이 각각의 기관에 분할되어 '속해' 있다는 것은 필연적으로 그 기능들이 '나온' 곳을 지향하게 된다는 것을 의미하게 되는 것으로서, 모든 국가 기능은 시원적 권력자인 주권자 국민에게로 귀속되고 국민전체의 공공복리를 지향해야만 한다. 이것이 헌법 제1조 제2항 "대한민국의 주권은 국민에게 있고, 모든 권력은 국민으로부터 나온다"는 국민주권주의의 규범적 의미로서, 헌법 제1조 제1항의 국가형태로서 공화국을 천명한 "대한민국은 민주공화국이다"를 실질적 의미를 갖도록 만든다. 이로써 헌법은 단순한 통치 조직의 법적 근거를 넘어, 국민주권주의와 민주공화국 원리를 통해 국가권력이 국민의 의사와 공공복리를 실현하는 도구로 기능해야 함을 규정한다. 이는 모든 국가기관과 공직자가 그 정당성과 존재 이유를 국민으로부터 찾고, 국민의 권리와 복리를 최우선으로 삼아야 한다는 점을 명확히 보여 준다.

2. 헌법 개념의 발전과정과 분류 방법

(1) 발전과정

우리가 오늘날 이해하고 있는 헌법의 개념은 오랜 역사적 발전의 산물이다. 이는 '고유한 의미의 헌법'으로부터, 18세기에 발현한 '근대 입헌주의 헌법'을 거쳐서, 현대와 같은 20세기 이후의 현대 복지국가적 헌법으로 발전해 왔다.

18세기 이후에 등장한 **근대 입헌주의적 헌법**은 통치구조에 더하여 국민의 자유권 보장을 규정하였고, 이를 통하여 헌법이란 국민의 기본권과 국가권력의 분립과 조직에 관한 근본적 규범으로서, 권리의 보장이 확보되지 않고 권력분립이 되지 않은 사회는 '헌법'을 가지고 있다고 할 수 없다는 선언(프랑스 인권선언 제16조)도 있었다.

20세기 이후의 **현대 복지국가적 헌법**은 통치구조와 국민의 자유권뿐만이 아니라 사회적 기본권(사회권, 복지권)까지를 보장하는 근본규범을 의미하게 되었다. 이는 국민의 복지향상을 위한 실질적 법치주의 이념을 중시하는 헌법으로서, 국민의 "생존권적 기본권"을 보장하는 사회적 법치국가의 이념을 추구하는 헌법으로 진화하였다.

(2) 헌법의 분류

고유한 의미의 헌법은 국가가 존재하는 곳이면 시대와 장소를 불문하고 반드시 존재한다는 의미의 것으로서, 이는 국가와 국민에 관한 기본적 사항과 원칙 및 통치기관의 조직·구성·권한 등을 규정하고 있는 규범이다. 국가가 있으면 '헌법'이 존재하는 것으로서, 우리나라와 미국 등은 성문화된 헌법이 존재하는 성문헌법국가로, 영국 등은 불문헌법국가로 분류하게 된다. 불문헌법국가라고 해서 헌법이 없는 것은 아니기 때문에, 영국은 성문화된 형태의 헌법을 가지고 있지는 않지만, 대헌장의 전통을 이어받은 '실질적 의미의 헌법'이 분명히 존재하는 것으로서, "영국에는 헌법이 없다"고 할 때의 뜻은 '형식적 의미의 성문헌법'이 없다는 의미에 불과하다.

이처럼 헌법은 국가의 기본적 가치와 질서를 결정하는 최고규범인 동시에, 그 존재 양태나 제정 방식 등에 따라 여러 가지 유형으로 나누어 설명할 수 있다. 헌법을 크게 존재 형식, 제정 주체, 개정 절차의 난이도, 독창성, 실효성이라는 다섯 가지 기준에 따라 분류하고, 각 분류별 특징과 예시를 간략히 살펴보고자 한다.

헌법이 어떠한 형태로 존재하고 작동하느냐에 따라 '실질적 의미의 헌법'과 '형식적 의미의 헌법'으로 나누어 볼 수 있다. 실질적 의미의 헌법이란, 법의 존재 형식(헌법·법률·명령 등)을 불문하고, 국민의 기본권과 국가의 조직·작용에 관한 기본원칙을 정하고 있는 법규범 전체를 의미한다. 곧, 성문화된 헌법전뿐만 아니라 헌법적 사항을 규율하는 모든 법원(法源)을 포괄 통칭한다. 형식적 의미의 헌법이란, 헌법이라는 특별한 형식('헌법전')으로 성문화된 법규범을 말한다. 즉, 국가가 공표한 문서의 형식을 통해 "헌법"이라고 명명된 성문헌법전을 갖는 경우를 가리키며, 이때 헌법전은 법체계상 최상위 규범으로 기능한다.

헌법이 제정되는 과정에서 누가 주도적인 주체로 참여하고, 어떠한 합의 과정을 거쳤느냐에 따라서 크게 '군주(흠정)', '협약', '민정'의 세 유형으로 구분할 수 있다. 군주(흠정) 헌법이란, 군주가 일방적으로 제정한 헌법을 말한다. 절대군주가 자신이 지닌 통치권을 근거로 헌법을 공포하는 형태로서, 일본의 메이지헌법이나 19세기 독일의 각 연방헌법 등이 대표적인 예시이다. 협약 헌법이란, 군주와 국민 간의 협의에 의해 제정된 헌법이다. 봉건적 권력이 완화되는 과정에서 군주의 권한을 제한하고 국민의 권리를 인정하는 문서를 통해 성립된 것으로, 〈대헌장

(Magna Carta)〉이나 〈권리장전(Bill of Rights)〉 등이 여기에 해당한다. 민정 헌법이란, 국민의 대표자로 구성된 제헌의회 등을 통해 제정된 헌법이다. 현대 자유민주주의 국가들은 대부분 이러한 과정을 거쳐 헌법을 채택하고 있으며, 이는 국민주권 원리를 헌법 제정의 근본적 정당성으로 삼고 있다는 점에서 중요한 의미를 갖는다.

헌법을 개정 절차의 난이도에 따라서, 즉 얼마나 엄격한 절차를 요구하느냐에 따라서, '경성 헌법'과 '연성 헌법'으로 구분할 수 있다. 경성 헌법이란, 헌법의 개정 절차가 일반법률의 개정 절차보다 훨씬 더 까다로운 헌법을 말한다. 헌법 개정을 위해서는 국회 재적의원 특별정족수나 국민투표 등 고도의 절차가 요구되는 경우가 많으며, 현대 대부분의 국가들이 채택하고 있는 방식이다. 연성 헌법이란, 헌법의 개정 절차가 일반법률과 동일하거나 그에 준하는 수준으로 비교적 용이한 헌법을 말한다. 대표적으로 1947년 뉴질랜드 헌법이나 1948년 이탈리아 헌법 등이 예로 언급된다.

헌법이 제정되는 과정에서 독자적인 구조와 이념을 얼마나 새롭게 창출해 냈는지 여부에 따라 '독창적 헌법'과 '모방적 헌법'으로 나눈다. 독창적 헌법이란, 다른 헌법에서 유래하지 아니하고, 새롭게 창조된 헌법을 의미한다. 예컨대 미국의 대통령제 헌법, 영국의 의회주권주의 헌법, 프랑스의 나폴레옹 헌법 등이 여기에 속한다. 이들은 이후 세계 여러 헌법에 큰 영향을 미쳤다는 점에서도 주목할 만하다. 모방적 헌법이란, 국내·외 과거의 헌법 조항이나 제도를 모방하여 만든 헌법이다. 새로운 정치구조나 제도를 독자적으로 개발하기보다 기존의 모델을 차용하는 방식으로, 남미 여러 나라의 헌법들과 영연방 국가들의 헌법이 대표적인 예시로 꼽힌다.

특히 저명한 비교헌법 연구자인 카를 뢰벤슈타인(Karl Löwenstein, 1891-1973)은 헌법을 의상에 비유하여, 규범적 헌법(Normative Constitution)을 "몸에 꼭 맞고, 또 실제로도 착용되고 있는 옷"으로, 명목적 헌법(Nominal Constitution)을 "현재로서는 장롱 속에 걸려 있지만, 국민의 신체가 성장하여 의복에 맞게 되면 실제적으로 입게 될 것을 기대하는 옷"으로, 장식적 헌법(Decorative Constitution)을 "실제로 입거나 사용할 목적이 아니라 단지 보기에 좋게 만들어져 전시되거나 과시하기 위한 옷"으로 설명하기도 하였다. 이 비유는 단지 헌법이 형식적으로 존재하는 것만으로 국민의 권리나 국가 운영에 기여하는 것이 아니며, 헌법이 실제로 권력을 통제하여 국민의 기본권을 보장하는 식으로 실제로 작동해야 한다는 점을 강조한 것이다.

위와 같은 다양한 분류 기준은 헌법이 가진 복합적 성격과 기능을 이해하는 데 큰 도움을 준다. 헌법은 단순히 "가장 높은 법"이라는 형식적 지위에 그치지 않고, 국민의 기본권을 보장하며 국가의 권력구조를 설계하는 핵심 규범이기에, 그 형태와 실질적 작동 방식에 대한 파악이 중요하다. 이를 통해 우리는 각 국가의 헌법이 처한 역사적·정치적 맥락을 더욱 종합적이고 입체적으로 이해할 수 있게 된다.

3. 헌법의 제정권력과 개정절차

(1) 헌법의 제정과 개정

헌법의 제정이란, 헌법 제정권력(시원적 권력)인 주권자 국민이 제정권력을 행사하여 헌법을 창조하는 행위를 의미한다. 헌법의 개정이란, 기존 헌법의 틀 내에서 헌법 개정권력인 주권자 국민이 헌법 조항의 일부를 수정하거나 변경하는 행위를 의미한다. 헌법의 개정은 헌법의 기본 구조를 유지하면서도 시대적 요구와 변화에 부응하기 위해 이루어지는 법적 절차이다.

이러한 관점에서 슈미트는 헌법의 제정권력과 개정권력을 명확히 구분하였다. 헌법의 제정권력은 헌법의 창설과 근본적인 변화를 가능하게 하는 최고 권력으로서, 기존의 법적 질서에 구속되지 않는 주권자의 정치적 결단에서 비롯된다고 설명하였는데, 예를 들어서 혁명이나 독립과 같은 상황에서 새로운 헌법을 제정하는 행위가 제정권력의 대표적 사례이다. 반면에 헌법의 개정권력은 기존 헌법의 틀 내에서 헌법의 일부를 수정할 수 있는 권력으로서, 제정권력에 의해서 만들어진 헌법 질서에 구속되며, 헌법에 규정된 절차와 한계를 따라야 하며, 헌법 체제의 근본적 원칙은 변경할 수 없다. 슈미트는 헌법의 제정권력이 정치적이고 법률적 논리를 본질적으로 초월하는 것으로 보았으며, 개정권력은 법적 질서의 일부로 기능한다고 보았다. 이를 통해서 그는 헌법 제정이 단순한 법률적 과정이 아니라 정치적 의지와 결단의 산물임을 강조하였다.

한국 헌법이 장식적 헌법에 머물렀던 군사독재 시기에, 슈미트의 결단주의 헌법이론은 독재정권의 정당성을 옹호하기 위해서 여러 가지 측면으로 악용된 경험이 있다. 한국 헌법이 명목적 헌법의 시기를 지나서 헌법규정과 헌법현실이 일치하는 규범적 헌법으로 발전한 시점에서, 이를 공고히 할 수 있는 방안은 헌법의 제정권력과 개정권력 모두 오직 주권자인 국민의 것이라는 인식의 확립과 제도의 공고화에 달려 있다. 이러한 인식과 제도는 서로 단절된 별개의 것이 되어서는 안되고, 헌법의 개정 절차 등에 국민이 광범위하게 참여하여 자유롭게 헌법에 대한 의사표현을 제도화하는 속에서 인식의 형성이 이루어지는 것이 가장 이상적이다. 이를 통해서 헌법은 국민의 의지를 반영하는 살아 있는 규범(Living Constitution)으로 자리 잡을 수 있으며, 민주적 정당성과 실효성을 동시에 확보할 수 있다. 헌법이 국민주권주의를 기반으로 지속적으로 발전하려면 국민이 헌법의 실질적 주인이라는 자각과 더불어 이를 구현할 수 있는 참여형 민주주의의 틀을 강화하는 것이 필수적이다.

(2) 한국 헌법의 역사

대한민국이라는 민주공화국은 헌법 전문(前文)에서 명시하고 있는 바와 같이, "3·1운동으로 건립된 대한민국임시정부의 법통(法統)"으로부터 국가의 정통성과 압제에 맞선 공화국적 전통이 시작한다. 1919년 3월 1일의 3·1혁명으로 하나로 모인 민족적 힘을 통해서 1919년 4월 11일 대한민국임시헌장이 제정될 수 있었는데, 당시 이동녕 임시의정원 의장은 임시헌장 전문(全文) 10개조를 축조 심의한 뒤에 대한민국 임시정부의 수립을 알리면서 다음과 같이 대한제국에서 대한민국으로의 공화국 건설의 의의를 밝혔다.

> 동지 여러분, 지금부터 우리나라는 고종·순종이 최고지도자였던 대한제국에서 우리 같은 국민이 주인이 되는 대한민국이 탄생하는 엄숙한 순간입니다. 그러니까 우리는 이제 제국의 신민이 아니고 민주공화국의 자유국민이되는 것입니다. 나라의 주인은 제왕이 아니고 당당히 우리 국민입니다. 이 어찌 감격치 않을 수가 있겠습니까. 우리나라는 그동안 고종·순종황제를 모시고 살았던 왕의 나라요, 제국의 지배체제였습니다. 그러나 이로부터 우리는 그런 거창한 왕지배의 신민이 아니고 당당하게도 독립된 주권을 갖는 평등한 국민입니다. 우리 국민이 나라의 주인이고 모든 권력은 국민의 마음속으로부터 울려 퍼져 나오게 되어 있습니다. 이 어찌 감동·감격치 않겠습니까. 새 역사가 창조되는 엄숙한 순간순간을 경험하는 것입니다.

1919년 4월 11일 제정된 대한민국임시헌장은 그 후 5차례 개정되었으며(1919년 9월, 1925년, 1927년, 1940년, 1944년), 1948년 7월 17일 제정된 대한민국헌법은 그 전문(前文)에서 "유구한 역사와 전통에 빛나는 우리들 대한국민은 기미 삼일운동으로 대한민국을 건립하여 세계에 선포한 위대한 독립정신을 계승하여 이제 민주독립국가를 재건함에 있어서(…)"라고 규정하였고, 1948년 8월 15일 중앙청 광장에서 대한민국 정부수립 경축식을 개최하였다. 1948년 제정된 대한민국헌법은 그 후 9차례 개정되었다(1952년, 1954년, 1960년 6월, 1960년 11월, 1963년, 1969년, 1972년, 1980년, 1987년).

(3) 한국 헌법의 개정절차

한국 헌법의 개정 절차는 헌법 제10장(제128조-제130조)에 규정되어 있으며, 이는 제안, 공고, 국회의결, 국민투표, 공포의 단계로 이루어져 있다.

헌법 제128조 제1항은 헌법개정이 "국회재적의원 과반수의 찬성" 또는 "대통령의 발의"로 제안된다고 규정한다. 단, 헌법 제128조 제2항에서 "대통령의 임기연장 또는 중임변경을 위한 헌법개정은 그 헌법개정 제안 당시의 대통령에 대하여는 효력이 없다"고 규정하는데, 이는 대통령의 권력 강화 및 임기 연장을 위해서 헌법개정이 여러 번 악용되었던 역사적 경험(1952년 대통령 직선제 개헌, 1954년 대통령 연임제한 철폐 개헌, 1969년 3선 개헌, 1972년 유신헌법)을 반영한 역사적 반성 조항이다. 헌법 제128조 제2항의 효력과 관련하여 임기연장 또는 중임변경을 위한 헌법개정의 경우 제안 당시의 대통령에 대하여는 효력이 미치지 않을 뿐이라는 인적 효력범위 제한설과 그러한 내용의 헌법개정안은 제안 자체부터 금지된다는 상대적 개정한계설이 대립한다.

헌법 제129조는 "제안된 헌법개정안은 대통령이 20일 이상의 기간 이를 공고하여야 한다"고 규정함으로써, 대통령이 공고를 통해서 국민에게 개정안의 내용을 알리는 과정을 요구하고 있으며, 이는 개정안에 대한 주권자인 국민의 여론 형성을 위한 필수 절차로서 생략될 수 없다.

헌법 제130조 제1항은 "국회는 헌법개정안이 공고된 날로부터 60일 이내에 의결하여야 하며, 국회의 의결은 재적 의원 3분의 2 이상의 찬성을 얻어야 한다"고 규정함으로써, 공고된 헌법 개정안이 공고일로부터 60일 이내에 국회에서 의결되어야 하고, 국회의 재적의원 3분의 2 이상의 찬성을 얻을 것을 요구하고 있다. 헌법개정안은 기명투표로 의결한다(국회법 제112조 제4항).

헌법 제130조 제2항은 "헌법개정안은 국회가 의결한 후 30일 이내에 국민투표에 붙여 국회의원선거권자 과반수의 투표와 투표자 과반수의 찬성을 얻어야 한다"고 규정함으로써, 국회에서 의결된 헌법 개정안은 30일 이내에 국민투표에 부쳐야 하고, 국민투표는 국회의원 선거권이 있는 국민이 참여하는데, 유권자의 과반수가 투표에 참여해야 하고, 투표한 참여자 과반수의 찬성을 얻어야 함을 요구하고 있다.

헌법 제130조 제3항은 "헌법개정안이 제2항의 찬성을 얻은 때에는 헌법개정은 확정되며, 대통령은 즉시 이를 공포하여야 한다"고 규정함으로써, 국민투표에서 헌법 개정안이 확정되면 대통령이 이를 즉시 공포하여야 할 의무를 규정하고 있고, 공포는 개정된 헌법이 효력을 발휘하게 되는 최종 절차이다.

헌법개정의 절차를 하나의 표로 정리하면 다음과 같다.

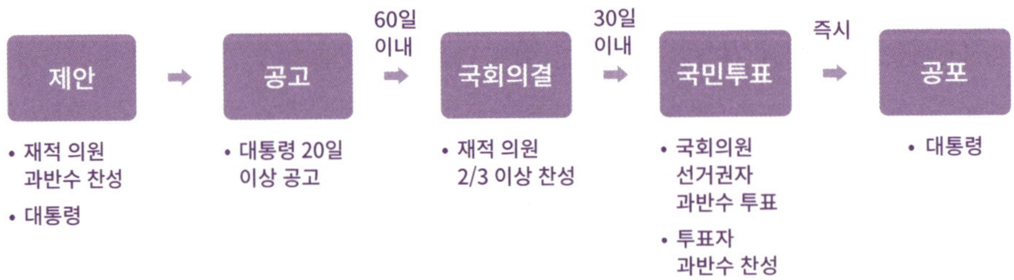

4. 대한민국 헌법의 기본원리

(1) 국민주권주의

국민주권주의란, 국가 의사를 최종적으로 결정할 수 있는 최고의 권력인 주권이 군주나 소수의 특권 계급이 아닌 국민 전체에게 있음을 의미한다. 헌법 제1조 제1항에서 대한민국이 '민주공화국'임을 선언함으로써 우리나라의 주권이 국민 전체에 있음을 명백히 밝혔고, 이는 국가권력이 특정 집단이나 개인 간에 세습되거나 소수 집단에 의해 독점되는 것을 금지한다는 뜻을 담고 있다. 더 나아가 헌법 제1조 제2항은 '대한민국의 주권은 국민에게 있고, 모든 권력은 국민으로부터 나온다'고 선언함으로써, 입법권과 행정권, 사법권 등 국가 권력의 정당성 및 출발점이 모두 국민임을 강조한다. 이에 따라 "대한민국은 민주공화국이다"(제1조 제1항)와 "대한민국의 주권은 국민에게 있고, 모든 권력은 국민으로부터 나온다"(제1조 제2항)라는 헌법 규정이 국민주권주의의 핵심 원리로 자리 잡고 있다.

(2) 자유민주적 기본질서

자유민주적 기본질서는 헌법의 민주주의원리의 기본적 요소들과 법치국가원리의 기본적인 요소들이 결합한 한국헌법의 핵심가치를 의미한다. 헌법 전문에서 자율과 조화를 기반으로 한 자유민주적 기본질서의 확립을 강조하고 있으며, 제4조에서는 자유민주적 기본질서에 입각한 평화적 통일정책을 수립하고 이를 추진하도록 규정한다. 또한 정당은 그 목적과 조직, 활동이 민주적이어야 하고, 민주적 기본질서에 위배될 때 해산된다는 점을 제8조에서 명시하고 있으며, 제119조에서는 대한민국 경제질서가 개인과 기업의 경제적 자유와 창의를 존중함을 선언하여 자유민주주의 이념을 구체화하고 있다.

(3) 복지국가원리

복지국가원리란, 국가가 국민 전체의 복지증진과 인간다운 생활을 보장해야 한다는 원리를 의미하며, 모든 국민의 기본적 수요를 충족시키고 인간다운 생활을 보장해 주는 것이 국가의 책임인 동시에 국민의 권리로 인정된다는 헌법원리이다. 헌법 전문에서는 '안으로는 국민 생활의 균등한 향상을 기한다'고 언급하고, 제34조에서 모든 국민은 인간다운 생활을 할 권리를 가진다고 명시하며, 국가는 사회보장과 사회복지의 증진에 노력할 의무가 있음을 천명한다. 나아가 제32조에서는 법률이 정하는 바에 따라 최저임금제를 시행하여야 한다고 하고, 제119조에서는 국가가 균형 있는 국민경제의 성장과 적정한 소득 분배, 경제의 민주화를 위하여 경제에 대한 규제와 조정을 할 수 있다고 규정함으로써 복지국가원리의 이념을 헌법적으로 뒷받침한다.

(4) 국제평화주의

국제평화주의란, 국제협력과 국제평화를 지향하고, 국제질서를 존중하려는 헌법원리이다. 헌법 전문에서 '밖으로는 항구적인 세계평화와 인류공영에 이바지한다'고 명시하고, 제5조에서는 대한민국이 국제평화유지에 노력하며 침략적 전쟁을 부인한다고 선언한다. 또한 제6조에서는 국제 법규를 국내법과 같은 효력을 가진 것으로 규정하고, 외국인의 지위 역시 국제법과 조약에 의하여 보장된다는 점을 확인함으로써 국제적 협력과 평화에 대한 국가의 의무를 분명히 하고 있다.

(5) 평화통일주의

평화통일주의란, 자유민주적 기본질서에 입각한 내용으로 평화적 수단으로 통일을 추구한다는 원리이다. 헌법 전문에서 평화적 통일의 사명을 강조하고, 제4조에서는 대한민국이 통일을 지향하며 평화적 통일정책을 수립하고 이를 실천한다고 명시한다. 아울러 제66조에서는 대통령이 조국의 평화적 통일을 위한 성실한 의무를 진다는 점을 강조하여, 통일 문제를 다룸에 있어서 폭력이나 강압이 아닌 자유민주적 질서와 평화적 절차를 준수해야 함을 천명한다.

(6) 문화국가원리

문화국가원리란, 국가로부터 문화의 자유가 보장되고 국가에 의해 문화가 지원·보호되어야 한다는 원리를 의미한다. 헌법 전문은 문화의 영역에서 각인의 기회를 균등히 해야 한다고 밝히고, 제9조에서는 국가가 전통문화의 계승과 발전, 민족 문화의 창달에 노력해야 함을 명시한다. 또한 제31조에서는 국가는 평생교육을 진흥해야 한다고 규정하고, 제69조에서는 대통령은 민족 문화의 창달에 노력할 것을 선서함으로써 문화국가의 기본 이념을 반영하고 있다.

(7) 사회적 시장경제질서

우리 헌법상의 경제질서는 사유재산제를 바탕으로 자유경쟁을 존중하는 자유시장경제질서를 기본으로 하면서도, 그에 수반되는 여러 모순을 제거하고 사회복지와 사회정의를 실현하기 위해 국가의 규제와 조정을 인정하는 사회적 시장경제질서로서의 성격을 지닌다.

(8) 법치국가원리

법치국가원리란, 국가 권력이 법에 의해서 제한되고 국민의 기본권이 법적 보호를 받는 국가 운영 원리를 의미한다. 대한민국 헌법에는 법치국가라는 용어가 명시적으로 나타나지는 않지만, 헌법 제1조(대한민국은 민주공화국이다), 제37조(기본권 제한의 법률유보), 제40조(입법권의 국회 귀속) 등에서 법치국가원리를 구성하는 여러 요소들이 헌법에 명시적으로 규정되어 있다. 법치국가원리의 핵심 요소는 국가의 모든 행위는 법에 따라야 하며, 어떠한 권력도 법 위에 설 수 없다는 법 우위의 원칙, 국민의 기본권은 국가 권력으로부터 보호되며, 법적 절차에 따라서만 제한될 수 있다는 기본권 존중 사상, 법은 명확하고 일관성을 가져야 하며, 국민이 자신의 권리와 의무를 예측할 수 있어야 한다는 법적 안정성과 예측 가능성의 확보, 입법, 행정, 사법 등으로 권력을 분리하여 서로 견제하고 균형을 유지하게 한다는 권력분립원칙으로 구체화된다. 권력을 여러 국가기관에 분산하여 상호 간에 견제와 균형을 이루게 함으로써 국민의 자유와 권리를 보호하려는 권력분립원칙은 분업의 원리를 통한 능률성 제고보다는 견제와 균형에 의한 국민의 자유권 보장을 핵심에 두고 있다.

5. 비상적 헌법수호

(1) 국가긴급권

국가긴급권이란, 전쟁·내란·경제공황 등으로 국가의 존립과 안전이 심각하게 위태로운 비상사태가 발생했을 때, 대통령이 헌법에 규정된 통상적 절차와 제한을 넘어 국가 존립과 안전을 확보하기 위해 필요한 긴급조치를 취할 수 있는 예외적 권한을 말한다. 대통령의 계엄선포권, 긴급명령권, 긴급재정경제처분·명령권 등이 이에 해당한다.

(2) 저항권

저항권이란 헌법의 기본질서를 파괴하려는 세력에 맞서, 기존의 헌법질서를 유지·회복하기 위한 유효한 구제수단이 더 이상 남아 있지 않을 때 최후의 수단으로 필요하다면 실력으로 저항을 할 수 있는 권리를 뜻한다. 우리 헌법이 저항권을 기본권의 하나로서 명문으로 규정하고 있지는 않으나, 대법원은 '4·19의거'가 실정법상 저항권의 근거가 될 수 없다고 판시('김재규 사건', '민청학련 사건' 등)한 바 있고, 헌법재판소는 저항권의 존재 자체를 전제로 하면서도 입법 과정의 하자는 저항권 행사의 대상이 되지 않는다고 보았으며(1997. 9. 25. 97헌가4), 최근의 통합진보당 해산 사건(2014. 12. 19. 2013헌다1)에서 저항권에 대해서 공권력에 의해 헌법의 존재 자체가 부정될 정도의 중대한 침해가 발생하고 다른 합법적 구제수단이 없을 때, 국민이 자신들의 권리·자유를 지키기 위해 실력으로 저항할 수 있는 권리이지만, 그 행사에는 민주적 기본질서의 유지·회복이라는 소극적 목적과 보충성의 요건이 필요하다고 판시한 바 있다.

(3) 방어적 민주주의

방어적 민주주의란, 민주주의의 이름으로 민주주의를 파괴하거나, 자유의 이름으로 자유를 부정하려는 집단으로부터 민주주의 체제를 방어해야 한다는 것을 의미한다. 이를 실현하기 위한 대표적 장치로는 위헌정당해산제도가 있으며, 이 제도는 정부의 제소에 따라 헌법재판소가 심판하는 구조로 되어 있다. 헌법재판소는 2014년 12월 19일 선고한 통합진보당 해산 사건(2014. 12. 19. 2013헌다1)에서, 정당해산심판제도가 지키고자 하는 민주적 기본질서는 다원적 세계관을 전제하며 폭력적·자의적 지배를 배제하고, 다수의 존중과 소수의 배려를 기반으로 한 자유·평등의 원리에 따라 운영되는 정치적 질서를 뜻한다고 판시하였다. 이에 따라 국민주권, 기본적 인권 존중, 권력분립, 복수정당제도 등은 민주적 기본질서의 핵심 요소로서 헌법상 주요한 지위를 지닌다고 보았다.

II. 기본권

1. 서론

(1) 기본권의 성격

기본권은 항구성, 보편성, 불가침성(천부인권성) 등의 성격을 지닌다. 특히 헌법 제10조에서 "국가는 개인이 가지는 불가침의 기본적인 인권을 확인하고, 이를 보장할 의무를 진다"라고 명시함으로써, 기본권의 천부인권성을 인정하고 있다.

(2) 기본권의 발전과 변천사

1) 기본권의 발전

가. 고전적 기본권(군주제약)—고전적 기본권은 중세 자연법론에서 사상적 기초가 마련되었으며, 근세 영국에서 전제군주와 의회세력 간의 항쟁 과정을 통해 쟁취되었다. 그러나 당시에는 군주의 권력을 완전히 억제하기보다는 군주의 양해로 일정 부분만 제약하는 수준이었다. 이는 1215년 〈마그나 카르타〉에서 1688년 명예혁명을 거쳐 1689년 〈권리장전〉에 이르는 일련의 과정으로 이어졌다.

나. 근대적 기본권(자유권 보장)—근대적 기본권은 18세기 후반 미국과 프랑스에서 형성된 개인주의와 자유주의 사상을 배경으로 하여 자유권이 크게 성장한 형태를 띤다. 이는 1776년 미국 버지니아 권리장전, 같은 해의 미국 독립선언서, 그리고 1789년 프랑스 인권선언으로 구체화되었다.

다. 현대적 기본권(사회권 보장)—자본주의의 폐해가 두드러지면서 수정자본주의 사상이 부상하였고, 그에 따라 사회권적 기본권이 강조되는 사회화 경향이 나타났다. 1919년 바이마르 헌법은 최초로 사회권적 기본권을 명문화하였으며, 이는 오늘날 복지국가 헌법의 기반으로 이어지고 있다.

2) 기본권의 변천

기본권은 시대적 상황과 이념의 변화에 따라 자유권, 참정권, 사회권 등으로 확장·발전하였다. 17세기와 18세기의 시민혁명 시기에는 '국가로부터의 자유'에 해당하는 소극적 권리인 자유권이 부각되었고, 19세기에는 차티스트(Chartist) 운동 등의 영향으로 '국가에의 자유'에 해당하는 참정권이 대두되었다. 이후 20세기에 들어서는 산업혁명과 경제공황을 거치며 '국가에 의한 자유'로서의 사회권이 등장하여, 국가의 적극적 개입을 통해 사회복지를 실현하려는 움직임이 확대되었다. 이처럼 기본권의 변천은 각 시대의 역사적·사회적 맥락 속에서 점진적으로 이뤄져 왔다.

3) 기본권 발달의 역사

〈마그나 카르타〉(영국, 1215)는 국왕의 과세와 체포권을 제한하고, 〈권리장전〉(영국, 1689)은 국왕의 자의적 과세를 금지하였으며, 〈독립선언서〉(미국, 1776)는 국민의 천부인권을 선언하였다. 이어 프랑스의 1789년 인권선언은 개인의 자유와 평등, 사상과 표현의 자유, 재산권의 자유 등을 명문화하였고, 1919년 독일 바이마르 헌법에서는 복지국가 헌법의 기틀을 마련하여 사회적 기본권을 헌법 차원에서 보장하는 단계로 나아갔다.

2. 기본권의 주체

(1) 국민

기본적 인권의 주체로서의 '국민'은 모든 자연인을 의미하며, 개별적인 모든 국민이 이에 해당한다. 특히 태아의 경우에도 형성 중의 생명으로서 생명권의 주체가 된다는 것이 헌법재판소 판례(2008. 7. 31. 선고 2004헌바81 등)의 입장인데, 태아에게도 헌법상 생명권이 인정되므로 국가는 태아의 생명을 보호할 의무가 있다. 다만 모체의 자기결정권과 태아의 생명권이 충돌할 때에는, 임신 22주 내외와 같은 시점을 기준으로 국가가 생명보호의 수단과 정도를 달리 정할 수 있다고 보았다(헌재 2019. 4. 11. 선고 2017헌바127). 또한 북한 주민으로서 우리나라에 입국한 사람이 대한민국 국적을 취득할 수 있는지에 대해, 대법원은 북한 지역 역시 대한민국의 영토에 포함되므로 대한민국 국적 취득과 유지에 영향이 없다고 판시하였다(대법원 1996. 11. 12. 선고 96누1221 판결).

(2) 외국인

외국인의 경우에도 인간의 존엄과 가치, 행복추구권, 구체적 평등권 및 대부분의 자유권적 기본권은 누릴 수 있다고 해석된다. 그러나 참정권이나 사회적 기본권 등 일정 범주의 권리는 국민에게만 인정되는 경우가 많아, 외국인에게 바로 적용되지는 않는다는 것이 통설적 입장이다.

(3) 법인

법인에게는 그 성질에 반하지 않는 한 국민의 권리와 의무에 관한 헌법 규정이 적용될 수 있다. 따라서 법인도 평등권, 직업선택의 자유, 거주·이전의 자유, 통신·언론·출판의 자유, 재산권, 재판청구권 등은 누릴 수 있으나, 생명권이나 선거권, 사회적 기본권, 행복추구권 등 성질상 자연인에게만 가능한 기본권은 향유할 수 없다.

3. 기본권의 제한과 한계

(1) 우리 헌법에서의 기본권 제한(제37조 제2항 본문)

헌법 제37조 제2항 본문은 "국민의 모든 자유와 권리는 국가안전보장, 질서유지 또는 공공복리를 위하여 필요한 경우에 한하여 법률로써 제한할 수 있다"고 규정하여, 기본권을 제한할 수 있는 요건과 방식을 명시한다.

(2) 기본권 제한의 한계(제37조 제2항 단서)—과잉금지의 원칙

그러나 동조항 단서는 기본권을 제한할 수 있는 경우라도 입법자가 과잉금지의 원칙을 준수하여야 하고, 나아가 그 제한이 자유와 권리의 본질적 내용을 침해해서는 안 된다고 한계를 긋고 있다.

4. 기본권의 침해와 구제

(1) 입법기관에 의한 침해

잘못된 입법으로 국민의 기본권이 침해될 수 있으며, 이 경우 구제수단으로 헌법소원심판, 위헌법률심판, 청원권 행사 등이 있다.

(2) 행정기관에 의한 침해

행정기관이 위헌적 법령을 집행하거나 위헌적 해석·적용을 하는 경우, 또는 행정 부작위나 적극적 불법행위로 인해 기본권을 침해할 수 있다. 구제수단으로는 행정심판, 행정소송, 국가배상청구 제도(위법한 행위)와 국가보상제도(적법한 행위), 헌법소원, 청원, 위헌 명령·규칙에 대한 위헌여부심판 등이 활용된다.

(3) 사법기관에 의한 침해

사법부의 잘못된 판결(오판), 재판 지연, 적법 절차의 미준수 등으로 인해 국민의 기본권이 침해되는 경우가 발생할 수 있으며, 이를 구제하기 위한 수단으로 재심(사실관계 오판), 비상상고(법률관계 오판), 상소제도, 형사보상청구권 등이 인정된다.

5. 기본권의 효력

(1) 대(對)국가적 효력

기본권은 국가권력으로부터 국민의 자유와 권리를 보호하기 위해 국가의 모든 권력작용을 구속하는 효력을 지닌다. 입법·행정·사법 등 권력적 작용뿐 아니라, 관리행위·국고행위 등 비권력적 작용에도 적용되며, 이를 통해 국가권력의 남용을 방지한다.

(2) 대(對)사인적 효력

기본권은 사인 상호 간의 관계에서도 적용된다. 즉 인간의 존엄과 가치, 행복추구권, 평등권, 재산권 보호, 사생활의 비밀, 양심·종교·표현의 자유 등이 사적인 법률행위나 법률관계에서도 침해되지 않도록 작용한다. 다만, 기본권조항을 바로 사법관계에 직접 적용하는 것은 공법과 사법을 분리시키고 있는 우리 법체계에서 어려우므로, 민법 제2조나 제103조, 제750조, 제751조 등 일반원칙에 반영되어 간접적으로 적용되는 방식으로 사인 간의 법률행위를 규율한다(대법원 2010. 4. 22. 선고 2008다38288 전원합의체 판결).

(3) 기본권의 갈등

1) 기본권의 경합(경쟁)

기본권의 경합이란, 하나의 규제로 인해 동일 기본권 주체가 여러 기본권 침해를 동시에 주장하는 상황을 가리킨다. 이 경우 헌법재판소는 제한입법의 목적·동기 및 사안과 가장 밀접하며 침해 정도가 큰 주된 기본권을 중심으로 제한의 한계를 판단해야 한다고 본다(헌재 2011. 8. 30. 2008헌마477; 2016. 12. 29. 2015헌바

327 결정).

2) 기본권의 충돌(상충)

기본권의 충돌이란, 여러 주체가 각자 서로 대립되는 기본권의 실현을 국가에 요구하는 경우를 말한다. 이를 해결하기 위해서는 헌법의 통일성을 유지하면서 가능한 한 상충하는 기본권 모두가 최대한 기능과 효력을 발휘하도록 '과잉금지의 원칙'하에 조화로운 해법을 찾아야 한다. 예컨대 언론의 자유와 피해자의 인격권이 충돌하는 정정보도청구의 문제는, 언론 자유에 대한 제한이 목적의 정당성과 수단의 적정성을 갖추었는지 살펴 조화로운 해결을 모색한다(헌재 1991. 9. 16. 선고 89헌마165). 또한 학생의 학습권과 교원의 수업권이 대립하는 경우, 학습권이 교원의 수업권에 우월하며 교원의 고의적인 수업 거부는 허용되지 않는다고 대법원은 판시하였다(대법원 2007. 9. 20. 선고 2005다25298 판결).

6. 기본권의 종류 및 분류

(1) 헌법상 기본권의 종류

헌법상 기본권은 크게 포괄적 기본권, 자유권적 기본권, 사회적 기본권, 청구권적 기본권, 그리고 참정권적 기본권 등으로 구분할 수 있다. 포괄적 기본권에는 인간의 존엄과 가치, 행복추구권, 평등권 등이 포함된다. 자유권적 기본권에는 인신의 자유(생명권, 신체의 자유 등), 사생활의 자유(사생활의 비밀과 자유, 주거의 자유, 거주·이전의 자유, 통신의 자유 등), 정신적 자유(양심의 자유, 종교의 자유, 언론·출판의 자유, 집회·결사의 자유, 학문과 예술의 자유 등), 경제적 자유(재산권, 직업의 자유, 소비자의 권리 등)가 포함된다. 사회적 기본권으로는 인간다운 생활을 할 권리, 교육을 받을 권리, 노동의 권리, 노동3권, 환경권, 혼인·가족·모성·보건에 관한 권리 등이 해당된다. 청구권적 기본권은 청원권, 재판청구권, 형사보상청구권, 국가배상청구권, 범죄피해자구조청구권 등이 그 예이다. 참정권적 기본권으로는 선거권, 공무담임권, 국민투표권 등이 규정되어 있다.

(2) 포괄적 기본권으로서 인간의 존엄과 가치 및 행복추구권

1) 의의

인간은 그 자체로 존귀한 가치를 지니며, 행복을 추구하며 인간답게 살 수 있어야 한다는 의미로서, 이는 우리 헌법의 최고 이념이자 최고의 가치에 해당한다.

2) 성격

헌법질서의 최고 구성 원리이자 국가권력행사의 한계를 설정하는 지위를 갖는 동시에 객관적 원리로서는 기본권 전체의 기본이념이고 주관적으로는 포괄적인 권리에 해당한다.

3) 규정

헌법 제10조는 "모든 국민은 인간으로서의 존엄과 가치를 가지며, 행복을 추구할 권리를 가진다. 국가는 개인이 가지는 불가침의 기본적 인권을 확인하고, 이를 보장할 의무를 진다"라고 선언함으로써, 인간의 존엄과 행복추구권을 명시적으로 보장한다.

4) 관련판례

가—경찰서유치장의 칸막이가 낮은 화장실이 유치인의 인간으로서의 존엄과 가치를 침해하는지 여부에 관해서 헌법재판소는, "유치된 사람에게 내밀한 신체부위 노출이나 악취 · 소리에 지속적으로 노출되도록 강제하는 것은 인간의 존엄과 가치에서 비롯되는 인격권을 침해하는 정도에 이른다"고 판시하였다(헌재 2001.

7. 19. 2000헌마546). 이로 인해 경찰서 유치장의 화장실 시설이 일부 개선되었다.

나—형법 제304조가 규정하던 혼인빙자간음죄는 남성의 성적자기결정권과 사생활의 비밀과 자유를 지나치게 제한하고, 실제 보호되는 공익 또한 실효성이 매우 낮으므로, 과잉금지원칙을 위배하여 헌법에 위반된다고 결정되었다(헌재 2009. 11. 26. 2008헌바58 등). 이후 해당 조항은 형법 개정을 통해 삭제되었다.

다—형법 제269조의 낙태죄 역시 태아의 발달단계나 독자적 생존능력과 무관하게 임신기간 전체를 전면적·일률적으로 금지하여 형벌을 부과함으로써, 임신한 여성의 자기결정권을 제한한다는 점이 지적되었다. 헌법재판소는 이에 대해 "낙태죄 조항은 모자보건법이 정한 예외를 제외하고 태아 발달단계를 고려하지 않으며, 임신 전 기간에 걸쳐 형벌을 부과하는 것은 과잉금지원칙 위반"이라고 보았다(헌재 2019. 4. 11. 2017헌바127).

(3) 평등권

1) 의의

평등권은 합리적 이유 없이 불평등한 대우를 받지 않을 것을 요구할 수 있는 권리를, 그리고 정의의 관점에서 평등한 대우를 요구할 수 있는 권리를 의미한다.

2) 성격

평등권은 헌법상 본질적인 기본권 중 하나이자 민주주의의 기본이념 중 하나이기도 하다.

3) 규정

헌법 제11조는 "모든 국민은 법 앞에 평등하다"고 선언하며, 성별·종교·사회적 신분 등을 이유로 정치·경제·사회·문화 등 모든 영역에서 차별받지 않는다고 명시하고 있다. 이때 기회의 균등, 상대적·비례적 평등, 실질적 평등의 보장이 강조되며, 합리적 이유가 있는 차별은 가능하지만, 그렇지 않은 차별은 허용되지 않는다.

4) 관련판례

호주제에 대해 헌법재판소는 "호주제는 성역할에 대한 고정관념에 근거하여 남녀를 차별함으로써 많은 가족에게 불편과 고통을 초래하고 있다"면서 "이 제도는 현대 사회에서 남녀 평등권을 침해하므로 헌법에 합치하지 아니한다"고 판시하였다(헌재 2005. 2. 3. 2001헌가9). 이후 〈호적법〉이 폐지되고, 〈가족관계등록에 관한 법률〉이 제정됨에 따라 호주제는 사라지게 되었다.

(4) 자유권적 기본권

1) 의의

자유권적 기본권이란, 개인이 자신의 자유로운 영역에서 국가권력의 간섭이나 침해를 받지 않을 권리를 뜻하며, '국가로부터의 자유'를 핵심 가치로 삼는다.

2) 성격

이러한 자유권적 기본권은 천부인권성이 강하고, 기본권 중에서도 가장 오래된 소극적·방어적 성격의 권리로서, 개인의 자유영역을 보호하려는 데서 역사적으로 출발하였다.

3) 헌법상의 규정

우리 헌법에서 자유권적 기본권으로 보장되는 사항은 신체의 자유, 거주·이전의 자유, 직업선택의 자유, 사생활의 자유, 통신의 자유, 양심의 자유, 종교의 자유, 언론·출판의 자유, 집회의 자유, 결사의 자유, 학문의 자유, 예술의 자유, 재산권 보장 등이 대표적이며, 죄형법정주의(제12조), 형벌불소급(제13조) 등과 같은 형사절차상의 원칙 조항도 포함된다. 특히 신체의 자유를 보장하기 위해 적법절차의 원리, 고문 금지, 진술거부권, 영장주의, 변호인 조력권, 구속적부심사제, 무죄추정의 원칙, 일사부재리의 원칙 등을 규정하여 신체의 자유를 폭넓게 보호하고 있다. 특히 '미란다 원칙'은 수사기관이 체포·구속 과정에서 피의자에게 묵비권과 변호인 조력을 받을 권리를 알리지 않으면 자백의 증거능력에 제한을 받도록 하는 등 적법절차 원리를 실질적으로 구현한다.

4) 관련판례

가—특정 지역(해외 위난지역 등)에 대한 방문 금지는 국민의 거주·이전의 자유를 제한한다는 문제가 발생할 수 있으나, 헌법재판소는 "국민의 생명·신체 및 재산을 보호하기 위한 목적이 정당하며, 기간과 대상지역을 제한하고 예외적 허가제도를 두어 과잉금지원칙에 위배되지 않는다"고 판시하였다(헌재 2008. 6. 26. 2007헌마1366).

나—성범죄자 신상공개제도에 대하여 사생활의 비밀과 자유를 침해하는지 여부가 다투어졌으나, 헌재는 "청소년 성보호라는 공익이 매우 중요하고, 신상 공개 대상이 확정 판결을 받은 범죄자라는 점을 고려했을 때, 이러한 조치는 과잉금지원칙에 위배되지 않는다"고 하여 합헌으로 보았다(헌재 2003. 6. 26. 2002헌가14).

다—'양심적 병역거부자'에 대해 대체복무제를 규정하지 않은 병역법 관련 조항이 양심의 자유를 침해하는지에 관해서, 헌법재판소는 2011년에는 병역거부를 인정하기 어렵다는 결정을 내렸으나(헌재 2011. 8. 30. 2008헌가22), 2018년에는 헌법불합치 결정을 내리면서 양심적 병역거부를 인정해야 한다고 판시하였다(헌재 2018. 6. 28. 2011헌바379등). 이에 따라 대법원도 진정한 양심에 따른 병역거부가 있는 경우 병역법 제88조 제1항의 '정당한 사유'에 해당한다고 판례를 변경하였다(대법원 2018. 11. 1. 2016도10912 판결).

라—본인확인제(인터넷실명제)를 규정한 〈정보통신망 이용촉진 및 정보보호 등에 관한 법률〉 조항이 인터넷 게시판 이용자의 표현의 자유 및 개인정보자기결정권, 그리고 정보통신서비스 제공자의 언론의 자유를 침해한다는 문제에 대하여, 헌법재판소는 광범위한 본인확인제는 목적달성을 위한 수단의 적정성을 갖추지 못하고, 표현의 자유를 과도하게 위축시킨다고 보아 위헌 결정을 내렸다(헌재 2012. 8. 23. 2010헌마47,252 병합). 다만, 선거운동기간 중 특정 후보자 지지·반대 글 게시 시 실명을 확인받도록 하는 〈공직선거법〉상의 일부 인터넷실명제 규정은 합헌으로 결정되었고(헌재 2015. 7. 30. 2012헌마734), 공공기관 인터넷게시판의 실명제 등은 일부 다른 판결들을 거치며 변경되는 추세다(헌재 2021. 1. 28. 2018헌마456 등).

(5) 사회적 기본권

1) 의의

사회적 기본권은 국가에 의해 최소한의 인간다운 생활이 보장될 수 있도록 요구할 수 있는 권리를 말한다.

2) 성격

이는 1919년 독일 바이마르 헌법에서 처음 사회적 기본권으로 규정된 바 있으며, 적극적 권리이자 국가에 의한 자유로서, 복지국가 이념이 강조되는 현대에 있어서 더욱 중요시되는 적극적 성격의 권리이다.

3) 헌법상의 규정

교육을 받을 권리(헌법 제31조), 근로의 권리(제32조), 노동 3권(제33조: 단결권,

단체교섭권, 단체행동권), 환경권(제35조), 보건권(제36조) 등이 대표적으로 규정되며, 국민의 인간다운 생활을 보장하기 위한 헌법적 근거를 제공한다.

4) 자유권과 사회권의 구별

자유권적 기본권은 개인주의적·자유주의적 세계관을 배경으로 탄생하여 소극적 권리, 개인의 권리구제 중심, 재판규범성이 강하다는 특성을 가진 반면, 사회적 기본권은 사회정의와 복지국가의 요청에 따라 적극적 권리, 국가 내적 실정권, 행위규범성이 강하다는 차이를 보인다. 자유권은 절대군주로부터 시민의 자유를 보호하기 위해 발전되어 왔고, 생존권은 자본주의 발전의 부작용을 해소하기 위해 국가가 적극 개입하는 과정에서 발전되어 왔다는 점에서도 구별된다.

5) 관련판례

고등학교에서 퇴학한 지 6개월이 지나지 아니한 자를 고등학교 졸업학력 검정고시 응시 자격에서 제외하는 규칙이 교육을 받을 권리를 침해하는지가 문제된 사건에서 헌법재판소는 "해당 규정의 입법목적(정규교육 유도 등)은 정당하며, 응시 기회를 영구히 박탈하는 것이 아니라 일정 기간 후 응시가 가능하고, 장애인의 경우 예외를 둔 점 등을 고려하면 과잉금지원칙에 위배되지 않는다"고 보았다(헌재 2008. 4. 24. 2007헌마1456).

(6) 청구권적 기본권

1) 의의

청구권적 기본권이란 기본권이 침해되었을 때, 구제받을 수 있는 방법이나 절차를 정한 권리를 의미한다.

2) 성격

이는 '기본권 보장을 위한 기본권'의 성격을 지닌 절차적·수단적 권리로서, 국가권력에 의한 기본권 침해가 발생했을 때 구제받을 수 있는 제도적 장치를 마련한다.

3) 헌법상의 규정

청구권적 기본권은 청원권(헌법 제26조), 재판청구권(제27조), 형사보상청구권(제28조), 국가배상청구권(제29조), 그리고 범죄피해자 구조청구권(제30조) 등으로 구체화되어 있다.

(7) 참정권적 기본권

1) 의의

참정권적 기본권은 국민이 국가의 정치 과정에 능동적으로 참여할 수 있는 권리를 의미하며, 민주주의 국가에서 주권자인 국민이 국가기관의 구성이나 국가의사 형성과정에 적극적으로 참여하고, 국가권력의 행사를 통제할 수 있도록 보장한다.

2) 성격

이는 '국가에의 자유'로도 불리며, 권리이자 의무라는 이중적 성격을 가진다. 즉, 참정권은 국민이 정치과정에 참여할 권리이면서 동시에 민주정치 구현을 위한 정치적 의무이기도 하다.

3) 헌법상의 규정

참정권적 기본권으로서는 선거권, 공무담임권, 국민투표권 등이 헌법에 규정되어 있다.

(8) 헌법상 국민의 의무

1) 고전적 의무

국가방위와 재정조달을 위해 전통적으로 부과된 의무들을 말한다. '납세의 의무'와 '국방의 의무'는 근대 헌법 이래로 국민의 2대 기본의무로 자리 잡았다.

2) 현대적 의무

현대 복지국가적 요청에 따라 국민에게 사회적 기본권을 보장하면서, 국민에게도 일정한 의무를 부담하도록 하는 것으로서, 권리이자 동시에 의무이기도 하다. 예컨대 '교육'의 의무, '근로'의 의무, '환경보전'의 의무, '재산권 행사의 공공복리 적합' 의무 등이 이에 해당한다.

III. 국가조직

1. 국가조직원리

(1) 국민주권주의

국가의사를 궁극적으로 결정할 수 있는 권력이 국민에게 있다는 원리이다. 주권자인 국민이 대표를 선출하고, 그 대표자들이 정치를 담당하면서 대표자들의 의사를 전체 국민의 의사로 간주하는 원리(대의제의 원리)의 기초이기도 하다.

(2) 법치국가원리

국민의 권리와 자유를 보장하기 위해, 국가가 국민의 자유와 권리를 제한하거나 새로운 의무를 부과하려면 반드시 의회가 제정한 법률에 근거를 두어야 한다는 원리이다.

(3) 권력분립의 원칙

헌법은 입법권을 국회에(제40조), 행정권을 대통령을 수반으로 하는 정부에(제66조 제4항), 사법권은 법원에 속한다고 규정(제101조 제1항)함으로써 권력분립(3권분립)을 채택하고 있다. 이와 함께 3권 상호 간의 견제와 균형을 도모하기 위한 다양한 규정들을 둠으로써 권력남용을 방지한다.

2. 정부형태

(1) 대통령제와 의원내각제

다양한 정부형태 중 대통령제(미국 중심)와 의원내각제(영국 중심)는 각자 성립배경과 입법부와 행정부의 관계, 행정부의 구성 방식, 정부 수반의 지위 등에서 차이를 보인다.

대통령제(미국이 대표적 사례)는 대통령을 중심으로 국정이 운영되는 정부형태로, 권력분립이 엄격하여 상호 견제와 균형을 강조한다. 대통령은 국민이 직접 선출하며, 행정부 구성원 역시 대통령이 임면권을 행사한다. 장점으로는 임기 동안 정국 안정을 도모할 수 있고 정책의 연속성이 보장될 수 있으나, 대통령 권한이 강해 독재정치의 위험성이 있을 수 있으며 의회와 행정부가 대립할 경우 조정이 어렵다는 단점도 존재한다.

의원내각제(영국이 대표적 사례)는 의회(하원)를 중심으로 국정이 운영되는 정부형태로, 행정부와 의회가 융합되는 정부형태이다. 다수당의 대표가 총리가 되어 내각을 구성하고, 내각은 의회에 대해 정치적 책임을 지는 방식이다. 장점은 의회 다수당의 지지가 확보될 경우 신속한 국정 운영이 가능하고 책임정치가 가능하나, 군소정당이 난립할 경우 정국의 불안정성이 높아질 수 있고 다수당의 횡포가 우려된다는 단점이 있다.

(2) 분권형 정부형태

분권형 정부형태는 대통령과 총리가 행정부 권한을 나누어 행사하는 혼합형 정부형태를 말한다. 대통령은 국민이 직선하고(대통령제 요소), 국회 다수당 대표를 총리로 임명하는데(의원내각제 요소), 대통령과 총리가 서로 다른 정당에 속할 수도 있어 '동거 정부'가 나타날 수 있다. 일반적인 행정권한은 총리에게, 외교·국방 등에 관한 권한은 대통령에게 맡기는 식으로 행정권한을 행정부 내에서 분산시키는 것이 특징이다.

(3) 대한민국의 정부형태

1) 대통령제적 요소

대한민국 정부형태에는 대통령과 국회의원을 국민이 직접 선출한다는 점, 대통령이 국가원수이며 행정부 수반이라는 점, 엄격한 권력분립을 기반으로 대통령에게 법률안 거부권이 인정된다는 점이 대통령제적 요소에 해당한다.

2) 의원내각제적 요소

대한민국 정부형태에는 국무총리제와 국무회의제도, 국회의원의 국무위원

겸직 가능, 행정부의 법률안 제출권 인정, 국회가 국무총리와 국무위원 해임을 건의할 수 있는 권한, 국무총리 및 국무위원의 국회 출석권 인정 등이 의원내각제적 요소로 꼽힌다.

3. 통치기구

(1) 국회(입법부)

1) 국회의 지위

가. 국민의 대표기관—국회는 국민이 직접 선출한 의원들로 구성되며, 국민주권의 원리를 실현하는 대표기관에 해당한다.

나. 입법기관—헌법 제40조에 의해 국회는 법률을 제·개정할 수 있는 입법기관으로서의 지위를 갖는다.

다. 국정 통제 기관—국회는 행정부와 사법부를 견제·감시하여 국정 운영이 공익에 부합하도록 통제하는 기능도 수행한다.

2) 국회의 구성

가. 의회의 구성방식—의회가 하나인 단원제(單院制)와 상·하원 등 두 개의 의회로 구성되는 양원제(兩院制)가 존재한다. 대한민국은 단원제를 채택하고 있으며, 단원제는 신속한 의안처리와 비용 절감, 책임 소재가 명확하다는 장점이 있지만, 경솔한 심의로 인한 졸속 입법이나 다수당 횡포가 우려된다는 단점도 지니고 있다. 반면 영국, 미국, 일본 등은 양원제를 실시하며, 두 개의 합의체가 서로 협의해 신중한 입법을 도모한다.

나. 국회의 구성: 국회의원—우리나라 국회의원은 지역구 대표와 비례대표로 선출되며, 임기는 4년으로 연임이 가능하다. 국회의원에게는 의정활동의 자율성을 보장하기 위해 불체포특권과 면책특권이 부여된다. 불체포특권은 현행범을 제외하고는 회기 중 국회의 동의 없이 체포·구금되지 않는 것이고, 면책특권은 국회에서 직무상 행한 발언과 표결에 대해 국회 외에서 책임지지 않는 것을 말한다. 국회의원은 직무 수행에 있어서 청렴의 의무, 국익우선 의무, 특권남용 금지 의무 등을 부담한다. 헌법 제41조 제2항은 "국회의원의 수는 법률로 정하되, 200인 이상으로 한다"고 규정한다.

다. 선거의 4대 원칙—민주선거의 4대 원칙(보통·평등·직접·비밀선거)에 따라, 성별·재산·학력·직업·종교 등을 불문하고 일정 연령이 되면 누구나 선거권을 행사하는 보통선거, 1인 1표를 원칙으로 표의 등가성을 보장하는 평등선거, 유권자의 투표의 효과가 당선 및 의석분포에 직접 연결되어야 하는 직접선거, 투표내용을 공개하지 않도록 하는 비밀선거가 실시된다. 재외국민 역시 투표권이 인정되며, 부재자투표·거소투표 등을 통해 투표 기회를 확대한다. 헌법 제41조 제1항은 "국회는 국민의 보통·평등·직접·비밀선거에 의하여 선출된 국회의원으로 구성한다"고 규정한다. 헌법에 명시되어 있지는 않지만, 자유선거의 원칙도 선거의 기본 원칙으로 인정된다.

3) 대한민국 국회의 운영

주요 기구로는 의장단(의장 1인, 부의장 2인), 본회의(전 의원이 참여해 주요 법안·정책 결정), 위원회(효율적이고 전문적인 정책 심의를 위해 구성, 정부 부처에 대응하는 방식), 교섭단체(20명 이상의 의원으로 이루어진 단체)가 있다.

회의는 정기회와 임시회로 구분되어, 정기회는 매년 9월에 개의하고 100일을 초과할 수 없으며, 임시회는 대통령이나 재적의원 4분의1 이상의 요구로 개의하고 30일을 초과할 수 없다.

결의 기본원칙 및 의결방식으로는 의사공개의 원칙, 회기계속의 원칙, 일사부재의의 원칙이 있으며, 일반 의결은 재적 과반수 출석과 출석 과반수 찬성으로 확정되며 가부동수인 경우 부결로 본다.

4) 국회의 권한

국회의 권한은 크게 입법에 관한 권한, 재정에 관한 권한, 국가기관 구성·동의권, 국정 감시·통제권 등으로 구분된다.

가. 입법에 관한 권한—법률 제·개정은 정부나 국회의원 10인 이상의 발의로 시작하며, 소관 상임위원회와 법제사법위원회 심의를 거쳐 본회의에서 재적의원 과반수 출석과 출석의원 과반수 찬성으로 의결된다. 의결된 법률안은 정부로 이송되어 15일 이내 대통령이 공포함으로써 확정되며, 대통령이 이의가 있을 시 재의를 요구할 수 있고, 재의 시에는 재적의원 과반수 출석과 출석의원 3분의 2 이상의 찬성으로 의결된다. 그 밖에 헌법개정안 의결권, 조약 동의권, 국회규칙 제정권 등이 있다. 법률의 제정·개정권은 국회의 본질적인 기능이다.

나. 재정에 관한 권한—국회는 예산을 심의·의결하며 결산을 심사하고, 예비비의 설치 동의 및 지출 승인, 국채 모집 동의, 조세의 종목·세율 결정권(조세법률주의) 등을 행사한다.

다. 국가기관 구성 및 동의권한—국무총리·대법원장·대법관·감사원장·헌법재판소장 임명에 대한 동의권, 헌법재판소 재판관 3인과 중앙선거관리위원회 3인을 선출하는 권한이 있다.

라. 국정 감시·통제 권한—국정감사·국정조사를 통해 행정부를 감시·견제하며, 선전포고·국군 해외파견·외국군대 주둔 동의권, 사면 동의권, 긴급명령 승인

권, 계엄 해제 요구권, 국무총리·국무위원 해임건의권, 탄핵소추권 등을 행사함으로써 국가기관에 대한 통제기능을 수행한다.

4. 대통령

(1) 대통령의 선출

대통령은 국민의 보통·평등·직접·비밀·자유선거에 의해서 선출된다. 임기는 5년으로 규정되어 있으며 중임(重任)이 불가능한 단임제이다.

(2) 대통령의 권한

대통령에게는 국가를 대표하고 헌법을 수호하며, 국정을 조정하고 헌법기관을 구성할 수 있는 권한을 가진다. 국가원수로서의 권한에는 조약 체결·비준권, 외교사절의 신임·접수·파견권, 선전포고 및 강화권, 외국 승인권 등 국가대표권을 비롯하여, 긴급명령권과 긴급재정·경제처분 및 명령권, 계엄선포권, 위헌정당해산제소권 등 헌법수호권, 그리고 헌법 개정안 제안권, 국민투표 부의권, 국회 출석·발언권, 사면·감형·복권에 관한 권한, 훈장·영전 수여권 등 국정조정권이 부여된다. 또한 국무총리·감사원장·헌법재판소장·대법원장·대법관·헌법재판소 재판관·중앙선거관리위원회 위원(3인)을 임명하는 헌법기관 구성권도 가진다.

대통령은 행정부의 수반으로서 행정부를 지휘·감독하고 공무원을 임면하며, 국군을 통수하고 대통령령을 제정할 수 있는 권한을 행사한다. 즉, 행정부 전체를 관장하며, 대외적으로 대한민국을 대표하는 지위에 있다고 볼 수 있다.

5. 행정부

(1) 대통령

대통령은 국가원수의 지위와 행정부 수반의 지위를 동시에 지니고, 국민이 직접 선거로 선출하며 임기는 5년이다. 중임이 허용되지 않고 단임제이다.

(2) 국무총리

국무총리는 행정부의 제2인자로서 대통령을 보좌하고, 대통령의 명을 받아 행정 각 부를 통할한다. 대통령이 직무를 수행할 수 없는 상태(사고·궐위) 시에는 대통령의 권한을 대행하며, 각 부 장관 임명에 대한 제청권을 가지고 총리령을 제정할 수 있다.

(3) 국무회의

국무회의는 행정부의 중요정책을 심의하는 최고 심의기관이다. 대통령·국무총리를 비롯하여 15명 이상 30명 이하의 국무위원으로 구성되며, 대통령이 의장, 국무총리가 부의장을 맡아 정부의 주요 정책을 심의·조정한다. 헌법 제89조에서는 국정의 기본계획과 중요한 대외정책, 법률안 등 반드시 국무회의의 심의를 거쳐야 하는 사항들을 규정함으로써, 행정부 결정이 합의제 구조를 통해 이뤄지도록 하고 있다.

(4) 행정 각부의 장

행정 각부의 장은 국무위원 중에서 국무총리의 제청을 받아 대통령이 임명하며, 해당 부처의 소관 사무를 집행하고 부령(部令)을 제정할 수 있는 권한을 갖는다. 행정 각부의 장은 구체적인 행정사무를 실질적으로 지휘·감독하여 국가 정책을 실행하는 책임을 진다.

(5) 행정 각부

행정 각부는 국가의 각 분야별 행정을 실제로 집행하는 기관이다. 각 부에서는 소관 업무를 수행하며, 관련 국민생활에 직접적인 행정서비스를 제공한다.

(6) 감사원

감사원은 대통령에 소속된 행정부 최고 감사 기관으로, 감사원장을 포함하여 5인 이상 11인 이하의 감사위원으로 구성된다(헌법 제98조). 그러나 감사원은 직무에 있어서는 대통령으로부터 독립의 지위를 가진다. 감사원장은 국회의 동의를 받아 대통령이 임명하며, 임기는 4년으로 1차에 한해 중임할 수 있다. 감사위원은 감사원장의 제청으로 대통령이 임명하며, 임기는 4년이며 역시 1차에 한해 중임이 가능하다. 감사원은 국가 재정에 대한 결산(세입·세출), 공공단체 회계 검사, 행정기관 및 공무원 직무감찰권 등 광범위한 감사 권한을 수행하여 행정작용의 합법성과 타당성을 유지·점검한다.

6. 법원(사법부)

(1) 사법의 의미

사법(司法)이란 법을 해석해 그 의미를 명확히 밝히고, 이를 구체적인 분쟁이나 법률문제에 적용하여 재판하는 국가작용을 말한다. 사법은 법질서 침해나 사회적 분쟁이 발생했을 때 재판을 통해 법을 수호하고, 사회질서를 유지하여 궁극적으로 국가와 국민의 이익을 보호하는 기능을 수행한다.

(2) 사법권의 독립

재판과정에서 입법부와 행정부의 정치적 영향력을 배제하고, "공정한" 심판과 법관의 자율성을 보장하고, 법 적용의 편파성 제거로 분쟁해결의 정당성을 확보한다.

1) 법원의 독립(외적 독립)

법원은 입법부와 행정부로부터 간섭을 받지 않으며, 대법원을 정점으로 각급 법원이 독립적인 조직을 이루어 구성된다. 또한 위헌법률심판 제청권과 행정재판권 등을 통해 국가권력 상호 간 견제와 균형을 유지한다.

2) 법관의 독립(내적 독립)

법관은 신분상·직무상의 독립을 보장받는다. 신분상 독립은 탄핵이나 금고 이상의 형 선고가 없는 한 파면될 수 없고, 징계처분 없이는 정직·감봉 등 불리한 처분을 받지 않는 것을 말한다. 직무상 독립은 법관이 헌법과 법률에 따라 양심에 따라 재판하도록 하며, 재판과정에서 외부 간섭이나 부당한 영향을 철저히 배제함으로써 공정성을 확보한다.

(3) 법원의 조직과 권한

1) 대법원

대법원은 사법부 최고기관으로, 대법원장과 대법관으로 구성된다. 대법원장은 국회의 동의를 받아 대통령이 임명하며, 임기는 6년이고 중임이 불가능하다. 대법관은 대법원장의 제청을 받아 국회의 동의를 거쳐 대통령이 임명하며, 임기는 6년이고 연임할 수 있다. 대법원장을 포함 총 14명의 대법관으로 이루어진다(법원조직법 제4조). 일반 법관은 대법관회의의 동의를 얻어 대법원장이 임명하고, 임기는 10년이며 연임할 수 있다. 대법원은 명령·규칙·처분의 위법 심사권, 3심사건(상고사건, 재항고사건) 관할권, 대법원규칙 제정권 등을 통해 사법부 최고기관으로서 기능을 수행한다.

2) 고등법원

고등법원은 지방법원 합의부나 가정법원 합의부의 제1심 판결에 대한 항소사건, 그리고 제1심 결정이나 명령에 대한 항고사건 등을 관할하는 제2심 법원이다.

3) 지방법원

지방법원은 합의부와 단독부로 구성된다. 합의부는 제1심 사건 및 단독판사 판결에 대한 항소사건, 결정에 대한 항고사건 등을 담당하며, 단독부는 주로 제1심 사건을 맡는다.

4) 기타 특수법원

행정법원, 특허법원, 군사법원과 같이 특정 영역을 전담하는 특수법원이 설치되어 제1심 사건을 담당하기도 한다. 예컨대 행정소송은 행정법원이, 특허소송은 특허법원이, 군사재판은 군사법원이 담당한다.

(4) 공정한 재판을 위한 제도

1) 공개재판주의

재판의 심리와 판결을 공개하여 국민이 직접 절차를 볼 수 있게 함으로써 재판의 공정성과 투명성을 확보하는 원칙이다. 다만 국가의 안전보장 또는 공공질서·선량한 풍속을 저해할 우려가 있는 경우에는 심리를 비공개할 수 있다.

2) 증거재판주의

재판은 '증거'에 기초해 공정하게 이뤄져야 한다는 원칙으로, 법관이 자의적으로 사실을 인정해서는 안 되며, 피고인의 자백만으로는 유죄 판결을 내릴 수 없다. 이는 형사재판뿐만 아니라 민사재판에서도 중요하게 적용되는 원칙이다.

3) 일사부재리의 원칙(一事不再理)

형사재판에서 동일한 사건으로 다시 공소를 제기할 수 없도록 함으로써, 이미 확정된 사건에 대해 거듭 피고인을 소추하지 못하도록 하는 원칙이다.

(5) 심급제도(審級制度)—오판방지

심급제도란 한 번의 재판이 아닌 여러 차례 재판을 받을 수 있게 하는 것을 말한다. 이는 법원의 오판을 방지하고 재판의 공정성을 확보하며, 결국 국민의 기본권을 보호하기 위함이다. 우리나라는 3심제를 채택하고 있어 1심, 2심(항소), 3심(상고)을 거칠 수 있다.

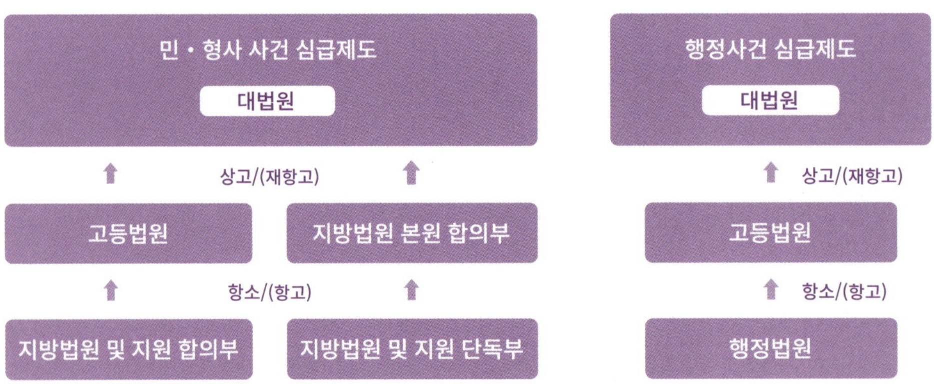

7. 헌법재판소

(1) 정치적 사법기관

헌법재판소는 헌법 해석과 관련된 정치적 사건을 사법적 절차를 통해 해결하는 독립된 헌법기관이자, 최고의 헌법 보장기관이다. 기본권 침해 구제와 헌법수호를 담당하며 법원과 별도로 조직·구성된다. 그 성격상 "정치적 사법기관"이라고도 불린다.

(2) 헌법재판소의 구성

헌법재판소는 법관 자격을 가진 9인의 재판관으로 구성된다. 이 중 3인은 국회에서 선출하고, 3인은 대법원장이 지명하며, 나머지 3인은 대통령이 임명하는데, 모든 재판관은 대통령이 최종 임명한다. 재판관의 임기는 6년이며, 정당가입이나 정치 관여가 금지되고, 탄핵 또는 금고 이상의 형의 선고가 없는 한 파면되지 않는다. 헌법재판소장은 국회의 동의를 얻어 9인 중 대통령이 임명함으로써 독립성과 중립성을 확보한다.

(3) 헌법재판소의 의결정족수

헌법재판관 7인 이상이 출석하여 재판관 6인 이상의 찬성으로 의결해야 하는 사안으로는 헌법소원심판(권리구제), 위헌법률심판(해당 법률 즉시 무효), 위헌정당해산심판(정당해산), 탄핵심판(공무원 파면), 기존 결정례 변경 등이 있다. 권한쟁의심판이나 일반적인 결정은 재판관 과반수 찬성으로 의결한다.

(4) 헌법재판소의 권한

헌법재판소는 헌법소원심판, 위헌법률심판, 위헌정당해산심판, 권한쟁의심판, 탄핵심판 등의 권한을 행사한다.

헌법소원심판은 국가 공권력의 행사 또는 불행사로 인해 직접 기본권 침해를 당한 국민이 최후적으로 구제받을 수 있는 제도이며, 재판은 헌법소원 대상이 아니다.

위헌법률심판은 재판에 적용될 법률이 헌법에 위배되는지 의문이 있을 때 법원 제청으로 심리하며, 위헌 결정 시 해당 법률은 즉시 효력을 상실하거나 헌법불합치 결정을 통해 일정 유예기간이 주어진다.

위헌정당해산심판은 정부가 민주적 기본질서를 위배하는 정당에 대한 해산을 제소할 경우, 헌재가 심판해 해산여부를 결정한다.

권한쟁의심판은 국가기관 상호간, 국가기관과 지방자치단체 상호간, 또는 지방자치단체 상호간 권한 다툼이 있을 때 그 범위와 존부(存否)를 확인·조정한다.

탄핵심판은 국회의 탄핵소추를 받은 주요 공무원의 파면 여부를 최종 결정하는 절차로, 소추가 이뤄지면 직무가 정지되고, 헌법재판소 결정에 의해 파면 여부가 확정된다.

8. 중앙선거관리위원회

(1) 구성

중앙선거관리위원회는 위원장을 포함하여 총 9명의 위원으로 구성되며, 이 중 3인은 대통령이 임명하고, 3인은 국회가 선출하고, 나머지 3인은 대법원장이 지명한다. 위원장은 위원 중에서 호선(互選) 방식으로 선출된다.

(2) 위원의 지위

위원의 임기는 6년이며, 정치적 중립성을 위해 정당가입이나 정치 관여가 허용되지 않는다. 또한 탄핵이 이루어지거나 금고 이상의 형이 선고되지 않는 한 파면되지 않도록 하여 위원의 독립성을 확보한다.

(3) 권한

위원회는 법령의 범위 내에서 선거관리와 국민투표관리, 정당사무에 관한 규칙을 제정할 수 있으며, 선거와 국민투표 사무를 집행할 때 관계 행정기관에 필요한 지시를 할 권한을 행사한다. 이를 통해 공정하고 중립적인 선거와 국민투표가 이루어지도록 감독한다.

■ 전민형

제5장 행정법

I. 총론

1. 행정법의 기본원리

(1) 행정의 의미

1) 근대적 의미의 행정 (18세기-)

쟁점

지난 정부에서 대규모 공무원 인력 확대와 행정 조직 개편이 이루어지며 논란이 일었다. 새로운 부처의 신설과 기존 조직의 분할 및 공무원 인력 재배치 등의 내용인데, 이를 두고 여론은 '행정체계가 비대해지고 있다'는 비판적 우려와 '국가가 복잡해진 사회 문제에 적극 대처하려면 불가피하다'는 옹호론적 시각으로 나뉘었다.
사실 이러한 논의는 18세기 이후 '근대적 의미의 행정'이 탄생했을 때부터 계속되어 온 화두이다. '국가의 행정을 과연 어디까지 영역을 확장해야 하는가?', '행정조직의 전문성과 효율성은 어떻게 담보될 수 있는가?'라는 질문은, 근대국가가 형성되면서부터 오늘날까지 지속적으로 이어지고 있다.

근대적 의미에서 행정은 입법 및 사법과 대립하는 개념으로서, 국회가 제정한 법률을 집행하는 국가작용을 뜻한다. 즉, 근대적 행정은 단순히 '법률을 집행'하는 작용에 국한되어 있었다. 계몽사상과 미국의 독립혁명·프랑스혁명 등 시민혁명을 거치면서, 국민주권과 법치주의를 기반으로 한 새로운 정치 질서가 마련되었고, 이 과정에서 행정은 '공공정책의 집행 기관'이라는 개념으로 발전하기 시작하였다. 근대 행정은 법치주의(rule of law)를 근간으로 삼는데, 이는 국가 권력이 자의적으로 행사되지 않도록 법적 근거와 절차를 중시하는 것이 특징이다. 법치주의를 뒷받침하기 위해서 전문 관료제가 확립되었고, 행정 분야에서도 점차 합리성과 효율성이 강조되기 시작했다(막스 베버의 '관료제 이론' 등). 또한 개인이 해결하기 어려운 영역(치안·국방·복지 등)을 국가가 책임져야 한다는 공공성 개념과 국가는 국민 전체의 이익을 대변해야 한다는 의식이 확산됐다. 이처럼 18세기부터 시작된 근대적 의미의 행정은 법과 제도를 근거로, 국민 삶에 있어서 공공성을 실현하는 장치로 자리 잡았으며, 오늘날의 행정국가는 복지·치안·교육·환경 등 사회 전반에 걸쳐 영향력을 행사하며, 많은 국민이 행정 서비스를 통해 일상생활을 유지하도록 하는 데 기반을 마련하였다.

하지만 행정조직이 커질수록 재정 부담, 관료주의의 경직성, 국민 참여 부족과 같은 한계도 불가피하게 드러난다. 이를 해결하기 위해서는 "어디까지가 국가 책임이고, 어디까지가 개인·시장·시민사회의 영역인지" 끊임없이 논의하고 조정해야 하는 과제를 안게 된다.

2) 현대적 의미의 행정 (20세기-)

쟁점

유럽의 한 국가에서 기본소득 실험을 본격적으로 시행하면서 '과연 국가가 어디까지 개인의 생활을 책임져야 하는가?'라는 오래된 물음이 다시 제기되었다. 정부가 세금을 통해 재원을 조달하고, 모든 국민에게 최소한의 소득을 보장하겠다는 이 정책은 국가 행정의 역할이 단순 '통치'나 '치안'에서 복지·생활 전반으로 확장됐음을 보여 준다. 이는 20세기 들어 본격화된 "현대적 의미의 행정"이 지닌 특징과 한계를 대변하는 대표적 사례이다.

현대 복지국가 시대로 접어들면서, 행정의 규모와 전문성이 크게 확대되었고, 행정을 공공복리나 공익(복지) 실현을 위한 '적극적인 국가작용'으로 이해하게 되었다. 다시 말해 현대적 행정은 '복지국가 실현'을 목표로 다양한 적극적 역할을 수행하는 국가작용을 의미하게 되었다. 19세기 말-20세기 초, 산업화가 심화됨에 따라 자본주의의 부작용(빈곤, 실업 등)이 노출되었고, 이를 해결하기 위해서 국가가 적극적으로 사회보장제도, 노동보호법 등을 도입하면서, 행정의 기능과 규모가 폭발적으로 확대되기 시작했다. 결국, 치안·국방 중심이었던 국가의 역할이 경제·사회·복지 전반으로 확장되면서, '행정국가(administrative state)' 또는 '복지국가(welfare state)'라는 개념이 자리 잡게 되었다. 고전적 자유주의하에서 국가는 최소한의 역할에 그쳐야 한다는 생각이 우세했으나, 1929년 대공황과 양차 세계대전을 거치며 자본주의 체제를 안정화하기 위해 국가가 적극적으로 개입해야 한다는 케인스주의적 사상이 힘을 얻었다. 그 결과 사회복지, 경제 규제, 공공 인프라 투자 등 행정 기능의 폭넓은 개입이 정당화되고 제도화되었다.

현대 행정의 주요 특징과 변화의 내용으로는 현대 행정이 사회·경제 구조가 복잡해지면서 전문성과 기술성이 더욱 강조되고 있다는 것을 들 수 있다. 공무원 조직 내부에서도 전문 분야별로 세분화가 이루어지고, 연구소·컨설팅 등 외부 그룹과의 협력이 확대된다. 또한, 과거 법 집행과 통제 중심이었던 행정이 국민 생활을 지원하는 서비스 제공자로 변화하며, 의료보험·연금·사회복지 수당과 같은 공공 서비스가 증가하고 있다. 더불어 국가 계획과 부처 간 조정 기능의 중요성도 커지고 있으며, 에너지 정책이나 지역 균형 발전 등 다양한 분야에서 정부의 역할이 정책 기획과 사회적 합의 형성으로 확장되고 있다. 세계화가 가속화됨에 따라 행정은 더 이상 국내 문제에 국한되지 않고, 무역·기후변화·보건 위기 등 초국경적 이슈 해결을 위해 국제기구 및 글로벌 거버넌스와의 협력이 필수적이다.

이러한 특징과 변화에 상응하여 현대 행정의 쟁점과 논란도 이어지고 있다. 가장 큰 문제는 행정의 역할이 확대되면서 정부 예산 부담이 커지고, 이에 따른 조세 부담과 재정 지속 가능성 문제가 꾸준히 제기되고 있다는 것이다. 또한, 행정 조직이 대규모화되면서 관료주의 경직성 속에서 책임소재의 불분명화라는 문제가 발생할 수 있다. 이를 해결하기 위해서 정보 공개, 공청회, 옴부즈만 제도 등의 책임 행정 장치가 요구된다. 행정의 확대로 민간과 시민사회 영역이 축소될 것이라는 우려도 존재하며, 이에 대한 대안으로 시민 참여 확대와 민관 협력 모델을 중요성을 강조하는 추세이다. 또한 전자정부, 빅데이터 등 디지털 기술이 적극 도입되며 행정 서비스의 효율성이 향상되었지만, 동시에 개인정보 보호와 감시사회화에 대한 우려가 커지면서 프라이버시 보호와 정보 인권 문제가 중요한 쟁점으로 떠오르고 있다.

(2) 행정법상 행정의 기본원리

1) 행정법의 의의

행정법은 행정에 관한 고유한 국내 공법으로서, 행정 조직과 작용 및 구제에 관한 법령 체계를 말한다. 이를 토대로 한 행정법상 원칙으로는 다음과 같은 것들이 있다.

2) 행정법 원칙

가. 민주행정의 원리—민주행정(民主行政)의 원리란, 행정이 국민주권의 원리에 따라 국민 모두의 이익과 국민 의사를 반영하는 방향으로 이루어져야 한다는 의미이다. 국가공무원법 제1조에서도 공무원을 국민 전체의 봉사자로 규정하고, 행정의 민주적·능률적 운영을 도모해야 함을 강조한다. 민주행정의 원리의 핵심은 시민의 의견을 경청하고 반영하며, 행정의 결과에 대한 책임·설명을 국민에게 적극적으로 수행하는 것이다. 이는 근대 국가에서 점차 확대된 행정국가의 관료주의·전문성에 대한 보완 장치로서, 행정권이 민주적 정당성과 신뢰를 확보하도록 한다. 판례는 폐기물처리시설 입지선정위원회에 주민대표 등을 참여시키도록 한 취지는 주민의견이 충분히 대변될 수 있도록 함으로써 지방자치단체의 전횡이나

소수 대표의 경솔한 결정으로 주민의 권리가 부당하게 침해되는 것을 방지하고 행정의 민주화와 신뢰를 확보하려는 데 있다고 판시하였다(대법원 2021. 7. 29. 선고 2015다221668 판결).

민주행정을 구체적으로 설명하면, 행정기관과 공무원은 자신들의 결정과 행동에 대해 국민에게 설명할 책임을 지는데, 이를 책임성(accountability)이라고 한다. 정책 실패나 부정부패가 발생했을 때, 명확한 책임 규명과 제도적 보완이 이루어져야 하며, 이를 통해 행정 신뢰를 확보할 수 있다. 또한, 행정의 독점을 방지하고 책임성을 강화하기 위해 의회, 사법부, 감사원 등의 외부 견제 기구뿐만 아니라 시민의 참여가 중요한 역할을 한다. 공청회, 시민 배심원제, 주민투표, 전자 민주주의(온라인 플랫폼을 통한 의견수렴) 등 다양한 제도를 통해 국민이 행정 결정에 직접·간접으로 참여할 수 있어야 하며, 이를 통해서 "행정은 소수 전문가·관료의 전유물이 아니다"라는 인식을 확산시키고, 정책 품질과 민주적 정당성을 높여야 한다. 이러한 과정에서의 투명성(transparency)은 행정 정보와 정책 결정 과정을 국민에게 공개하여 정부 활동을 감시하고 평가할 수 있도록 하는 원칙이다. 투명한 행정은 부패를 방지하고 국민 신뢰를 높이는 데 기여하며, 전자정부 및 공공데이터 개방과 같은 디지털 행정 확대가 중요한 수단으로 활용된다. 궁극적으로 행정은 단순히 법과 절차를 따르는 것만이 아니라 공익성(Public Interest)을 실현해야 한다. 이는 국민 다수의 이익을 보호하고, 특히 사회적 약자를 배려하는 방향으로 운영되어야 함을 의미한다. 민주 행정은 개인이나 특정 집단의 이익보다는 사회 전체의 공익을 우선하며, 이를 바탕으로 공정하고 균형 잡힌 정책을 추진하는 것이 중요하다.

나. 법치행정의 원리—법치행정(法治行政)의 원리는 '법치국가' 사상을 행정에 반영한 것으로서, 행정은 법률이 정한 범위 내에서 이루어져야 하며, 사전에 정해진 법률에 근거해야 한다는 점을 강조한다. 즉, 행정은 사람이나 폭력에 의해서가 아니라, 국민의 대표가 제정한 법률에 따라 이루어져야 하며, 이 원리는 현대 복

지국가 추세에서 확대되는 행정기능에도 '실질적 법치주의'를 전제하도록 요구한다. '형식적 법치주의'는 절차와 형식에만 초점을 맞추어 법의 정당성을 간과할 위험이 있으며, 그 결과 합법적 독재의 우려가 있다는 단점이 지적된다. 반면 실질적 법치주의는 법의 형식뿐 아니라 내용과 통치행위가 인간의 존엄·평등·정의를 실질적으로 구현해야 한다고 본다. 법치행정을 한마디로 요약하면, "행정은 법 아래에 있어야 한다"라는 선언이며, 이는 국민이 예측 가능한 법 질서 안에서 안전하게 생활할 수 있도록 행정의 자의적 남용을 방지한다.

법치행정의 핵심 요소는 행정 권한이 법에 따라 행사되도록 보장하는 원칙들로 구성된다. 먼저, 합법성 원칙은 행정이 반드시 법률에 근거해야 한다는 법률유보의 원칙과, 모든 행정 작용이 법률에 위배되지 않아야 한다는 법률우위의 원칙을 포함한다. 이에 따라 행정기관은 법률이 정한 범위 내에서만 결정을 내리고 처분을 해야 하며, 하위 규칙이나 명령이 법률을 초월할 수 없다. 또한, 적법절차(due process) 원칙은 행정처분 과정에서 국민의 절차적 권리를 보장하는 것이다. 당사자는 자신의 의견을 진술할 수 있어야 하며, 이해관계인에게 사전 통지가 이루어져야 한다. 이를 통해서 국민은 자신의 권리에 대한 영향을 미리 알고, 필요한 경우 반론을 제기할 기회를 가질 수 있다. 마지막으로 비례원칙(과잉금지의 원칙)은 행정 조치가 목적 달성을 위해 필요한 범위를 넘어서 국민의 권리를 과도하게 침해하지 않도록 하는 원칙이다. 이는 적합성, 필요성, 상당성의 세 가지 요소로 구성되며, 행정 목적을 실현하기 위해 더 완화된 대안이 있다면 그 방법을 우선 고려해야 한다.

법치행정은 국민의 권리를 보호하고 행정의 정당성을 보장하는 중요한 원칙이다. 먼저, 국민의 기본권 보호 측면에서 법률이 없거나 불명확하면 행정기관이 자의적으로 제한·처벌을 가할 가능성이 높아지기 때문에 국민의 자유가 침해될 위험이 커진다. 따라서 법치행정은 명확한 법적 근거와 정당한 절차를 통해 불이익 처분을 최소화하고, 국민의 권리를 보장한다. 또한, 행정의 예측 가능성을 확보하는 역할도 한다. 국민은 특정 행위를 했을 때 행정적 제재나 지원을 받게 될

지를 미리 알 수 있어야 하며, 이를 통해 사회 전반의 신뢰가 형성된다. 만약 행정이 불투명하게 운영되면 국민의 불신과 혼란이 커질 수밖에 없으므로, 법치행정은 신뢰 행정의 기초가 된다. 법치행정은 권력 남용을 방지하는 중요한 역할도 한다. 행정기관은 법과 절차를 위반한 처분을 하기 어렵고, 만약 부당한 처분이 내려졌을 경우 사법기관(법원)의 통제를 받는다. 이를 통해 행정권이 헌법과 법률 범위 내에서만 제한적으로 행사되도록 하는 견제 장치가 마련된다. 마지막으로, 민주주의 실현의 측면에서도 법치행정은 필수적이다. 행정은 국민의 대표인 국회가 제정한 법률을 바탕으로 운영되므로, 국민 주권과 법치주의가 조화를 이루게 된다. 즉, 법치행정은 국민이 선출한 대표들이 만든 법률을 기준으로 행정을 통제함으로써 민주적 정당성을 확보하고, 국민의 신뢰를 높이는 역할을 한다.

법치행정의 원리는 단순히 법 조문상 원칙이 아닌, 행정의 정당성과 투명성을 유지하는 핵심 기반이라 할 수 있다. 행정은 법을 토대로 이뤄져야 하고, 이를 어기는 행정작용은 사법적 통제를 통해 취소된다. 이러한 제도적 장치를 지켜 나가는 것은, 국민의 자유와 권리를 지키고 동시에 공익을 실현하는 길이기도 하다. 결국 법치행정의 원리를 철저히 준수하는 것이, 민주주의와 헌법 가치를 수호하면서 행정의 효과적 운영을 담보하는 필수 조건임을 다시금 인식해야 한다.

다. 복지행정의 원리—복지행정(福祉行政)의 원리는 국민이 최소한의 인간다운 생활을 할 수 있도록 국가가 적극적으로 노력해야 한다는 점을 강조한다. 행정이 단순히 수동적인 보호·감독 기능에 그치는 것이 아니라, 국민 생활을 보장하고 향상시키기 위해 능동적으로 역할을 수행해야 한다는 것이다.

복지행정에서는 형평성과 보편성의 조화가 중요한 과제이다. 형평성은 더 어려운 상황에 놓인 사람들에게 우선적으로 지원하는 '선별 복지' 원칙을 의미하는 반면에 보편성은 모든 국민이 질병·실업·노후 등 잠재적 위험에 대비해 기본적인 복지 혜택을 보장받아야 한다는 개념이다. 이 둘 사이에는 늘 정치적·재정적 딜레마가 존재하지만, 복지행정은 급여 수준의 공정성을 고려하는 형평성과 복지

대상의 포괄성을 보장하는 보편성을 균형 있게 조정해야 한다.

또한, 복지행정은 개인의 사적 이익이 아니라 국민 전체의 공공성과 공익성을 지향해야 한다. 공공성은 사회 구성원 모두의 삶의 질 향상을 목표로 하며, 공익성은 시장 메커니즘만으로 해결하기 어려운 취약계층 지원, 의료·교육 보장 등의 문제를 국가가 책임진다는 의미를 갖는다. 따라서 복지 혜택을 결정할 때도 사회 전체의 이익과 약자의 권리 보호가 최우선 기준이 되어야 한다. 더 나아가, 복지정책은 국민이 인간다운 삶을 유지할 수 있도록 적정성(adequacy)을 보장해야 한다. 예를 들어, 기초생활보장제도나 최저임금제는 기본 생활에 필요한 최저 기준을 설정하고 이를 국가가 보장하는 방식으로 운영되며, 이를 통해 모든 국민이 최소한의 존엄성을 유지할 수 있도록 하는 것이 복지행정의 중요한 역할이다.

효과적인 복지정책을 실현하기 위해서는 참여와 협력 거버넌스가 필수적이다. 복지정책은 중앙정부뿐만 아니라 지방자치단체, 민간(기업·시민단체), 지역사회가 함께 협력해야 실질적인 성과를 거둘 수 있다. 이를 위해 주민 참여를 활성화하고, 공청회와 민관 협의체를 통해 현장의 의견을 적극 반영하는 한편, 각 주체가 역할을 분담하여 책임 구조를 구축하는 것이 중요하다. 이러한 협력적 거버넌스를 기반으로 할 때, 복지정책은 지역의 특성과 개별 수요를 반영한 맞춤형 지원이 가능해진다. 아울러, 복지서비스의 접근성과 편의성을 높이는 것도 중요한 과제이다. 복지제도가 마련되어 있더라도, 신청 절차가 복잡하거나 중복 심사가 많으면 취약계층이 제도 이용을 포기하는 경우가 발생할 수 있다. 따라서 국민이 복지 혜택을 보다 쉽게 신청하고 신속하게 받을 수 있도록 제도적 장벽을 낮추는 노력이 필요하다. 이를 위해 행정기관은 원스톱(One-Stop) 서비스 도입, 디지털 행정 강화 등을 통해 국민 편의를 극대화하는 방안을 고민해야 한다. 결국, 복지정책이 실질적으로 효과를 발휘하려면 다양한 주체의 협력과 국민의 원활한 접근을 보장하는 제도적 개선이 함께 이루어져야 한다.

2. 행정법 관계(행정법이 규율하는 법률관계)

쟁점

국토부가 토지 수용 절차를 통해서 도시재생 사업 부지를 확보하자, 일부 주민이 강하게 반발하는 사건이 있었다. 국토부는 도로·철도 건설 등 공공목적을 위해 개인 소유 토지를 강제로 매입할 수 있다는 수용권을 발동했는데, 해당 주민들은 '정부가 권력을 행사하면서 절차적·실질적 보상을 제대로 하지 않았다'고 주장했다.
이 사건은 행정법상 '권력관계'가 어떻게 작동하는지를 잘 보여 주는 예이다. 동시에 '정부가 단순히 국민에게 서비스를 제공하거나 시설을 관리하는 것과, 직접적인 강제력을 행사하는 것은 어떻게 구분될 수 있을까?'라는 문제제기를 일으키는데, 이는 행정법에서 '권력관계'와 '관리관계'라는 개념을 이해하는 핵심 포인트이다.

(1) 권력관계(權力關係)

권력관계란 행정주체가 우월적 지위를 행사하고, 행정주체의 작용에 특수한 법적 효력이 인정되는 행정법관계를 말한다. 이는 원칙적으로 공법원리가 적용되며, 이러한 관계에서 발생하는 분쟁은 행정쟁송(행정소송)의 대상이 된다. '본래적 공법관계'라고도 불린다.

국가는 법률이 부여한 권한을 바탕으로 국민이나 법인에 대해 우월적 지위를 가지며, 이에 따라 일방적 처분을 내릴 수 있다. 이러한 권력관계에서는 국가가 법 집행 과정에서 강제력을 행사할 수 있으며, 행정 명령 불이행 시 강제집행, 벌금, 과태료 등의 제재를 가할 수 있다. 특히, 국가의 행정 작용은 상대방의 동의 없이도 효력이 발생하는 공권력 작용이라는 특징을 가진다. 이러한 우월적 권력관계는 다양한 형태로 나타난다. 예를 들어, 허가 및 인·허가 제도를 통해 건축, 영업, 의약품 제조 등 특정 기준을 충족해야 하는 사항에 대해 국가의 승인이 필요하다. 또한, 명령·처분을 통해 영업정지, 시정명령, 주택 철거 명령과 같은 규제가 이루어지며, 공익사업 추진을 위해 국가가 수용권을 행사하여 개인 재산을 강제로 수용하고 보상하는 경우도 있다.

그러나 이러한 국가 권력의 행사에는 법적 통제 장치가 마련되어 있다. 불이익 처분을 받은 국민은 행정심판이나 행정소송을 통해 처분의 위법·부당성을 다툴 수 있으며, 절차적 권리(청문·의견 제출)와 적법절차 원칙을 보장받는다. 이는 국가가 자의적으로 권력을 남용하지 못하도록 견제하는 중요한 제도로 작용하며, 국민의 권리 보호와 법치주의 실현에 기여한다.

(2) 관리관계(管理關係)

관리관계는 행정주체가 도로나 공원 등을 관리하거나, 우편·병원·상하수도 등 공기업을 운영하는 등 재산 혹은 사업의 관리주체로서 국민과 상대하는 비권력적 관계를 의미한다. 전래적(傳來的) 공법관계라고도 부르며, 사법(私法)관계와 유사한 면모가 있어 특별한 규정이 없는 한 사법원리가 적용되고, 이에 따른 분쟁은 민사소송의 대상이 된다.

행정의 관리관계는 국가가 공공시설을 운영하거나 특정 재화를 관리하는 과정에서 국민이 이를 이용하는 형태로 이루어진다. 이러한 관계는 대등 또는 준대등 관계의 성격을 가지며, 국가가 일방적으로 명령을 내리는 권력관계와는 차이가 있다. 대신, 관리관계는 주로 계약(사용 허가, 대부 계약)이나 공공 이용 규칙에 따라 작동하며, 행정청은 국민이 공공시설과 재산을 안전하고 효율적으로 사용할 수 있도록 유지·보수와 이용 조건을 마련하는 역할을 한다. 관리관계의 대표적인 사례로는 공공시설 이용, 공공재산 대부, 도로·교통 시설 운영 등이 있다. 예를 들어, 국민이 체육관, 도서관, 공원 등의 공공시설을 이용할 때 적용되는 이용 규칙과 입장료 부과는 관리관계의 일환이다. 또한, 국·공유지의 임대나 사용 수익 허가는 국가가 공공재산을 관리하는 방식 중 하나이며, 고속도로 통행료 부과나 공공 주차장 운영도 관리관계에 해당한다. 이러한 관리관계에서 분쟁이 발생할 경우, 해결 절차는 사안에 따라 달라질 수 있다. 일부 분쟁은 일반적인 사법상 계약 관계로 다루어져 민사소송이 제기될 수도 있고, 국가가 내린 사용허가 취소와 같은 처분이 문제될 경우 행정소송을 통해 다투게 될 수도 있다. 따라서 관리관계는 행정과 국민 간의 상호작용 속에서 공공서비스의 원활한 제공과 이용을 조율하는 중요한 역할을 수행하며, 법적 분쟁이 발생할 경우 그 성격에 따라 적절한 법적 구제 절차가 적용된다.

(3) 권력관계와 관리관계의 경계

행정 작용에서 권력관계와 관리관계는 명확히 구분되지만, 일부 사안에서는 두 관계가 교차하는 혼합적 상황이 발생할 수 있고, 관리관계가 권력적 처분으로 전환되어 행정의 강제력이 개입되는 경우도 있다.

권력관계와 권리관계의 구분은 법적 분쟁이 발생했을 때 중요한 실익을 가진다. 소송 유형 측면에서, 권력관계에 해당하는 처분은 주로 행정소송을 통해 다투게 되지만, 관리관계에서는 민사소송이 적용될 수도 있고, 사안에 따라 행정소송과 민사소송 중 선택이 가능하다. 또한, 적용 법령에서도 차이가 있다. 권력관계에서는 행정절차법, 국가배상법 등 공법적 절차가 우선적으로 적용되며, 반면 관리관계에서는 민법 등 사법 규정이 보완적으로 적용될 수 있다. 판례는 산림청장이 산림법 등에 따라 국유임야를 대부하거나 매각·양여하는 행위는 행정청이 사경제주체로서 상대방과 대등한 입장에서 하는 사법상의 행위이므로, 그에 따른 신청서 반려행위 역시 행정처분이 아니다고 판시하였다(대법원 1985. 5. 21. 선고 83누291 판결).

현대 행정에서는 복지국가의 확산과 행정의 다변화로 인해 국가와 개인 간의 관계가 단순한 명령·통제 방식에서 벗어나 협력과 합의의 형태로 변화하는 추세를 보인다. 이에 따라 권력적 행정보다 서비스 행정(관리관계)의 비중이 점점 증가하고 있으며, 국민과 행정청 간의 상호작용이 강화되고 있다. 그러나 여전히 국가

안보, 공공질서 유지, 재정 관리와 같은 분야에서는 강력한 권력작용이 필수적이며, 이러한 권력관계와 관리관계의 조화로운 운영이 현대 행정의 중요한 과제이다.

II. 행정조직법

1. 행정주체와 행정기관

쟁점

특정 지방자치단체가 자체 예산으로 대규모 복지 사업을 시행하려 하자, 중앙정부의 한 부처가 "위임된 권한 범위를 넘어서는 행정"이라며 제동을 걸었다. 시·도(광역자치단체)가 독자적으로 예산을 편성하고 사업을 진행할 수 있는지, 어떤 절차와 권한에 따라 가능해지는지가 바로 행정주체와 행정기관의 구분 및 권한 구조와 밀접한 관련이 있다. 지방자치단체라는 '행정주체', 실제로 해당 사업을 집행하는 '행정기관'(지자체장, 공무원 조직 등)과의 관계, 중앙정부와의 권한 분담을 생각하게 만드는 사례이다. 행정주체와 행정기관의 구분은 행정법에서 매우 중요하다. 국민이 행정처분을 다투거나 국가배상 청구를 할 때, 소송 상대방이 '어떤 행정주체인지'와 '그 처분을 실제로 발령한 행정기관은 누구인지'를 명확히 아는 것이 필수적이기 때문이다.

(1) 의의

1) 행정주체

행정주체란 국가나 지방자치단체처럼 고유한 법적 지위를 가지고 자신의 이름으로 행정활동을 수행하는 공법상의 단체를 의미한다. 행정주체는 법인격을 가지며, 이에 따라 재산을 소유하거나 소송에서 당사자가 될 수 있는 권리 주체가 된다. 국가뿐만 아니라 지방자치단체, 공공단체(공사·공단 등)도 행정주체로 포함될 수 있다.

행정주체는 국가, 지방자치단체, 공공단체로 구분된다. 먼저, 국가는 중앙정부 차원에서 법령 제정, 정책 추진, 재정·국방·외교 등의 업무를 총괄하는 최고 행정주체로서, 대한민국 국가는 헌법상 주권의 주체이자 국민 전체를 대상으로 행정 기능을 수행한다. 다음으로, 지방자치단체는 헌법과 지방자치법에 따라 지역 주민을 위한 자치적 행정 기능을 수행하는 공법인이다. 지방자치단체는 광역자치단체(시·도)와 기초자치단체(시·군·구)로 나뉘며, 자치 입법권(조례 제정)과 자치 행정권을 보유하여 지역의 특성에 맞는 행정을 운영한다.

공공단체(공사·공단, 공법상 사단·재단 등)는 특정 분야에서 국가의 기능을 대행하거나 전담하는 독립적인 공법인이다. 예를 들어, 한국전력공사(한전), 국민연금공단과 같은 기관은 전력 공급, 연금 운영 등 국민 생활과 밀접한 국가적 기능을 담당한다. 이러한 공공단체는 공공성을 목적으로 설립되므로, 그 활동 범위와 방식이 법률로 규율되고 제한된다.

이처럼 행정주체는 국가 행정을 수행하는 다양한 단체를 포함하며, 각 주체는 법적 지위와 역할에 따라 행정 기능을 분담한다.

2) 행정기관

행정기관은 행정주체(국가·지방자치단체) 내부에서 실제로 행정권을 행사하는 기관이나 개인을 의미한다. 행정기관은 자체적으로 독립된 법인격을 가지는 것이 아니라, 행정주체의 기관으로서 권한을 위임받아 대리하는 역할을 한다. 행정기관이 국가·지방자치단체의 행정을 수행하는 조직 전체를 의미하는 넓은 개념이라면, 행정청은 그중에서도 국민에게 직접 행정처분을 내릴 수 있는 권한을 가진 기관이다. 따라서 항고소송 등 행정소송에서 피고가 되는 것은 행정청이며,

행정기관은 소송 당사자가 될 수 없음이 원칙이다. 행정기관은 보조기관이나 자문기관으로서 정책결정을 지원하는 역할을 하기도 한다. 대표적인 예로는 각 부처 장관, 지방자치단체장, 시장·군수, 중앙부처의 실·국 등이 있다.

행정기관은 법률상의 지위 및 권한 등에 따라 여러 유형으로 나뉜다. 먼저, 행정청은 법률 또는 법률의 위임을 받아 직접 국민에게 권리·의무를 설정하거나 명령·처분을 할 수 있는 기관으로, 중앙부처 장관, 시·도지사, 시장·군수 등이 이에 해당한다. 이들이 발령하는 행정행위(허가, 승인, 처분 등)는 대외적으로 구속력을 갖는다. 반면, 보조기관은 행정청을 보좌하여 실무를 담당하며, 정책 결정을 준비하고 지원하는 역할을 수행한다. 예를 들어, 각 부처의 실·국·과장과 같은 기관이 이에 해당하며, 직접적인 대외적 의사 표시는 하지 않는다.

또한, 자문기관은 특정 정책이나 행정 사안에 대해 전문적인 검토와 의견을 제시하는 역할을 하며, 대통령 직속 자문위원회, 각 부처 자문위원회 등이 이에 포함된다. 자문기관은 직접 결정권을 가지지는 않지만, 정책 결정에 중요한 영향을 미친다. 이와 달리, 보좌기관은 단순한 행정 지원이나 비서 역할을 담당하는 기관으로, 대통령비서실, 국무조정실, 기획조정실 등이 포함된다.

행정기관은 기능에 따라 집행기관, 감사기관, 의결기관 등으로도 구분된다. 집행기관은 행정청의 명령을 실제로 집행하는 역할을 하며, 경찰공무원, 세무공무원 등이 여기에 해당한다. 감사기관은 행정기관이 수행한 업무의 적법성과 적정성을 감사하는 역할을 하며, 대표적으로 감사원이 있다. 의결기관은 행정청의 법적 결정을 구속할 수 있는 결의를 담당하며, 지방의회 징계위원회나 행정심판위원회가 이에 해당한다.

현대 행정에서 행정기관은 단순히 명령과 집행만이 아니라, 정책 기획, 협력, 조정 기능을 강화하며 보다 복합적인 구조로 운영되고 있다. 이를 통해 행정 효율성을 높이고 국민의 요구에 신속하게 대응하는 것이 중요한 과제가 되고 있다.

2. 공무원

(1) 의의

공무원은 국가 또는 공공단체를 대표하여 공법상 근무의무를 지는 사람을 뜻한다. 이들은 국가나 공공단체 기관으로서의 지위를 갖추고 공무를 담당하게 된다.

(2) 권리

공무원의 권리는 신분상의 권리와 재산상의 권리로 구분된다. 신분상의 권리는 법령에 정해진 사유와 절차 없이 그 직위나 직무에서 배제되지 않을 권리로서, 신분보유권·직위보유권·직무집행권·직명사용권·제복착용권·쟁송제기권 등을 포함한다. 재산상의 권리로는 보수청구권, 연금청구권, 실비변상청구권 등이 있다.

(3) 의무

공무원은 국가공무원법 제55조부터 제66조에 이르는 규정에 따라 다양한 복무의무를 지며, 구체적으로 선서의무, 성실의무, 복종의무, 직장이탈금지의무, 친절·공정의무, 종교중립의무, 비밀엄수의무, 청렴의무, 외국정부 영예 수령 시 대통령 허가 의무, 품위유지의무, 영리업무 및 겸직 금지의무, 정치운동 금지의무, 집단행위 금지의무 등이 이에 해당한다.

(4) 징계

공무원법상 징계 종류로는 파면, 해임, 강등, 정직, 감봉, 견책 등이 규정되어 있으며, 의무 위반 정도에 따라 징계가 부과된다. 공무원에 대한 징계처분은 해당

공무원의 비위 내용과 정도, 평소 행실 등을 종합적으로 고려할 때 사회통념상 현저하게 타당성을 잃은 경우 재량권 남용으로 위법하다(대법원 2012. 10. 11. 선고 2012두10895 판결). 또한 징계에 필요한 절차를 거치지 않은 경우 그 징계처분은 중대하고 명백한 하자로 무효가 된다(대법원 1994. 10. 25. 선고 94다25889 판결).

III. 행정작용법

행정작용이란, 행정주체가 행정목적 실현을 위해 수행하는 모든 작용을 의미한다. 구체적으로 행정입법, 행정행위, 행정계획, 공법상 계약, 공법상 확약, 공법상 사실행위 등이 있다.

1. 행정입법

(1) 의의

행정입법이란 국가나 지방자치단체 같은 행정주체가 일반적·추상적 법규범을 형성하는 작용을 의미한다.

(2) 행정입법의 종류

1) 법규명령

법규명령이란 행정권이 발하는 명령 중 법규적 성질을 가진 것을 말한다. 헌법이나 법률에 근거해 국민의 권리와 의무를 직접 규율하는 규범으로, 법령상의 수권에 근거하여 제정되는 법규범이므로 국민을 구속하고 재판규범으로도 작용한다.

2) 행정규칙

행정규칙은 행정기관이 정립하는 일반적 규정이지만, 법규적 성질이 없어 대외적으로 직접적인 구속력을 갖지 않는다. 행정조직 내부나 특별한 공법상의 법률관계 내부에서만 효력이 미치는 일방적 규범으로, 법규성과 재판규범성이 인정되지 않는다. 어떤 처분의 근거 또는 법적 효과가 행정규칙에 규정되어 있어도, 그 처분이 행정규칙의 내부적 구속력에 의하여 상대방의 권리·의무에 직접 영향을 미치는 경우에는 항고소송의 대상이 되는 행정처분에 해당한다(대법원 2002. 7. 26. 선고 2001두3532 판결).

3) 자치입법

자치입법은 자치단체가 제·개정하는 조례·규칙·교육규칙 등을 가리키며, 지방자치단체가 그 고유 권한에 기초해 지역적 사무를 법규화하는 행위이다.

2. 행정행위

쟁점

식품의약품안전처가 국내 한 제약회사에 신약 시판 허가를 내렸다는 소식이 전해졌다. 같은 시기, 환경부는 특정 공장의 폐수 처리 기준 미준수 사실을 적발하고, 영업정지 명령을 내렸다. 한쪽은 새로운 제품을 시장에 내놓도록 허가하고, 다른 한쪽은 사업 활동을 강제로 중단시키는 행정작용을 집행한 것이다.
이처럼 국가나 지방자치단체의 행정청이 발하는 행정행위는 그 성격과 목적에 따라 여러 유형으로 구분된다. 과연 어떤 기준으로 나뉘고, 구체적으로 어떤 종류가 있을까?

(1) 의의

행정행위란 행정청이 법률(또는 법률의 위임)에 근거하여 국민의 권리·의무에 직접적인 변동을 일으키는 권력적 행위를 의미한다. 이는 허가, 인가, 명령, 공증 등 다양한 형태로 이루어지며, 행정청이 공익을 실현하기 위해 국민에게 특정한 권리를 부여하거나 의무를 부과하는 방식으로 작동한다.

행정행위가 발해지면 국민의 법적 지위가 새롭게 형성되거나 제한을 받게 되며, 이에 따라 일정한 권리·의무가 발생한다. 예를 들어, 건축 허가가 내려지면 국민은 합법적으로 건축물을 세울 권리를 가지게 되고, 영업정지 처분을 받으면 사업 활동이 제한된다. 이러한 특성 때문에 행정행위는 국민 생활에 직접적인 영향을 미치며, 그로 인해 행정청의 처분을 둘러싼 법적 분쟁이 빈번하게 발생한다. 국민이 행정행위의 위법성이나 부당성을 다투는 경우, 행정심판이나 행정소송을 통해 법적 구제를 받을 수 있으며, 이는 법치주의와 국민의 권리 보호 차원에서 중요한 역할을 한다.

그러나 행정청의 공권력 행사로서 국민의 권리·의무에 직접 영향을 미치는 처분만이 항고소송의 대상이 된다. 예를 들어 운전면허 벌점 부과는 그 배점 자체만으로는 국민의 권리를 제한하거나 의무를 명하는 법률효과를 발생하지 않아 행정처분이라고 할 수 없다(대법원 1994. 8. 12. 선고 94누2190 판결).

(2) 행정행위의 종류와 구분

행정행위는 행정청이 법률 또는 법률의 위임에 근거하여 국민의 권리·의무를 직접 변동시키는 권력적 행위로, 다양한 유형으로 구분될 수 있다. 행정행위는 법규의 구속 정도, 상대방(행정객체)에 대한 효과, 행정행위의 구성요소 및 작용 방식 등에 따라 분류된다.

1) 법규의 구속정도에 따른 구분

가. 기속행위—기속행위란 행정청에게 재량이 허용되지 않고, 법규에서 정한 대로 집행해야 하는 행정행위이다. 예를 들어, 일정한 자격 요건을 충족한 경우 의무적으로 영업허가를 내주어야 하는 경우가 이에 해당한다.

나. 재량행위—재량행위란 법규가 행정청에게 일정한 판단의 자유를 허용하는 행정행위이다. 즉, 행정청이 공익 및 사익 요건을 종합적으로 고려하여 재량권을 행사할 수 있다. 예를 들어, 도로점용 허가나 공익사업 시행 허가 등이 이에 해당한다.

2) 상대방(행정객체)에 대한 효과에 따른 구분

가. 수익적 행정행위—수익적 행정행위란 국민에게 권리나 이익을 부여하거나 기존의 권리 제한을 해제하는 등 유리한 효과를 주는 행정행위이다. 대표적으로 특허 행위(예: 공기업 설립 인가, 어업 면허)나 각종 급부 제공 행위(예: 복지급여 지급)가 포함된다.

나. 침익적 행정행위—침익적 행정행위란 국민에게 의무를 부과하거나 기존의 권리·이익을 제한하는 등 불이익한 효과를 주는 행정행위이다. 예를 들어, 명령(폐수 배출 금지 명령), 금지(집회 금지), 권리 박탈(면허 취소) 등이 이에 해당한다.

다. 복효적 행정행위—복효적 행정행위란 한쪽에서는 수익적으로 작용하지만, 다른 한쪽에서는 침익적으로 작용하는 행정행위이다. 예를 들어, 공장 건축 허가는 사업자에게는 이익이지만, 인근 주민들에게는 환경 문제로 인해 침해가 될 수 있다.

3) 행정행위의 구성요소에 따른 구분

행정행위는 행정청이 법률에 근거하여 국민의 권리와 의무에 영향을 미치는 행위이며, 그중에서도 법률행위적 행정행위는 행정청의 의사표시를 통해 직접 법적 효과를 발생시키는 행위를 의미한다. 법률행위적 행정행위는 명령적 행정행위와 형성적 행정행위로 나뉜다.

가. 법률행위적 행정행위

① 명령적 행정행위—명령적 행정행위는 국민의 자유를 제한하거나, 기존의 제한을 해제하는 행위를 의미한다.

하명(下命)은 행정청이 국민에게 일정한 의무를 부과하거나 특정 행위를 금지하는 명령을 내리는 행위이다. 예를 들어, 영업정지 명령은 공공의 이익을 위해 특정 업소의 영업 활동을 중단시키는 조치이며, 폐수 배출 금지 명령은 환경 보호를 위해 오염물질의 배출을 금지하는 행위이다. 또한, 건축물 철거 명령은 불법 건축물이나 안전상의 문제가 있는 건축물에 대해 철거를 명하는 조치로, 공공안전과 도시계획의 적정성을 유지하기 위한 수단으로 활용된다.

허가(許可)는 법률이 일정한 행위를 원칙적으로 금지하고 있다가, 특정 요건을 충족한 경우 예외적으로 해당 행위를 허용하여 자유를 회복시켜 주는 행위이다. 예를 들어, 음식점 영업허가는 위생 기준을 충족한 사업자에게 영업을 허용하는 것이며, 신약 판매허가는 안전성과 효과성이 입증된 신약에 대해 판매를 승인하는 절차이다. 또한, 건축 허가는 일정한 기준을 충족한 건축물에 대해 건설을 허용하는 조치이다.

면제(免除)는 국민이 부담하고 있는 기존의 의무를 특정한 사유에 따라 면제하거나 완화하는 행위이다. 예를 들어, 세금 감면은 경제적 부담을 덜어 주기 위해 일정한 요건을 충족한 개인이나 기업에게 세금 일부를 면제해 주는 것이며, 과태료 면제는 특정한 사유로 인해 과태료를 부과하지 않는 경우를 의미한다. 또한, 공익사업 종사자의 병역 면제는 국가적 필요에 따라 병역 의무를 면제해 주는 조치이다.

② **형성적 행정행위**—형성적 행정행위는 국민의 법적 지위나 권리를 새롭게 설정하거나 변경하는 행위를 의미한다.

특허(特許)는 기존에 없던 새로운 권리나 능력을 부여하는 행위로, 특정인에게 공적인 권한을 설정하는 기능을 한다. 예를 들어, 공기업 설립 인가는 국가가 특정 기업을 설립할 수 있도록 허가하는 것이며, 어업 면허는 특정 수역에서 어업을 할 수 있는 권리를 부여하는 행위이다. 또한, 광업 허가는 특정 지역에서 광물을 채굴할 수 있도록 허용하는 조치이다.

인가(認可)는 이미 존재하는 사법상 법률행위를 보충하여, 그 효력을 완성하는 행위이다. 예를 들어, 학교법인 설립 인가는 교육기관이 법적 지위를 가지도록 승인하는 것이며, 재단법인 설립 인가는 재단이 정식으로 법적 지위를 가지도록 허용하는 절차이다. 또한, 사립대학 총장 임명 승인은 사립대학에서 선출한 총장을 교육부에서 최종적으로 승인하는 행위이다.

대리(代理)는 행정청이 타인의 법률행위를 대신 수행하거나 보충하는 행위이다. 예를 들어, 도시재개발조합의 결의를 시·도지사가 승인하여 효력을 발생시키는 경우가 이에 해당하며, 이는 행정청이 특정 법률행위의 효력을 최종적으로 인정하는 형태이다.

나. 준법률행위적 행정행위—준법률행위적 행정행위는 행정청의 의사표시가 아닌 사실이나 법률관계에 대한 공적인 판단 또는 고지가 주요 요소가 되는 행위를 의미한다.

공증(公證)은 특정 사실이나 법률관계를 공적으로 증명하는 행위로, 개인이나 단체의 권리·의무에 대한 공식적인 증명을 제공한다. 예를 들어, 주민등록등본 발급은 개인의 주소 및 가족 관계를 증명하는 것이며, 가족관계등록부 발급은 출생, 혼인, 사망 등의 가족관계를 공식적으로 확인하는 절차이다. 또한, 공정증서 작성은 일정한 법률관계를 공적으로 보증하는 행위이다.

확인(確認)은 법적 상태나 권리관계를 공식적으로 확정하는 행위이다. 예를 들어, 선거관리위원회의 당선인 결정은 특정 후보자가 공식적으로 당선되었음을 확인하는 것이며, 특허출원의 최종 승인은 특정 발명품이 특허를 받을 자격이 있음을 확인하는 절차이다.

통지(通知)는 특정 사실이나 행정처분의 내용을 상대방에게 공식적으로 알리는 행위이다. 예를 들어, 과세 통지는 납세 의무자에게 세금 부과 내용을 알리는 것이며, 합격 통지는 시험에 합격한 응시자에게 결과를 알리는 절차이다. 또한, 행정처분 결정 통보는 행정기관이 특정 조치를 취했음을 대상자에게 공식적으로 알리는 행위이다.

수리(受理)는 행정청이 국민의 민원·신청·신고 등을 접수하고, 이를 유효한 행위로 받아들이는 행위이다. 예를 들어, 건축신고 접수는 건축을 진행하기 위한 신고를 공식적으로 접수하는 것이며, 여권 발급 신청 수리는 국민이 여권을 발급받기 위해 신청한 내용을 정식으로 받아들이는 절차이다.

다. 구별의 실익—행정행위는 법적 구성 요소에 따라 법률행위적 행정행위와 준법률행위적 행정행위로 나뉘며, 법률행위적 행정행위는 다시 명령적 행정행위와 형성적 행정행위로 구분된다. 법률행위적 행정행위는 행정청의 의사표시가 법적 효과를 발생시키는 핵심 요소인 반면, 준법률행위적 행정행위는 행정청이 특정 사실이나 법률관계를 확인·증명·통지하는 역할을 수행한다. 이러한 구분은 행정법적 판단과 행정소송에서 중요한 기준이 되며, 행정청의 권한 행사 방식과 국민의 권리 보호 측면에서 중요한 의미를 가진다.

(3) 행정행위의 적법요건

적법한 행정행위가 되려면, 발령 주체가 정당한 권한을 가져야 하며, 행정행위의 절차가 법정 절차를 따르고, 형식이 적법해야 하며, 내용 또한 명확·실현가능·적법해야 한다. 행정행위는 국민의 권리·의무에 직접적인 영향을 미치기 때문에 법적 분쟁의 주요 원인이 되기도 한다. 특히, 행정청의 처분이 위법하거나 부당할 경우, 국민은 행정심판 또는 행정소송을 통해 법적 구제를 받을 수 있다. 또한, 행정행위는 행정청의 재량 여부, 상대방에 대한 효과, 법적 구성 요소에 따라 다양한 형태로 나뉘며, 그에 따라 적용되는 법률과 절차도 달라진다. 행정행위의 유형을 정확히 이해하는 것은 행정법 적용과 소송에서 중요한 의미를 가지며, 실무적으로도 명령적·형성적·공증적 행정행위 등의 개념이 널리 활용된다.

(4) 행정행위의 효력

쟁점

A 지방자치단체가 불법 건축물에 대해 철거명령을 내렸다. 건물주 B 씨는 "이 철거명령이 부당하다"며 행정심판을 청구했지만, 행정심판 결과가 나올 때까지도 철거명령은 계속 유효하게 작동하였다. B 씨는 "아직 다툼이 진행 중인데 어떻게 행정의 명령이 그대로 효력을 발휘할 수 있나?"라며 의문을 제기한다.

이 사례는 '행정행위가 발해졌을 때, 왜 그 즉시 효력이 발생하고 무효가 되기 전까지 유효하게 유지되는가?'라는 문제를 제기한다. 이와 관련된 핵심 개념이 바로 행정행위의 효력이다.

1) 의의

행정행위의 효력이란 행정청이 법률에 근거하여 발령한 행정행위(처분)가 상대방이나 제3자에게 미치는 법적 구속력과 그 작용 범위를 의미하는 개념이다. 이는 행정행위가 국민의 권리·의무에 영향을 미치고, 행정 질서 유지에 중요한 역할을 하기 때문에 발생하는 법적 효과이다.

행정행위는 적법한 절차에 따라 성립·발령되면, 설령 그 내용이 위법하다고 다투는 경우가 있더라도 일단 유효한 것으로 간주되며, 그에 따른 법적 효과가 발생한다. 즉, 위법성이 의심되는 행정처분이라 하더라도 공식적으로 취소·철회되거나 무효로 확인되지 않는 한, 해당 행정행위는 법적으로 효력을 유지하게 된다.

이러한 원칙은 국가 작용의 안정성과 신속성을 보장하기 위한 제도적 장치로 마련된 것이다. 만약 행정행위의 효력이 쉽게 부정될 수 있다면 행정 절차가 불안정해지고 국민의 법적 예측 가능성이 저하될 우려가 있다. 따라서 행정행위는 원칙적으로 일단 유효하게 유지되며, 이후 적절한 법적 절차를 통해 취소·철회되거나 무효확인이 이루어질 경우에만 그 효력이 소멸하게 된다.

2) 구성요건적 효력

행정행위가 당연 무효가 아닌 이상, 국가기관은 이를 존중하고 판단의 기초자료로 삼아야 하는 대내적 구속력을 의미한다.

3) 구속력

구속력(拘束力)이란 행정행위의 상대방(또는 관계인)이 발령된 행정행위를 준수해야 할 의무가 생기는 힘을 의미한다. 즉, 행정청이 발한 행정행위가 상대방에게 법적 구속력을 갖게 되며, 이는 행정행위의 실효성을 보장하는 중요한 원칙이다. 구속력의 효과로 인해 행정행위의 상대방은 처분 내용(의무 부과, 금지, 허가 조건 등)에 따라 행동해야 하며, 이를 위반할 경우 과태료나 형벌 등의 불이익을 받을 수 있다. 예를 들어, 영업정지 처분을 받은 사업자는 해당 기간 동안 영업을 중단해야 하며, 이를 어길 경우 행정벌이 부과될 수 있다.

또한, 구속력은 행정청에도 적용되며, 행정청 자신도 원칙적으로 발령한 처분에 구속된다. 즉, 일단 내려진 행정행위는 법률상 정당한 요건과 절차에 따라 취소·철회되지 않는 한, 행정청도 이를 자의적으로 변경하거나 무시할 수 없다. 예를 들어, 특정 허가를 부여한 행정청이 사후적으로 마음을 바꿔 이를 임의로 철회할 수 없으며, 법률이 정한 요건을 충족해야만 적법한 취소·철회 절차를 거칠 수 있다.

결국, 구속력은 행정행위의 상대방뿐만 아니라 행정청 자체에도 법적 의무를 부과하여, 행정행위의 안정성과 신뢰를 확보하는 기능을 한다.

4) 확정력(존속력)

확정력(존속력)이란 행정행위가 일단 이루어진 경우, 법적 안정성을 위해 그 효력을 가급적 유지하려는 원칙을 의미한다. 행정행위의 확정력에는 불가쟁력(국민이 다툴 수 없게 되는 효력)과 불가변력(행정청이 자의적으로 바꿀 수 없게 되는 효력)이 포함된다.

가. 불가변력(不可變力)—불가변력이란 행정청 자신도 일정 기간이 지나거나 특정 조건이 충족된 경우, 해당 행정행위를 직권으로 취소·변경·철회할 수 없도록 하는 힘을 의미한다. 이러한 불가변력은 행정심판의 재결 등 일정한 절차(주로 사법절차와 유사)를 거친 처분들에만 인정된다는 것이 정설이다.

나. 불가쟁력(不可爭力)—불가쟁력이란 일정한 불복 기간(쟁송 기간)이 지나거나, 행정심판·소송에서 기각·취하 등의 결정이 확정된 경우, 더 이상 해당 행정행위를 쟁송(법적 다툼)으로 뒤집을 수 없게 되는 효력을 의미한다. 이 원칙에 따라 행정행위의 상대방은 일정한 기간 내에 행정쟁송(행정심판 또는 행정소송)을 통해 행정행위의 효력을 다툴 수 있으며, 그 기간이 지나면 더 이상 다툴 수 없게 된

다. 즉, 쟁송 기간이 도과하면 해당 행정행위는 확정되며, 이후에는 위법성을 이유로 행정심판이나 소송을 제기할 수 없다. 위법성이 중대명백하여 당연무효가 아닌 한 불가쟁력의 효과는 행정행위의 법적 안정성을 확보하는 데 있다. 만약 행정행위가 언제든지 불복 가능하다면 행정의 신뢰성과 일관성이 훼손될 수 있기 때문에, 일정한 기간이 지나면 '뒤늦은 불복'을 원칙적으로 막도록 하는 것이다.

5) 강제력

강제력이란 행정주체의 의사에 위배되는 행위에 대해 행정청이 일정한 제재를 가하거나(제재력), 강제집행(자력집행력)을 할 수 있는 힘을 의미한다. 이는 행정행위가 단순한 선언적 조치에 그치지 않고 실질적으로 집행될 수 있도록 보장하는 법적 장치이다.

행정청이 강제력을 행사하는 방식에는 자력집행력과 제재력이 있다. 강제력은 행정청이 행정행위의 실효성을 확보하기 위한 필수적인 권한이며, 강제력의 존재는 행정 질서를 유지하고 공익 실현을 보장하는 중요한 역할을 한다.

가. 자력집행력—자력집행력이란 행정행위로 명령되거나 금지된 의무를 상대방이 이행하지 않을 경우, 행정청이 법원의 도움 없이 직접 그 의무를 강제적으로 실현할 수 있는 힘을 의미한다. 이를 통해 행정청은 공익 실현을 위해 일정한 법적 절차(행정대집행, 강제징수 등)를 거쳐 직접 집행을 수행할 수 있다.

예를 들어, 철거명령을 받은 건물주가 이를 이행하지 않을 경우, 지방자치단체는 행정대집행 절차를 통해 건축물을 강제 철거하고 그 비용을 건물주에게 청구할 수 있다. 또한, 체납된 세금이 있을 경우, 행정청이 강제징수를 통해 재산을 압류하고 공매를 통해 미납액을 회수하는 절차도 이에 해당한다. 다만, 자력집행력은 법이 정한 절차를 준수해야 하며, 임의로 강제집행을 하는 것은 허용되지 않는다.

나. 제재력—제재력이란 행정행위를 통해 부과된 의무를 위반했을 경우, 행정청이 부과하는 불이익 조치를 의미한다. 이는 국민이 행정청의 명령을 준수하도록 하기 위한 예방적 기능을 가진다.

예를 들어, 위법한 건축물 철거 명령을 무시할 경우, 건물주에게 과태료를 부과할 수 있으며, 불법 주차 금지 명령을 어긴 운전자에게 과태료를 부과하는 행위도 이에 해당한다. 이러한 제재 조치는 행정 질서를 유지하고 행정행위의 실효성을 높이는 중요한 수단이 된다.

6) 공정력

공정력(公定力)이란 행정행위가 적법하고 유효하게 성립된 것으로 추정되는 힘을 의미한다. 이는 행정의 신속성과 안정성을 보장하기 위한 원칙으로, 행정행위가 일단 발령되면 그 위법성을 주장하더라도 일정한 법적 절차를 거치지 않는 이상 효력을 유지하도록 하는 법적 개념이다.

공정력의 효과로 인해 당사자나 제3자는 행정행위가 위법하다고 하더라도 이를 임의로 무시할 수 없으며, 법적 절차(행정심판·행정소송 등)를 통해 공식적으로 취소 또는 무효확인 판결이 확정되기 전까지는 해당 행정행위가 유효한 것으로 간주된다. 즉, 위법성이 의심되는 행정행위라 하더라도 소송 등을 거치지 않으면 효력이 지속되며, 그로 인해 행정명령을 받은 자는 이를 따를 의무를 지게 된다.

예를 들어, 철거명령이 발해진 경우 건물주가 해당 명령에 하자가 있다고 주장하더라도, 행정심판이나 행정소송을 통해 철거명령이 취소·무효화되지 않는 한 이를 무시하고 버틸 수 없다. 즉, 행정행위의 공정력으로 인해 행정처분을 받은 자는 행정행위를 정당하게 다투기 위해 반드시 법적 구제 절차를 밟아야 하며, 그 절차가 완료되기 전까지는 해당 행정행위가 법적으로 유효한 상태로 유지된다.

(5) 행정행위의 하자(흠)

쟁점

한 지방자치단체가 모 개발업자에게 호텔 신축 허가를 내줬다. 그러나 곧 부패 의혹이 불거져 '인·허가 과정에서 중대한 절차 위반이 있었다'는 사실이 드러났다. 지역 주민들은 "애초에 불법으로 얻은 허가니 무효 아니냐?"고 반발했고, 개발업자는 "절차상 하자가 약간 있었을 뿐, 허가 자체가 취소될 정도는 아니다"라고 맞섰다.

이처럼 행정행위에 하자가 발생했을 때, 그 행위가 당연히 처음부터 효력이 없는 것인지(무효), 아니면 취소 전까지 유효하지만 나중에 법적으로 취소될 수 있는 것인지(취소), 두 가지 중 어느 쪽에 해당하느냐가 커다란 실익을 가진다. 과연 어떤 기준으로 '무효'와 '취소'를 구분하며, 각각의 법적 효과는 어떻게 달라질까?

1) 의의

행정행위의 하자란 행정청이 발령한 처분(허가, 명령, 인가 등)이 법적 근거나 절차, 내용의 적법성, 권한의 적정성 등에서 위법하거나 부당한 요소를 포함하고 있는 상태를 의미한다. 이는 행정청이 법률의 근거 없이 처분을 내리거나, 절차적 요건(예: 청문, 의견 제출)을 무시한 채 결정을 하거나, 명백히 공익과 무관한 권력 남용을 행한 경우 등에 해당한다.

예를 들어, 법률상 근거 없이 이루어진 처분, 적법한 절차를 거치지 않고 발령된 영업정지 명령, 공익과 무관하게 특정인에게 특혜를 주기 위한 허가나 인가 등이 대표적인 하자의 사례가 될 수 있다. 그러나 행정행위에 하자가 있다고 해서 그 처분이 반드시 무효가 되는 것은 아니다. 법 체계는 하자의 중대성과 명백성에 따라 해당 처분이 당연히 무효(무효 사유)인지, 아니면 일정한 절차를 거쳐 취소할 수 있는 취소 사유인지를 구별하여 판단한다. 즉, 행정행위의 위법성이 어느 정도인지에 따라 그 법적 효력과 구제 방식이 달라지는 것이다.

2) 행정행위의 무효와 취소

가. 무효—무효란 행정행위가 법률상 처음부터 아무런 효력을 가지지 않는 상태를 의미한다. 이는 단순한 하자가 아니라, 행정행위로서 성립할 수 없을 정도로 중대한 하자가 있는 경우에 해당한다.

무효가 성립하기 위해서는 하자의 중대성과 명백성이 모두 충족되어야 한다. 즉, 행정행위의 근본적인 요소가 결여되어 정상적인 행정행위로 인정될 수 없는 경우(중대성)이며, 누구나 객관적으로 보아도 명백하게 잘못된 행위(명백성)여야 한다.

무효가 확정되면 해당 행정행위는 '처음부터 없었던 것'으로 간주되며, 소급하여 효력이 부정된다. 따라서 당사자는 무효인 행정행위에 구속될 필요가 없고, 불가쟁력(제소기간 제한)도 적용되지 않는다.

대표적인 무효 사유로는 권한 없는 기관이 한 처분, 공무원을 사칭한 자가 발령한 처분, 법률상 절대적으로 금지된 행위를 허가한 경우 등이 있다. 예를 들어, 교육부 장관만 할 수 있는 학교법인 인가를 국토교통부 장관이 발령한 경우, 가짜 공무원이 허가증을 발급한 경우, 방사성 폐기물 반입처럼 법적으로 허용될 수 없는 사항을 허가한 경우 등이 이에 해당한다.

무효한 행정행위에 대해 당사자는 행정소송을 제기할 수 있으며, 법원의 무효 확인 판결을 통해 공식적으로 그 하자가 인정될 수 있다. 그러나 애초에 법적으로 존재하지 않는 행위이므로, 특별한 소송기간의 제한 없이 문제를 제기할 수 있다는 점이 취소와의 차이점이다.

나. 취소—취소란 하자가 있는 행정행위라 하더라도, 공식적으로 취소되기 전까지는 유효한 상태로 인정되는 행위를 의미한다. 즉, 행정행위에 일정한 결함이 있더라도 절차를 거쳐 취소되기 전까지는 법적 효력을 유지한다.

취소 사유는 주로 중대하지만 명백성이 부족한 경우에 해당한다. 즉, 하자가 있긴 하지만 누구나 즉시 인식할 정도로 명백하지 않은 경우이다. 취소가 확정되면 해당 행정행위는 소급하여 효력을 상실하지만, 취소되기 전까지는 유효한 행위로 인정된다.

대표적인 취소 사유로는 절차상 하자, 재량권 일탈·남용, 사실관계 오류 등이 있다. 예를 들어, 영업정지 처분을 하면서 청문 절차를 생략한 경우(절차 하자), 행정청이 합리적인 기준을 벗어난 처분을 한 경우(재량권 남용), 일부 사실관계를 잘못 판단하여 요건을 충족하지 않은 상태에서 처분한 경우(사실관계 오류) 등이 이에 해당한다.

취소된 행정행위는 소급하여 효력을 잃지만, 취소 전까지는 유효한 행위로 간주되기 때문에, 무효와 차이가 있다. 또한, 취소 소송에는 제소 기간(일반적으로 90일)이 적용되므로, 일정 기간 내에 다투지 않으면 더 이상 취소를 청구할 수 없다는 점에서 무효와 구별된다.

따라서 취소는 '유효하지만 다툴 수 있는 행위'이며, 법적 절차를 통해 취소가 확정되기 전까지는 법적 효력이 유지된다는 점이 핵심적인 특징이다.

다. 구별기준 및 하자의 전환과 치유—통설에 따르면, 하자가 중대하고 동시에 명백한 행정행위는 무효가 되고, 하자가 중대하지만 명백하지 않거나, 명백하지만 중대하지 않은 행위는 행정청이나 법원에 의한 취소의 대상이 된다. 하자가 중대하다는 것은 해당 행정행위의 적법요구(주체·형식·절차·내용 등)의 면에서 하자가 중대하다는 의미이며, 명백하다는 것은 행정행위의 자체에 하자가 있음이 외관상 명백하다는 것을 의미한다. 이처럼 무효인지 취소인지 구분하는 기준은 하자의 중대성과 명백성에 달려 있으며, 이 판정은 행정청 내부적인 직권조사나 법원의 행정소송을 통해 최종적으로 이뤄진다. 구분을 엄격히 하는 이유는, 무효인 행정행위는 처음부터 효력이 없는 것이므로, 행정작용의 안정성과 국민 신뢰에 지대한 영향을 미칠 수 있기 때문이다. 따라서 무효와 취소의 구별은 실무에서 매우 중요하다. 당사자가 적절한 시기에 구제 절차를 밟지 못하면 취소사유의 처분을 더 이상 다툴 수 없게 되며, 반대로 무효사유라면 제소기간 제한 없이 언제든 그 하자를 주장할 수 있게 된다. 결국, 행정행위의 법적 안정성을 유지하면서도 위법 처분으로부터 국민 권익을 구제하기 위해, 행정행위 하자를 꼼꼼히 구분·판단하는 작업이 필수적이라고 할 수 있다.

절차상 하자의 경우, 사후에 정당한 절차(청문, 공고, 통지) 등을 거치면 하자가 보완될 수 있는데 이를 하자의 치유라고 한다. 이는 대체로 경미한 하자일 때 인정되며, 중대·명백한 하자는 치유로 구제되지 않는다.

하자가 있는 행정행위가 다른 행정행위의 요건을 충족하면, 그 형태를 달리 보아 유효한 행정행위로 인정할 수 있는 제도를 하자의 전환이라고 한다. 예를 들어서 허가가 아니라 신고 수리여야 했지만, 실질적으로 요건을 구비했다면 신고 수리로 전환해 보아 효력을 인정하는 식이다.

3. 기타의 행정작용

쟁점

국토교통부가 도시재생 사업을 추진하기 위해 A 건설사와 공법상 계약을 맺고, 사업 전반에 관한 행정계획을 공표했다. 한편, 지방자치단체가 현장 주민들에게 협조를 요청하는 행정지도(공법상 사실행위)가 이루어지기도 했다. 이처럼 전형적인 행정행위(허가, 면허, 처분 등)와 달리, 국가·지자체가 민간과 계약을 체결하거나, 개발 계획을 수립·공표하거나, 국민에게 비권력적인 방식으로 협조를 요청하는 등 다양한 행정작용이 있다. 이를 이해하기 위해서는 공법상 계약, 행정계획, 공법상 사실행위 같은 개념을 살펴볼 필요가 있다.

(1) 공법상 계약

공법상 계약이란 국가나 지방자치단체(행정주체)가 공익 목적을 위해, 법률상 근거가 있는 범위 내에서 민간인 또는 법인과 체결하는 합의 계약을 의미한다. 이는 일반적인 민사상 계약과는 달리, 공적 지위를 가지며 공익 추구가 핵심 목적이라는 특징이 있다. 예를 들어, 국가가 철도 건설을 위해 건설사와 공사 위탁 계약을 체결하거나, 공기업의 설립 및 운영을 위한 계약을 맺는 경우 등이 이에 해당한다. 즉, 행정청이 상대방과 계약 형태로 행하는 작용이라도 그 실질이 행정권 발동이 아닌 경우 행정행위로 보지 않는다. 예를 들어 지방자치단체가 공공시설 위탁 운영을 민간에 맡기는 행위는 처분성이 인정되지 않는 공법상 계약에 해당한다(대법원 2015. 12. 24. 선고 2014두24547 판결).

공법상 계약은 대등한 관계에서 체결되는 계약으로, 일반적인 행정행위처럼 행정청이 일방적으로 명령하는 것이 아니라, 당사자 간 상호 합의를 통해 효력이 발생한다. 또한, 계약 이행 과정에서는 행정절차법을 비롯해 국가계약법, 지방계약법 등 공법적 규율을 준수해야 한다. 분쟁이 발생할 경우, 공법상 계약이므로 일반적으로 행정소송의 대상이 될 수 있으나, 계약의 구체적인 성격에 따라 민사소송 절차가 적용될 수도 있다. 즉, 계약의 본질이 공법적 성격을 강하게 띠는 경우 행정소송이 가능하지만, 민사적 요소가 강하면 민사소송으로 다투어야 할 수도 있다.

(2) 행정계획

행정계획이란 행정청이 장래의 행정 목표와 수단을 정리·확정하여, 국민과 관련 행정기관이 이를 지침 삼아 활동하도록 하는 종합적·정책적 결정을 의미한다. 이는 행정이 장기적인 방향성을 설정하고 체계적으로 정책을 추진하기 위한 수단으로 활용된다. 대표적인 예로는 도시계획, 국토종합계획, 환경보전계획, 교육발전계획 등이 있다.

행정계획의 구속력 여부는 계획마다 다르다. 예를 들어, 도시계획과 같은 일부 계획은 주민의 재산권이나 개발행위 등에 직접적인 구속력을 가질 수 있지만,

어떤 계획은 단순히 행정 내부 지침의 역할만 하기도 한다. 행정계획은 일반적으로 공청회, 주민 의견 청취 등 민주적 절차를 거쳐 확정된다. 이는 계획이 확정된 후 이해관계인에게 막대한 영향을 미칠 수 있기 때문에, 절차적 정당성이 중요한 요소로 작용한다. 또한, 행정계획의 수립 과정에서는 행정청의 광범위한 재량이 인정된다. 따라서 법원이 행정계획을 심사할 때는 행정청이 재량권을 현저히 일탈·남용했는지 여부를 중심으로 판단하며, 원고가 승소하기는 상대적으로 어려운 편이다.

행정계획은 사회·경제적 여건 변화, 상위 계획이나 법령 개정 등에 따라 수정 또는 폐지될 수 있다. 계획이 변경되면 기존 계획에 기반한 이해관계에도 변화가 생기므로, 법적 다툼이 발생할 가능성이 있다. 이해관계인은 행정계획이 자신의 특정 권리나 이익을 침해한다고 주장하며 계획 자체를 다투기도 한다. 그러나 법원은 대체로 계획의 구속적 효과가 현실화된 뒤에야 소송이 가능하다고 보는 경향이 있다. 즉, 단순한 계획 수립만으로는 소송이 어렵고, 실제로 해당 계획이 구체적인 행정처분으로 연결될 때 법적 구제 가능성이 열린다.

(3) 공법상 사실행위

공법상 사실행위란 행정청이 법적 의사표시를 통해 권리·의무를 직접 형성하는 것이 아니라, 단순히 사실상의 효과·결과를 실현하기 위한 행정작용을 의미한다. 예를 들어, 도로 포장, 교량 건설, 공원 관리 등의 물리적 행위가 이에 해당한다. 공법상 사실행위는 권력적 사실행위와 비권력적 사실행위로 구분된다.

권력적 사실행위는 공권력을 행사하는 방식으로 이루어지는 사실행위를 말한다. 예를 들어, 경찰관이 공공의 안녕과 질서를 유지하기 위해 범법자에게 무기를 사용하는 행위가 이에 해당한다. 이는 명령적·강제적인 성격을 가지므로, 행정쟁송의 대상이 될 수 있다.

반면, 비권력적 사실행위는 명령적·강제적 공권력 행사와 관련이 없는 행위를 의미한다. 대표적인 예로 행정지도, 경축사, 표창, 행정정보 제공, 공무원의 실질적 작업(청소, 홍보 활동 등)이 있다. 행정지도는 국민이나 기업의 자발적인 협조를 유도하기 위한 조언이나 권고의 형태로 이루어지며, 예를 들어 코로나19 시기의 영업시간 단축 권고나 마스크 착용 권고 등이 이에 해당한다. 비권력적 사실행위는 법적 구속력이 없지만, 사실상 강제적인 효과를 초래할 수도 있어 논란이 되기도 한다.

공법상 사실행위는 법률관계를 직접 형성하지 않기 때문에, 원칙적으로 행정쟁송의 대상이 되지 않는다. 즉, 권력적 사실행위는 행정쟁송이 가능하지만, 비권력적 사실행위는 처분성이 인정되지 않아 소송이 어려운 경우가 많다. 다만, 과도한 행정지도나 비권력적 행위로 인해 특정 개인이나 기업이 실질적인 불이익을 입는 경우, 법적 구제가 필요한 문제가 발생할 수 있다. 우리나라 행정절차법은 이러한 문제를 방지하기 위해 행정지도의 방식·절차에 관한 규정을 마련하여, 투명성과 자의적 간섭을 방지하도록 하고 있다. 따라서 공법상 사실행위가 단순한 공공서비스 제공의 역할을 넘어 국민의 권리와 의무에 실질적인 영향을 미칠 경우, 이에 대한 적절한 법적 통제가 필요하다.

(4) 행정다양성의 축

전통적 행정행위(허가·면허·영업정지 등)는 권력적·일방적 성격이 두드러지지만, 실제 행정은 이에 국한되지 않고 공법상 계약, 행정계획, 공법상 사실행위 등을 통해 다양하게 공익을 실현한다. 공법상 계약은 행정주체와 민간이 합의로 공적 목적을 도모한다는 점에서, 협력적 행정의 한 예라 할 수 있다. 행정계획은 정책 목표와 실천 방안을 종합적으로 설정해, 장기적 관점에서 국가·지역사회를 이끌어가는 관리 수단이다. 공법상 사실행위는 법률관계 형성 없이, 지도·홍보·서비스 제공 등으로 국민의 삶에 간접적 영향을 미친다.

이러한 '기타 행정작용'은 법적 구속력, 절차, 쟁송 방법이 전형적 행정행위와는 다르므로, 행정법을 이해할 때 구체적 특징을 구분해야 한다. 또한 민주적 정당성과 투명성을 확보하기 위해, 공청회·의견수렴·정보공개 등 제도적 절차가 다각도로 도입되고 있는 추세이다. 결국, 권력작용만으로는 해결하기 어려운 현대 행정 과제를 효율적으로 수행하기 위해, 이처럼 다양한 행정수단이 활용되는 것이다.

4. 행정상의 실효성 확보

(1) 행정상 강제집행

1) 의의

행정상 강제집행이란, 행정법상 의무(법령 또는 행정처분에 의해 과해진 의무)의 불이행이 있는 경우에 행정청이 의무자의 신체 또는 재산에 '직접 실력'을 가하여 그 의무를 이행하거나, 또는 그 의무가 이행된 것과 같은 상태를 실현하는 행정작용을 말한다.

2) 특색

가— 행정상 강제집행은 사법(私法)상의 법률관계에서의 강제집행(사법상 강제집행은 사인이 국가의 힘을 빌려 집행한다)과 달리, 자력집행(自力執行)이라는 점을 특색으로 한다.

나— 행정법상 의무불이행의 경우에는 사법(司法)적 원조 없이, 행정주체가 스스로 고유의 집행기관을 통해 사인에 대해 강제적으로 권리를 실현할 수 있다. 이를 '행정청의 자력강제(自力强制)'라 부르기도 한다.

3) 행정상 강제집행의 종류

행정상 강제집행의 방법으로는 이행강제금, 행정대집행, 직접강제, 강제징수 등이 있다. 어떠한 의무의 불이행에 어떠한 강제방법이 도입되어야 할 것인가는 행정청이 불이행된 의무의 성실을 전제로 하여 판단·결정하게 된다.

가. 이행강제금—이행강제금이란, 비대체적 작위의무 또는 부작위의무를 이행하지 않는 경우에 그 의무이행을 간접적으로 강제하기 위하여 과하는 금전벌이다. 일정 기간 내에 의무를 이행하지 않으면 과태료 등의 금전지급의무를 부과하여, 의무이행을 확보하는 강제수단이다. 부동산의 불법명의신탁에 대한 이행강제금 등이 대표적인 예이다. 이행강제금은 행정법령상 의무이행을 확보하기 위한 간접강제 수단으로서, 동일한 위반행위에 대하여 형사처벌(행정형벌)과 병과되어도 이중처벌금지 원칙에 위배되지 않는다(대법원 2009. 2. 26. 선고 2008도1153 판결).

나. (행정)대집행—(행정)대집행이란, 의무자가 의무를 이행하지 아니한 데 대한 제1차적 수단으로 당해 행정청이 의무자가 행할 작위를 스스로 행하거나 또는 제3자로 하여금 이를 행하게 하고, 그 비용을 의무자로부터 징수하는 것이다. 대집행에 관한 기본법으로는 행정대집행법이 있다. 철거명령을 따르지 않은 무허가 건물의 강제철거, 철거명령을 위반한 중개사무소의 간판철거 등이 예이다.

다. 직접강제—직접강제란, 의무자가 의무를 이행하지 아니하는 경우에, 직접적으로 의무자의 신체 또는 재산에 '실력'을 가함으로써 행정상 필요한 상태를 실현하는 작용이다. 해군 작전구역 내에 정박하는 선박을 작전수역 이외의 지역으로 강제이동시키는 것 등이 예이다.

라. (행정상)강제징수—강제징수란, 사인(私人)이 국가 또는 지방자치단체에 대해 부담하고 있는 공법상의 금전급부의무를 이행하지 아니한 경우에, 행정청이

강제적으로 그 의무가 이행된 것과 같은 상태를 실현하는 작용이다. 미납된 세금의 강제징수 등이 예이다.

(2) 행정상 즉시강제

1) 의의

행정상 즉시강제란, 눈앞에 '긴급한' 행정상 장해를 제거하여야 할 필요가 있으나 미리 의무를 명할 시간적 여유가 없을 시, 상대방의 의무이행을 전제를 하지 않고, 직접 그 신체 또는 재산에 실력을 가하여 행정상 필요한 상태를 실현하는 작용을 말한다. 예컨대, 마약중독자의 강제수용, 감염병 환자의 강제입원 등을 들 수 있다.

2) 법적 근거

법치행정의 원리상 엄격한 법률의 근거를 요한다. 경찰관직무집행법, 소방기본법, 마약류관리에 관한 법률, 감염병의 예방 및 관리에 관한 법률 등이 즉시강제의 구체적인 근거가 된다.

3) 즉시강제의 수단

경찰관직무집행법은 무기사용, 보호조치, 위험발생방지조치, 범죄 예방 및 제지조치 등을 규정하고 있고, 이 밖에도 각 행정법규에서 대인적·대물적·대가택 강제 등 다양한 즉시강제 수단을 허용한다.

(3) 행정벌

1) 의의

행정벌이란, 행정의 상대방인 국민이 행정법상 의무를 위반한 경우에, 일반

통치권에 의하여 그 의무위반자에게 과해지는 제재로서의 처벌을 의미한다.

2) 종류

가. 행정형벌—형법에 규정된 징역·벌금 등의 형벌을 가하는 경우로, 형법총칙이 적용된다.

나. 행정질서벌—일반사회의 법익에 직접 영향을 미치지는 않으나, 행정상 질서에 장해를 야기할 우려가 있는 의무위반에 대해 '과태료'가 가해지는 제재를 말한다. 행정질서벌은 형법총칙이 적용되지 아니한다.

IV. 행정구제법

쟁점

한 지방자치단체가 도시재생 사업을 추진하며 개인 사유지를 수용했고, 건물주 C 씨는 사업 과정에서 자신이 정당한 보상을 받지 못했다고 주장했다. 또한, 시는 건물 철거 과정에서 공무원 과실로 피해를 입혔다는 의혹까지 제기되었다. 이 사건을 두고 C 씨는 "행정청의 위법·부당한 처분으로 손해를 봤다"며 손실보상 청구와 손해배상 소송을 검토하는 중이다.

이처럼 행정청의 행위로 인해 국민에게 피해가 발생하거나 불이익 처분이 내려졌을 때, 어떻게 구제받을 수 있을까? 행정구제 수단에는 손해배상, 손실보상, 행정심판, 행정소송 등이 대표적으로 꼽힌다.

1. 의의

행정구제 제도란, 행정기관의 위법·부당한 행정작용으로 인해 국민의 기본권이 침해된 경우, 행정기관 또는 법원에 구제 조치를 청구하여 국민의 권익을 보호하는 제도를 말한다. 이는 행정행위의 위법성이나 부당성을 시정하고, 침해된 국민의 기본권을 회복하기 위해 마련된 장치다.

2. 행정구제

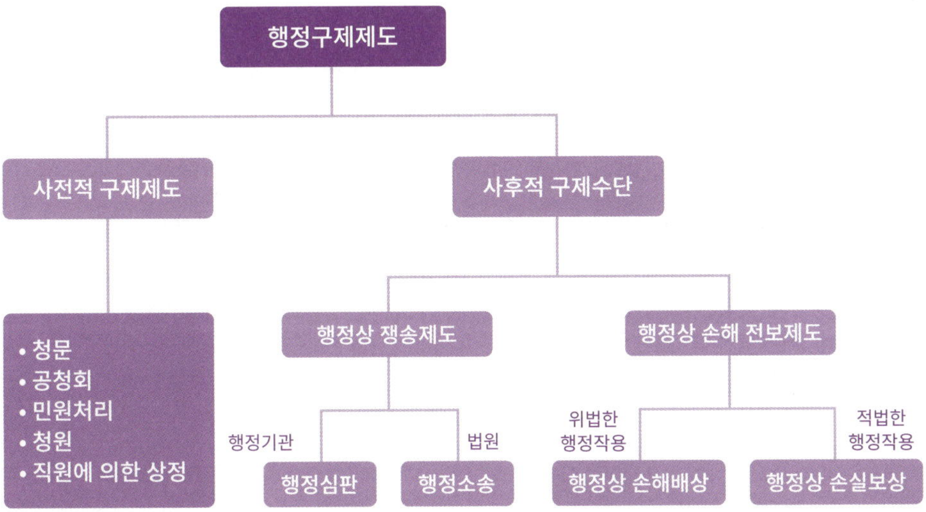

(1) 손해배상과 손실보상

1) 손해배상(損害賠償)

손해배상이란, 국가나 지방자치단체의 '위법한' 행위로 사인이 손해를 입은 경우, 그 사인이 국가를 상대로 배상을 청구할 수 있는 제도이다. 여기에는 공무원의 위법한 직무집행행위로 인한 배상책임, 그리고 영조물 설치·관리상의 하자로 인한 배상책임이 포함되며, 구체적인 절차나 요건은 국가배상법에 의해 규율된다.

2) 손실보상(損失補償)

손실보상이란, 국가나 지방자치단체가 '적법한' 권력행사를 통해 사인의 재산권에 특별한 희생을 강요한 경우, 재산권 보장과 공적 부담의 평등이라는 관점에서 해당 사인에게 적절한 보상을 해주는 제도이다. 예를 들어 정부가 청사 건설을 위해 사인의 토지를 수용할 때, 토지소유주에게 보상을 하도록 하는 것이 손실보상의 대표적 사례이다.

3)판례

공무원의 직무상 불법행위로 국민에게 손해를 발생시킨 경우 국가나 지방자치단체는 그 손해를 배상할 책임이 있다. 유신헌법 당시 긴급조치 위반을 이유로 국민이 유죄판결을 받아 자유를 박탈당하는 등 입은 손해에 대해서는 국가배상책임이 인정된다(대법원 2022. 4. 21. 선고 2018다248997 전원합의체 판결). 한편 공익사업을 위한 토지 등 수용에는 정당한 보상이 따른다는 헌법 원칙에 비추어, 적법한 법령에 근거하지 않은 사실상 수용이나 지나친 재산권 제한에 대해서도 일정 요건하에 손실보상이 인정된다(대법원 2010. 12. 16. 선고 2008두19106 판결).

4) 손해배상과 손실보상의 비교

손해배상은 '위법한' 행정작용에 대해 이루어지며, 손실보상은 '적법한' 행정작용에 대해 적용된다. 손해배상은 공무원의 직무상 불법행위나 공공영조물 설치·관리의 하자로부터 발생하고, 손실보상은 공공복리를 위한 사유재산의 특별희생에서 비롯된다. 손해배상은 개인주의 사상, 손실보상은 단체주의 사상을 기초로 하며, 각각 재산·정신상 손해 또는 재산상 손실을 전보(塡補)한다.

(2) 행정심판과 행정소송

1) 행정심판

행정심판은 행정청의 위법·부당한 처분, 기타 공권력의 행사·불행사 등으로 인하여 권익을 침해당한 자가 행정기관(행정심판위원회)에 대하여 그 시정을 구하는 행정쟁송을 말한다. 행정심판에 불복하는 경우에는 행정소송을 제기할 수도 있다. 행정심판청구는 행정처분이 있음을 안 날로부터 90일 이내에 제기하여야 하고, 행정처분이 있는 날로부터 180일을 경과하면 제기하지 못한다. 행정심판에 관한 일반법으로 행정심판법이 있다.

2) 행정소송

행정소송이란, 행정법규의 적용과 관련하여 위법하게 권리나 이익이 침해된 자가 소송을 제기하고 법원이 이에 대하여 심리·판단을 행하는 정식의 행정쟁송을 말한다. 행정소송에 관한 일반법으로는 행정소송법이 있다.

3) 판례

행정심판 전치가 요구되는 사건에서 행정심판을 거치지 않았다면 행정소송은 부적법하다(대법원 2019. 5. 16. 선고 2018두47902 판결).

4) 행정심판과 행정소송의 비교

행정심판은 약식쟁송이고, 행정소송은 정식쟁송이다. 행정심판은 위법·부당한 처분을 대상으로 하지만, 행정소송은 위법한 처분에 집중한다. 행정심판은 행정심판위원회에서, 행정소송은 법원에서 심리한다. 행정심판은 서면 또는 구술심리로 비공개가 원칙인 반면, 행정소송은 구술심리와 공개원칙을 따른다.

■ 전민형

제6장 형법

I. 총론

형법이란, 국가·사회·개인에게 불법적인 해악을 끼치는 행위를 범죄로 규정하고, 그 범죄자에게 형벌 및 보안처분 등을 통해 제재하는 법률이다. 형법은 범죄에 대한 예방 및 범죄자를 처벌함으로써, 사회를 안정시키고 공공질서를 유지하는 것을 목적으로 한다.

1. 죄형법정주의(罪刑法定主義)

사례

승합차 호출 서비스 A의 전·현직 경영진이 여객자동차운수사업법 위반 혐의로 재판을 받게 되었으나, 법원에서 무죄판결을 받은 일이 있었다. 검찰은 유상의 여객운송으로서 사실상의 불법 택시 영업이라는 이유로 기소하였는데, 법원은 '타다처럼 운전자를 알선한 승합차 임대계약까지 처벌 규정에 포함하는 해석은 형벌 법규를 지나치게 확장적으로 유추한 것'이라며 무죄를 선고했다. 이 판결은 '죄형법정주의 원칙상, 법률에 명확히 금지되지 않은 행위를 형벌로 다스릴 수 없다'는 메시지를 다시금 확인시켜 주는 사례가 되었다. 그렇다면 죄형법정주의는 무엇이고, 왜 이렇게 중요한 원칙으로 자리 잡았을까?

(1) 의의

죄형법정주의란, 어떤 행위가 범죄에 해당하며, 그 범죄에 어떤 형벌을 부과할지를 미리 성문의 법률로 정해 두어야 한다는 원칙이다. "법률 없으면 범죄도 없고 형벌도 없다"라는 문구로도 표현되며, 형법상의 최고원리로서 국민의 자유와 인권을 보장하고 국가 형벌권의 자의적 행사를 방지한다.

(2) 기능

죄형법정주의는 국민의 자유와 인권을 지키고자 국가 형벌권의 확장을 엄격하게 제한하는 형법의 최고원리이다. 따라서 사회적으로 비난받을 행위라고 하더라도 법률이 이를 범죄로 규정하지 않으면 처벌할 수 없고, 법률이 정한 형벌 이외의 다른 처벌도 불가능하다. 이를 죄형법정주의의 보장적 기능이라고 한다.

(3) 구체적인 원칙

1) 명확성의 원칙

명확성의 원칙이란, 무엇이 범죄이고, 이에 대한 형벌이 어떤 것인지 누구나 알 수 있을 정도로 명확하게 규정되어야 한다는 원칙이다. 여기에는 형의 기간을 전혀 정하지 않고 형벌을 내려서는 안 된다는 '절대적 부정기형(不定期刑) 금지'의 원칙이 포함된다. 법원은 "처벌 행위와 형벌의 종류·정도를 예측 가능하도록 규정하지 않으면 안 된다"고 판시하였다(대법원 2014. 1. 29. 선고 2013도12939 판결).

2) 형벌불소급의 원칙

형벌불소급의 원칙이란, 형법은 그 시행 이후의 행위에 대해서만 적용되고, 시행 이전의 행위에까지 소급하여 적용하여 처벌할 수 없다는 원칙이다. 다만, 범죄 후 법률의 변경에 의하여 그 행위가 범죄를 구성하지 않거나, 형이 구법(舊法)보다 가벼울 때에는 신법(新法)이 소급 적용될 수 있다. 법원은 "형사처벌의 근거는 법률이지 판례가 아니므로, 판례 변경으로 행위를 처벌해도 소급효 금지에 반하지 않는다"고 판시하였다(대법원 1999. 9. 17. 선고 97도3349 판결).

3) 유추해석금지의 원칙

유추해석금지의 원칙이란, 법률에 규정이 없는 사항을 그와 유사한 성질의 다른 법률로 대신 적용해서 처벌해서는 안 된다는 원칙이다. 법원은 "형벌법규의 해석은 엄격하여야 하고 명문규정의 의미를 피고인에게 불리한 방향으로 지나치게 확장해석하거나 유추해석하는 것은 죄형법정주의의 원칙에 어긋나는 것으로서 허용되지 않는다"고 판시하였다(대법원 1992. 10. 13. 선고 92도1428 판결, 2002. 2. 8. 선고 2001도5410 전원합의체 판결 등 참조). 또한 새로운 유형의 재산인 가상자산(비트코인)의 착오송금 사건에서, 명시적 처벌 규정이 없는 상황에서 이를 횡령죄나 배임죄로 처벌하는 해석은 허용되지 않는다고 하여 유추해석 금지 원칙을 재확인하였다(대법원 2021. 12. 16. 선고 2020도9789 판결). 참고로 어떤 예금계좌에 돈이 착오로 잘못 송금되어 입금된 경우에는 그 예금주와 송금인 사이에 신의칙상 보관관계가 성립한다고 할 것이므로, 피고인이 송금 절차의 착오로 인하여 피고인 명의의 은행 계좌에 입금된 돈을 임의로 인출하여 소비한 행위는 횡령죄에 해당하고 이는 송금인과 피고인 사이에 별다른 거래관계가 없다고 하더라도 마찬가지라는 것이 판례의 입장이다.

4) 적정성의 원칙

적정성의 원칙이란, 범죄와 형벌을 규정하는 법률 자체의 합리성을 요구하고, 범죄와 형벌 간에 적정한 균형이 이루어져야 한다는 원칙이다. 헌법재판소는 "과실로 사람을 치상하게 한 자가 구호행위를 하지 아니하고 도주하거나 고의로 유기함으로써 치사의 결과를 이르게 한 경우에 살인죄와 비교하여 그 법정형을 더 무겁게 한 것이 적정성의 원칙에 위반된다"고 결정하였다(헌재 1992. 4. 2.8. 90헌바24 결정).

5) 관습형법금지의 원칙

관습형법금지의 원칙이란, 법관이 적용할 형벌에 관한 법은 오직 성문의 법률이어야 하고, 관습이나 불문법을 적용할 수 없다는 원칙이다. 법원은 명문의 법률 규정이 없는 행위에 대해 형사처벌을 할 수 없음을 거듭 확인하였는데, 특히 가상화폐와 같은 새로운 현상에 대해서도 법률에 규정이 없다면 처벌할 수 없다고 판시하였다(대법원 2021. 12. 16. 선고 2020도9789 판결).

핵심 요약

- 범죄와 형벌은 미리 제정된 법률에 따라야 하며, 법 없는 처벌은 불가능하다.
- 다섯 개의 구체적인 원칙은 명확성의 원칙, 형벌불소급의 원칙, 유추해석금지의 원칙, 적정성의 원칙, 관습형법금지의 원칙(성문법률주의)이다.
- 법적 안정성과 국가 권력에 대한 국민 신뢰를 지탱하는 근간으로서, 입법·사법의 모든 과정에서 철저히 준수되어야 한다. 이는 국민의 예측 가능성을 확보함으로써 자유 및 기본권을 보장하여 법치주의를 실현한다.

2. 형법의 효력

(1) 시간적 효력

사례

'스토킹 처벌법'이 개정되면서 처벌이 훨씬 강화되었는데, 개정법이 시행되기 전에 이미 발생한 스토킹 행위까지도 이 강화된 법 조항으로 처벌할 수 있는지가 논란이 되었다. '소급 적용이 가능한가?'라는 물음이 제기되어, 법의 시간적 효력이 어디까지 미칠 수 있는지가 논의된 것이다.
'범죄 시점에는 괜찮았는데, 나중에 법이 바뀌면 어떻게 되지?'라는 의문을 가질 수 있다. 이 질문의 배경에는 형법이 적용되는 기본적인 원칙(행위시법주의)과 예외 사유(재판시법주의)가 자리한다. 이러한 '행위시법주의'는 무엇이며, 어떠한 경우에 '재판시법주의'가 허용될까?

1) 행위시법주의(원칙)

형법 제1조 제1항은 "범죄의 성립과 처벌은 행위 시의 법률에 따른다"고 함으로써, 형법은 그 시행 이후의 행위에만 적용되고, 시행 이전의 행위에 소급하여 적용되지 아니한다는 원칙(법률불소급의 원칙)을 규정하고 있다. 법원은 "범죄 후 법률이 변경되어 그 행위가 범죄를 구성하지 아니하게 되거나 형이 구법보다 가벼워진 경우에는 신법에 따라야 하고(형법 제1조 제2항), 범죄 후의 법령 개폐로 형이 폐지되었을 때는 판결로써 면소의 선고를 하여야 한다(형사소송법 제326조 제4호)"고 판시하였다(대법원 2022. 12. 22. 선고 2020도16420 전원합의체 판결).

2) 재판시법주의(예외)

형법 제1조 제2항은 "범죄 후 법률이 변경되어 그 행위가 범죄를 구성하지 아니하게 되거나 형이 구법(舊法)보다 가벼워진 경우에는 신법(新法)에 따른다", 형법 제1조 제3항은 "재판이 확정된 후 법률이 변경되어 그 행위가 범죄를 구성하지 아니하게 된 경우에는 형의 집행을 면제한다"고 함으로써 예외적인 재판시법주의를 규정하고 있다.

핵심 요약

- 행위시법주의: 행위 당시의 법률로 범죄의 성립과 처벌을 판단한다(소급효 금지).
- 재판시법주의: 신법이 피고인에게 유리한 경우(비범죄화, 형량 경감)에는 소급 적용 가능하다.
- 이러한 원칙과 예외는 과도한 처벌로부터 개인을 보호하고, 법적 안정성과 예측 가능성을 확보하는 장치이다.

(2) 장소적·인적 효력

사례

동남아시아 국가에서 한국인 일당이 현지인을 대상으로 대규모 사이버 사기를 벌이다 체포되는 사건이 발생했다. 용의자들은 해외에서 범행을 저질렀지만 피해자 상당수는 한국인이었고, 이 때문에 국내에서도 재판이 가능한지가 쟁점이 되었다. '해외에서 일어난 범죄이지만, 과연 한국 법원이 사건을 다룰 수 있을까?'라는 의문이 제기되면서, 범죄가 발생한 장소와 범죄자·피해자의 국적에 따라 어느 국가의 법이 적용되는지에 대한 관심이 부각되었다. 이러한 상황에서 '형법의 장소적 효력' 문제가 핵심 쟁점으로 떠오르게 된다.

우리 형법은 속지주의를 원칙으로 하고, 속인주의, 보호주의, 세계주의 등을 가미하여 보충하고 있다.

1) 속지주의

속지주의란, 자국의 영토 내에서 발생한 범죄에 대해서는 범인의 국적 여하를 불문하고 자국의 형법을 적용한다는 원칙이다. 속지주의의 하나 또는 연장으로서 기국주의를 규정하고 있다. 기국주의란, 형법이 대한민국 영역 외에 있는 대한민국의 선박 또는 항공기 내에서 죄를 범한 외국인에게 적용한다는 것이다(형법 제4조).

2) 속인주의

속인주의란, 자국민의 범죄에 대하여는 범죄지(국내·외) 여부를 떠나서 자국의 형법을 적용한다는 원칙이다. 해외 원정도박을 한 우리 국민을 처벌한 전원합의체 판결이 있는데, 이는 전형적으로 속인주의 원칙에 따른 것이다(대법원 1997. 11. 20. 선고 97도2021 전원합의체 판결).

3) 보호주의

보호주의란, 자국이나 자국민의 법익을 침해하는 범죄에 대해서는 범죄인의 국적이나 범죄지 여부를 떠나서 자국의 형법을 적용한다는 원칙이다. 이는 자국과 자국민의 법익을 보호하기 위함이다. 내란죄, 외환죄, 국기에 관한 죄, 통화에 관한 죄, 유가증권에 관한 죄 등에 적용된다. 법원은 "'대한민국 또는 대한민국 국민에 대하여 죄를 범한 때'란 법익에 직접적 침해를 야기하는 경우"라고 해석하였고, 이에 해당하지 않으면 우리 재판권이 없음을 판시하였다(대법원 2011. 8. 25. 선고 2011도6507 판결). 또한 캐나다 국적인 피고인이 캐나다에서 한국인을 기망하여 금전을 편취한 경우, 그 행위가 캐나다 법으로도 범죄가 되어야 우리 형법을 적용할 수 있다는 판단도 있었다(대법원 2011. 8. 25. 선고 2011도6507 판결).

4) 세계주의

세계주의란, 반인류적 범죄나 국제질서를 중대하게 침해하는 경우, 범죄지나 범인 국적을 불문하고 형법을 적용하는 원칙이다. 반인류적 범죄에 대하여 사회방위의 연대성을 강조하는 입장이다. 인류에 대한 공통적인 범죄인 약취·유인과 인신매매죄의 규정은 외국인이 외국에서 범한 경우에도 대한민국 형법을 적용한다.

핵심 요약

- 속지주의: 자국의 영역 내에서 발생한 모든 범죄에 대해서 범죄인의 국적 여하를 불문하고 자국형법을 적용한다는 원칙이다.
- 속인주의: 자국민의 범죄에 대해서는 범죄지 여하를 불문하고 자국형법을 적용한다는 원칙이다.
- 보호주의: 자국 또는 자국민의 법익을 침해하는 범죄에 대하여는 범인의 국적과 범죄지 여하를 불문하고 자국형법을 적용하는 원칙이다.
- 세계주의: 범죄지·범죄인의 국적 여하를 불문하고 인류 공동의 법익을 침해하는 반인륜적 행위에 대하여 자국형법을 적용하는 원칙이다.

II. 범죄론

1. 범죄성립

사례

주거 침입 후 폭행 사건이 발생하였는데, 불법적으로 거주지에 침입한 뒤 폭행이 발생한 점은 명확해 보였지만, 가해자는 "자신도 피해자로부터 폭행당할 위협이 있어 정당방위였다"고 주장한다. 이에 경찰과 검찰은 실제로 위협 상황이 존재했는지, 정당방위가 성립할 사유가 있는지, 그리고 가해자의 고의성이 어느 정도인지 등을 수사하고 있다.

이처럼 어떤 행위가 '범죄'로 인정되기까지는 단순히 법률 조항에 해당한다고 해서 곧바로 결론이 나지 않는다. 형법상 범죄가 성립하려면 구성요건해당성, 위법성, 그리고 책임성이라는 세 가지 요소를 모두 충족해야 하기 때문이다. 그렇다면, 이 세 요소는 각각 어떤 의미를 가지며, 왜 모두 필요할까?

(1) 범죄의 성립요소

범죄가 성립되려면, 그 행위가 범죄의 '구성요건'에 해당하여야 하고, 그 행위가 '위법'해야 하며, 행위자에게 '책임'이 있어야 한다. 이 중 하나라도 충족되지 않으면, 범죄는 성립되지 아니한다.

1) 구성요건해당성(構成要件該當性)

형법에서 범죄로 규정하고 있는 구성요건에 해당되어야 한다. 예를 들어서 "사람의 신체에 대하여 폭행을 가한 자는 2년 이하의 징역에 처한다"(형법 제260조)에서 '사람의 신체에 대한 폭행'이 구성요건이다.

2) 위법성(違法性)

구성요건에 해당하는 것으로서, 전체 법질서로부터 부정적인 행위라는 판단이 가능한 것이어야 한다. 정당행위, 정당방위, 긴급피난, 피해자의 승낙, 자구행위의 경우에는 위법성이 조각되어 범죄가 성립되지 않는다. 이를 '위법성 조각사유'라고 한다.

3) 책임(責任)

위법행위를 이유로 그 행위자가 사회적으로 비난받을 만한 책임이 있어야 한다. 즉, 행위자에게 비난가능성이 있어야 한다. 형사 미성년자(만 14세 미만자), 심신상실자, 강요된 행위 등은 책임성이 조각되어 범죄가 성립되지 않는다. 이를 '책임조각사유'라고 한다. 어떤 행위가 범죄행위가 되려면, 위법성 조각사유뿐만 아니라 이러한 책임조각사유에도 해당하지 않아야 한다.

(2) 위법성 조각사유(違法性 阻却事由)

사례

오토바이 주인 A 씨는 절도범을 따라가 길가에서 붙잡은 뒤, 몸싸움을 벌이며 상대방을 제압했고 경찰에 인계했다. 그런데 체포 현장에서 A 씨 역시 폭행을 한 것이 아니냐는 문제가 제기되었고, A 씨 측은 "불법행위자를 현행범으로 체포한 정당행위였을 뿐"이라고 하였다.

이 사례에서 A 씨가 절도범을 강제로 제압한 것은 폭행죄의 구성요건에 해당할 여지가 있지만, 동시에 '정당방위' 또는 '자구행위'에 해당하여 위법성이 조각될 수 있다. 법이 원칙적으로 금지하는 행위라도, 일정한 요건을 충족하면 불법이 부정되는 '특별한 예외'가 존재하는 것이다. 이를 위법성 조각사유라고 한다.

다음의 사유는 위법성을 조각하여 위법하지 아니한 행위가 되므로, 범죄가 성립되지 아니하며, 따라서 처벌되지 아니한다.

1) 정당행위(正當行爲)

정당행위란, 법령에 의한 행위 또한 업무로 인한 행위, 기타 사회상규에 위배되지 않는 행위로서, 이는 위법성을 조각한다. 구체적인 예로는 공무원의 직무집행행위, 징계행위, 현행 범인의 체포 및 노동쟁의행위, 변호사의 변론이나 성직자의 종교상 행위 등을 들 수 있다.

2) 정당방위(正當防衛)

정당방위란, 자기 또는 타인의 법익에 대한 현재의 부당한 침해를 방위하기 위한 상당한 이유가 있는 행위를 말한다. 강도를 상해한 경우를 등을 예로 들 수 있다. 법원은 상대방의 폭행으로부터 자신을 방어하기 위해 순간적으로 반격한 행위를 정당방위로 인정하여 무죄 취지로 판결하였다(대법원 2023. 4. 27. 선고 2020

도6874). 다만 정당방위가 인정되기 위해서는 침해의 현재성, 부당성 및 방위행위의 상당성이 모두 충족되어야 함을 거듭 강조하였다. 정당방위와 구별하여야 할 개념으로서 과잉방위와 오상방위가 있다.

과잉방위(過剩防衛)란, 그 방위행위가 상당성의 정도를 넘었을 때를 의미하는데 이는 위법성이 조각되지 않는다. 다만 정황에 따라 그 형을 감면할 수 있다(형법 제21조 제2항).

오상방위(誤想防衛)란, 정당방위의 요건이 충족되지 아니하였음에도 불구하고 그 요건에 해당한다고 오인하여 방위행위를 한 경우를 말한다. 오상방위는 위법성이 조각되지 아니한다.

3) 긴급피난(緊急避難)

긴급피난이란, 자기 또는 타인의 법익에 대한 현재의 위난을 피하기 위한 행위로서, 상당한 이유가 있는 경우에는 위법성이 조각된다. 브레이크 고장으로 인도에 뛰어드는 버스를 피하려다 통행인과 충돌하여 상해를 입힌 경우를 예로 들 수 있다. 법원은 "스스로 위법하게 야기한 범행에 대한 피해자의 정당방위에 대해서는 피난행위가 허용될 수 없다"고 판시하였다(대법원 1995. 1. 12. 선고 94도2781 판결).

4) 자구행위(自救行爲)

자구행위란, 권리자가 그 권리를 침해당했을 때, 일정한 요건하에서 '자력'에 의하여 그 권리를 구제, 실현하는 행위를 말한다. 숙박비를 지불하지 않고 도주하는 손님을 붙잡아 그 대금을 받는 과정에서 상해를 입힌 경우를 예로 들 수 있다.

5) 피해자의 승낙(承諾)

피해자의 승낙이란, 피해자가 가해자에 대하여 자기의 법익을 침해하는 것을 '허락'하는 경우에 위법성이 조각되는 것이다. 주인의 허락을 받아 그 집에 들어간 경우를 예로 들 수 있다. 단, 법률에 특별한 규정이 있는 경우에는, 피해자가 승낙을 하였더라도 위법성이 조각되지 않는다. 또한 피해자의 승낙이 사회상규에 위반되는 경우에도 위법성이 조각되지 않는다("피해자의 승낙에 의한 행위라도 그 행위가 사회상규에 반하는 경우에는 위법성이 조각되지 않는다." 대법원 2002. 9. 24. 선고 2002도3578 판결).

(3) 책임조각사유(책임무능력)

사례

조현병을 앓고 있는 청년이 길을 가던 행인을 때려 다치게 하는 사건이 발생했다. 목격자들의 진술에 따르면 가해자는 당시 정상적인 의사소통이 어려워 보였고, "현실과 환각을 구분하기 어려운 상태"였다고 한다. 이후 가해자의 정신감정이 진행되면서, '과연 가해자가 형사 책임을 질 수 있는 상태였는가?'에 사회적 관심이 모였다. 이 사안에서 핵심 쟁점이 되는 것이 바로 책임조각사유, 그중에서도 책임무능력 여부이다. 비록 행위자의 행위 자체가 법률상의 범죄 구성요건에 해당하고 위법하더라도, 일정한 정신적·심리적 상태로 인해 '책임을 물을 수 없는 상태'라면 처벌에서 면제되는 경우가 있기 때문이다.

책임조각사유란, 책임이 조각되어, 범죄가 성립되지 아니하고, 또한 형사처벌의 대상에도 해당되지 아니하는 것을 말한다. 책임조각사유에 해당하는 자를 책임무능력자(責任無能力者)라고 한다. 책임주의는 행위에 대한 책임이 있을 때에만 형벌을 부과해야 한다는 형법의 기본 원칙이다. 책임감경사유(심신미약자, 형법 제10조 제2항), 농아자(형법 제11조)에 해당하는 자는 그 책임을 감경할 수 있고, 아래와 같은 경우는 벌하지 아니한다.

1) 형사미성년자

14세 되지 아니한 자의 행위는 벌하지 아니한다(형법 제9조).

2) 강요된 행위

저항할 수 없는 폭력이나 자기 또는 친족의 생명·신체에 대한 위해를 방어할 방법이 없는 협박에 의하여 강요된 행위는 벌하지 아니한다(형법 제12조).

3) 심신상실자

심신장애로 인하여 사물을 변별할 능력이 없거나, 의사를 결정할 능력이 없는 자의 행위는 벌하지 아니한다(형법 제10조 제1항).

핵심 요약

- 구성요건이란 형법상 금지 또는 요구되는 행위가 무엇인지를 추상적·일반적으로 기술해 놓은 것을 말한다.
- 위법성이란 구성요건에 해당하는 행위가 법질서 전체의 입장과 객관적으로 모순·충돌하는 성질을 말한다. 위법성조각사유란 구성요건에 해당하는 행위의 위법성을 배제하는 특별한 사유를 말한다. 구성요건에 해당하면 위법성이 징표되지만, 정당방위·긴급피난 등 위법성조각사유가 있다면 불법성이 부정되어 범죄가 성립하지 않는다.
- 책임이란 규범이 요구하는 합법을 결의하고 이에 따라 행동할 수 있었음에도 불구하고 불법을 결의하고 위법하게 행위하였다는 데 대하여 행위자에게 가해지는 비난가능성을 말한다.

2. 처벌조건(형법상 처벌조건)

(1) 객관적 처벌조건

이미 성립한 범죄의 가벌성을 좌우하는 객관적 사유로서, 법률이 별도의 요건을 두는 경우를 말한다.

(2) 인적처벌조각사유

성립한 범죄에 대하여 행위자의 특수한 신분관계로 인하여 형벌권이 발생하지 않는 경우를 말한다. 친족상도례에서의 일정한 친족관계인 신분을 의미한다. 친족상도례(형의 면제)에 따르면, 일정한 재산죄에는 친족 사이의 범죄에 관하여 특례가 인정된다. 즉, 직계혈족·배우자·동거친족·동거가족 또는 그 배우자 사이에 절도죄·사기죄·공갈죄·횡령죄·배임죄·장물죄 또는 그 미수범과 권리행사방해죄를 범하였을 경우에는 그 형을 면제한다(형법 제328조).

헌법재판소는 2024년 6월 27일 재판관 전원일치 의견으로, 직계혈족, 배우자, 동거친족, 동거가족 또는 그 배우자간의 권리행사방해죄는 그 형을 면제하도록 한 형법(2005. 3. 31. 법률 제7427호로 개정된 것) 제328조 제1항은 헌법에 합치되지 아니한다는 결정을 선고하였다[헌법불합치(적용중지)]. 심판대상조항이 규정하는 일률적 형면제로 인하여 구체적 사안에서 형사피해자의 재판절차진술권을 형해화하는 경우가 발생할 수 있는 점을 인정하여 입법자에게 입법개선을 명하는 적용중지 헌법불합치결정을 한 것이다. 헌법재판소는 심판대상조항의 위헌성을 제거하는 데에는, 현실적 가족·친족 관계와 피해의 정도 및 가족·친족 사이 신뢰와 유대의 회복가능성 등을 고려한 피해자의 가해자에 대한 처벌의 의사표시를 소추조건으로 하는 등 여러 가지 선택가능성이 있을 수 있으며, 입법자는 충분한 사회적 합의를 거쳐 그 방안을 강구할 필요가 있다고 보았다.

3. 소추조건(형사소송법상의 요건)

(1) 친고죄(親告罪)

친고죄란, 공소제기를 위하여 피해자 기타 고소권자의 고소가 있을 것을 요구하는 범죄를 말한다. 고소는 1심판결 전까지는 취소할 수 있다. 사자명예훼손죄, 모욕죄, 비밀침해죄, 업무상 비밀누설죄 등이 있다.

(2) 반의사불벌죄(反意思不罰罪)

반의사불벌죄란, 피해자의 명백한 의사에 반하여 처벌할 수 없는 범죄이다. 폭행죄, 존속폭행죄, 협박죄, 존속협박죄, 명예훼손죄, 출판물에 의한 명예훼손죄, 과실치상죄 등이 있다.

4. 범죄의 분류(종류)

국가적 법익을 침해하는 죄로는 국가 존립과 권위에 관한 내란죄·외환죄 등이 있고, 국가 기능에 대한 직무유기죄·뇌물죄·공무집행방해죄 등이 있다. 사회적 법익을 침해하는 죄에는 공공안전(방화·폭발물 관련), 공공신용(통화·유가증권·문서 관련), 공공위생(음용수·아편 관련), 사회도덕(성풍속·도박 관련)을 침해하는 범죄가 있고, 개인적 법익을 침해하는 죄로 생명·신체에 대한 살인죄·상해죄·낙태죄, 자유에 대한 체포죄·감금죄, 명예와 신용에 대한 명예훼손죄, 사생활의 평온에 대한 주거침입죄, 재산에 대한 절도죄·사기죄·횡령죄 등이 존재한다.

국가적 법익을 침해하는 죄	국가의 존립과 권위에 대한 죄	내란죄, 외환죄, 국기 국교(國交)에 관한 죄 등
	국가의 기능에 대한 죄	직무유기죄, 직권남용죄, 뇌물죄, 공무집행방해죄, 범인은닉도피죄, 위증죄, 증거인멸죄, 무고죄 등
사회적 법익을 침해하는 범죄	공공의 안전에 대한 죄	폭발물에 관한 죄, 방화 및 실화죄, 일수와 수리에 관한 죄, 교통방해의 죄
	공공의 신용에 대한 죄	통화에 관한 죄, 유가증권 인지와 우편에 관한 죄, 문서에 관한 죄, 인장에 관한 죄 등
	공공의 위생에 대한 죄	음용수에 대한 죄, 아편에 대한 죄 등
	사회도덕에 관한 죄	성풍속에 관한 죄, 도박과 복표에 관한 죄, 신앙에 관한 죄 등
개인적 법익을 침해하는 범죄	생명 신체에 대한 죄	살인죄, 폭행죄, 상해죄, 과실치상 치사죄, 낙태죄, 유기죄 등
	자유에 대한 죄	체포죄, 감금죄, 협박죄, 강요죄, 정조에 관한 죄, 약취죄, 유인죄 등
	명예와 신용에 대한 죄	명예, 신용업무와 경매에 관한 죄 등
	사생활의 평온에 대한 죄	비밀침해죄, 주거침해죄 등
	재산에 대한 죄	절도죄, 강도죄, 사기죄, 공갈죄, 횡령죄, 배임죄, 장물죄, 손괴죄, 권리행사방해죄 등

5. 고의범과 과실범

(1) 고의범

1) 의의

고의범은 행위자가 범죄사실을 명확히 인식하거나 의욕하면서 법이 금지하는 행위를 실행하는 것을 의미한다. 살인죄에서 '살해 의도'를 가지고 사람을 죽이는 경우나, 사기죄에서 '상대방을 기망할 의도'를 분명히 지닌 행위자 등이 전형적인 고의범에 해당한다.

2) 고의의 종류

고의는 크게 확정적 고의(직접적 고의)와 불확정적 고의로 구분될 수 있다. 확정적 고의(직접적 고의)는 행위자가 범죄 결과를 분명히 인식·의욕하는 경우를 말한다. 불확정적 고의는 결과발생을 완전히 확정하지는 않았으나, 결과 가능성을 예견하고 이를 묵인하거나 개괄적으로 용인하는 것을 뜻한다. 불확정적 고의는 미필적 고의, 택일적 고의, 개괄적 고의 등을 포괄한다.

미필적 고의란, 결과가 발생할 가능성을 알면서도, '설령 그 결과가 발생하더라도 어쩔 수 없다'고 용인하는 상태이다. 예를 들어 고속도로에서 과속 운전을 하며, '사고가 날 수도 있지만 그래도 그냥 달린다'고 생각하는 행위를 들 수 있다. 법원은 "살인죄의 범의에는 미필적 고의도 포함되며, 자기 행위로 피해자가 사망할 가능성을 인식하고 이를 용인하였다면 살인의 고의가 인정된다"고 판시하였다(대법원 1982. 11. 23. 선고 82도2024 판결).

택일적 고의란, 결과 발생이 확실하되, 객체가 둘 이상으로 '택일'될 수 있는 상황에서, 둘 중 누군가가 죽거나 다쳐도 무방하다고 인식하는 것을 의미한다. 총을 쏠 때 갑이나 을 둘 중 한 사람이 맞아도 상관없다고 생각하는 사례를 예로 들 수 있다.

개괄적 고의란, 결과 발생 객체가 다수이거나 시점이 확실치 않은 상태에서, '누구든지 사망하거나 피해를 입을 수 있다'고 무차별적으로 인식하는 경우를 말한다. 인파가 모인 광장에 자동차로 돌진해 '아무나 죽여도 좋다'고 인식하는 행위가 대표적 예이다.

(2)과실범

1)의의

과실범이란, 행위자가 정상적 주의의무를 다하지 못한 결과, 범죄사실을 인식하지 못하거나 방지하지 못하여 범죄를 발생시키는 경우를 말한다. 고의가 없어도 법률이 특별히 규정한 경우에 한해 처벌이 가능하다.

2) 과실의 종류

과실의 종류에는 업무상 과실, 중과실, 인식 있는 과실, 인식 없는 과실 등이 있다.

업무상 과실이란, 업무 종사자가 해당 업무에서 요구되는 상당한 주의의무를 현저히 게을리한 경우이다. 예를 들어 의사가 환자에게 수술 중 중대한 실수를 범해 사망에 이르게 하거나, 건설 현장 안전관리자가 안전 수칙을 소홀히 해 사고를 일으키는 상황이 이에 해당한다.

중과실이란, 보통의 과실보다 훨씬 정도가 큰 부주의로, 일반적인 사람이라면 당연히 인식할 위험성을 간과하는 경우를 의미한다. 가스통 옆에서 담배를 피워 폭발사고를 야기하는 것이 그 전형적 예이다.

인식 있는 과실이란, 결과 발생 가능성을 알고 있었지만, '자신에게는 일어나지 않을 것'이라고 안일하게 믿고 결국 사고를 일으키는 상태이다. 사냥터에서 사슴과 사람이 동시에 있음을 알면서도, '사람을 맞힐 리 없다'고 믿고 총을 쏘아 사람을 맞히는 경우가 대표적이다.

인식 없는 과실이란, 결과 발생 가능성을 전혀 인식하지 못한 상태에서 주의의무를 위반해 범죄를 일으키는 형태이다. 장전된 줄 모르고 총을 가지고 장난치다가 방아쇠를 당겨 상대를 사망하게 하는 일이 그 예이다.

3) 처벌

형법상 범죄는 고의범을 원칙적으로 처벌하되, 과실범은 법률에 별도로 규정이 있는 경우에 한해 인정된다. 예컨대 과실치사·과실치상·과실실화·과실일수 같은 범죄는 처벌조항이 있어 과실범으로 다뤄지지만, 과실손괴죄의 경우 별도 규정이 없어 처벌되지 않는다.

6. 미수범

(1) 미수는 당연히 가볍게 처벌되는가?

편의점 강도 미수 사건이 발생했는데, 가해자 A 씨는 흉기를 들고 편의점에 들어가 돈을 요구했지만, 종업원과 주변 시민들의 저지로 금품을 빼앗지는 못하고 달아났다. 경찰은 CCTV 영상을 통해 A 씨를 검거했고, A 씨 측은 "강도는 실행하려 했으나 실제로 피해가 발생하지 않은 '미수'에 그쳤다"는 점을 내세웠다.

'범죄가 끝까지 완성되지 않았다면 처벌이 당연히 가벼워지는가?', '단지 실행하려고 시도만 했다고 해도 범죄가 성립할 수 있는가?'라는 의문에 대하여 미수범이 무엇인지, 어떤 종류가 있는지, 각각의 경우에 어떤 수준으로 처벌되는지 알아본다.

(2) 기수범(旣遂犯)

기수범이란 범죄 실행에 착수하여 행위를 모두 마치고, 그 결과가 실제로 발생한 범죄(또는 범죄자)를 말한다. 즉, 범죄의 구성요건이 완전히 충족되어, 해당 범죄의 결과가 기수(旣遂) 상태에 이른 경우를 가리킨다. 살인죄에서 사람이 실제로 사망에 이르렀다면 기수범이 되고, 절도죄에서 재물을 완전히 취득해 점유가 이전되었다면 기수범에 해당한다. 법원은 "절도죄는 타인의 점유를 침탈하여 재물을 자기의 사실상 지배하에 옮겼을 때 기수에 이르며, 반드시 물건을 완전히 옮겨 놓을 필요는 없다"고 판시하였다(대법원 2010. 5. 27. 선고 2010도3238).

(3) 미수범(未遂犯)

미수범은 범죄 실행에 착수하였으나, 행위를 종료하지 못했거나 결과가 발생하지 않은 경우를 말한다. 범죄의 구성요건 중 일부만 충족되어 결과 발생에 이르지 못한 형태로, 형법상 기수범보다 사회적 위험성이 상대적으로 작다고 평가되기도 한다.

1) 중지미수(中止未遂)

중지미수는 범인이 자발적으로 범행을 중단하거나, 이미 개시된 행위로 인한 결과 발생을 스스로 막은 경우를 뜻한다. 이러한 중단이나 방지 행위는 '자의성'이 인정되어야 중지미수로 평가된다.

[자의성 부정 판례]

① 강간죄에서 피해 부녀의 어린 딸이 잠에서 깨어 우는 상황이 생기거나, 시장에 간 남편이 곧 돌아오고 임신 중이라는 말을 듣고 도주하는 경우(대판 1993. 4. 13. 93도347)는 외부적 사정 때문에 범행이 중단된 것이므로 자의적 중단이라고 볼 수 없다.

② 강간죄에서 피해 부녀가 수술한 지 얼마 되지 않아 배가 아프다고 애원하여 범인이 그만둔 사례(대판 1992. 7. 28. 92도917) 역시, 범행 의지를 꺾은 것이 아니라 외부 상황으로 인해 행위를 중단한 것에 불과하므로 자의성이 부정된다.

③ 피고인이 장롱 안 옷가지에 불을 붙여 건물을 방화하려다 불길이 치솟는 걸 보고 겁이 나서 물을 부어 불을 끈 사안(대판 1997. 6. 13. 97도957)도 두려움으로 인해 중단된 것이어서 자의적 중지로 보기 어렵다.

④ 피고인이 피해자를 살해하기 위해 목과 가슴 부위를 여러 차례 찌른 뒤, 많은 피를 보고 겁을 먹어 범행을 멈춘 사례(대판 1999. 4. 13. 99도640)도 범행 중단이 스스로의 결의에 따른 것이 아니라 외부적 충격 때문이므로 자의성이 부정된다.

[자의성 긍정 판례]

강간죄를 실행하려던 피고인이, 피해자로부터 '다음번에 만나서 친해지면 응해 주겠다'라는 이야기를 듣고 범행을 멈춘 뒤, 그 피해자를 차에 태워 집까지 데

려다주었다는 사안(대판 1993. 10. 12. 93도1851)은 피고인이 적극적으로 범행 의지를 꺾었다고 평가되어 자의성이 인정된 사례에 해당한다.

2) 장애미수(障礙未遂)

장애미수는 범행자가 스스로 실행에 착수했으나, 외부적 장애가 개입해 범죄가 끝까지 이루어지지 못한 경우를 말한다. 살인죄에서 총을 쐈지만 명중하지 않아 사람을 죽이지 못했거나, 칼로 찌르는 도중에 제삼자의 제지로 더는 범행을 진행할 수 없게 된 상태 등이 대표적 예시다.

3) 불능미수(不能未遂)

불능미수는 범행할 의사로 실행에 착수했으나, 처음부터 수단·대상 등의 착오로 결과가 발생할 수 없었던 상황임에도 그 행위가 위험성을 띠면 처벌받는 경우를 뜻한다. 결과 발생이 실질적으로 불가능함에도, 행위 자체가 일정한 위험을 내포할 경우 불능미수로 처벌 대상이 된다.

이와 달리 결과 발생 가능성이 전혀 없고, 위험성도 없는 행위를 '불능범'이라 하며, 불능범은 처벌되지 않는다. 예컨대 이미 사망한 시신을 살해하려고 칼로 찌르는 행위처럼 결과 발생과 위험성 모두 결여된 상태는 불능범으로 취급되어 죄가 성립하지 않는다.

(4) 처벌

우리 형법은 기수범뿐만 아니라, 미수범에 대해서도 각 법조항에서 처벌 가능성을 규정하고 있다. 단, 미수범은 범행이 완성되지 않았다는 점을 감안하여 법정형보다 낮게 처벌할 수 있는 임의적 감경 제도를 인정한다. 그 취지는 범죄의 결과가 현실적으로 발생하지 않았거나, 행위가 중단된 점을 고려하여 가벌성을 완화하는 데 있다.

핵심 요약

- 중지미수란 범죄의 실행에 착수한 자가 그 범죄가 기수에 이르기 전에 자의로 범행을 중지하거나 범행으로 인한 결과의 발생을 방지한 경우를 말한다.
- 장애미수란 행위자가 의외의 장애로 인하여 자신의 의사에 반하여 범죄를 완성하지 못한 경우를 말한다.
- 불능미수란 행위자가 범죄의사로 실행하였으나 처음부터 결과 발생이 불가능하고 다만 위험성이 있기 때문에 미수범으로 처벌되는 경우를 말한다.

7. 공범

(1) 단독범과 공범

사례

한 온라인 커뮤니티에서 SNS 음란물 불법 공유 사건이 적발되어 사회적 파장을 일으켰다. 불법 촬영물이나 음란물을 업로드하고, 이를 여러 사람이 조직적으로 퍼 나르는 과정에서 상당수가 연루된 것이다. 경찰의 수사 결과, 범행을 주도한 사람이 있는가 하면, 단순히 '링크만 전달해 달라'는 지시에 따라 공유한 사람, 처음부터 유포 계획에 참여한 사람 등 다양한 역할을 한 여러 피의자들이 드러났다.
이러한 경우에 범행을 함께 실행한 사람들은 모두 처벌 대상이지만, 그 방식과 역할에 따라 공동정범, 교사범, 종범 등 법적 지위가 달라져 처벌 수위도 달라질 수 있다. 이는 형사 책임을 묻는 과정에서 매우 중요한 요소다. 그렇다면 공범 관계란 무엇이며, 어떤 기준으로 구분되는 것일까?

1) 단독범

단독범은 혼자서 단독으로 범행을 저지르는 경우이다.

2) 공범

공범은 두 사람 이상이 협력·가공하여 범죄를 실현하는 것으로서, 이에는 공동정범, 교사범, 종범, 간접정범이 있다.

가. 공동정범(共同正犯)—2인 이상이 공동하여 죄를 범한 때에는 각자를 그 죄의 정범으로 처벌한다(형법 제30조). "형법 제30조의 공동정범은 공동으로 범죄를 저지르려는 의사 아래 공범자들이 협력하여 범행을 분담함으로써 범죄의 구성요건을 함께 실현한 경우를 말한다"(대법원 2017. 4. 26. 선고 2016도19659 판결).

나. 간접정범(間接正犯)—타인을 도구로 이용하여 간접적으로 범죄를 실현하는 것이다. 정신병자를 교사하여 살인을 하는 것 등을 말한다. 어느 행위로 인하여 처벌되지 아니하는 자 또는 과실범으로 처벌되는 자를 교사 또는 방조하여 범죄행위의 결과를 발생시킨 자는 교사 또는 방조의 경우와 같이 처벌한다(형법 제34조 제1항). 법원은 "보증인이 아닌 자가 허위 보증서 작성의 고의 없는 보증인들을 이용하여 허위의 보증서를 작성하게 한 경우, 부동산소유권 이전등기 등에 관한 특별조치법 제13조 제1항 제3호에 정한 '허위보증서작성죄'의 간접정범이 성립한다"고 판시하였다(대법원 2009. 12. 24. 선고 2009도7815 판결).

다. 교사범(敎唆犯)—타인을 교사하여 죄를 범한 자는 죄를 실행한 자와 동일한 형으로 처벌한다(형법 제31조 제1항). 교사를 받은 자가 범죄의 실행을 승낙하고 실행의 착수에 이르지 아니한 때에는 교사자와 피교사자를 '음모 또는 예비'에 준하여 처벌한다(형법 제32조 제2항). 교사를 받은 자가 범죄의 실행을 승낙하지 아니한 때에도 교사자에 대하여는 전항(예비·음모)과 같다(형법 제32조 제3항). 법원은 "교사자가 피교사자에 대하여 상해 또는 중상해를 교사하였는데 피교사자가 이를 넘어 살인을 실행한 경우 일반적으로 교사자는 상해죄 또는 중상해죄의 교사범이 되지만 이 경우 교사자에게 피해자의 사망이라는 결과에 대하여 과실 내지 예견가능성이 있는 때에는 상해치사죄의 교사범으로서의 죄책을 지울 수 있다"고 판시하였다(대법원 1993. 10. 8. 선고 93도1873 판결).

라. 종범(從犯)—타인의 범죄를 '방조'한 자는 종범으로 처벌하는데(형법 제32조 제1항), 종범의 형은 정범의 형보다 감경한다(형법 제32조 제2항). 법원은 "공동정범의 본질은 행위자들이 공동의 의사로 역할을 분담하여 기능적 행위지배를 하고 있는 것임에 반하여, 종범은 그러한 행위지배가 없다는 점에서 양자가 구별된다"고 판시하였다(대법원 2017. 5. 17. 2017도2573).

마. 필요적 공범(必要的 共犯)—필요적 공범이란, 구성요건상 범죄가 성립하기 위해서는 처음부터 다수인의 공동을 필요로 하는 경우이다. 이에는 집합범과 대향범이 있다. 집합범이란, 다수인이 동일한 방향에서 공동으로 작용하는 범죄로서 소요죄, 내란죄 등이 있고, 대향범이란, 2인 이상이 대향적 협력에 의하여 성립하는 범죄로서, 뇌물에 있어서 수뢰죄와 증뢰죄 등이 있다. 법원은 "뇌물공여죄와 뇌물수수죄 사이와 같은 이른바 대향범 관계에 있는 자는 강학상으로는 필요적 공범이라고 불리고 있으나, 서로 대향된 행위의 존재를 필요로 할 뿐 각자 자

핵심 요약

- 공동정범이란 2인 이상의 자가 공동의 범행계획에 따라 각자 실행의 단계에서 본질적인 기능을 분담하여 이행함으로써 성립하는 정범형태를 말한다.
- 간접정범이란 타인을 생명 있는 도구로 이용하여 간접적으로 범죄를 실행하는 정범형태를 말한다.
- 교사범이란 타인을 교사하여 범죄실행의 결의를 생기게 하고 이 결의에 의하여 범죄를 실행하게 하는 자를 말한다.
- 종범(방조범)이란 타인의 범죄를 방조하는 자를 말한다.
- 필요적 공범이란 구성요건 자체가 처음부터 2인 이상이 참가해서만 실행할 수 있고 1인이 단독으로는 실행이 불가능하도록 규정된 공범형태를 말한다.

신의 구성요건을 실현하고 별도의 형벌규정에 따라 처벌되는 것이어서, 2인 이상이 가공하여 공동의 구성요건을 실현하는 공범관계에 있는 자와는 본질적으로 다르며, 대향범 관계에 있는 자 사이에서는 각자 상대방의 범행에 대하여 형법 총칙의 공범규정이 적용되지 아니한다"고 판시하였다(대법원 2015. 2. 12. 선고 2012도 4842 판결).

III. 형벌론

사례

잔혹한 연쇄살인 사건이 큰 사회적 공분을 일으켰다. 범행 수법이 매우 악랄했기에, 일각에서는 '사형을 다시 적극적으로 집행해야 한다'는 목소리가 높아졌다. 동시에 '과연 엄벌만이 답인가? 징역이나 벌금형 등 다른 형벌 제도의 실효성을 재점검해야 한다'는 반대 의견도 제기되었다.

이처럼 형벌은 단순히 범죄자를 처벌하기 위해서만 존재하는 것이 아니라, 사회 질서 유지와 범죄 예방이라는 목적을 지닌다. 그렇다면 우리 형법이 규정하는 다양한 형벌 유형(생명형·자유형·재산형 등)은 각각 어떤 특징을 가지고 있으며, 어떻게 적용될까?

1. 형벌의 의의

형벌이란 범죄자로 확정된 자에 대해 국가가 공권력을 동원하여 일정 절차에 따라 가하는 제재이다. 이러한 제재는 단순 응징뿐 아니라, 범죄자를 교육해 재범을 방지하고 사회 복귀를 돕는 교화 목적을 함께 지닌다.

2. 형벌의 목적

형벌은 범죄자에 대한 응보와 교화라는 이중 목적을 갖는다. 응보형주의와 예방형주의로 대표되는 견해들은 역사적으로 형벌 목적에 대한 다양한 논의를 전개해 왔다.

(1) 응보형주의

응보형주의는 '범죄행위에 상응하는 처벌이 정의 실현에 부합한다'고 주장하며, 범죄자에게 합당한 형벌을 부과하는 것을 궁극적 목표로 삼는다. "지구가 멸망하더라도 정의는 확립되어야 한다"라는 표현으로 대표되듯, 죄에 대한 대가를 치르게 하는 것이 최우선 가치라고 본다.

(2) 예방형주의

1) 일반예방주의

일반예방주의는 모든 국민을 잠재적 범죄자로 상정하고, 엄중한 처벌을 통해 일반인들에게 공포감·위하(威嚇)를 주어 범죄를 막고자 한다. 이는 죄형법정주의를 엄격히 지지하며, 사형제도에 찬성하는 입장과도 자주 결합된다.

2) 특별예방주의

특별예방주의는 범죄자의 교화와 재사회화에 초점을 맞춘다. 범죄자를 단순 처벌하는 데 그치지 않고, 다시 범죄를 저지르지 않도록 적극적인 치료와 교육을 제공해 사회 복귀를 지원하는 것이다. 이는 보안처분 등을 강조하며, 사형제도에 반대하는 경향이 강하다.

3. 형벌의 종류

형벌은 생명형·자유형·명예형·재산형 등 여러 유형으로 분류될 수 있다.

먼저 생명형으로는 사형(死刑)이 있는데, 이는 극히 중대한 범죄에 대한 형벌로 범죄자의 생명을 박탈한다. 자유형에는 징역(懲役)·금고(禁錮)·구류(拘留) 등이 포함되며, 징역은 1개월 이상 구금과 함께 강제노역을 부과하고, 금고는 구금하지만 노역은 부과하지 않는다. 구류는 1일 이상 30일 미만의 짧은 기간 동안 구금하되, 강제노역이 없는 점이 징역이나 금고와 다르다.

명예형인 자격상실과 자격정지는, 특정 자격을 영구 박탈하거나 일정 기간 동안 그 자격을 제한함으로써 범죄인에게 사회적·직업적 불이익을 부여하는 형벌이다.

재산형인 벌금(罰金)은 5만 원 이상의 금전을 징수하고, 과료(科料)는 2천 원 이상 5만 원 미만의 금전을 징수한다. 몰수(沒收)는 범죄행위와 관련된 물건이나 대가를 국가에 귀속시키는 것으로, 다른 형을 선고할 때 함께 부가하는 형벌이다.

4. 형의 결정

(1) 형기의 결정

1) 법정형(法定刑)

법정형은 형법 각 조항에서 일정 범죄에 대해 미리 정해둔 추상적인 형벌 범위를 의미한다. 가령 "5년 이하의 징역" 또는 "2년 이상 15년 이하의 징역" 등으로, 해당 범죄에 적용되는 형량 폭이 명시되어 있다.

2) 처단형(處斷刑)

처단형은 법정형을 구체적 사건에 적용하는 과정에서, 법률상·재판상 가중이나 감경 요소를 모두 반영해 산정한 형벌 범위를 말한다. 범죄인의 전과, 범행동기, 수단·결과, 자수 여부 등 각종 요소가 고려되어 형량이 가중·감경되면 그 결과로 처단형이 도출된다.

3) 선고형(宣告刑)

선고형은 법원이 처단형 범위 내에서 최종적으로 피고인에게 선고하는 형벌을 말한다. 법정형(추상적) → 처단형(구체적 범위) → 선고형(확정적 형량) 순으로 형을 결정하며, 판사는 사건 전후 상황을 종합해 선고형을 확정한다.

(2) 형의 감경

1) 임의적 감경

임의적 감경은 법원이 재량적으로 형량을 낮출 수 있도록 허용된 제도이다. 과잉방위·과잉피난·과잉자구행위, 미수범, 불능미수, 자수·자복, 외국에서 형을 집행받은 경우, 심신미약 등이 대표적인 예로, 이때는 법관이 상황을 고려해 형량을 줄일 수 있다.

2) 필요적 감경

필요적 감경은 농아자, 중지범, 종범(방조범) 등과 같이 법률에 의해 반드시 형을 감경해야 하는 경우를 말한다. 즉, 법원이 재량 없이 형량 감경을 해야 하므로 임의적 감경과 구분된다.

5. 형의 선고유예 및 집행유예 등

(1) 선고유예

선고유예는 1년 이하의 징역·금고·자격정지·벌금형에 해당하는 경미 범죄에서, 전과가 없고 범죄를 깊이 반성한 피고인에게 일정 기간 선고를 미루는 제도다. 기간 동안 아무 문제 없이 지내면 면소 등 혜택을 얻을 수 있어 실형을 면하게 된다.

(2) 집행유예

집행유예는 3년 이하 징역이나 금고를 선고하는 상황에서, 특정 결격사유가 없는 경우 1-5년 범위 내에서 형의 집행을 유예하는 제도다. 유예기간 중 범죄 없이 성실히 생활하면 선고된 형의 집행이 면제되지만, 위반 시에는 집행유예가 취소되어 실형이 집행될 수 있다.

(3) 가석방

가석방은 자유형을 집행 중인 수형자가 무기형인 경우 20년, 유기형인 경우 형기의 3분의 1을 경과하고 행실이 양호하며 진심으로 뉘우치는 태도를 보일 때 일시 석방하는 제도다. 이후 특별한 사유가 없어 가석방이 취소되지 않으면, 잔여 형기 없이 형집행이 종료된 것으로 간주한다.

6. 보안처분

(1) 의의

보안처분은 범죄 행위자에게서 나타난 장래 위험성을 예방하고, 사회를 방위하기 위해 형벌과는 별개로 부과되는 형사정책적 제재를 말한다. 형벌이 범죄에 대한 응보와 일반예방·특별예방 기능을 가진다면, 보안처분은 행위자의 개선·재사회화 및 재범 방지에 집중한다.

(2) 보안처분의 유형

1) 보호관찰(保護觀察)

보호관찰은 선고유예, 집행유예, 가석방, 보호처분 등을 받은 사람이 교정시설에 구금되지 않고, 정상적인 사회생활을 유지하면서 보호관찰관의 지도·감독을 받도록 하는 제도다. 일정 의무사항을 지키는 조건으로 자유를 인정함으로써, 범죄인의 재범을 막고 사회 적응을 촉진한다.

2) 수강명령(受講命令)

수강명령은 일정 시간 강의나 체험학습을 통해 범죄성을 개선하도록 유도하는 제도다. 주로 마약·가정폭력·성폭력 사범에게 부과되며, 전문 프로그램을 통해 범죄 재발 가능성을 낮추는 목적이 있다.

3) 사회봉사명령(社會奉仕命令)

사회봉사명령은 일정 시간 무보수로 공익적 근로 활동(복지시설·공공시설 봉사 등)을 하게 하는 제도다. 범죄 피해에 대한 속죄나 책임 감각을 부여하고, 구금에 필요한 예산을 절감하며 처벌 효과를 달성하는 장점이 있다.

4) 치료감호(治療監護)

치료감호는 금고 이상의 형에 해당하는 범죄를 저지른 자 중, 장애가 있거나 마약·알코올 등 중독이 있는 이들을 치료감호시설에 입원시켜 치료하는 제도다. 단순 교정에 그치지 않고 전문적 치료를 제공함으로써, 재범 방지 효과를 기대할 수 있다. 특히 마약사범의 경우 교도소가 아닌 치료감호시설을 통해 집중 치료를 받도록 하는 것이 재범률을 낮추는 데 유리하다는 평가가 존재한다.

핵심 요약

- 형벌의 목적은 응보·예방·교화·사회복귀 등을 종합적으로 고려하여, 범죄의 성격·행위자의 상황에 따라 적합한 처벌을 선택해 사회 안정과 인권 보호의 균형을 추구하는 것에 있다.
- 생명형(사형)은 가장 극단적인 형벌로서, 우리나라에서 실제 집행은 사실상 중단된 상태이다.
- 자유형(징역·금고·구류)은 신체의 자유를 박탈해 교화·재범방지 효과를 추구한다.
- 재산형(벌금·과료·몰수)은 경제적 불이익을 부과하거나 불법 재산을 환수하는 데 목적이 있다.

■ 전민형

|4부| 절차법

제7장 민사소송법

사례

고길동 씨는 친구인 이변명 씨가 갑작스러운 가정 문제로 큰돈이 필요하다고 간곡히 부탁하자, 믿고 1억 원을 빌려주었다. 그러자 이변명 씨는 "정말 미안하지만, 1년 안에 반드시 갚겠다"라고 약속했다. 그러나 1년이 지나도록 아무 소식도 없고, 이변명 씨는 연락조차 잘 받지 않았다. 답답한 마음에 고길동 씨가 어렵게 연락을 취하자 이변명 씨는 "부모님 병원비로 생각보다 돈이 많이 들어갔다. 조금만 더 기다려 달라"며 사정을 호소했다. 고길동 씨는 친구의 어려움을 이해하고 다시 기다려 주기로 했다.

하지만 그 후에도 이변명 씨는 돈을 갚지 않았고, 연락할 때마다 "이번에는 갑자기 자동차가 고장 나서 수리비가 많이 들었다"거나 "급하게 이사를 해야 하는 상황이 생겨서 이사 비용으로 다 썼다"라며 계속해서 변명만 늘어놓았다. 시간이 흘러 2년이 지나도록 돈을 갚을 기미가 보이지 않자, 고길동 씨는 더는 기다릴 수 없다고 판단하여 민사소송을 제기하려고 한다. 고길동 씨는 소송 절차를 어떻게 시작할까? 소송은 어떻게 전개될까?

I. 민사소송제도

1. 의의

돈을 빌려줬는데 갚지 않거나 계약을 어겨 손해를 입히는 경우 이를 해결하기 위한 법적 절차가 필요하다. 민사소송이란 사법상의 권리나 의무를 둘러싸고 발생하는 분쟁을 국가 공권력에 의해 해결하는 절차이다. 민사소송은 다음과 같이 형사소송, 행정소송, 가사소송과 구별된다. 또한 권리 구제를 위해 소송 제도 이외의 방법이 마련되어 있다.

(1) 형사소송

형사소송은 국가가 범죄에 대해 형벌권의 행사하는 점에서 사법상의 권리·의무를 대상으로 하는 민사소송과 구별된다. 형사소송에서는 당사자의 의사만으로 사건을 자유롭게 처분할 수 없지만, 민사소송에서는 사건은 당사자의 의사에 따라 자유롭게 처분할 수 있다. 또한 형사소송은 공소제기와 증거수집 등이 검사의 역할로 이루어진다는 점에서, 소송의 결과가 개인에게 달려 있는 민사소송과 구별된다.

(2) 행정소송

행정소송은 국가가 행정권을 행사하거나 공법상 권리관계에 대한 분쟁을 다루는 사건(행정 사건)을 대상으로 한다. 행정소송은 행정 사건의 특수성을 고려하여 임의적 행정심판전치주의, 직권탐지주의 등 절차상의 특별 규정을 제외하고 민사소송의 규정을 준용하고 있다.

(3) 가사소송

가사소송은 가사와 관련된 사건을 다루며, 그 절차는 가사소송법에 따라 진행된다. 가사소송절차도 가사소송법에 특별한 규정이 있는 경우를 제외하고는 민사소송법에 따른다.

(4) 대체적 분쟁해결제도

민사분쟁을 해결하기 위해 민사소송 외에도 다양한 제도가 발전해 왔다. 분쟁 해결 당사자가 보다 자율적으로 신속하고 경제적으로 민사분쟁을 해결할 수 있는 방법을 통틀어 대체적 분쟁 해결(Alternative Dispute Resolution, ADR)이라고 한다. 여기에는 화해, 조정, 중재 등이 있다.

화해에는 재판 외의 화해와 재판상 화해가 있다. 재판 외의 화해는 민법상의 화해계약을 의미하며, 재판상 화해는 법원의 개입으로 이루어지며 확정판결과 동일한 효력을 가진다. 조정은 제삼자의 도움을 받아 양측의 주장을 절충하여 분쟁을 원만하게 해결하는 절차이다. 중재란 분쟁 당사자가 사인인 제삼자 중재인의 판정에 따르기로 합의하여 그에 따른 심판절차에 의해 분쟁을 해결하는 절차를 의미한다.

2. 민사소송제도의 이상과 신의칙

(1) 민사소송제도의 이상

민사소송의 이상은 적정, 공평, 신속, 경제이다. 민사소송법 제1조 제1항에서는 "법원은 소송절차가 공정하고 신속하며 경제적으로 진행되도록 노력하여야 한다"고 규정하고 있다. 공정에서 적정과 공평을 도출할 수 있는데 여기서 '적정'이란 사실의 인정이 진실과 부합하고 법규의 해석·적용이 정당해야 한다는 것이다. '공평'이란 양 당사자를 동등하게 대우하며, 각자가 자신의 이익을 주장할 기회를 평등하게 제공하는 것을 의미한다. '신속'이란 소송을 가능한 한 빠르게 완결하는 것이다. 마지막으로 '경제'란 법원과 당사자에게 소송 비용의 부담을 최소화하고, 재정적 능력이 없는 사람도 소송제도를 쉽게 이용할 수 있도록 배려하는 것을 뜻한다.

(2) 신의성실의 원칙

민사소송법 제1조 제2항에서는 "당사자와 소송관계인은 신의에 따라 성실하게 소송을 수행하여야 한다"라고 하여 신의성실의 원칙(신의칙)을 규정하고 있다. 당사자와 소송관계인이 신의성실의 원칙에 따라 소송을 수행할 때, 비로소 법원은 민사소송의 네 가지 이상을 실현할 수 있게 된다.[1]

---

1 정동윤·유병현·김경욱, 《민사소송법》(법문사, 2020), 32쪽.

II. 소송의 개시

민사소송절차의 개요

소의 제기(원고의 소장 제출)
↓
소장심사
↓
피고에게 소장부본 전달
↓
피고의 답변서 제출
↓
변론준비절차
↓
변론기일(집중증거조사기일)
↓
판결

1. 소의 제기

소송절차는 원고가 법원에 소를 제기함으로써 시작된다. 민사소송은 당사자주의에 따르므로 원고는 법원에 소장을 제출하여야 소송이 비로소 개시된다. 법원에 소장을 제출하면 소장이 접수된 때 소가 제기된 것으로 본다. 소장에는 당사자와 법정대리인, 청구의 취지와 원인을 적어야 한다.

소의 종류는 이행의 소, 확인의 소, 형성의 소가 있다. 이행의 소란 원고가 피고에 대해 특정한 이행청구권을 주장하여 이를 확인하고 그에 따른 이행을 명령하는 판결을 구하는 소이다. 예를 들면, 원고가 피고에게 빌려준 1억 원을 돌려받기 위해 소를 제기하는 경우를 들 수 있다. 확인의 소란 특정한 권리나 법률관계의 존재나 부존재를 주장하여 이를 확인하는 판결을 구하는 소이다. 예컨대 부동산 소유자가 해당 부동산의 소유권자가 자신이라는 것을 확인받으려는 경우를 말한다. 형성의 소란 기존 법률관계의 변경을 일으키는 일정한 법률요건의 존재를 주장하여 그 변경을 선고하는 판결을 구하는 소이다. 대표적으로 공유물분할의 소, 이혼소송이 여기에 속한다.

소장이 접수되면 법원은 피고에게 소장 부본을 송달하여 제소된 사실을 알리며 답변서를 제출할 것을 요구한다(민사소송법, 제255조)[2]. 피고가 원고의 청구를 다투는 경우에는 소장의 부본을 송달받은 날부터 30일 이내에 답변서를 제출하여야 한다(제256조 제1항). 다만, 피고가 공시송달의 방법에 따라 소장의 부본을 송달받은 경우에는 그러하지 아니하다(동항 단서).

법원은 피고가 답변서를 제출하지 아니한 때에는 청구의 원인이 된 사실을

전자소송

2010년 3월 24일 민사소송 등의 정보화를 촉진하고 신속성, 투명성을 높여 국민의 권리 실현을 위해 〈민사소송 등에서의 전자문서 이용 등에 관한 법률〉이 제정·시행되었다. 이에 따라 민사소송 등에서 법원에 제출할 서류를 전산 정보처리시스템을 이용하여 전자문서로 제출할 수 있게 되었다.

전자소송을 이용하기 위해서는 실명 확인 가능한 전자서명 인증서가 필요하며 사용자등록을 하여야 한다(동법 제6조). 전자소송 절차 진행에 동의하는 경우 소송서류는 전자문서로 제출할 수 있다. 사건이 어떻게 진행되고 있는지 실시간으로 확인하고 자신의 컴퓨터로 기록 열람·발급도 가능하다. 전자소송을 더욱 쉽게 사용하기 위한 관련 법규가 꾸준히 제·개정되고 있으며, 전자 시스템 개선을 위한 노력이 이루어지고 있다.

2 이하 민사소송법 법명은 생략한다.

소 장 (예시)

사 건 명

원 고 성명: 주민등록번호(-)
주소:
연락 가능한 전화번호:

1. 피 고 성명: 주민등록번호(-)
주소:
연락 가능한 전화번호:

2. 피 고 성명: 주민등록번호(-)
주소:
연락 가능한 전화번호:

청 구 취 지

1. 피고는 원고에게 원 및 이에 대하여 소장부본 송달 다음 날부터 다 갚는 날까지 연 12%의 비율로 계산한 돈을 지급하라.
2. 소송비용은 피고가 부담한다.
3. 제1항은 가집행할 수 있다.

라는 판결을 구합니다.

청 구 원 인

1.

2.

3.

입 증 방 법

1.

2.

첨 부 서 류

1. 소송비용(인지, 송달료)납부서 각 1부
1. 위 입증서류 각 1통
1. 소장부본 1부

20 . . .

원고 서명 또는 날인

법원 귀중

답 변 서 (예시)

사건번호 20 가단(합, 소) [담당재판부: 제 (단독)부]

원 고 이름:

주소:

피 고 이름: (주민등록번호 -)

주소: (연락 가능한 전화번호)

위 사건에 관하여 피고는 다음과 같이 답변합니다.

청구취지에 대한 답변

청구원인에 대한 답변

20 . . .

피고 서명 또는 날인

법원 귀중

자백한 것으로 보고 변론 없이 판결할 수 있다(제257조 제1항). 또한 피고가 청구의 원인이 된 사실을 모두 자백하는 취지의 답변서를 제출하고 따로 항변하지 아니할 때에도 무변론판결을 하게 된다(동조 제2항). 피고가 원고의 청구를 다투면서 답변서를 제출하면 소송이 진행된다.

2. 법원

원고가 특정 법원에 소를 제기하여 법적 판단을 구하는 경우 그 소를 제기받은 법원을 수소법원이라고 하며, 민사재판권을 수행하는 기관을 뜻한다. 민사사건을 담당하는 민사법원에는 지방법원, 고등법원, 대법원이 있으며, 지방법원의 일부 업무를 처리하기 위해 지원과 시·군 법원이 설치되어 있다. 아울러 가정법원과 행정법원도 민사사건을 병합하여 처리한다.

(1) 법관의 제척·기피·회피 제도

구체적인 사건을 담당하는 법관이 해당 사건의 당사자나 청구와 특수한 관계에 있어 공정한 재판이 어려울 우려가 있는 경우, 그 법관을 해당 사건에서 배제하기 위해 제척·기피·회피 제도를 운영하고 있다.

제척은 법정사유가 있을 경우 법관이 법률상 당연히 그 사건에 대한 직무를 집행할 수 없는 것을 말한다(제41조). 기피는 제척사유 외에 법관에게 공정한 재판을 기대하기 어려운 사정이 있는 때에는 당사자의 신청에 따른 재판에 의해 법관이 당해 사건의 직무에서 배제되는 것이다(제43조). 회피란, 법관은 제척 또는 기피 사유가 있는 경우에는 스스로 직무집행을 피하는 것으로, 감독권이 있는 법원의 허가를 받아 회피할 수 있다(제49조).

(2) 법관의 제척이유

법관의 제척이유를 살펴보면 ① 법관 또는 그 배우자나 배우자였던 사람이 사건의 당사자가 되거나, 사건의 당사자와 공동권리자·공동의무자 또는 상환의무자의 관계에 있는 때, ② 법관이 당사자와 친족의 관계에 있거나 그러한 관계에 있었을 때, ③ 법관이 사건에 관하여 증언이나 감정을 하였을 때, ④ 법관이 사건당사자의 대리인이었거나 대리인이 된 때, ⑤ 법관이 불복사건의 이전 심급의 재판에 관여하였을 때(다른 법원의 촉탁에 따라 그 직무를 수행한 경우에는 제외)이다(제41조).

(3) 관할

수많은 민사사건을 한 법원에서 모두 처리할 수 없으므로 사건을 나누어 처리하고 있다. 이와 같이 법원 간에 재판권의 행사에 대한 분담을 정하는 것을 관할이라고 한다. 관할에는 다양한 기준에 따라 직무관할, 사물관할, 토지관할 등이 있다.

민사소송법은 피고의 보통재판적이 있는 곳의 법원에 소를 제기할 수 있다고 규정하고 있다(제2조). 사람의 보통재판적은 주소에 따라 정하므로 소는 피고의 주소가 있는 곳의 법원이 관할한다(제3조). 다만, 대한민국에 주소가 없거나 주소를 알 수 없는 경우에는 거소에 따라 정하고, 거소가 일정하지 아니하거나 거소도 알 수 없으면 마지막 주소에 따라 정한다(동조 단서). 법인의 보통재판적은 주된 사무소 또는 영업소가 있는 곳에 따라 정하고, 사무소와 영업소가 없는 경우에는 주된 업무담당자의 주소에 따라 정한다. 또한, 국가의 보통재판적은 그 소송에서 국가를 대표하는 관청 또는 대법원이 있는 곳으로 한다(제4조).

3. 당사자

당사자는 법원과 함께 소송절차를 진행하는 주체 중 하나로, 자신의 이름으로 소를 제기하는 사람과 그 상대방을 의미한다. 당사자와 관련해 알아야 할 개념으로 당사자확정, 당사자능력, 소송능력, 변론능력, 당사자적격 등이 있다.

(1) 당사자확정

당사자확정은 현실의 소송에서 누가 실제로 당사자인지 명확히 하는 것을 말한다. 당사자로 해석되는 사람이 잘못 표기되거나 부정확한 경우, 당사자는 동일성을 유지하는 범위 내에서 이를 수정할 수 있으며, 이를 당사자표시정정이라고 한다.

(2) 당사자능력

당사자능력이란 민사소송의 당사자가 될 수 있는 일반적 능력으로, 일반적으로 당사자(원고와 피고, 참가인)가 될 수 있는 능력을 말한다. 기본적으로 민법상 권리능력을 가진 자는 당사자능력을 가지며, 소송에서의 당사자능력은 민법상의 권리능력보다 더 넓은 개념으로 이해된다. 법인이 아닌 사단이나 재단은 대표자 또는 관리인이 있는 경우에는 그 사단이나 재단의 이름으로 당사자가 될 수 있다.

(3) 소송능력

소송능력은 소송당사자로서 유효하게 소송행위를 하거나 이를 받기 위해 갖추어야 할 능력을 의미한다. 이는 민법상의 행위능력에 대응하는 개념으로 소송법상의 행위능력이라고 할 수 있다. 미성년자의 경우 소송무능력자이므로 원칙적으로 대리인에 의해 소송이 가능하나 미성년자가 독립하여 법률행위를 할 수 있는 경우, 혼인한 경우 등은 소송능력이 인정된다.

(4) 변론능력

변론능력이란 법원에 출정하여 법원에 대해 유효하게 소송행위를 수행할 수 있는 능력을 말한다. 일반적으로 본인소송이 인정되므로 소송능력자는 원칙적으로 변론능력을 가진다. 이는 소송절차의 원활하고 신속한 진행을 도모하며, 사법제도를 건전하게 운영하는 데 기여하기 위한 것이다.

(5) 당사자적격

당사자적격이란 특정 소송에서 당사자로서 소송을 수행하며 본안판결을 받을 수 있는 자격을 의미한다. 당사자적격은 특정한 소송과의 관계에서 검토해야 한다는 점에서 당사자능력과 구별된다. 예를 들어, 이행의 소에서는 자신에게 이행청구권이 있다고 주장하는 사람이 원고적격을 가지며, 원고가 의무자라고 주장한 사람이 피고적격을 가진다. 이와 같이 이행의 소에서는 주장 자체로 당사자적격이 인정된다.

4. 소송상의 청구

소송상의 청구 또는 소송물이란 소송의 객체를 가리키며, 민사소송에서 심판의 대상이 되는 기본단위이다. 예를 들어 A가 B를 상대로 'K 건물을 철거하라'라는 판결을 구하는 소송에서 A에게 건물 철거를 청구할 수 있는 법적 지위가 있는지가 소송물이며, 'K 건물'은 계쟁물(係爭物)이라고 한다.

소송물에 대하여 많은 논의가 있다. 구실체법설(구소송물이론), 소송법설(신소송물이론)이 대표적인데, 소송법설은 다시 이지설과 일지설로 나뉜다. 구실체법설은 소송물을 실체법상의 권리나 법률관계의 주장이라고 보며, 소송법설은 소송법적 입장에서 이해하려고 한다. 이지설은 소송물의 구성을 신청과 사실관계로 파악하며 일지설은 신청만으로 구성된다고 본다.

A가 버스를 타고 가다가 사고가 난 경우 불법행위로 인한 손해배상청구 이외에 채무불이행으로 인한 손해배상을 청구할 수 있는지의 문제는 소송물에 대한 어떠한 입장을 취하는지와 관련이 있다. 구실체법설에 의하면 별개의 소송물이지만 소송법설에 의하면 하나의 소송물이 된다. 대법원 판례는 구실체법설을 취하고 있다.

5. 소제기의 효과

소가 제기되면 소송법적으로 법원과 당사자, 그리고 소송물이 우선적으로 특정되며, 이후 특정된 사건이 해당 법원에서 심리되는 과정이 이어진다. 이것을 소송계속(訴訟係屬)이라고 한다. 또한 법원에 계속되어 있는 사건에 대하여 당사자는 다시 소를 제기하지 못하는데 이를 중복된 소제기의 금지(이중소송금지)라고 한다.

III. 소송의 심리

1. 심리의 기본원칙

소를 제기하면 법원은 소를 심리하게 된다. 소의 심리는 판결을 위해 필요한 다양한 자료를 수집하는 단계로 변론과 증거조사를 그 내용으로 한다. 근대국가는 민사소송의 이상을 실현하기 위해 심리의 기본원칙을 정립시켜 왔다. 이 원칙은 공개심리주의, 쌍방심리주의, 구술심리주의, 직접심리주의, 적시제출주의, 집중심리주의, 당사자주의 등을 그 내용으로 한다.

(1) 공개심리주의

공개심리주의란 재판의 심리와 판결을 일반인에게 공개하여야 한다는 원칙이다. 공개하지 않는 밀행주의와 대립하는 것으로 재판의 공정성을 보장하고 국민이 사법 절차를 신뢰할 수 있도록 하기 위한 것이다.

(2) 쌍방심리주의

쌍방심리주의란 소송의 심리에서 당사자 모두에게 평등한 진술 기회를 주어야 한다는 원칙이다. 무기평등의 원칙, 당사자평등의 원칙이라고도 부르며 공평한 재판을 위해 인정된다.

(3) 구술심리주의

구술심리주의란 변론과 증거조사를 서면이 아닌 구술로 진술하며, 말로 한 진술만이 판결의 기초가 될 수 있다는 원칙이다. 현행법은 구술주의를 원칙으로 하면서, 소제기 등은 서면으로 진행하는 방식으로 하여 구술주의의 단점을 보완하고 있다.

(4) 직접심리주의

직접심리주의는 재판하는 법관 또는 수소법원이 변론의 청취와 증거조사를 직접 수행하는 원칙을 말한다. 이는 사건에 대해 법관이 정확한 심증을 형성하게 하고, 당사자가 증거에 대해 직접 의견을 진술할 기회를 제공하여 공정한 재판을 이루기 위한 원칙이다.

(5) 적시제출주의

적시제출주의란 당사자가 공격 또는 방어의 방법은 소송의 정도에 따라 적절한 시기에 제출하여야 한다는 원칙을 말한다(제146조). 구법에서는 변론의 종결까지 공격·방어방법을 어느 때라도 제출할 수 있다는 '수시제출주의'를 취한 바가 있다.

민사소송법은 이를 실현하기 위해 재정기간제도를 두고 있다. 재판장은 당사자의 의견을 들어 한쪽 또는 양쪽 당사자에 대하여 특정한 사항에 관하여 주장을 제출하거나 증거를 신청할 기간을 정할 수 있다(제147조 제1항). 그 기간을 넘긴 때에는 주장을 제출하거나 증거를 신청할 수 없다(제147조 제2항).

또한 실기한 공격·방어 방법은 각하될 수 있는데, 당사자가 고의 또는 중대한 과실로 공격 또는 방어 방법을 뒤늦게 제출함으로써 소송의 완결을 지연시키게 하는 것으로 인정할 때에는 법원은 직권으로 또는 상대방의 신청에 따라 결정으로 이를 각하할 수 있다(제149조).

(6) 집중심리주의

집중심리주의란 하나의 사건을 집중적으로 변론하고 심리하여 판결을 내린 뒤, 다음 사건을 심리하는 방식을 말한다. 현행법은 "변론은 집중되어야 하며, 당사자는 변론을 서면으로 준비하여야 한다"고 규정하여 변론의 원칙으로 집중심리주의를 채택하고 있다(제272조). 법관이 해당 사건에만 집중할 수 있어 심증의 형성이 용이하며, 단시간 안에 사건을 집중적으로 심리하여 사건 처리가 효율적으로 이루어진다.

(7) 당사자주의와 직권주의

민사소송절차는 법원과 당사자가 각자의 역할과 책임을 분담하게 되는데, 소송심리의 주도권이 누구에게 있느냐에 따라 당사자주의와 직권주의로 나눌 수 있다. 당사자가 소송심리의 주도권을 가지고 있는 것이 당사자주의라 하고, 법원이 소송심리의 주도권을 가지고 있는 것을 직권주의라고 한다. 현행 민사소송법은 당사자주의와 직권주의 요소를 모두 가지고 있다.

(8) 처분권주의

처분권주의란 소송절차의 개시, 심판 대상과 범위, 절차의 종료에 대해 당사자가 처분권을 가지며 이에 대해 자유롭게 결정할 수 있는 원칙을 의미한다(제203조). 처분권주의는 사적자치의 원칙을 소송법적으로 구현한 것이라고 볼 수 있다.

먼저, 민사소송은 처분권주의가 적용되므로 당사자의 소제기에 의해 비로소 개시된다. 다만, 소송비용의 재판, 가집행의 선고, 판결의 정정 등 부수적 재판은 법원이 직권으로 개시할 수 있다. 또한 처분권주의에 따라 당사자가 심판의 대상과 범위를 결정해야 하며, 법원은 당사자가 신청하지 아니한 사항에 대하여는 판결하지 못한다(제203조). 나아가 절차의 종료 측면에서 당사자는 소송을 자유롭게 종료시킬 수 있다. 상소권의 포기, 소의 취하, 청구의 인낙, 소송상 화해 등을 통해 소송을 종료시킬 수 있다. 다만 공익과 관련되어 법원의 직권주의에 따르는 절차에 대해서는 일정한 범위에서 처분권주의의 제한이 있다.

(9) 변론주의

변론주의란 재판의 기초가 되는 소송자료의 수집과 제출을 당사자의 권한과 책임으로 맡기고, 법원은 당사자가 제출한 소송자료만을 재판의 기초로 삼아야 한다는 원칙을 의미한다. 사실의 주장책임, 자백의 구속력, 직권증거조사 금지의 원칙을 그 내용으로 한다.

먼저, 사실의 주장책임이란 당사자가 주장하지 않은 사실은 판결의 기초로 할 수 없다는 것이다. 여기서 사실은 간접사실과 보조사실은 해당하지 않고 주요사실만 해당한다. 판례는 소멸시효완성의 항변,[3] 동시이행의 항변[4] 등을 주요사실의 항변으로 보고 있다. 자백의 구속력은 당사자 간에 다툼이 없는 사실은 그대로 판결의 기초로 삼아야 한다는 것이다. 더불어 신청에 의한 증거조사의 원칙에 따라 당사자가 신청한 증거에 의하여 심증을 얻을 수 없는 경우에만 증거조사를 직권적으로 할 수 있다.

---

3 대법원 1991. 7. 26. 선고 91 다 5631 판결.

4 대법원 1990. 11. 27. 선고 90 다카 25222 판결.

2. 심리의 내용

심리는 판결에 필요한 자료를 수집하는 단계로, 당사자의 변론과 법원의 증거조사가 있다.

(1) 변론

민사소송법은 재판을 변론에 의해 할 것을 원칙으로 하고 있다(제134조 제1항). 변론은 앞에서 언급한 심리의 원칙을 잘 실현할 방법으로 오랜 역사를 통해 축적된 경험적 산물이다.

1) 준비서면

변론을 신속하고 집중적으로 하기 위한 제도로 준비서면과 변론준비절차가 있다. 준비서면은 당사자가 변론에서 진술할 사실상·법률상 주장을 기재하여 법원에 제출하는 서면이다. 이것은 변론의 내용을 상대방과 법원에 미리 알려 효율적인 변론을 진행하도록 하는 목적을 가진다. 또한 준비서면은 그것에 적힌 사항에 대하여 상대방이 준비하는 데 필요한 기간을 두고 제출하여야 하며, 법원은 상대방에게 그 부본을 송달하여야 한다(제273조).

2) 변론준비절차

변론준비절차는 변론의 예행절차로, 변론이 효율적이고 집중적으로 실시될 수 있도록 당사자의 주장과 증거를 정리하는 것을 말한다(제279조 제1항). 변론준비절차의 진행은 원칙적으로 재판장이 담당한다(제280조 제2항). 그러나 합의사건의 경우 재판장은 합의부원을 수명법관으로 지정하여 변론준비절차를 담당하게 할 수 있다(제280조 제3항). 변론의 준비를 위하여 필요하다고 인정하면 증거결정도 할 수 있다(제281조).

3) 본안의 신청

변론은 원고가 소장에 기재된 청구의 취지를 진술하고, 피고가 이에 대하여 반대신청(소각하 또는 청구기각판결의 신청)으로 시작된다. 이와 같이 분쟁 당사자가 종국판결을 구하는 진술을 하는 것을 본안의 신청이라고 한다. 당사자는 신청을 뒷받침하기 위해 소송자료를 제출하게 된다. 원고가 자신의 본안신청을 밑받침하기 위해 제출하는 모든 소송자료를 공격방법이라 하고, 피고가 자신의 반대주장을 밑받침하기 위해 제출하는 모든 소송자료를 방어방법이라고 한다.

4) 변론의 종결

법원은 변론의 제한·분리 또는 병합을 명하거나, 그 명령을 취소할 수 있다(제141조). 이것은 모두 소송지휘권의 행사로서 법원의 재량에 따라 결정하며 분쟁 당사자는 이에 불복을 신청할 수 없다.

법원은 당사자의 변론과 증거조사를 통하여 종국판결을 할 상태에 이르렀다고 판단되면 변론을 종결한다. 변론이 종결된 후 새로운 증거가 발견되거나 심리가 미진하다고 인정되는 등 필요가 있으면 법원은 종결된 변론을 다시 열도록 명할 수 있다(제142조).

(2) 증거조사

1) 증거

법원은 인지한 구체적 사실에 법규를 해석하고 적용하여 재판을 진행한다. 실제 소송에서는 사실관계의 존재 여부가 주요 쟁점이 되며, 이는 소송의 결과에 큰 영향을 미친다. 따라서 객관적이고 합리적인 사실관계를 확정하는 것은 매우 중요하며, 이를 위해 증거를 바탕으로 한 사실확정이 필요하다. 증거는 증거능력과 증명력을 갖추어야 한다. 증거능력은 증거조사의 대상이 될 수 있는 자격을 의미하며, 증명력은 증거조사를 통해 법관이 해당 사실을 확정하는 데 확신을 주는 힘을 말한다.

2) 불요증사실

재판에 관련된 사실은 원칙적으로 모두 증명을 요한다. 그러나 증명이 필요하지 않은 경우도 있는데 역사적 사건, 천재지변 등 객관성이 보장된 현저한 사실은 불요증사실이다. 그리고 재판상 자백이나 자백간주 등과 같이 당사자 간의 다툼이 없는 경우에는 증명을 요하지 않는다. 여기서 재판상 자백이란 당사자가 자신에게 불리한 사실을 진정한 사실로 인정하며 하는 진술을 말한다.

자백간주란 당사자가 변론에서 상대방이 주장하는 사실을 명백히 다투지 아니하거나 당사자가 변론기일에 출석하지 아니하는 경우에 그 사실을 자백한 것으로 보는 제도이다(제150조). 또한 피고가 원고의 청구를 다투는 경우에는 소장의 부본을 송달받은 날부터 30일 이내에 답변서를 제출하여야 하여야 하며, 답변서를 제출하지 아니한 때에는 청구의 원인이 된 사실을 자백한 것으로 본다(제257조). 상대방이 주장한 사실에 대하여 알지 못한다고 진술한 때에는 그 사실을 다툰 것으로 추정한다(제150조 제2항).

3) 자유심증주의

법원은 분쟁 해결에 제출된 증거를 평가하여 확정해야 한다. 이 경우 법원은 변론 전체의 취지와 증거조사의 결과를 참작하여 자유로운 심증으로 사회정의와 형평의 이념에 입각하여 논리와 경험의 법칙에 따라 사실주장이 진실한지 아닌지를 판단한다(제202조). 이 원칙을 자유심증주의라고 한다.

변론 전체의 취지란 변론에서 드러난 모든 소송자료 중 증거조사의 결과를 제외한 것을 의미한다. 여기에는 당사자의 주장 내용, 태도, 그리고 변론 과정에서 나타난 모든 사항이 포함된다. 예를 들어, 간단한 질문에 얼굴을 붉히거나 땀을 흘리는 행동, 주장 간의 논리적 모순 등이 변론 전체의 취지로 고려된다.

증거조사의 결과란 적법한 증거조사를 통해 얻은 모든 증거자료를 의미한다. 증거조사의 방법에는 증언, 감정·검증, 당사자신문, 서증, 그 밖의 증거조사가 있다.

4) 증명책임

증거조사를 마친 후 여전히 주요 사실의 존재 여부가 확정되지 않은 때에도 법원은 이를 이유로 재판을 거부할 수 없으며, 이 경우 해당 사실을 증명할 책임은 당사자 일방에 있다. 만약 증명에 실패하면 해당 당사자가 불이익을 받게 되며, 이를 증명책임이라고 한다. 예를 들어, 대여금청구소송에서 원고가 피고에게 돈을 빌려주었다고 주장하고, 피고가 이를 부인한다면, 금전 대여 사실의 존재에 대해 원고가 증명책임을 진다고 할 수 있다.

IV. 소송의 종료

제1심 소송절차는 소의 목적이 달성되거나 그 목적의 달성이 불가능할 때 종료된다. 소송의 종료는 당사자의 의사에 의한 종료와 종국판결에 의한 종료가 있다.

1. 당사자의 의사에 의한 종료

민사소송절차는 소송의 개시와 종료를 당사자에게 맡기는 처분권주의를 인정하고 있으므로 당사자의 의사에 의해 종료되는 것은 당연하다. 당사자의 의사에 의한 종료는 소의 취하, 청구의 포기·인낙, 소송상 화해가 있다.

(1) 소의 취하

소의 취하란 소를 제기한 자가 자신이 제기한 소의 전부나 일부를 철회하는 법원에 대한 의사표시를 말한다. 소를 취하하면 소가 처음부터 계속되지 아니한 것으로 본다(제267조 제1항). 따라서 다시 같은 소를 제기할 수 있지만, 본안에 대한 종국판결이 있은 뒤에 소를 취하한 사람은 같은 소를 제기하지 못한다(제267조 제2항). 이것을 재소의 금지라고 한다.

(2) 청구의 포기·인낙

청구의 포기는 원고가 법원에 대하여 자기의 소송상의 청구가 이유 없음을 스스로 인정하는 일방적인 의사표시이다. 청구의 인낙은 피고가 법원에 대하여 자기에 대한 원고의 소송상 청구가 이유 있음을 인정하는 일방적 의사표시이다. 청구의 포기·인낙을 변론조서·변론준비기일조서에 적은 때에는 그 조서는 확정판결과 같은 효력을 가진다(제220조).

(3) 소송상화해

소송상화해란 소송계속 중 양 당사자가 수소법원 앞에서 소송물에 대한 주장을 상호 양보하여 소송을 종료시키기로 하는 기일에서의 합의를 말한다. 소송상화해는 당사자의 자주적인 해결로 감정대립을 해소시키는 역할을 하고 이행확보가 용이하다. 화해조서가 작성되면 그 조서는 확정판결과 같은 효력을 가진다(제220조).

2. 종국판결에 의한 종료

(1) 판결의 종류

민사소송법에서 일반적으로 상정하는 소송의 종료 방식은 종국판결을 통해 이루어진다. 판결은 어느 심급의 심리가 완결되었는지에 따라 종국판결과 중간판결로 나눌 수 있다.

종국판결은 소 또는 상소에 의하여 계속된 사건에 대해 전부 또는 일부를 그 심급에서 완결시키는 판결을 말한다(제198조). 청구를 인용하거나 기각하는 판결, 소각하판결, 소송종료선언이 여기에 속한다.

법원은 독립된 공격 또는 방어의 방법, 그 밖의 중간의 다툼에 대하여 필요한 때에는 중간판결을 할 수 있다(제201조 제1항). 중간판결이란 소송 절차 도중 당사자 간에 다툼이 되는 쟁점에 대해 종국판결에 앞서 미리 정리·판단하여, 종국판결을 준비하는 판결이다. 청구의 원인과 액수에 대하여 다툼이 있는 경우에 그 원인에 대하여도 중간판결을 할 수 있다(제201조 제2항).

(2) 판결의 효력

판결이 확정되면 기본적으로 기속력, 형식적 확정력, 기판력, 집행력, 형성력 등의 효력을 가지게 된다. 기속력이란 판결이 일단 선고되면 판결을 선고한 법원도 이에 구속되어 스스로 그 판결을 변경하거나 철회할 수 없는 것을 말한다. 그리고 당사자가 상소를 통한 불복이 불가능하게 된 때에는 소송이 확정적으로 종료되며, 이러한 판결의 취소불가능성을 판결의 형식적 확정력이라고 한다.

판결의 효력에서 기판력이 가장 중요하며 당사자와 법원 모두에 대해 구속력을 가진다. 이것은 확정된 종국판결과 동일한 사항이 쟁점이 되는 경우 당사자는 그 판결에 반하는 주장을 제기할 수 없으며(불가쟁), 법원 역시 그와 모순되는 판단을 내릴 수 없다는 효력을 의미한다(불가반). 기판력은 법적 안정성을 보장하고 정의를 실현하는 데 그 근거를 두고 있다.

집행력이란 판결 등으로 명한 이행의무를 강제집행절차에 의해 실현할 수 있는 효력을 의미한다. 또한 형성력이란 형성판결이 확정되면, 판결 내용에 따라 새로운 법률관계가 발생하거나 기존의 법률관계가 변경 또는 소멸하는 효력을 의미한다.

V. 재판에 대한 불복신청

민사소송법은 오판을 방지하기 위한 대책으로 재판에 대한 불복신청을 두고 있다. 이는 민사소송법의 이념인 적정을 실현하기 위한 것이며, 상소와 재심이 있다.

1. 상소

상소란 재판이 확정되기 전에 당사자가 상급법원에 그 재판의 취소 또는 변경을 요구하는 불복신청 절차를 말한다. 현행법상 인정되는 상소는 항소, 상고, 항고가 있다. 판결은 상소를 제기할 수 있는 기간 또는 그 기간 이내에 적법한 상소제기가 있을 때에는 확정되지 아니한다(제498조, 확정차단의 효력). 또한, 소송사건은 원심법원을 벗어나 상소심 법원으로 이송되어 계속하게 된다(이심의 효력).

(1) 항소

항소는 제1심 종국판결에 대한 불복신청을 말한다. 항소는 판결서가 송달된 날부터 2주 이내에 항소장을 제1심 법원에 제출함으로써 한다(제396조 제1항, 제397조). 민사소송법은 항소심에서 속심(續審)제도를 채택하고 있다. 이는 제1심에서 수집된 자료를 바탕으로 항소심에서 추가로 수집된 자료를 포함하여 심판할 수 있다는 것을 의미한다.

(2) 상고

상고는 항소심의 종국판결에 대한 불복신청이다. 상고심은 법률심으로서의 성격을 가지는데 원심판결에 법령 위반이 있는지만을 심사한다. 사건의 사실관계는 원심에서 확정된 사실을 기초로 하여 판단하므로, 사후적으로만 심사하는 방식(사후심[事後審]주의)을 따른다. 상고의 남용을 제한하기 위해 〈상고심절차에 관한 특례법〉에서 심리불속행제도를 시행하고 있다. 심리속행사유에 해당하지 않은 경우 대법원이 심리를 하지 아니하고 판결로 상고를 기각한다(동법 제4조).

(3) 항고, 재항고

항고는 결정이나 명령에 대한 상소이다. 항고를 인정하는 이유는 사건의 실체와 크게 관련이 없는 사안이거나 절차의 안정을 위해 신속한 해결이 요구되는 사항에 대해 간편한 절차를 통해 신속히 처리할 필요가 있기 때문이다. 항고법원의 재판에 대해 다시 제기하는 항고를 재항고라고 한다.

항소장 (예시)

항소인(원,피고) 성명:

주소:

연락 가능한 전화번호:

피항소인(원,피고) 성명:

주소:

위 당사자 사이의 지방법원 20 가단(합, 소) 호 청구사건에 관하여 원(피)고는 귀원이 20 . . . 선고한 판결에 대하여 20 . . . 송달받고 이에 불복하므로 항소를 제기합니다.

원판결의 표시

항소취지

항소이유

첨부서류

1. 납부서
2. 항소장 부본

20 . . .

항소인(원,피고) 서명 또는 날인

법원 귀중

2. 재심

이미 확정된 종국판결에 재심사유에 해당하는 중대한 흠이 있을 때, 판결을 내린 법원에 해당 판결의 취소와 사건의 재심판를 요청할 수 있는데 이를 재심이라고 한다. 재심은 일정한 재심사유가 있어야 하며 민사소송법 제451조에 이를 규정하고 있다. 재심의 소는 확정된 종국판결에 대한 불복신청절차라는 점에서 미확정 종국판결에 대한 불복신청절차인 상소와 구별된다. 재심의 소는 당사자가 판결이 확정된 뒤 재심의 사유를 안 날부터 30일 이내에 제기하여야 하며 판결이 확정된 뒤 5년이 지난 때에는 재심의 소를 제기하지 못한다(제456조).

■ 강영주

사례의 해결

고길동 씨는 민사소송을 제기하기 위해 먼저 소장을 작성해야 한다. 소장에는 사건의 당사자인 원고(고길동)와 피고(이변명)의 인적 사항, 소송의 목적과 청구취지, 그리고 청구원인을 명확히 기재해야 한다. 그런 다음, 관할 법원에 소장을 제출함으로써 소송이 시작된다.

소장이 법원에 접수되면 법원은 이를 검토한 뒤, 소장 부본을 피고(이변명)에게 전달한다. 동시에 피고에게 일정 기간 내에 답변서를 제출하라는 요구를 한다. 이때 피고는 소장에서 주장된 내용에 대해 동의하거나 반박하는 내용을 담아 답변서를 작성하여 제출해야 한다. 답변서가 제출되면 본격적으로 소송 절차가 진행된다.

법원은 이후 변론기일을 정하고, 원고와 피고 양측에 그 일정을 통지한다. 변론기일은 양측이 법정에 출석하여 주장과 증거를 제시하며, 사건에 대한 심리가 이루어지는 단계이다. 변론기일에 고길동 씨는 “피고 이변명에게 돈 1억 원을 빌려주었으나 변제기일이 지났음에도 불구하고 피고가 이를 상환하지 않았다”는 주장을 해야 한다.

고길동 씨는 자신의 주장을 뒷받침하기 위해 계약서, 차용증, 계좌이체 내역 등 금전 거래에 관한 자료를 증거로 제출할 수 있다. 또한, 필요한 경우 사건과 관련된 내용을 알고 있는 증인을 신청하여 증언을 통해 사실관계를 명확히 할 수도 있다.

법원은 변론과 증거조사 과정을 통해 사실관계를 판단하고 최종적으로 판결을 내린다. 만약 법원이 고길동 씨의 주장을 받아들여 승소하게 되면, 판결문을 통해 피고 이변명 씨에게 돈을 반환하라는 명령이 내려진다. 피고가 판결 후에도 자발적으로 돈을 갚지 않을 경우, 고길동 씨는 강제집행 절차를 통해 채권을 실현할 수 있다.

제8장 형사소송법

사례

박배낭 씨는 최근 소셜 미디어에서 유명한 여행 블로거로 활동하며 여러 관광지를 홍보하고 있었다. 박배낭 씨는 여행을 하면서 사용했던 고급 카메라를 중고 거래 플랫폼에 판매하려고 올렸다.

한편, 다가오는 친구의 결혼식에서 직접 촬영을 해주고 싶었던 김찰칵 씨는 성능 좋은 중고 카메라를 찾고 있었다. 그는 중고 거래 플랫폼을 통해 박배낭 씨의 카메라 판매 게시글을 발견했고, 가격도 합리적이어서 바로 연락하여 구매를 결정했다.

그러나 박배낭 씨는 실제로 해당 카메라를 이미 분실한 상태였음에도 판매 게시물을 삭제하지 않았고, 김찰칵 씨가 선금으로 입금한 돈을 돌려주지 않았다. 그러자 김찰칵 씨는 카메라를 받지 못하고 돈만 잃었다는 사실을 깨닫고 큰 충격을 받게 되었다. 더군다나 친구에게 약속한 촬영도 못 하게 된 그는 박배낭 씨를 사기죄로 고소하였다. 고소가 접수되자 경찰은 박배낭 씨에 대한 수사를 시작하였다. 박배낭 씨는 어떻게 수사를 받을까? 그리고 기소된다면 형사재판은 어떻게 진행될까?

I. 서론

1. 형사소송법의 의의와 성격

(1) 의의

국가는 범죄를 저지른 사람에게 형벌을 부과하기 위한 일정한 절차가 필요하다. 형벌권을 실현하기 위해서는 수사기관의 수사, 검사의 공소제기, 법원의 형사재판, 형의 집행 단계를 거친다. 형사소송법은 형벌권을 실현하기 위해 이러한 일련의 형사절차를 규정하고 있는 법률이다.

형사소송법은 절차법에 해당한다는 점에서 민사소송법과 유사하다. 그러나 민사분쟁의 경우 당사자의 합의로 해결할 수 있어 반드시 민사소송 절차를 거칠 필요는 없다. 반면, 형법의 적용과 집행을 다루는 형사소송법은 반드시 형사소송법에서 정한 절차를 따라야 한다는 점에 차이가 있다.

(2) 실체적 진실주의와 형식적 진실주의

형사소송에서는 실체적 진실주의에 따른다. 사인 간의 분쟁을 해결하기 위한 절차인 민사소송은 당사자의 사실상 주장이나 법원에 제출한 증거에 따라 사실관계를 확정하고 법적 판단을 내리는데 이것을 형식적 진실주의라고 한다. 반면, 형사절차는 국가의 형벌권을 실현하기 위한 절차이므로 민사소송에서 허용되는 형식적 진실에 만족할 수 없으며, 객관적 진실을 규명하는 것이 요구된다. 형사절차에서 객관적 진실을 밝혀야 범죄 사실을 명확히 해야 한다는 원칙을 실체적 진실주의라고 부른다.

(3) 직권주의와 당사자주의

직권주의란 소송심리의 주도권을 법원이 가지고 있는 것을 말하며 당사자주의란 당사자인 검사와 피고인에게 소송심리의 주도권을 가지고 있는 것을 의미한다. 현행 형사소송법은 당사자주의와 직권주의 요소를 모두 포함하고 있다.

2. 형사소송의 주체

형사소송의 주체는 법원, 검사, 피고인이다. 그리고 소송보조자의 역할을 하는 변호인으로 있다.

(1) 법원

법원은 조직법상 법원과 소송법상의 법원이 있는데 소송주체로서의 법원은 개별 사건에 대해 재판기관으로서의 소송법상의 법원을 의미한다. 소송법상의 법원은 한 명의 법관으로 법원을 구성하는 단독제와 다수의 법관으로 법원을 구성하는 합의제가 있다.

법원의 심리와 재판의 공정성을 위해 법관의 제척, 기피, 회피 제도를 두고 있다. 제척은 법관이 불공평한 재판을 할 우려가 현저한 경우 법정사유에 해당하면 직무집행에서 자동으로 배제되는 제도이다. 법관이 피해자인 때, 법관이 피고인 또는 피해자의 친족 또는 친족관계가 있었던 자인 때 등이 여기에 해당된다(형사소송법, 제17조).[1] 기피는 법관이 제척사유에 해당함에도 재판에 관여하거나, 불공평한 재판을 할 염려가 있는 때 당사자의 신청에 의해 법관을 직무집행에서 배제시키는 제도이다(제18조). 회피는 제척사유가 있거나 기타 불공평한 재판을 할 염려가 있는 때 법관이 자발적으로 직무집행에서 물러나는 것을 말한다(제24조 제1항).

(2) 검사

검사는 검찰권을 행사하는 국가기관으로 수사, 공소제기 및 유지에 필요한 업무 등의 다양한 직무를 수행한다. 또한 고위공직자범죄수사처 검사는 고위공직자범죄에 대한 수사와 공소의 제기 및 유지에 필요한 행위를 한다. 모든 검사는 검찰총장을 정점으로 상하 위계질서를 이루며, 단일한 유기적 조직체로 활동하는데 이것을 검사동일체의 원칙이라고 한다.

2020년에는 경찰공무원인 사법경찰관과 검사 간의 수사권을 새롭게 조정하였다. 이에 따라 형사소송법은 검사와 사법경찰관은 수사, 공소제기 및 공소유지에 관하여 서로 협력할 것을 규정하고 있다(제195조 제1항).

(3) 피고인

피고인은 검사에 의해 공소가 제기된 자를 의미한다. 수사의 대상이 되는 사람은 피의자인데 피의자는 검사의 공소에 의해 피고인으로 신분이 변화된다. 피고인은 유죄의 판결이 확정될 때까지는 무죄로 추정된다(제275조의2). 피고인은 진술하지 아니하거나 개개의 질문에 대하여 진술을 거부할 수 있으며, 재판장은 피고인에게 이와 같이 진술을 거부할 수 있음을 고지하여야 한다(제283조의2).

---

1 이하 형사소송법 법명은 생략한다.

(4) 변호인

변호인은 피고인이나 피의자의 방어능력을 보충하는 역할을 맡는 소송보조자를 의미한다. 변호인은 사인이 선임한 사선변호인과 법원에 의해 선정된 국선변호인이 있다. 법원이 직권으로 변호인을 선정해야 하는 경우는 ① 피고인이 구속된 때 ② 피고인이 미성년자인 때 ③ 피고인이 70세 이상인 때, 피고인이 듣거나 말하는 데 모두 장애가 있는 사람인 때 ④ 피고인이 심신장애가 있는 것으로 의심되는 때 ⑤ 피고인이 사형 ⑥ 무기 또는 단기 3년 이상의 징역이나 금고에 해당하는 사건으로 기소된 때 중 어느 하나에 해당하는 경우에 변호인이 없는 때이다(제33조 제1항).

II. 수사절차

---

1. 수사의 의의와 방법

수사란 범죄혐의의 유무를 명백히 하여 공소를 제기·유지할 것인가의 여부를 결정하기 위하여 범인을 발견·확보하고 증거를 수집·보전하는 수사기관의 활동을 의미한다.[2] 수사기관은 사법경찰관과 검사가 있다.

수사에 관하여는 그 목적을 달성하기 위하여 필요한 조사를 할 수 있다(제199조 제1항). 수사 목적을 달성함에 필요한 조사라는 것은 사회통념상 상당하다고 인정되는 방법 등에 의하여 수행되어야 하는 조사를 말한다.[3] 강제처분은 이 법률

2 대법원 1999. 12. 7. 선고 98도3329 판결.

3 위의 판례.

형사소송절차의 개요

수사

↓

경찰수사: 고소·고발 등 ➡ 수사 ➡ 사건 검찰 송치

↓

검찰수사: 수사 ➡ 구속영장 청구 ➡ 법원의 구속영장실질심사 ➡ 공소제기/불기소

↓

형사재판

공판준비절차

↓

공판절차: 진술거부 고지와 인정신문 ➡ 모두진술 ➡ 쟁점정리와 증거관계 진술 ➡ 증거조사 ➡ 피고인신문 ➡ 최종변론 ➡ 판결선고

↓

상소

에 특별한 규정이 있는 경우에 한하며, 필요한 최소한도의 범위 안에서만 하여야 한다(제199조 제1항). 강제처분에 의한 수사를 강제수사라 하고 그 외의 수사를 임의수사라고 한다. 형사소송법에는 임의수사를 원칙을 규정하고 있다.

2. 수사의 시작

수사기관은 범죄의 혐의가 있다고 사료하는 때에는 범인, 범죄사실과 증거를 수사한다(제196조). 고소, 고발, 자수, 현행범의 발견, 변사자 검시, 불심검문 등을 원인으로 수사가 시작된다.

고 소 장

(예시)

1. 고소인

성 명 (상호·대표자)		주민등록번호 (법인등록번호)	-
주 소 (주사무소 소재지)	(현 거주지)		
직 업		사무실 주소	
전 화	(휴대폰) (자택) (사무실)		
이메일			
대리인에 의한 고소	□ 법정대리인 (성명 : , 연락처) □ 고소대리인 (성명 : 변호사 , 연락처)		

2. 피고소인

성 명		주민등록번호	-
주 소	(현 거주지)		
직 업		사무실 주소	
전 화	(휴대폰) (자택) (사무실)		
이메일			
기타사항			

3. 고소취지

고소인은 피고소인을 ○○죄로 고소하오니 처벌하여 주시기 바랍니다.

4. 범죄사실

5. 고소이유

6. 증거자료

□ 고소인은 고소인의 진술 외에 제출할 증거가 없습니다.
□ 고소인은 고소인의 진술 외에 제출할 증거가 있습니다.
☞ 제출할 증거의 세부내역은 별지를 작성하여 첨부합니다.

7. 관련사건의 수사 및 재판 여부

① 중복 고소 여부	본 고소장과 같은 내용의 고소장을 다른 검찰청 또는 경찰서에 제출하거나 제출하였던 사실이 있습니다 □ / 없습니다 □
② 관련 형사사건 수사 유무	본 고소장에 기재된 범죄사실과 관련된 사건 또는 공범에 대하여 검찰청이나 경찰서에서 수사 중에 있습니다 □ / 수사 중에 있지 않습니다 □
③ 관련 민사소송 유 무	본 고소장에 기재된 범죄사실과 관련된 사건에 대하여 법원에서 민사소송 중에 있습니다 □ / 민사소송 중에 있지 않습니다 □

6. 기타

본 고소장에 기재한 내용은 고소인이 알고 있는 지식과 경험을 바탕으로 모두 사실대로 작성하였으며, 만일 허위사실을 고소하였을 때에는 형법 제156조 무고죄로 처벌받을 것임을 서약합니다.

20 년 월 일

고소인 ____________ (인)

제출인 ____________ (인)

○○지방검찰청 귀중

(1) 고소와 고발

고소란 범죄로 인한 피해자나 그와 일정한 관계에 있는 사람이 수사기관에 대하여 범죄사실을 신고하여 범인의 처벌을 구하는 의사표시를 말한다.[4] 고소권자나 범인이 아닌 사람이 수사기관에 범죄사실을 신고하고 범인의 처벌을 요구하는 의사표시인 고발과 구별된다.

고소를 하려면 범죄사실이 특정되어야 한다. 그 특정의 정도는 고소인의 의사가 구체적으로 어떤 범죄사실을 지정하여 범인의 처벌을 구하고 있는 것인가를 확정할 수만 있으면 되는 것이고, 고소인 자신이 직접 범행의 일시, 장소와 방법 등까지 구체적으로 상세히 지적하여 그 범죄사실을 특정할 필요까지는 없다.[5]

(2) 기타

수사는 고소와 고발 이외에 자수, 현행범의 발견, 변사자의 검시, 불심검문 등을 원인으로 시작된다. 자수란 범인이 수사기관에 스스로 범행을 신고하고 처분을 구하는 의사표시이다. 현행범의 발견에서 현행범인은 범죄를 실행하고 있거나 실행하고 난 직후의 사람을 의미한다(제211조 제1항). 현행범인은 아니지만 형사소송법에 의해 현행범인으로 간주되는 자를 준현행범인이라고 하며 이러한 사람도 현행범인으로 본다(동조 제2항). 현행범인은 누구든지 영장없이 체포할 수 있다(제212조). 또한 변사자 검시란 사망이 범죄와 관련 있는지 판단하기 위해 수사기관이 변사자의 상태를 조사하는 것이다.

불심검문은 경찰관이 거동이 수상한 자를 정지시켜 질문하는 것을 말한다. 수상한 행동이나 그 밖의 주위 사정을 합리적으로 판단하여 볼 때 어떠한 죄를 범

---

4 대법원 2022. 1. 13. 선고 2015도6329 판결.

5 대법원 1999. 3. 26. 선고 97도1769 판결.

하였거나 범하려 하고 있다고 의심할 만한 상당한 이유가 있는 사람이나 이미 행하여진 범죄나 행하여지려고 하는 범죄행위에 관한 사실을 안다고 인정되는 사람에 대해서 불심검문을 할 수 있다(경찰관 직무집행법, 제3조 제1항).

3. 수사의 방법

수사의 단서를 통해 범죄혐의가 있다고 판단될 경우 수사기관은 수사를 진행한다. 수사의 방법은 임의수사와 강제수사가 있다. 임의수사란 상대방의 동의나 승낙을 바탕으로 강제력 없이 이루어지는 수사 방식이며 강제수사는 강제처분에 의한 수사를 의미한다. 앞서 언급한 바와 같이 형사소송법상 임의수사가 원칙이고, 강제수사는 법률에 특별한 규정이 있는 경우에 한하며 필요한 최소한도의 범위 안에서만 하여야 한다(제199조 제1항).

(1) 임의수사

임의수사에는 피의자신문, 참고인조사, 감정·통역·번역의 위촉, 공무소 등에 대한 조회 등이 있다. 대표적인 임의수사는 피의자신문인데 검사 또는 사법경찰관은 수사에 필요한 때에는 피의자의 출석을 요구하여 진술을 듣는 것을 말한다(제200조). 검사 또는 사법경찰관은 피의자에 대하여 범죄사실과 정상에 관한 필요사항을 신문하여야 하며 그 이익되는 사실을 진술할 기회를 주어야 한다(제242조). 피의자신문은 수사기관에게는 피의자의 진술을 직접 확인할 기회를 제공하고, 피의자에게는 자신에게 유리한 사실이나 증거를 설명하거나 제시하는 기회를 부여한다.

(2) 강제수사

강제수사에는 체포, 구속, 압수, 수색, 검증 등이 있다. 체포·구속은 피의자의 신체를 강제로 제한하는 인신구속제도에 해당하며 압수·수색은 의미가 있거나 몰수가 예상되는 물건 등을 수집·보전하는 대물적 강제처분에 속한다.

1) 체포·구속

가. 체포—체포는 원칙적으로 법관이 발부한 영장에 따른 체포를 원칙으로 한다. 체포·구속, 압수·수색에 대해 헌법은 영장주의 원칙을 선언하고 있으며 적법한 절차에 따라 검사의 신청에 의하여 법관이 발부한 영장을 제시하여야 한다(헌법, 제12조 제3항 본문). 피의자가 죄를 범하였다고 의심할 만한 상당한 이유가 있고, 정당한 이유없이 출석요구에 응하지 아니하거나 응하지 아니할 우려가 있는 때에는 검사는 관할 지방법원판사에게 청구하여 체포영장을 발부받아 피의자를 체포할 수 있고, 사법경찰관은 검사에게 신청하여 검사의 청구로 관할지방법원판사의 체포영장을 발부받아 피의자를 체포할 수 있다(제200조의2 본문). 다만, 다액 50만원 이하의 벌금, 구류 또는 과료에 해당하는 사건에 관하여는 피의자가 일정한 주거가 없는 경우 또는 정당한 이유없이 출석요구에 응하지 아니한 경우에 한한다(제200조의2 단서).

다만, 검사 또는 사법경찰관은 피의자가 사형·무기 또는 장기 3년 이상의 징역이나 금고에 해당하는 죄를 범하였다고 의심할 만한 상당한 이유가 있고, 긴급을 요하여 지방법원판사의 체포영장을 받을 수 없는 때에는 그 사유를 알리고 영장 없이 피의자를 체포할 수 있다(제200조의3). 이 경우 긴급을 요한다 함은 피의자를 우연히 발견한 경우 등과 같이 체포영장을 받을 시간적 여유가 없는 때를 말한다(동조). 이를 긴급체포라고 한다.

검사 또는 사법경찰관은 피의자를 체포하는 경우에는 피의사실의 요지, 체포의 이유와 변호인을 선임할 수 있음을 말하고 변명할 기회를 주어야 한다(제

200조의5). 이것은 미란다 원칙이라고 부르는데, 1966년 미국 연방대법원이 미란다에 내린 판결에서 비롯되었다.

나. 구속—구속은 체포에 비하여 피의자 또는 피고인을 더욱 장기간 제한하는 신체구속이다. 법원은 피고인이 죄를 범하였다고 의심할 만한 상당한 이유가 있고 피고인이 일정한 주거가 없거나 피고인이 증거를 인멸할 염려가 있는 때, 또는 피고인이 도망하거나 도망할 염려가 있는 사유가 있는 경우에는 피고인을 구속할 수 있다(제70조).

체포와 마찬가지로 구속도 법관이 발부한 영장에 의해 이루어져야 한다. 검사가 법관에서 구속영장 발부를 청구한 경우, 체포된 피의자에 대하여 구속영장을 청구받은 판사는 지체 없이 피의자를 심문하여야 한다(제201조의2 제1항). 이 경우 특별한 사정이 없는 한 구속영장이 청구된 날의 다음 날까지 심문하여야 한다(동항). 이것을 '구속전 피의자심문제도' 또는 '영장실질심사'라고 한다. 이를 통해 수사기관의 구속을 남용하는 것을 방지하고 피의자가 직접 법관에게 진술할 수 있는 기회를 마련했기 때문에 형사사법의 공정성을 확보할 수 있다.[6]

다. 체포·구속적부심사 제도—자유를 제한하는 것은 수사상 강제처분 중에 가장 강력하므로 위법한 체포·구속에 대해 사후적으로 통제할 수 있는 방안이 마련되어 있다. 먼저, 헌법 제12조 제6항에서는 "누구든지 체포 또는 구속을 당한 때에는 적부의 심사를 법원에 청구할 권리를 가진다"라고 하여 체포·구속적부심사제도를 규정하고 있다. 체포되거나 구속된 피의자 또는 그 변호인, 법정대리인, 배우자, 직계친족, 형제자매나 가족, 동거인 또는 고용주는 관할법원에 체포 또는 구속의 적부심사를 청구할 수 있다(제214조의2 제1항).

적부심의 청구를 받은 법원은 청구서가 접수된 때부터 48시간 이내에 체포되

---

6 신동운, 《신형사소송법》, 제6판(법문사, 2024), 243-244쪽.

구속적부심 청구서 (예시)

피의자	성명 : 주민등록번호 : 주거 :
청구인	성명 : 피의자의 관계 : 주소 : 전화번호 : 휴대전화 :
청구이유 (간략하게 기재하고, 필요하면 별지사용)	
보증서제출 허가 요망	위 구속적부심 청구에 있어서 보증금을 현금으로 납부하는 것에 갈음하여 아래 사람이 보증보험증권을 첨부한 보증서를 제출하고자 하오니 이를 허가하여 주시기 바랍니다. 이름 : 주민등록번호 : 주소 : 전화번호: 휴대전화: 피고인과의 관계 : 피고인의 ( ) 요망인 (인) (또는 서명)
첨부서류	□ 있음( ) □ 없음
20 . . . 청구인 (인) (또는 서명) ○○ 지방법원 귀중	

거나 구속된 피의자를 심문하고 수사 관계 서류와 증거물을 조사하여 그 청구가 이유 없다고 인정한 경우에는 결정으로 기각하고, 이유 있다고 인정한 경우에는 결정으로 체포되거나 구속된 피의자의 석방을 명하여야 한다(제214조의2 제4항). 심사 청구 후 피의자에 대하여 공소제기가 있는 경우에도 또한 같다(동항).

2) 압수·수색

압수는 증거방법으로 의미가 있거나 몰수가 예상되는 물건의 점유를 취득하는 강제처분이다. 압수에는 압류, 영치, 제출명령의 세 종류가 있다. 압류는 점유의 취득 과정에서 강제력을 행사하는 것을 의미하고, 영치는 점유의 계속에 대해 강제력을 행사하는 것이다. 제출명령은 법원은 압수할 물건을 지정하여 소유자, 소지자 또는 보관자에게 제출을 명하는 것이다(제106조 제2항). 수색이란 수사기관이 압수할 물건이나 특정인을 발견하기 위해 특정 장소를 뒤져 조사하는 강제처분을 의미한다. 체포·구속의 경우 피의자가 죄를 범하였다고 의심할 만한 상당한 이유가 있어야 하지만 압수·수색은 죄를 범하였다고 의심할 만한 정황이 있으면 충분하다(제215조 제1항).

법원은 필요한 때에는 피고사건과 관계가 있다고 인정할 수 있는 것에 한정하여 증거물 또는 몰수할 것으로 사료하는 물건을 압수할 수 있다(제106조 제1항 본문). 단, 법률에 다른 규정이 있는 때에는 예외로 한다(동항 단서).

압수·수색도 원칙적으로 법관이 발부한 영장에 따라야 한다. 검사는 범죄수사에 필요한 때에는 피의자가 죄를 범하였다고 의심할 만한 정황이 있고 해당 사건과 관계가 있다고 인정할 수 있는 것에 한정하여 지방법원판사에게 청구하여 발부받은 영장에 의하여 압수, 수색 또는 검증을 할 수 있다(제215조 제1항). 사법경찰관이 범죄수사에 필요한 때에는 피의자가 죄를 범하였다고 의심할 만한 정황이 있고 해당 사건과 관계가 있다고 인정할 수 있는 것에 한정하여 검사에게 신청하여 검사의 청구로 지방법원판사가 발부한 영장에 의하여 압수, 수색 또는 검증을 할 수 있다(동조 제2항).

4. 수사종결과 공소제기

(1) 수사종결

사법경찰관은 고소·고발 사건을 포함하여 범죄를 수사한 때에는 범죄의 혐의가 있다고 인정되는 경우에는 지체 없이 검사에게 사건을 송치하고, 관계 서류와 증거물을 검사에게 송부하여야 한다. 그 밖의 경우에는 그 이유를 명시한 서면과 함께 관계 서류와 증거물을 지체 없이 검사에게 송부하여야 한다. 이 경우 검사는 송부받은 날부터 90일 이내에 사법경찰관에게 반환하여야 한다(제245조의5).

검사는 사법경찰관으로부터 사건을 송치받거나 직접 수사를 진행한 경우, 불기소 또는 공소제기 등의 결정을 내린다. 불기소처분은 혐의없음, 죄가안됨, 기소유예, 공소권없음 등이 있다.

'혐의없음'은 피의사실이 범죄를 구성하지 않거나 인정되지 아니한 경우, 피의사실을 인정할 만한 충분한 증거가 없는 경우이다. '죄가안됨'은 피의사실이 범죄구성요건에 해당하지만 범죄의 성립을 조각하는 사유가 있어서 범죄를 구성하지 않는 경우이다. '기소유예'는 피의사실은 인정되나 범인의 연령, 성행, 지능과 환경, 피해자에 대한 관계, 범행의 동기, 수단과 결과, 범행 후의 정황을 고려하여 공소를 제기하지 않은 처분을 말한다. '공소권없음'은 공소시효가 완성되거나 범죄 후의 법령 개폐로 형이 폐지되는 등 공소권이 없는 경우의 처분을 의미한다.

(2) 공소제기

1) 기본원칙

공소는 검사가 제기하여 수행한다(제246조). 이와 같이 형사소송법은 공소제기의 주체를 국가기관이 전담하게 하여 '국가소추주의'를 채택하고 있다. 나아가 어느 국가기관에 공소제기를 맡길 것인가가 문제가 되는데, 검사만이 공소를 제기할 수 있는 권한을 가지는 것을 '기소독점주의'라고 한다. 형사소송법은 국가소추주의와 기소독점주의를 규정하고 있다. 또한 "검사는 〈형법〉 제51조의 사항을 참작하여 공소를 제기하지 아니할 수 있다"(제247조)라고 규정하여 검사에게 재량에 의해 불기소를 할 수 있는 '기소편의주의'를 도입하고 있다.

2) 방법과 효력

공소를 제기함에는 공소장을 관할법원에 제출하여야 한다(제254조). 공소가 제기되면 사건이 수소법원의 심판대상이 되고(소송계속) 심판대상이 확정된다. 공소의 효력은 검사가 피고인으로 지정한 자에게만 미치며 범죄사실의 일부에 대한 공소의 효력은 범죄사실 전부에 미친다(제248조).

법원은 검사가 공소를 제기한 피고인과 범죄 사실에 한해서만 심판할 수 있으며, 공소가 제기되지 않은 사건에 대해서는 재판할 수 없다. 이를 불고불리(不告不理) 원칙이라고 한다. 현행 형사소송법하에서는 법원의 실체적인 심판의 범위는 잠재적으로는 공소사실과 단일성 및 동일성이 인정되는 한 그러한 사실의 전부에 미칠 것이나, 현실적 심판의 대상은 공소장에 예비적 또는 택일적으로 기재되었거나 소송의 발전에 따라 그 후 추가 철회, 또는 변경된 사실에 한한다.[7] 또한 공소의 제기로 시효의 진행이 정지되고, 정지된 공소시효는 공소기각 또는 관할위반의 재판이 확정된 때로부터 진행한다(제253조).

---

7 대법원 1959. 6. 26. 선고 4292형상36 판결.

III. 형사재판

검사가 법원에 공소를 제기하면 법원이 사건을 심리하고 재판하는 공판절차가 시작된다. 공판절차가 시작되면 검사와 피고인은 당사자가 되어 심리에 관여하고 법원은 사건을 심판할 권리와 의무를 지게 된다.

1. 기본원칙

공판절차 진행에 있어서 기본적인 원칙은 공개재판주의, 구두변론주의, 직접심리주의, 집중심리주의 등이 있다. 헌법은 "형사피고인은 상당한 이유가 없는 한 지체 없이 공개재판을 받을 권리를 가진다"(동법 제27조 제3항)라고 공개재판주의를 선언하고 있고, 형사소송법에서는 "공판정에서의 변론은 구두로 하여야 한다"(제275조의3)는 구두변론주의를 규정하고 있다.

직접심리주의란 법원이 공판기일에 직접 심리하고 조사한 증거만을 기초로 판단하는 원칙을 의미한다. 집중심리주의란 공판기일에 집중하여 심리하는 원칙을 말한다(267조의2). 이것은 공판기일에 하나의 사건을 집중적으로 심리하여 공정하고 신속한 재판을 실현하기 위한 목적이 있다.

2. 공판절차

(1) 공판의 준비

검사가 공소제기를 하면 법원은 공소의 제기가 있는 때에는 지체 없이 공소장의 부본을 피고인 또는 변호인에게 송달하여야 한다(제266조). 피고인 또는 변호인은 공소장 부본을 송달받은 날부터 7일 이내에 공소사실에 대한 인정 여부, 공판준비절차에 관한 의견 등을 기재한 의견서를 법원에 제출하여야 한다(제266조의2 제1항).

재판장은 효율적이고 집중적인 심리를 위하여 사건을 공판준비절차에 부칠 수 있다(제266조의5 제1항). 공판준비절차는 주장 및 입증계획 등을 서면으로 준비하게 하거나 공판준비기일을 열어 진행한다(동조 제2항). 검사, 피고인 또는 변호인은 증거를 미리 수집·정리하는 등 공판준비절차가 원활하게 진행될 수 있도록 협력하여야 한다(동조 제3항).

(2) 공판기일의 절차

공판의 준비를 마치면 재판장은 공판기일을 정하여야 한다(제267조 제1항). 공판기일에는 피고인, 대표자 또는 대리인을 소환하여야 한다(동조 제2항). 공판기일의 절차는 모두절차, 사실심리절차, 판결선고절차로 크게 나뉜다. 모두절차는 진술거부권 고지와 인정신문, 모두진술, 쟁점정리와 증거관계의 진술로 진행된다. 사실심리절차는 증거조사, 피고인신문, 최종변론으로 진행된다.

1) 진술거부권 고지와 인정신문

재판장은 피고인은 진술하지 아니하거나 개개의 질문에 대하여 진술을 거부할 권리가 있다는 점을 고지하여야 한다(제283조의2). 그리고 재판장은 피고인의 성명, 연령, 등록기준지, 주거와 직업을 물어서 피고인임에 틀림없음을 확인하여야 한다(제284조). 이 절차를 인정신문이라고 한다.

2) 모두진술

인정신문을 마치면 검사와 피고인이 모두진술을 한다. 검사는 공소장에 의하여 공소사실·죄명 및 적용법조를 낭독하여야 한다(제285조). 피고인은 검사의 모두진술이 끝난 뒤에 공소사실의 인정 여부를 진술하여야 한다(제286조 제1항). 다만, 피고인이 진술거부권을 행사하는 경우에는 그러하지 아니한다(동항 단서).

3) 쟁점정리와 증거관계의 진술

재판장은 피고인의 모두진술이 끝난 다음에 피고인 또는 변호인에게 쟁점의 정리를 위하여 필요한 질문을 할 수 있다(제287조 제1항). 재판장은 증거조사를 하기에 앞서 검사 및 변호인으로 하여금 공소사실 등의 증명과 관련된 주장 및 입증계획 등을 진술하게 할 수 있다(동조 제2항 본문). 다만, 증거로 할 수 없거나 증거로 신청할 의사가 없는 자료에 기초하여 법원에 사건에 대한 예단 또는 편견을 발생하게 할 염려가 있는 사항은 진술할 수 없다(동항 단서).

4) 증거조사

증거조사는 재판장의 쟁점정리 및 검사·변호인의 증거관계 등에 대한 진술절차가 끝난 후에 실시한다(제290조). 증거조사는 당사자의 신청에 의하거나 직권으로 가능하다. 법원은 검사가 신청한 증거를 조사한 후 피고인 또는 변호인이 신청한 증거를 조사하며 이 조사가 끝난 후 직권으로 결정한 증거를 조사한다(제291조의2 제1항, 제2항). 법원은 직권 또는 검사, 피고인·변호인의 신청에 따라 증거조사 순서를 변경할 수 있다(동조 제3항). 검사, 피고인 또는 변호인은 서류나 물건을 증거로 제출할 수 있고, 증인·감정인·통역인 또는 번역인의 신문을 신청할 수 있다(제294조 제1항).

5) 피고인신문

검사 또는 변호인은 증거조사 종료 후에 순차로 피고인에게 공소사실 및 정상에 관하여 필요한 사항을 신문할 수 있다(제296조의2 제1항 본문). 다만, 재판장은 필요하다고 인정하는 때에는 증거조사가 완료되기 전이라도 이를 허가할 수 있다(동항 단서). 피고인신문은 임의적인 절차로 생략할 수 있다.

재판장은 증인 또는 감정인이 피고인 또는 어떤 재정인의 면전에서 충분한 진술을 할 수 없다고 인정한 때에는 그를 퇴정하게 하고 진술하게 할 수 있다(제297조 제1항). 피고인이 다른 피고인의 면전에서 충분한 진술을 할 수 없다고 인정한 때에도 같다(동항 후문). 피고인은 진술거부권을 가진다. 따라서 진술하지 아니하거나 개개의 질문에 대하여 진술을 거부할 수 있다(제283조의2).

6) 최종변론

피고인신문과 증거조사가 종료한 때에는 검사는 사실과 법률적용에 관하여 의견을 진술하여야 한다(제302조). 이것을 논고라고 하고 양형에 대한 의견을 진술하므로 구형이라고 한다. 재판장은 검사의 의견을 들은 후 피고인과 변호인에게 최종의 의견을 진술할 기회를 주어야 한다(제303조). 피고인의 최종변론을 끝으로 변론을 종결하게 된다(결심).

7) 판결선고

판결의 선고는 변론을 종결한 기일에 하여야 한다(제318조의4 제1항 본문). 다만, 특별한 사정이 있는 때에는 따로 선고기일을 지정할 수 있는데(동항 단서) 이 경우 선고기일은 변론종결 후 14일 이내로 지정되어야 한다(동조 제3항). 변론을 종결한 기일에 판결을 선고하는 경우에는 판결의 선고 후에 판결서를 작성할 수 있다(동조 제2항). 재판의 선고는 재판장이 하되 주문을 낭독하고 이유의 요지를 설명하여야 한다(제43조).

사례의 해결

박배낭 씨는 사기죄 혐의로 수사를 받게 되었다. 수사의 단서는 카메라 구매를 위해 돈을 송금한 김찰칵 씨의 고소이다. 김찰칵 씨는 범죄의 피해자로서 경찰에 박배낭 씨의 사기 행위를 신고하였고, 처벌을 요구하는 의사를 밝혔다.

수사기관은 김찰칵 씨의 진술을 참고인 조사를 통해 확인하고, 박배낭 씨의 중고 거래 기록, 입금 내역, 카메라 소유 여부 등을 증거로 수집할 것이다. 경찰은 박배낭 씨를 피의자로 신문하여 돈을 돌려주지 않은 경위와 고의성을 조사하게 된다.

만일 박배낭 씨가 혐의를 부인하거나 도주하려는 행동을 보이거나, 증거를 인멸하려고 시도한다면, 수사기관은 법관의 영장을 발부받아 체포, 구속, 압수, 수색 등의 강제처분을 할 수 있다.

사법경찰관이 수사 결과 혐의가 인정된다고 판단하면 사건을 검찰에 송치하며, 검사는 수사 자료를 검토한 뒤 공소를 제기할지 결정하게 된다. 공소가 제기되면 박배낭 씨는 피고인으로서 형사재판을 받게 된다. 형사절차는 진술거부권 고지와 인정신문으로 시작하여 판결선고까지의 절차를 거치게 된다.

3. 증거

(1) 증거의 의의와 종류

범죄의 성립을 인정하기 위해 먼저 사실의 인정이 필요한데, 사실관계를 확정하기 위해 근거가 되는 자료를 증거라고 한다. 증거는 요증사실을 직접 증명하는 직접증거, 직접 증명이 아닌 추론할 수 있는 사실을 증명하는 간접증거가 있다. 또한 사람이 증거방법이 되는 인증, 사람 이외의 유체물이 증거가 되는 물증이 있다.

(2) 증거재판주의

증거재판주의는 사실의 인정은 증거에 의하여야 한다는 원칙으로 형사소송법 제307조에 규정되어 있다. 나아가 증거재판주의의 엄격성을 위하여 범죄사실의 인정은 합리적인 의심이 없는 정도의 증명에 이르러야 한다고 규정하고 있다(동조 제2항). 즉, 증거재판주의는 사건을 구성하는 사실에 대해 증거능력(법률상 자격)이 인정되고 법률이 규정한 적법한 증거조사절차에 따라 합리적 의심이 없는 정도의 증명에 이르는 경우에 처벌 가능하다는 의미가 있다. 강한 제재 방법인 형벌에 대하여 피고인을 보호를 위한 원칙이다.

(3) 거증책임

거증책임(증명책임)이란 증명을 요하는 사실의 존부가 증명되지 않을 경우에 불이익을 받을 당사자의 지위를 의미한다. 소송에 나타난 모든 증거자료에 의하여도 법원이 결정할 수 없는 경우, 법원은 재판불능의 상태에 빠지는 것을 방지하기 위해서 증명 곤란으로 인한 불이익을 어느 당사자에게 부담시키게 되는 것이다.

형사재판에서 공소가 제기된 범죄의 구성요건을 이루는 사실은 그것이 주관적 요건이든 객관적 요건이든 그 증명책임이 검사에게 있다.[8] 법원이 범죄사실의 존부에 관하여 합리적인 의심이 있는 경우에는 무죄를 선고해야 한다.

(4) 증거능력

증거능력이란 증거가 엄격한 증명의 자료로 사용될 수 있는 법률상의 자격을 의미한다. 증거능력의 제한으로는 위법수집증거배제법칙, 자백배제법칙, 전문법칙을 들 수 있다.

1) 위법수집증거배제법칙

형사소송법은 적법한 절차에 따르지 아니하고 수집한 증거는 증거로 할 수 없다(제308조의2)고 하여 위법수집증거배제법칙을 규정하고 있다. 피고인의 자백이 고문, 폭행, 협박, 신체구속의 부당한 장기화 또는 기망 기타의 방법으로 임의로 진술한 것이 아니라고 의심할 만한 이유가 있는 때에는 이를 유죄의 증거로 하지 못한다(제309조).

이 법칙은 실체적 진실을 실현하는 데 제한이 있더라도, 위법한 방법으로 수집된 증거의 사용을 억제하여 적법절차를 보장하려는 취지에서 도입되었다. 그러나 이러한 법칙으로 인해 결과적으로 범죄자를 처벌하지 못하는 상황이 발생할 수 있다는 점 등에서 비판을 받기도 한다.

2) 자백배제법칙

헌법은 피고인의 자백이 고문·폭행·협박·구속의 부당한 장기화 또는 기망 기타의 방법에 의하여 자의로 진술된 것이 아니라고 인정될 때 또는 정식재판에

8 대법원 2010. 11. 25. 선고 2009도12132 판결.

있어서 피고인의 자백이 그에게 불리한 유일한 증거일 때에는 이를 유죄의 증거로 삼거나 이를 이유로 처벌할 수 없다(제12조 제7항). 이에 따라 형사소송법에는 자백배제법칙이 규정되어 있다. 즉, 피고인의 자백이 고문, 폭행, 협박, 신체구속의 부당한 장기화 또는 기망 기타의 방법으로 임의로 진술한 것이 아니라고 의심할 만한 이유가 있는 때에는 이를 유죄의 증거로 하지 못한다(제309조)고 하여 자백의 증거능력을 제한하고 있다.

판례는 임의성 없는 진술의 증거능력을 부정하는 취지는, 허위진술을 유발 또는 강요할 위험성이 있는 상태하에서 행하여진 진술은 그 자체가 실체적 진실에 부합하지 아니하여 오판을 일으킬 소지가 있을 뿐만 아니라 그 진위를 떠나서 진술자의 기본적 인권을 침해하는 위법·부당한 압박이 가하여지는 것을 사전에 막기 위한 것이라고 판시하고 있다.[9]

3) 전문법칙

공판준비 또는 공판기일에서의 진술에 대신하여 진술을 기재한 서류나 공판준비 또는 공판기일 외에서의 타인의 진술을 내용으로 하는 진술은 이를 증거로 할 수 없는 것이 원칙이다(제310조의2). 전문법칙이란 요증사실을 간접적으로 보고하는 전문증거는 증거능력을 인정되지 않는 원칙을 말한다. 그러나 이처럼 전문증거를 모두 배척하게 되면 사실상 범죄인을 처벌할 수 없게 되는 등 실체적 진실발견이라는 형사절차의 요청을 실현이 어려워지므로, 예외적으로 신용성의 정황적 보장과 필요성이 있는 경우 증거능력을 인정하고 있다(제311조-제316조).

(5) 증명력

증명력이란 어떤 사실을 증명할 수 있는 증거의 실질적 가치를 의미하며 원

9 대법원 2015. 9. 10. 선고 2012도9879 판결.

칙적으로 법관의 자유로운 판단에 맡겨 있다. 다만, 자백보강법칙 등 증명력에 대한 제한이 있다.

1) 자유심증주의

앞서 언급한 바와 같이 증거의 증명력은 법관의 자유판단에 의하며 이것을 자유심증주의라고 한다(제308조). 증거의 증명력은 법관의 자유판단에 맡겨져 있으나 그 판단은 논리와 경험칙에 합치하여야 한다.[10] 형사재판에서 유죄로 인정하기 위한 심증형성의 정도는 합리적인 의심을 할 여지가 없을 정도여야 하나, 이는 모든 가능한 의심을 배제할 정도에 이를 것까지 요구하는 것은 아니다.[11]

2) 자백보강법칙

피고인의 자백이 그 피고인에게 불이익한 유일의 증거인 때에는 이를 유죄의 증거로 하지 못한다(제310조). 즉, 보강증거가 없는 경우 유죄로 인정할 수 없다는 것이 자백보강법칙이다. 이것은 오판 가능성을 줄이고 인권 침해를 방지하기 위한 목적을 지닌다.

4. 재판

(1) 재판의 의의와 종류

좁은 의미의 재판이란 피고사건의 실체에 관하여 내리는 공권적 판단, 즉 유죄 또는 무죄의 실체적 종국재판을 말한다. 이에 대하여 넓은 의미의 재판은 법원

---

10 대법원 2022. 11. 10. 선고 2021도230 판결.

11 위의 판례.

또는 법관이 행하는 법률행위적 소송행위를 총칭한다. 재판의 종류에는 유죄판결, 무죄판결, 면소판결, 공소기각판결, 공소기각결정 등이 있다.

1) 유죄판결

유죄판결은 피고사건에 대하여 범죄의 증명이 있는 때에 선고하는 종국재판이다(제321조). 유죄판결은 형을 선고하는 판결(제321조 제1항), 형을 면제하는 판결(제322조), 형의 선고를 유예하는 판결(제322조)로 구분된다.

2) 무죄판결

무죄판결이란 피고사건에 대하여 구체적 형벌권이 존재하지 않다는 것을 확인하는 판결이다. 피고사건이 범죄로 되지 아니하거나 범죄사실의 증명이 없는 때에는 판결로써 무죄를 선고하여야 한다(제325조).

3) 면소판결

면소판결은 ① 확정판결이 있은 때 ② 사면이 있은 때 ③ 공소의 시효가 완성되었을 때 ④ 범죄 후의 법령개폐로 형이 폐지되었을 때에는 판결로써 면소의 선고하는 종국재판이다(제326조).

4) 공소기각 판결

법원은 ① 피고인에 대하여 재판권이 없을 때 ② 공소제기의 절차가 법률의 규정을 위반하여 무효일 때 ③ 공소가 제기된 사건에 대하여 다시 공소가 제기되었을 때 ④ 제329조를 위반하여 공소가 제기되었을 때 ⑤ 고소가 있어야 공소를 제기할 수 있는 사건에서 고소가 취소되었을 때 ⑥ 피해자의 명시한 의사에 반하여 공소를 제기할 수 없는 사건에서 처벌을 원하지 아니하는 의사표시를 하거나 처벌을 원하는 의사표시를 철회하였을 때에 판결로써 공소기각의 선고를 하여야 한다(제327조).

제329조는 공소취소에 의한 공소기각의 결정이 확정된 때에는 공소취소 후 그 범죄사실에 대한 다른 중요한 증거를 발견한 경우에 한하여 다시 공소를 제기할 수 있다고 규정되어 있는데 이를 위반하여 공소가 제기되었을 때 공소기각의 선고를 하여야 한다.

5) 공소기각 결정

법원은 ① 공소가 취소되었을 때 ② 피고인이 사망하거나 피고인인 법인이 존속하지 아니하게 되었을 때 ③ 제12조 또는 제13조의 규정에 의하여 재판할 수 없는 때 ④ 공소장에 기재된 사실이 진실하다 하더라도 범죄가 될 만한 사실이 포함되지 아니하는 때에는 결정으로 공소를 기각하여야 한다(제328조).

(2) 재판의 효력

재판이 통상의 불복방법에 의해 더 이상 다툴 수 없게 되면 재판은 확정된다. 확정판결에 대하여는 법적 안정성을 위하여 확정력과 기판력을 부여함이 원칙이고, 다만 예외적으로 재심 등을 허용하는 것이 상당한 경우에 재심청구 등 특별한 불복방법을 허용하는 것이 형사소송법의 기본 취지이다(민사소송법도 동일).[12]

---

12 대법원 2022. 12. 29. 선고 2018도7575 판결.

IV. 상소와 재심제도

1. 상소

상소란 확정되지 않은 재판에 대해 상급법원에 구제를 구하는 불복신청제도이다. 이러한 상소제도는 오판을 바로잡아 당사자의 불이익을 구제하고 법령해석의 통일을 확보하기 위해 마련되었다.[13] 상소에는 항소, 상고, 항고가 있는데 항소는 1심 판결에 대하여, 상고는 2심 판결에 대한 불복신청이다. 항고는 법원의 결정에 대한 상소이다.

피고인이 항소한 사건과 피고인을 위하여 항소한 사건에 대해서는 원심판결의 형보다 무거운 형을 선고할 수 없다(제368조). 이것을 불이익변경의 금지라고 하며 상고의 경우도 동일하다(제396조 제2항).

2. 재심과 비상상고

재심과 비상상고는 확정재판에 대한 구제절차로 확정되지 않은 재판의 구제절차인 상소와 구별된다. 재심은 해당 심급에서 또는 상소를 거쳐 확정된 사실관계를 재심사하는 예외적인 비상구제절차로서, 확정된 종국판결에 중대한 하자가 있는 경우 그 판결의 확정력으로 유지되는 법적 안정성을 후퇴시키고 구체적 정의를 실현하기 위하여 마련된 것이다.[14]

---

13 이창현, 《형사소송법》, 제10판(정독, 2024), 1165쪽.

재심은 ① 원판결의 증거가 된 서류 또는 증거물이 확정판결에 의하여 위조되거나 변조된 것임이 증명된 때 ② 원판결의 증거가 된 증언, 감정, 통역 또는 번역이 확정판결에 의하여 허위임이 증명된 때 ③ 무고로 인하여 유죄를 선고받은 경우에 그 무고의 죄가 확정판결에 의하여 증명된 때 ④ 원판결의 증거가 된 재판이 확정재판에 의하여 변경된 때 ⑤ 유죄를 선고받은 자에 대하여 무죄 또는 면소를, 형의 선고를 받은 자에 대하여 형의 면제 또는 원판결이 인정한 죄보다 가벼운 죄를 인정할 명백한 증거가 새로 발견된 때 ⑥ 저작권, 특허권, 실용신안권, 디자인권 또는 상표권을 침해한 죄로 유죄의 선고를 받은 사건에 관하여 그 권리에 대한 무효의 심결 또는 무효의 판결이 확정된 때 ⑦ 원판결, 전심판결 또는 그 판결의 기초가 된 조사에 관여한 법관, 공소의 제기 또는 그 공소의 기초가 된 수사에 관여한 검사나 사법경찰관이 그 직무에 관한 죄를 지은 것이 확정판결에 의하여 증명된 때(다만, 원판결의 선고 전에 법관, 검사 또는 사법경찰관에 대하여 공소가 제기되었을 경우에는 원판결의 법원이 그 사유를 알지 못한 때로 한정) 중 어느 하나에 해당하면 유죄의 확정판결에 대하여 그 선고를 받은 자의 이익을 위하여 청구할 수 있다(제420조).

또한 검찰총장은 판결이 확정한 후 그 사건의 심판이 법령에 위반한 것을 발견한 때에는 대법원에 비상상고를 할 수 있다(제441조). 그 목적은 이미 확정된 판결에 대하여 법령 적용의 오류를 시정함으로써 법령의 해석·적용의 통일을 도모하려는 데에 있다.[15]

■ 강영주

14 대법원 2019. 6. 20. 선고 2018도20698 전원합의체 판결.

15 대법원 2021. 3. 11. 선고 2018오2 판결.

| 5부 | 법의 새로운 시대

제9장 인공지능과 법

1942년 3월 과학자이자 저술가인 아이작 아시모프(Isaac Asimov)는 〈런어라운드(Runaround)〉라는 소설을 발표했다. 이 소설은 최신형 로봇 스피디(Speedy)가 수성에서 광물 탐사의 임무를 수행하는 과정에서 발생하는 이야기를 다루고 있다. 이 이야기에서 로봇 스피디는 로봇 기술자들의 예측과 다르게 그 역할을 제대로 하지 못한다. 그 이유는 이 로봇에는 법칙이 탑재되어 있었는데 로봇이 그 원칙 사이에서 갈등하였기 때문이다. 이 이야기는 나중에 《아이 로봇(I, Robot)》이라는 단행본에 여러 소설과 함께 실리게 된다. 로봇 스피디에게 탑재된 원칙은 '로봇공학의 3원칙'이라고 불리며 그 내용을 보면 다음과 같다.

▷ 제1원칙: 로봇은 인간에게 해를 입혀서는 안 된다. 그리고 위험에 처한 인간을 모른 척해서는 안 된다.
▷ 제2원칙: 제1원칙에 위배되지 않은 한, 로봇은 인간의 명령에 복종해야 한다.
▷ 제3원칙: 제1원칙과 제2원칙에 위배되지 않은 한, 로봇은 로봇 자신을 지켜야 한다.

이 이야기는 소설이지만 인공지능과 법에 대한 시사점을 던져준다. 이미 철학, 법학 등 다양한 분야에서 이 원칙을 연구하고 있고, 구글 등의 실무 분야에서도 이 원칙을 적용하고 있다. 이제는 인공지능의 등장으로 변화하는 사회에서 필요한 법을 생각해 보아야 할 때이다. 우리가 그려 볼 수 있는 법의 모습은 어떨까?

I. 인공지능의 발전과 새로운 문제점

1. 인공지능의 등장과 의의

(1) 인공지능의 출현과 영향력

1950년부터 과학자들은 '생각하는 컴퓨터'를 만들기 위해 노력해 왔다. 컴퓨터가 지능을 가지는지 튜링 검사(Turing Test)를 했고, 인간의 질문에 대해 제출한 답이 컴퓨터가 제출한 것인지 분간할 수 없다면 이 검사를 통과한 것으로 보았다. 이후 인공지능 기술은 2000년대 전후로 빅데이터의 등장과 함께 비약적으로 발전하고 있다. 이러한 변화는 교통, 통신, 교육, 법률, 의료 등 다양한 분야에서 새로운 변화를 가져다주고 있다. 최근에는 생성형 인공지능까지 등장하면서 복잡한 문제를 해결하거나 의사결정을 지원받는 등 활용 방식이 더욱 다양해지고 있다.

법률 분야도 예외가 아니며 변화된 사회 현상에 따른 새로운 법이 필요하게 되었다. 법률 분야에서 도입되고 있는 인공지능 기술은 계약서 작성, 법률 문서 검토, 판례 분석 등 다양한 업무에서 효율성을 높이고 있다. 아울러, 이 신기술은 사법 접근성을 향상시키는 방안으로 기대를 모으고 있다.[1]

1 강영주, 《인공지능 법정에서의 하루—AI 판사에게 재판을 받을 것인가》(박영사, 2024), 16-17쪽.

(2) 인공지능의 의의와 종류

인공지능에 대한 정의는 다양하다. 인공지능이란 인간의 사고 능력을 모방하여 행동하는 지능 있는 기계를 만들기 위한 컴퓨터 기술이라고 할 수 있다. 인공지능은 사고 가능 여부와 문제 해결의 정도에 따라 강한 인공지능과 약한 인공지능으로 나눌 수 있다. 이 구분은 사법 분야에서 인공지능에 관한 논의에 있어 전제된다. 사고력이 높은 강한 인공지능은 현재 구현하기 어려운 상태이며 실제 논의는 약한 인공지능을 중심으로 이루어지고 있다.

2. 인공지능과 윤리

2024년 노벨상에서도 인공지능이 큰 화제였으며 특히 노벨화학상과 노벨물리학상에서 인공지능이 기여한 바를 인정받았다. 한편, 노벨물리학상을 받은 제프리 힌턴(Geoffrey Hinton) 토론토대학 교수가 인공지능에 대한 우려의 목소리를 냈는데, 그는 인공지능의 급속한 발전이 인류에게 위험으로 다가올 수 있다고 경고했다. 인공지능과 윤리에 대한 문제는 우리가 반드시 깊이 생각하고 해결해야 할 중요한 과제이다.

(1) 알고리즘의 편향성

먼저, 인공지능 활용에서 야기되는 문제로 알고리즘의 편향성이 제기된다.[2]

2 강영주, 〈생성형 인공지능과 ADR-대체적분쟁해결을 위한 생성형 인공지능 활용에 대한 소고〉, 《안암법학》 제69호(2024): 458-459쪽; 강영주, 〈인공지능을 활용한 민사분쟁해결에 관한 고찰〉, 《안암법학》 제64호(2022): 411-412쪽.

알고리즘은 학습 데이터의 편향이나 설계자의 특정 편향이 반영될 경우, 공정성을 저해할 가능성이 크다. 현재 챗GPT-4는 '성공한 투자자, 금융 종사자'의 이미지에 대해서는 백인 남성의 이미지를 '가정부'의 이미지에는 유색 여성의 이미지를 생성하고 있다. 이러한 현상은 특정 집단의 관점과 가치관이 알고리즘에 반영된 결과로 보인다. 현재 프로그램 설계자가 20-40대의 서양 출신 백인에 편중되어 있는데, 편향성을 극복하기 위해서는 보다 다양한 배경을 가진 설계자들이 참여할 필요가 있다.

(2) 알고리즘의 불투명성

알고리즘의 불투명성은 '블랙박스'처럼 알고리즘의 특정 결과가 산출되는 과정을 알지 못하는 것을 말한다. 알고리즘 설계의 투명성을 확보해야 결과에 대한 신뢰성을 기대할 수 있을 것이다. 한편, 불투명성은 기술적 비밀 유지를 통해 안정성을 유지하는 역할을 하기도 한다. 투명성과 불투명성 사이에서 적절한 균형이 필요하다.

(3) 인공지능의 윤리적 딜레마

인공지능이 일상에 점점 영향을 미치면서 윤리적 딜레마가 발생하고 있다. 특히 자율주행 자동차와 같은 기술은 인간의 생명과 직결된 문제를 더욱 선명하게 드러낸다. 예를 들어, 자율주행 자동차의 브레이크가 고장이 나서 사고를 피할 수 없는 상황에서 차량은 누구를 보호해야 할지를 결정해야 하는 순간에 직면하게 된다. 차가 직진하면 행인을 치고, 방향을 틀면 탑승자가 피해를 입는다면 이는 전형적인 '트롤리 딜레마(trolley dilemma)'와 유사하다. 즉, 자율주행 자동차는 알고리즘을 통해 인간의 생명을 선택해야 하는 딜레마에 놓이게 되는 것이다. 따라서 이러한 기술을 설계하는 과정에서 윤리적 문제를 반드시 고려해야 한다.

자율주행 자동차뿐만 아니라 지능형 엘리베이터, 무인 조종 셔틀, 화재 차단 자동문 등 다양한 자동화 시스템이 점차 확산됨에 따라, 인공지능 시스템이 일정 수준의 가치 판단이 필요한 결정을 수행하도록 위임하는 사례가 늘어날 것이다.[3] 이러한 문제는 생명과 안전에 영향을 미칠 수 있으므로 단순한 이론적 문제를 넘어 도덕적·법적·기술적 측면에서 심각한 문제로 다뤄져야 한다. 위와 같은 인공지능 윤리에 대한 문제들을 볼 때 인공지능 관련 지침과 규제에 대한 논의가 필요하다.

II. 법률 분야에 미치는 인공지능의 영향

1. 법률 분야에서 인공지능 연구와 활용

(1) 인공지능 연구

재판 예측에 알고리즘이 사용된다는 것은 기술이 사법 분야에 놀라운 영향력을 미치고 있다는 것을 보여 준다. 이를 통해 판결의 결과를 예측하려는 시도는 지속적으로 이루어져 왔다.[4]

미국은 1960년대에 통계를 이용하여 재판 예측을 시도했다. 당시 기계가 신

3 고인석, 〈아시모프의 로봇 3법칙 다시보기—윤리적인 로봇 만들기〉, 《철학연구》 제93집(2011): 99쪽.

4 강영주, 《인공지능 법정에서의 하루—AI 판사에게 재판을 받을 것인가》(박영사, 2024), 35-48쪽.

성한 재판에 개입한다는 인식이 강해서 미국 판사들은 이 연구를 지지하지 않았다. 그러나 재판의 결과에 오류가 있다는 보고서가 계속 제기되자, 과학기술을 이용한 재판 예측이 이러한 문제를 보완할 수 있는 대안으로 주목받기 시작했다. 미국 연방대법원 판례를 활용한 재판 예측 분석은 2004년 루거(T. W. Ruger)팀, 2014년과 2017년 카츠(D. M. Katz)팀 연구가 대표적이다. 미국은 주로 판사 개인의 성향을 분석한 반면 유럽의 경우는 사건 자료 자체를 검토했다. 유럽에서는 2016년 유럽인권재판소 판례를 활용하여 알레트라스(N. Aletras)팀이 재판 예측을 진행한 바 있다.

루거팀의 연구 결과에서는 기계 예측은 75%로 인간 전문가의 정확도인 59.1%에 비해 높은 결과를 나타냈다. 그리고 카츠팀은 70%, 알레트라스팀은 79%의 예측도를 보였다.

(2) 인공지능 활용

인공지능은 사법 분야에서 재판 예측 이외에 다양한 분야에 활용되고 있다. 생성형 인공지능 챗GPT-4가 출시되자 이것을 활용한 법률 서비스가 잇따라 출시되고 있다. 미국 리걸테크 기업 케이스텍스트(Casetext)가 출시한 '코카운슬(Co Counsel)'을 그 예로 들 수 있다. 이것은 지능형 법률 문서 분석, 계약서 데이터 추출 등에서 보다 향상된 계약서 분석의 서비스를 제공하는 것으로 알려져 있다.

법원에서 인공지능을 활용해 분쟁을 해결하는 서비스를 제공하는 경우는 싱가포르 법원의 '온라인 교통사고 손해배상 청구(Motor Accident Claims Online, MACO)' 플랫폼을 예로 들 수 있다. 이용자가 이 마코(MACO) 시스템에서 제공하는 질문을 입력하면 5-10분 사이에 귀책 사유 비율과 보상액이 산정된다. 또한 미국 뉴저지 주법원에서는 '지아(Judiciary Information Assistnat, JIA)라고 불리는 법률 챗봇을 활용해서 법원의 사무를 처리하고 있다. 이러한 인공지능의 재판 분야 활용 사례를 바탕으로, 법 분야별로 어떠한 논쟁이 있는지 그 주요 쟁점을 살펴본다.

2. 인공지능과 법

(1) 인공지능과 헌법

헌법 제27조 제1항은 "모든 국민은 헌법과 법률이 정한 법관에 의하여 법률에 의한 재판을 받을 권리를 가진다"고 규정되어 있으며, 헌법 제101조 제3항에는 "법관의 자격은 법률로 정한다"라고 규정하고 있다. 여기서 인공지능이 과연 법관의 자격을 갖출 수 있는지가 문제된다.

최근 인공지능 법관이 인간 법관의 업무를 대체할 수 있는지에 대한 연구가 있다.[5] 연구 결과를 보면 업무의 대체가 가능하며(설문 조사 결과 85%가 긍정), 업무 대체 시기는 25년 이내라고 보고 있다(85%). 업무 대체 정도는 인간 법관과 병존 또는 보조수단으로 보았다. 나아가 인공지능 법관을 도입했을 때의 장단점을 살펴보면 장점은 신속한 재판, 공정한 재판, 편향성 제거 등이 있다. 단점은 알고리즘의 편향성과 불투명성, 선례 없는 사건 처리의 어려움, 오작동이나 해킹 등에 의한 재판 조작 가능성 등을 이유로 들고 있다.

이와 같이 인공지능 법관이 인간 법관의 업무를 대체할 수 있다는 견해가 다수 존재하지만, 현행 법제는 인간 법관을 전제로 하고 있다. 따라서 인공지능을 헌법상 법관으로 도입하기 위해서는, 먼저 인간 법관이 인공지능 법관을 통제할 수 있다는 전제가 필요하다. 법률 분야에서의 인공지능 도입에 대한 사회적 합의가 이루어지고, 그 효과가 국민의 사법 접근성 향상으로 인정된다면 인공지능 법관 시대가 본격적으로 열릴 수 있다. 이에 대해서는 앞으로도 지속적인 논의가 필요하다.

---

5 오세용, 《인공지능시대—법관의 미래는?》(박영사, 2022), 248-262쪽.

(2) 인공지능과 민법

민법 제750조는 "고의 또는 과실로 인한 위법행위로 타인에게 손해를 가한 자는 그 손해를 배상할 책임이 있다"고 규정하고 있다. 불법행위책임과 관련하여 인공지능에 대해 살펴본다.[6]

인공지능이 탑재된 제품을 개발하려면 데이터 제공자, 프로그램 개발자, 제조업체 등의 긴밀한 협력이 필수적이다. 그런데 이 제품에서 사고가 발생한 경우 누구의 책임인지 불분명한 경우가 있다. 최근 인공지능이 스스로 데이터를 수집하여 학습하는 기술이 발전되고 있는데, 만약 이러한 인공지능이 탑재된 제품이 알고리즘을 수정한다고 가정해 보자. 그 제품으로 인해 사고가 발생한다면 피해자는 인공지능 프로그램에 데이터를 공급한 데이터 제공자, 인공지능 프로그램 개발자, 인공지능이 탑재된 제품을 생산한 제조자 등에게 책임을 묻기가 쉽지 않을 것이다. 결국 인공지능에 불법행위책임을 묻게 된다.

그렇지만 현행 법체계에서는 인공지능에 독자적인 책임을 물을 수 없다. 민법에서 법인격은 자연인과 법인에 부여하고 있으며 인공지능에 법인격을 인정하기가 어렵기 때문이다. 최근 인공지능에 법인격을 부여할 수 있는지에 대하여 논의되고 있으나 대다수는 이에 대해 회의적인 입장을 보인다. 나아가 인공지능의 작용을 행위라고 평가하거나 인공지능에 책임능력이 있다고 인정하기는 어렵다. 따라서 피해자를 구제하기 위해서는 새로운 법 제도를 마련해야 할 필요가 있다.

(3) 인공지능과 형법

형법 분야에서는 인공지능의 형벌능력에 관한 점을 살펴본다.[7] 형벌능력은

---

6 이하, 인공지능의 불법행위에 관하여는 최경진 외 20인, 《인공지능법》(박영사, 2024), 176-178쪽.

형법적 의미의 처벌을 받을 수 있는 자격이나 능력을 의미하는데, 형벌의 주요 목적은 속죄와 예방 효과에 있다. 그러나 인공지능은 형벌에 대한 두려움이나 준법 의식을 가질 수 없으므로, 형벌을 통해 예방 효과를 기대하기 어렵다. 데이터 삭제나 프로그램 폐기와 같은 조치는 형벌의 목적을 달성하기보다는 단순히 수리하는 행위일 뿐이다.

이와 같은 데이터 삭제는 프로그램의 수정이라는 기술적 조치로 이루어지는 것이며, 형사제재의 차원에서 이루어지는 조치라고 볼 수 없다. 따라서 현행 형법 체계 내에서 인공지능에 형벌능력을 인정하기에는 이론적·실질적 한계가 존재한다.

(4) 인공지능과 개인정보보호법

1) 사생활침해와 개인정보보호

인공지능 기술이 고도화되고 활용 범위가 확장될수록 개인정보보호의 중요성은 더욱 높아진다. 인공지능 성능의 향상을 위해 양질의 막대한 학습 데이터가 필요한데 데이터를 수집하고 처리하는 과정에서 개인정보보호의 침해가 발생하게 된다. 인공지능은 개인에 대한 정보를 더욱 정교하게 추론할 수 있으며 다양한 데이터를 결합하여 특정 개인을 식별하는 것이 가능하다. 이러한 결과는 때때로 개인의 의사에 반하거나 부정적인 영향을 미치는 상황을 초래하여 개인정보를 침해하게 된다. 따라서 개인정보보호 문제는 인공지능 시대에 매우 중요한 사회적·법적 과제이다.

---

7 이하, 인공지능의 형벌능력에 관하여는 최호진, 〈인공지능의 형사상 책임능력〉, 《법학연구》(연세대학교 법학연구원) 제34권, 제1호(2024): 562-563쪽.

2) 개인정보보호와 판례 공개 문제

법률 분야에서 인공지능의 주요 학습 데이터는 판례이며, 이로 인해 판례 공개 문제가 제기된다. 판례 공개에 대한 논의는 헌법에 보장된 국민의 알 권리와 관련하여 그동안 꾸준히 제기되어 왔다. 반면, 개인정보보호와의 충돌을 고려한 공개 여부에 대한 논의도 이루어지고 있다.

일반적으로 판례가 법원이 되는 영미법계는 판례를 적극적으로 공개하고 있다. 그러나 성문법주의를 취하는 국가들은 그동안 대체로 판례 공개에 소극적이었다. 최근 성문법주의를 취하는 국가들도 판례 공개 확대에 긍정적인 태도를 취하고 있다. 아울러 판례 공개에 따른 개인정보 침해를 방지하기 위해 판결문의 비식별화, 가명 처리, 암호화 등의 방법에 제기되고 있다.

(5) 인공지능과 저작권법

생성형 인공지능의 출현으로 글쓰기, 이미지 생성, 음성 제작 등 다양한 창작 활동이 가능해졌다. 이에 따라 인공지능이 만들어 낸 창작물이 저작권으로 인정을 받을 수 있는지가 논의되고 있다. 저작권법 제2조 제1호에 따르면 저작물이란 인간의 사상 또는 감정을 표현한 창작물을 말한다. 저작권은 인간의 창작물에만 인정되므로, 인공지능이 자동으로 생성한 결과물은 현행법상 저작물로 보호받기 어렵다는 것이 대체적인 견해이다.

또한, 생성형 인공지능은 막대한 데이터를 학습하여 구현되는데, 여기서 기존 저작물을 학습하는 과정에서 저작권 침해 가능성의 문제가 대두된다. 저작권법 제35조의5의 공정이용 조항은 저작물의 일반적인 이용 방법과 충돌하지 아니하고 저작자의 정당한 이익을 부당하게 해치지 아니하는 경우에는 저작물을 이용할 수 있도록 규정하고 있다. 인공지능 학습을 위한 데이터 활용도 이에 포함될 가능성이 높다고 해석될 수 있다.

III. 인공지능에 대한 각국의 대책

인공지능의 문제점에 대한 대책을 마련하기 위해 각국에서 다양한 정책이 마련되고 있다. 그중에 미국과 유럽의 경우를 살펴보면 미국은 인공지능 활용을 촉진하는 데 초점을 두고 있으며 유럽은 인공지능의 위험성에 대해 단일법으로 규제하며 지원하는 접근 방식을 취하고 있다.

1. 미국

2020년 4월 미국 연방거래위원회(Federal Trade Commission)는 〈인공지능과 알고리즘 사용에 대한 지침(Using Artificial Intelligence and Algorithms)〉을 발표했다. 이 지침은 알고리즘 사용의 투명성, 알고리즘을 사용한 의사결정에 대한 설명, 의사결정에 관한 공정성 보장 등의 내용을 담고 있다.

알고리즘 사용의 투명성(transparency)은 소비자 보호를 위하여 인공지능 도구 활용 시 그것이 실제 사람이 한 것인 양 오인되지 않도록 하여야 하며, 특히 음성이나 영상 등 민감 데이터를 비밀리에 수집하여 알고리즘에 활용하지 말고 반드시 이러한 내용을 사전 공개하여야 한다는 것을 의미한다. 또한 알고리즘 기반 의사결정으로 인해 대출, 고용, 보험, 주거 등에서 소비자에게 불이익이 발생하는 경우, 그 사유와 근거를 명확히 설명하고 관련 정보를 열람·정정할 수 있는 권리와 절차를 소비자에게 통지하여야 한다. 또한, 알고리즘을 활용한 의사결정에 대한 설명이란 기업이 어떤 데이터를 어떻게 사용하여 결정을 내렸는지 명확히 밝혀야 한다는 것을 의미하며, 특히 불리한 결정을 내릴 경우 이러한 설명은 더욱 필요하다. 나아가 의사결정의 공정성을 보장한다는 것은 인공지능 활용 과정에서 국적, 인종, 종교, 결혼 여부, 나이 등에 따른 차별을 금지한다는 것을 의미한다.

2. 유럽연합

유럽연합은 2024년 6월 13일 인공지능법(Artificial Intelligence Act)을 제정하여 같은 해 8월 1일 공식적으로 발효하였으나, 그 적용은 2025년 이후 단계적으로 시행될 예정이다. 우선 2025년 2월 2일부터는 위험성이 높은 금지된 AI 시스템에 대한 규제와 AI 리터러시(이용자 및 개발자 교육) 의무에 관한 내용이, 2025년 8월 2일부터는 일반목적 AI 모델 관련 규제, 거버넌스·통보 체계, 기밀유지 및 제재 조항들이 각기 시행되며, 2026년 8월 2일부터 법령의 대부분이 전면 적용될 예정이다. 인공지능에 관한 내용을 법조문화 한 최초의 사례라고 볼 수 있다.

이 법은 인공지능 규제를 위해 '위험 기반 접근(risk-based approach)'을 바탕에 두고 있다. 이에 따르면 위험은 ① 기본권 침해와 같은 유럽연합 가치를 침해하는 용인할 수 없는 위험(unacceptable risk) ② 자연인의 건강, 안전, 기본권에 대해 높은 위험을 야기하는 고위험(high-risk) ③ 그 밖에 낮은 위험 또는 최소 위험(low or minimal risk)으로 구분한다.

용인할 수 없는 위험에 해당하는 인공지능 시스템 출시, 서비스 제공 또는 사용이 금지되며, 고위험군에 속하는 인공지능 시스템은 필수 요건을 충족하고 사전 적합성 평가를 완료한 경우에만 사용이 허용된다. 낮은 위험 또는 최소 위험에 대해서는 자발적으로 행동 강령을 준수할 것을 권장하고 있다.

3. 국내

국내에서는 2025년 1월 21일 인공지능 발전과 신뢰 기반 조성 등에 관한 기본법(인공지능 기본법)이 제정되었다. 이 법은 인공지능의 건전한 발전과 신뢰 기반 조성에 필요한 기본적인 사항을 규정함으로써 국민의 권익과 존엄성을 보호하고 국민의 삶의 질 향상과 국가경쟁력을 강화하는 데 이바지함을 목적으로 한다(동법 제1조).

그 주요내용을 보면 정부는 인공지능기술 개발 활성화를 위하여 인공지능기술의 연구·개발, 시험 및 평가 또는 개발된 기술의 활용 등 사업을 지원할 수 있도록 하고, 지능정보화 기본법 제60조제1항 각 호의 사항(안전성 보호조치)을 인공지능기술로 구현하는 연구개발 사업 등을 지원할 수 있도록 했다(동법 제13조).

그리고 국가 및 지방자치단체는 기업 및 공공기관의 인공지능기술 도입 촉진 및 활용 확산을 위하여 관련 기업에 대한 컨설팅 지원, 중소기업, 벤처기업 및 소상공인의 임직원에 대한 인공지능기술 도입 및 활용 관련 교육 지원, 관련 자금의 지원을 할 수 있도록 했다(동법 제16조).

나아가 인공지능의 개발·활용 등의 과정에서 사람의 생명과 신체, 정신적 건강 등에 해가 되지 아니하도록 하는 안전성과 신뢰성에 관한 사항, 인공지능기술이 적용된 제품·서비스 등을 모든 사람이 자유롭고 편리하게 이용할 수 있는 접근성에 관한 사항, 사람의 삶과 번영에의 공헌을 위한 인공지능의 개발·활용 등에 관한 사항 등과 관련된 인공지능 윤리원칙을 대통령령으로 정하는 바에 따라 제정·공표할 수 있도록 규정하고 있다(동법 제27조).

아울러 고영향 인공지능 또는 이를 이용한 제품·서비스를 제공하는 경우 인공지능사업자는 고영향 인공지능의 안전성·신뢰성을 확보하기 위하여 위험관리 방안의 수립·운영하며, 기술적으로 가능한 범위에서의 인공지능이 도출한 최종 결과, 인공지능의 최종결과 도출에 활용된 주요 기준, 인공지능의 개발·활용에 사용된 학습용데이터의 개요 등에 대한 설명 방안의 수립·시행할 것을 명시하고 있다(동법 제34조).

인공지능의 활용은 국가 경쟁력을 강화하는 중요한 수단일 뿐만 아니라, 일상생활에서도 점점 필수적인 요소로 자리 잡아가고 있다. 사법 분야도 예외가 아니므로 기본적으로 인공지능 이용을 활성화하는 제도의 마련이 필요하다. 특히, 사법제도를 쉽게 이용할 수 있도록 사법 접근성을 높이는 방향으로 신기술이 활용되어야 할 것이다. 아울러 인공지능의 부작용을 해결하고 개인정보를 보호하는 조치도 요구된다. 이를 위해 관련 법률과 정책을 마련할 필요가 있다. 국내에서는 인공지능법 제정을 통해 기술 활성화와 법적 규제의 균형을 추구하는 첫걸음을 내디뎠다. 앞으로도 인공지능 기술의 발전에 부합하는 법체계를 마련하기 위한 노력이 필요하다.

■ 강영주

법학통론 교재발간위원회

김태진
고려대학교 졸업(법학사)
미국 New York University School of Law 졸업(LL.M.)
일본 東京大学 大学院 法学政治学研究科(法学博士)
서울지방법원 예비판사, 김·장 법률사무소 변호사
현 고려대학교 법학전문대학원 교수
현 고려대학교 자유전공학부장

강영주
숙명여자대학교 졸업(법학사)
미국 Andrews University 졸업(문학석사)
고려대학교 일반대학원 졸업(법학박사)
현 고려대학교 법학전문대학원 강사
현 고려대학교 법학연구원 전임연구원
현 한국조정학회 이사

전민형
고려대학교 졸업(법학사)
고려대학교 일반대학원 졸업(법학박사)
한국공법학회 대학원생 우수논문상(2021년)
고려대학교 아세아문제연구원 연구위원
현 고려대학교 법학전문대학원 겸임교수
현 원광대학교 법학전문대학원 강사
현 경찰대학 강사

정문기
고려대학교 졸업(행정학사)
고려대학교 일반대학원 졸업(법학박사)
한국지식재산보호원 자문위원
현 고려대학교 법학전문대학원 강사
현 고려대학교 법학연구원 전임연구원
현 경찰대학 강사

정우식
서강대학교 졸업(법학사)
고려대학교 일반대학원 졸업(법학박사)
현 고려대학교 법학연구원 연구교수
현 수원대학교 법학과 강사

법학의 길잡이
법이 추구하는 목적은 무엇인가?

초판 발행 2025년 4월 10일
초판 2쇄 2025년 9월 1일

지은이 법학통론 교재발간위원회
펴낸곳 고려대학교출판문화원
www.kupress.com
kupress@korea.ac.kr
(02841) 서울특별시 성북구 안암로 145
Tel 02-3290-4230, 4232
Fax 02-923-6311
찍은곳 네오프린텍(주)

ISBN 979-11-6956-105-1 03360

값 32,000원
※ 잘못 만들어진 책은 바꿔 드립니다.